普通高等教育新文科建设计算广告复合创新人才培养数字化精品实验教材

专家委员会

顾　问

张金海（武汉大学）

编　者（排名不分先后）

陈　刚（北京大学）	佘世红（华南理工大学）
戴世富（华南理工大学）	黄玉波（深圳大学）
段淳林（华南理工大学）	徐　红（中南民族大学）
黄　翰（华南理工大学）	颜景毅（郑州大学）
姜智彬（上海外国语大学）	杨海军（上海大学）
焦　维（华南理工大学）	杨先顺（暨南大学）
李华君（华中科技大学）	姚　曦（武汉大学）
刘　鹏（科大讯飞）	曾　琼（湖南科技大学）
刘庆振（北京体育大学）	张庆园（华南理工大学）
刘晓英（华南理工大学）	赵新利（中国传媒大学）
马　澈（中国传媒大学）	周丽玲（武汉大学）
倪　宁（中国人民大学）	

普通高等教育新文科建设计算广告复合创新人才培养数字化精品实验教材

计算广告学导论

Introduction to Computational Advertising

主　编 ◎ 段淳林
副主编 ◎ 陈　刚　姜智彬　姚　曦　赵新利

华中科技大学出版社
http://www.hustp.com
中国·武汉

图书在版编目(CIP)数据

计算广告学导论/段淳林主编.—武汉:华中科技大学出版社,2022.2
ISBN 978-7-5680-7902-0

Ⅰ.①计… Ⅱ.①段… Ⅲ.①广告学 Ⅳ.①F713.80

中国版本图书馆 CIP 数据核字(2022)第 014296 号

计算广告学导论	段淳林 主编

Jisuan Guanggaoxue Daolun

策划编辑:	周晓方 杨 玲
责任编辑:	江旭玉
封面设计:	原色设计
责任校对:	张汇娟
责任监印:	周治超
出版发行:	华中科技大学出版社(中国·武汉)　电话:(027)81321913
	武汉市东湖新技术开发区华工科技园　邮编:430223
录　　排:	华中科技大学惠友文印中心
印　　刷:	武汉市籍缘印刷厂
开　　本:	787mm×1092mm　1/16
印　　张:	15.5　插页:2
字　　数:	372 千字
版　　次:	2022 年 2 月第 1 版第 1 次印刷
定　　价:	58.00 元

本书若有印装质量问题,请向出版社营销中心调换
全国免费服务热线: 400-6679-118　竭诚为您服务
版权所有　侵权必究

序
FOREWORD

在互联网、物联网、人工智能等技术与大数据深度融合的背景下,以大数据、算法、场景为核心的广告新业态在市场中迅速发展,产生了大量具有创新性和突破性的应用。这个快速发展的过程也为广告传播思维的转型提供了新机遇,广告业务逐渐由人工转向复杂的运算和自动化程序。观研网发布的《2020年中国互联网广告产业分析报告》数据显示:2019年中国互联网广告市场规模为4699.9亿元,预计2022年中国市场规模将达到6363.3亿元。技术和数据的广泛应用赋予了广告学明显的量化色彩,计算广告应运而生。

传统意义上,广告是大众传媒产业收入和利润的主要来源,传播媒介首先将媒介产品售卖给受众,然后将获得的受众注意力售卖给广告主,二次售卖理论是主要的经营模式。此时,囿于传播技术与传播手段,广告主通常通过粗犷的全渠道单一灌输产品信息,进行广撒网式的信息输出。这种方式无法实现广告信息的精准传播,广告效果难以保证。

而计算广告的出现改变了这一局面。计算广告不仅是一门艺术、一种工具,更是艺术思维的纯感性化创意与机器算法的量化数字思维的结合。计算广告是以数据为基础、以算法为手段、以用户为中心的智能营销方式。计算广告在数据的实时高效计算下,进行用户场景画像,并快速投放、精准匹配及优化用户的一系列需求。这让传统广告的传播规律与运作模式发生了一定的改变,广告的媒介属性逐渐显现。

其中,大数据与大数据计算技术被广泛应用。数据计算技术不仅能提升广告投放的精准性与广告推送的个性化程度,还能处理广告运作中的各项业务,如基于大数据挖掘与分析、市场和消费者洞察的定向广告和个性化推荐广告;对广告效果进行实时监测,并对程序化交易进行动态化调整;甚至还有基于各类复杂算法的智能化内容生产。计算广告颠覆了传统广告从用户洞察到效果衡量的方式,实现语境、广告和用户三者的最优匹配。

综上而言,广告行业在近十年发生了深刻的变化,广告新形式的涌现催生了业界和学界对广告理论和实践发展走向更加多元且丰富的探索。虽然学界对于计算广告的研究呈现快速增长的趋势,加深了广告智能化研究与计算机科学、认知心理学、神经科学等领域的融合,但是国内对于计算广告理论构建等相关研究仍处于初级探索阶段,即广告行业的快速发展导致目前实践层面和理论层面出现了断层,广告实践的发展远远超过了广告理论和学科的构建与发展。下面我们首先对目前国内计算广告的研究成果进行梳理。

自2008年雅虎研究院资深研究员兼副总裁Andrei Broder[①]首次提出计算广告学的概念,学界和业界开始了对计算广告学的探索。周傲英、周敏奇、宫学庆[②]是较早对计算广告学进行研究的一批学者,此后刘庆振[③]、颜景毅[④]、段淳林和杨恒[⑤]、曾琼和刘振[⑥]等学者在计算广告学的概念界定、组成部分、演化过程、理论范式、实践路径以及学科体系的构建等方面都进行了探索和论证。近年来,关于计算广告的著作也日益丰富,例如段淳林和张庆园的《计算广告》[⑦]、刘庆振和赵磊的《计算广告学:智能媒体时代的广告研究新思维》[⑧]、刘鹏和王超的《计算广告:互联网商业变现的市场与技术》[⑨]等。目前,学界关于计算广告的研究主要分为四大方面。

其一,以算法为核心的计算机软件科学应用研究。近几年,在国内,围绕计算广告、机器学习、逻辑回归模型等技术性研究方向的论文数量快速增长。该类研究主要涉及计算广告的信息检索技术、定向技术、用户数据挖掘与分析、机器学习技术,尤其是各种算法,甚至包括情感计算与语言计算,以及这些技术和算法在广告搜索排名与实时竞价、个性化推送以及程序化交易等方面的运用。

郭庆涛、郑滔[⑩]对计算广告研究中的计价模型和匹配算法模型进行了详细论述,从检索词匹配精度、语义情景和用户点击反馈等方面对主要算法模型进行了分析总结。周傲英、周敏奇、宫学庆[⑪]阐述了计算广告在技术上的新型应用模型,对应用全貌进行了较为全面的梳理。吴忠斌[⑫]通过对计算广告中相关算法的解释与分析,明确了数字信号处理(DSP)优化传统交互流程及其要点,并对计算广告的相关算法进行了综合阐述。

其二,以计算广告概念及广告产业链发展为核心的广告学研究。互联网广告行业中先后出现了网络广告联盟、广告交换、需求方平台、销售方平台、媒体买卖平台等多种角色。而对于计算广告的研究,则需要把传统广告学和计算机技术相结合,从算法的角度来思考旧的挑战。景东、邓媛媛[⑬]首先从美学艺术视角归纳了计算广告的特点,并依

---

① Broder A Z. Computational Advertising and Recommender Systems[C]//Proceedings of the 2008 ACM Conference on Recommender Systems. Lausanne,Switzerland,October 23-25,2008.

② 周傲英,周敏奇,宫学庆.计算广告:以数据为核心的Web综合应用[J].计算机学报,2011,34(10):1805-1819.

③ 刘庆振.计算广告学:大数据时代的广告传播变革——以"互联网+"技术经济范式的视角[J].现代经济探讨,2016(2):87-91.

④ 颜景毅.计算广告学:基于大数据的广告传播框架建构[J].郑州大学学报(哲学社会科学版),2017,50(4):150-154.

⑤ 段淳林,杨恒.数据、模型与决策:计算广告的发展与流变[J].新闻大学,2018(1):128-136+154.

⑥ 曾琼,刘振.计算技术与广告产业经济范式的重构[J].现代传播(中国传媒大学学报),2019,41(2):132-137.

⑦ 段淳林,张庆园.计算广告[M].北京:人民出版社,2019.

⑧ 刘庆振,赵磊.计算广告学:智能媒体时代的广告研究新思维[M].北京:人民日报出版社,2017.

⑨ 刘鹏,王超.计算广告:互联网商业变现的市场与技术[M].北京:人民邮电出版社,2015.

⑩ 郭庆涛,郑滔.计算广告的匹配算法综述[J].计算机工程,2011,37(7):222-224+233.

⑪ 周傲英,周敏奇,宫学庆.计算广告:以数据为核心的Web综合应用[J].计算机学报,2011,34(10):1805-1819.

⑫ 吴忠斌.关于计算广告相关算法的解析[J].电子世界,2017(21):34-35.

⑬ 景东,邓媛媛.论计算广告的形式及其审美特征[J].哈尔滨工业大学学报(社会科学版),2011,13(1):50-54.

据形式将其划分为文本分析、用户分析和用户参与三种类别。刘鹏、王超[①]在合著的《计算广告:互联网商业变现的市场与技术》一书中,从工业视角对计算广告的算法系统进行了解读,并梳理了网络广告的发展变化。在产业链方面,刘庆振[②]从计算广告引发的定制、融合、智能、程序化视角,探讨了计算带来的广告产业链变革。

其三,以计算广告体系建设和范式构建为方向的理论探讨研究。自计算广告的概念被提出后,2011年美国斯坦福大学开设了计算广告课程;2018年美国伊利诺伊大学创办了计算科学与广告专业,开设计算广告系列课程。此后,越来越多的学者开始探讨计算广告学学科建设和范式构建等方面的问题。祝建华、彭泰权、梁海等[③]根据经典的5W模型探讨了将计算社会科学运用到新闻传播学研究中的意义和价值。颜景毅[④]表示学界亟需对计算广告的传播模式进行探讨,为大数据时代的广告传播研究厘清思路。姜智彬、马欣[⑤]则从技术变革的角度出发,探究了智能广告带来的行业重构,并基于基础—工具—目的—本性框架提出了智能广告的定义。

其四,以计算广告发展前沿的实践和学术研究为基础的研究动态。段淳林、杨恒[⑥]辨析了计算广告的定义等基础概念,梳理了计算广告从Web1.0到Web3.0的发展路径,提出要从数据、算法模型、智能决策三个基本维度来进行研究,并构想了智能数据获取、使用场景匹配、品效合一测量等未来计算广告的智能营销创新。该文章为计算广告学的研究奠定了一定的理论基础,并被《新华文摘》全文转载。同时,段淳林、张庆园编著的《计算广告》一书在计算广告发展过程中具有重要意义,也为计算广告学理论和学科发展奠定了基础。

此外,段淳林、崔钰婷[⑦]基于web of science(WOS)核心合集数据库和中国知网数据库近十年广告发展的沿革,从聚类情况、研究热点、发展趋势等方面对国内外研究结果进行对比后发现,计算广告是目前广告智能化研究的热点和学术前沿,然而从上述国内对于广告智能化尤其是计算广告的研究来看,目前学界对于计算广告跨学科的系统性梳理,以及计算广告教育的研究仍未给予充分重视。

目前,计算广告的发展为整个传统广告学科带来了颠覆性变革。这种变革主要表现在两个方面:一是对传统广告理论和广告学理论研究范式带来冲击,实践和理论的互补性和协同性发展将存在巨大的阻碍;二是对当今时代广告教育与广告学科人才培养带来巨大挑战,广告行业的创新性和延续性将缺乏足够的活力,人才的培养和输出将出现断裂或不匹配的状况。计算广告将计算主义理论引入广告学研究与实践中,从根本上改变了广告传播的性质。因此,我们必须先从数据、模型与决策三个维度,理解已经

---

① 刘鹏,王超.计算广告:互联网商业变现的市场与技术[M].北京:人民邮电出版社,2015.
② 刘庆振.计算广告学:大数据时代的广告传播变革——以"互联网+"技术经济范式的视角[J].现代经济探讨,2016(2):87-91.
③ 祝建华,彭泰权,梁海,等.计算社会科学在新闻传播研究中的应用[J].科研信息化技术与应用,2014,5(2):3-13.
④ 颜景毅.计算广告学:基于大数据的广告传播框架建构[J].郑州大学学报(哲学社会科学版),2017,50(4):150-154.
⑤ 姜智彬,马欣.领域、困境与对策:人工智能重构下的广告运作[J].新闻与传播评论,2019,72(3):56-63.
⑥ 段淳林,杨恒.数据、模型与决策:计算广告的发展与流变[J].新闻大学,2018(1):128-136+154.
⑦ 段淳林,崔钰婷.广告智能化研究的知识图谱[J].新闻与传播评论,2021,74(1):56-67.

被颠覆了的广告理论与实践。

　　首先,数据是计算广告的基础,同时也是洞察市场与消费者的基础。传统的广告实践因为缺少数据,广告从业者的经验性个人智慧主导着广告用户洞察、创意策划、广告投放渠道、广告优化等环节。随着大数据技术的普及和发展,大数据+广告改变了传统广告的模式。从极少数据反馈的手工作坊式互联网广告阶段,到数据体量膨胀的社交广告阶段,再到拥有海量大数据的程序化购买阶段,数据获取技术的突破引发了计算广告的一次次流变,并引领广告步入智能化时代。可以说,在计算广告时代,数据是智能决策与用户画像的基础和依据,是计算广告组织运作的核心要素,也克服了传统广告学实践中因数据匮乏所造成的孤立化、碎片化与片面化的认知局限。数据的来源、总量、质量和算法决定了广告匹配的效率,也决定了计算广告的交易价格与价值,成为计算广告发展最大的驱动力。从当前计算广告的实践来看,广泛收集用户的行为数据和广告反馈数据,运用云计算的基础设施将用户标签化并进行深入的用户画像,在多个广告主竞争同一次广告展示机会时以数据做出展示决策,再将广告的效果数据反馈给广告操作人员以调整投放策略,已经成为计算广告的基本投放逻辑。

　　其次,智能算法模型是计算广告的主要工具。早期的互联网广告由于没有考虑对流量进行切分,以实现个性化或定向化的精准投放,尚未产生对计算的需求。而随着市场对广告效果的要求逐渐提高,机器和算法逐步取代过去的人工操作与人工服务,从而产生了技术和数据驱动型的计算广告的产品形态和产业生态。智能算法模型是计算广告的主要工具,通过综合运用各种算法工具,可以实现特定语境下特定用户和相应广告之间的最佳匹配。计算广告的一切数据均由智能算法进行处理与优化,因此全链路均涉及广泛的算法模型的运用,如标签化定向模型、数据化定向模型、智能化定向模型等。算法赋予了计算广告"智能"的基因,寻找用户兴趣与广告主需求的连接点,间接实现了用户与场景的匹配。从文本分析到情感计算,从信息爬虫到搜索引擎优化,统计模型、分布式系统、机器学习等大量操作型工具被广泛利用。此外,精准的用户推荐使计算广告实现了从媒体购买向用户购买的巨大转变,而基于算法优化的用户内容推荐需要强大的数据管理平台(DMP)支持。作为计算广告的中枢神经系统,DMP 为全产业链提供数据支持服务,并对人群数据进行分类标签整理及相似人群寻找,旨在精准定位用户,使广告投放更具针对性。DMP 不仅可以提供有效品牌用户的人群画像、消费者洞察和品牌营销建议,而且可以与品牌合作建立独有的品牌 DMP,在数据处理方面帮助企业和品牌实现更好的客户关系管理。

　　最后,智能决策是计算广告的目的。大众媒体时期,精准营销方面的成果乏善可陈,广告决策居于广告链的后端。而在计算广告时代,广告效果的衡量方式渐渐更为精细化,多样化的广告主需求出现了 CPC(cost per click,每点击成本)与 CPM(cost per mille,千人成本费)、CPA(cost per action,每行动成本)、CPT(cost per time,每时间段成本)、CPS(cost per sale,按销售付费)等多种在线广告效果衡量指标。在计算广告时代,广告效果的渐趋精准也使广告主有了更为精准集约的广告投放选择,通过大规模的数据利用将广告决策前置,用数据驱动决策,这成为广告业的常态。

　　新文科概念的提出,预示着文科专业的建设尤其是学科理论体系的革新将成为大势所趋。为了让计算广告理论的发展与实践同步,我们需要明白计算广告对当今时代广告教育与人才培养也带来了巨大挑战。一方面,面对计算广告的飞速发展与冲击,广告行业在实践层面和理论层面出现了断层,传统广告教育开始面临困境:传统广告教育的理论观念开始跟不上新时代的步伐;传统广告学科的研究方法和研究范式显得较为老套;传统广告教育的学科体系建设与社会人才需求脱节;传统广告教育的课程设置体系亟待更新等。另一方面,在过去,传统广告教育培养了一批兼具理论基础、策划能力、创意能力与市场营销能力的专业人才,而在计算广告时代,有这些能力还远远不够,计算广告时代的人才培养模式亟需进一步的创新探索。

计算广告是一门多学科融合的新兴学科,这需要成为学界和业界的共识,但是截至目前,学界仍未为其涉及的学科构建起脉络清晰的知识谱系。通过梳理学界已有的研究方向,对未来学科发展进行展望,我们需要将计算广告学科体系分为基础板块、核心板块和延伸板块三大部分。具体说来,计算广告基础板块主要包含四大学科,分别是计算机科学与技术、应用经济学、理论经济学和管理科学与工程,是计算广告学与传统广告学相区隔的立足点,对构建学科框架具有重要意义;核心板块以新闻传播学为主,是计算广告学科知识系统和技术体系的内核,也是对广告学本位的根本体现;延伸板块包括心理学和教育学等,是学科初步构建后的理论扩充部分,具体体现在计算广告学转变为业界生产能力的各个方面。可以说,以技术与数据为依托的计算广告学是跨学科融合发展的结果,同时其本身也在不断衍生新的学科,因而需要推动学界进行更系统的梳理。

《计算广告学导论》这本书正是立足于上述不足之处,分为13章,试图构建清晰的分析架构。其中第一章"计算广告学的定位与研究目标"从广告学与科学的关联入手,讲述了广告学如何在众多广告人物的科学理论完善之下,逐渐从经验学成为一门精准的科学。在人工智能与大数据发展的催生之下,基于数据与算法的计算广告应运而生,弥补了传统广告难以测量、难以精准传播的局限,并以其独特的数据思维重构了广告范式。目前,关于计算广告的讨论多处在业界的工具层面,本章指出计算广告的研究应从应用层面抽象上升到理论层面与学科高度,构建并完善计算广告的理论框架,形成关于计算广告研究的一整套的本体论、认识论和方法论,并进一步指导媒介融合、智能媒体等广告产业生态的进化与创新。此外,我们还需培养计算广告领域的复合型人才,以适应计算广告学这一交叉学科、计算广告这一新产业形态的变革。为此,需要高等学校、研究机构和产业部门通力合作,搭建起产学研联动、跨学科互动的教学科研队伍,培养计算广告的高水平人才。

第二章"计算广告的本质与特征"对计算广告的本质特征进行了梳理,为读者铺垫了计算广告学习的基础知识。在起源与发展方面,本章追溯了计算广告的诞生条件:社会计算与大数据为计算广告奠定了发展的根基,提供了必要的技术支撑。另外,基于不同形态,本章将计算广告的发展阶段分为合约广告、定向广告与竞价广告三大阶段。在研究与技术方面,计算广告的研究兴起于国外,并于2011年前后被引入国内,学界逐渐完善并拓展计算广告在学术与商业领域的理论研究与应用,推动了计算广告学的发展。在本质特征方面,本章分别对计算广告及与其起源相关的社会计算与大数据展开阐述。二者结合,诞生了具有实时优化性、智能创意性、匹配互动性、效果可测性特点的计算广告。此外,本章提出只有从不同角度和层面思考计算广告的发展轨迹和未来方向,并且时刻保持理性审慎的态度,才能使计算广告得到良性发展。

第三章"计算广告技术与产品的发展历程和逻辑"首先讲述了计算广告相关技术与

产品的发展历程,包括搜索竞价广告、展示广告、程序化广告交易、移动互联网广告和MarTech营销技术这五个阶段。其中搜索竞价广告是计算广告的起点,提供了其中的核心技术和产品理念。到了展示广告阶段,互联网展示广告实现了展示广告的受众匹配和精准化广告投放。随着公开市场与私有市场的发展,计算广告的发展进入程序化广告交易阶段,广告网络逐渐升级为竞价广告网络,以实时竞价为核心的程序化广告交易平台出现。同时,基于高度原生性的信息流广告也成为移动互联网最为重要的变现手段。而随着企业数字化转型走向全面和深入,计算广告进入 MarTech 营销技术阶段,从广告进一步深化到销售和消费者运营。其演进逻辑紧紧围绕着量化、算法、数据、价值链等不断发展,而产品技术、营销目标、广告市场则为其承载和动力。

第四章"用户驱动和洞察"概括探讨了计算广告与用户之间的深刻联系。用户驱动和洞察作为计算广告的关键环节,推动着计算广告的阶段性发展。该章节剖析了消费者的购买行为及其背后的心理动机,在此基础上,重点探究了计算广告对消费者每一个决策环节的导向作用。本章共分为四大部分,第一部分属于用户表象范畴,主要解决"消费者是谁"的问题。第二部分属于用户心理范畴,重在分析"消费者在想什么"的问题。第三部分属于用户行为范畴,主要思考"怎样促进消费者购买"的问题。最后一部分属于效果测量范畴,其中重点介绍了包括 AARRR 模型、用户行为事件分析模型、页面点击分析模型、漏斗分析模型与用户行为路径分析模型在内的五大用户行为分析模型,为用户行为的分析结果提供了理论模型的支持。

第五章"计算广告内容生产"从广告生产变迁历史、计算广告时代内容创作的算法逻辑及计算广告内容生产的核心特征三个角度进行展开。在广告生产的变迁史中,随着人工智能以及大数据等技术在广告行业的应用,广告产业从人力资源主导的手工作坊转向技术资源主导的智能生产平台,广告产业经济范式从人脑思维主导的经验积累转向以算法为核心的人机协同。广告生产流程也从单向线性推进变成围绕算法和数据的核心驱动。而内容创作的算法本质上是一种信息系统,基本遵循"输入—处理—输出"的计算逻辑:通过数据采集与结构化处理进行数据输入;依托机器学习的程序化创意推动广告创作的智能处理;基于算法指导完成智能图像、智能语音和智能影像等内容生产。而计算广告的内容生产也将在大数据的加持下朝精准化、个性化、定制化的方向不断发展。

第六章"计算广告的算法模型与技术应用"主要从算法与技术的角度切入,梳理了计算广告的主要算法模型,包括:①基于关键词匹配的信息检索,如 Cosine 算法、Okapi BM25 算法和 Multinomial 统计语言模型;②基于用户点击反馈的机器学习算法,如特征学习模型、分层学习模型等;③在线学习算法,如 Multi-armed bandit、UCB1 算法等,将算法模型和用户画像结合;同时,运用好计算广告的用户定向核心技术、竞价广告相关技术等,实现技术与数据的匹配链接,从而使计算广告效果达到最大化。

第七章"思维方式与动态程序化创意"则主要讲述了以智能化为核心的程序化创意是智能广告的典型形态。本章首先对智能广告和程序化创意的发展进行梳理,程序化创意不仅在数据和算法驱动下实现创意批量化产出,更能通过实时广告效果反馈对广告创意内容进行筛选调整,实现应对不同场景应用的智能制作和创意优化。程序化创意的平台运作架构分为四大部分,包含创意中心、投放管理、DMP、外部媒体对接中台。本章也对各流程之中的技术手段进行了分析。可以说,程序化创意在创意生产工具化、创意效果可视化、创意内容数据化等方面深刻影响了广告创意生态发展方向。

第八章"计算广告投放语境中的不同主体类型及其策略"主要围绕计算广告投放语境中的不同主体类型及其策略的话题进行讨论,共计四个部分。第一部分讲述了广告主私域流量池广告投放的相关内容,探究私域流量池何以帮助广告主获得更垂直、黏性更高的获客渠道的问题,并深入研究私域流量池中的用户识别、广告投放、运营优化的相关内容。第二部分聚焦广告代理跨媒介投放的议题,从优劣两方面进行深入分析,进而提出以技术、内容、媒介间的协同效应为支撑,对媒介选择和使用进行优化整合,从而使广告传播在特定的语境下,在特定用户和相应广告内容之间实现最佳匹配的营销策略。第三部分直击垂直型平台社交投放的热门话题,并主要从垂直型平台的概念描述、主要经营方式、社交营销、跨平台联动、营销闭环五个方面入手,层层深入地分析了垂直型平台的前沿理论知识点。最后,本章对综合型平台全域投放的相关内容及技术支撑应用进行了介绍,并最终提出利用平台自有广告投放产品、线上线下联合发力、借助 IP 流量全域曝光的投放策略。

第九章"计算广告与品牌智慧传播"指出在 AI 大数据时代背景下,传统的品牌传播方式发生了重大变化,大数据与人工智能技术促使品牌传播由面向大众向面向精准受众转变,品牌传播的作业方式转向了用户本位,实现"千人千面"的传播。但应当注意的是,品牌传播不能完全依赖于数据处理,人在品牌传播中的作用尚不能被取代,品牌更加需要充满创造性的人脑智慧。基于此,AI 大数据时代品牌智慧传播的特征主要包括精准性、智慧化、互动即时性和效果最大化等特点。在大数据时代,计算广告和品牌智慧传播紧密相连,计算广告同样承载着品牌与受众深度沟通的任务,通过更精准地向目标人群送达、精准描绘用户画像、提升传播效果等方式驱动品牌智慧传播的发展。可以说,计算广告已经成为品牌智慧传播的重要基础和重要手段,而算法、智能匹配、实时监测则为其中的关键要素。

第十章"人工智能与计算广告的前沿问题"主要围绕人工智能应用下的广告定义变迁、广告流程重构和广告产业转型三个方面,探讨人工智能与计算广告的前沿问题。其中人工智能广告被定义为以数据驱动为基础,利用人工智能技术实现广告内容的耦合生产、精准投放与互动反馈,从而满足消费者个性化生活信息需求的品牌传播活动。这一定义的要素包含技术基础、实现工具、最终目的、本质属性四个方面。而在"人工智能应用下的广告流程重构"这部分的内容里,人工智能从形式上解构了传统广告运作流程,形成消费者智能洞察、广告智能创作、智能投放和智能应对的新型流程。随着互联网技术、大数据技术、人工智能技术的赋能,广告产业正向智能化的方向转型。如何实现广告产业的智能化转型,成为当前学界和业界关注的前沿问题,本章则从压力、状态和回应三个维度对广告产业的智能化转型进行了分析。

第十一章"计算广告的伦理与法律规范"分别从伦理与法律规范的角度进行阐述。在计算广告的伦理部分,首先通过案例介绍如隐私侵犯、算法歧视、数据造假、数据孤岛、信息茧房、流量劫持等伦理问题与风险的具体表象,以及其可能带来的更深层的危害;并在此基础上探讨其治理难点,提出建立防范与治理体系。而在计算广告的法律规范部分,本章则主要讲述如何在法律规范的框架下顺利完成计算广告业务。尽管法律建设会滞后于技术的发展,但仍需不断尝试探索制定新的广告规制。本章希望无论从业者还是消费者,都可以从中知悉计算广告中规范与治理的重要性,了解自己在规范治理中的角色和作用,最终提升计算广告伦理素质。

第十二章"计算广告的应用案例"探讨计算广告的核心问题,即实现特定用户在特定环境和适当广告之间的最佳匹配。以数据和算法为依托的计算广告已经悄然融入我们生活的各个方面,为整个营销传播行业带来了全新的活力。本章从四个业界的应用案例出发,包括百度全链AI营销生态体系、腾讯全链路数字化营销、阿里巴巴全域数智化营销、巨量引擎广告投放全流程闭环,分析其中的发展、运作策略与流程,为计算广告的实践和发展提供借鉴。

第十三章"物联网广告及其发展趋势"指出物联网是一个通过信息技术将各种物体与网络相连,可以帮助人们获取所需物体相关信息的网络。本章通过梳理美国、欧洲和中国的物联网发展历程,总结物联网产业发展的基本特点,包括物联网产业以市场需求为驱动力、物联网产业的发展对外部环境要求较高、物联网产业链覆盖面大、物联网产业链的联动效应明显、物联网产业发展没形成共性标准的基本特点,并分析了国际与国内的物联网发展趋势,由此可以洞察物联网时代的计算广告智能营销路径创新,包括全域智能数据获取、基于算法模型的参与式互动文化的建立、品效合一的效果可测量性。本章最后还拓展了程序化户外广告的相关内容,包括高成本终端、强制观看性、数据非标准化、空间依赖性的特性,并包含着数据系统、计算系统、交互系统、创意系统的相关广告要素,由此可以得出户外广告程序化购买发展趋势。

综上,《计算广告学导论》在理论体系层面,旨在推动大数据范式下理论体系的融合创新。在数字革命的带动下,原有学科范式无法提供媒介融合背景下广告学对精准化、智能化、互动化的需求,广告学科研究由此迎来新的范式变革。从以实验为基础的第一范式、以理论研究为基础的第二范式,到以计算机仿真取代实验法的第三范式,再到广泛涉及数据密集型科学以及大数据科学的第四范式,计算广告的研究范式不断演进与发展。本书将基于计算主义理论与传统广告学、市场营销学(品牌)之间的交叉融合,构建新范式下的理论体系。为了更好地剖析计算广告的发展方向,本书也将计算广告发展的四个阶段所依赖的技术,进行理论化的梳理与未来演进的预测:首先,大数据与用户行为研究是计算广告实现的基础;随后,程序化广告出现,实现了目标人群匹配、竞价购买、广告投放等一系列过程的数字化、自动化和系统化;随着技术升级,智能广告初步构建起用户洞察、场景匹配、内容定制、个性化精准推荐的全链路营销过程;未来,计算广告的高级形态——认知计算广告——将进一步提升其人性洞察能力和情感计算效果。

《计算广告学导论》的理论构建和体系化建设迎来了中国广告学界在世界广告理论和教育发展过程中的一次重大机遇。基于中国独特的市场环境以及不断创新的业界发展趋势,笔者希望《计算广告学导论》作为计算广告理论体系和教学体系的一部分,能推动中国在世界广告学历史发展中做出重要贡献:创建以中国特色社会主义发展为基准的计算广告学术话语,构建以中国社会实践为引领的理论概述与体系,搭建符合大数据范式发展规律的跨学科体系。这三个维度力图基于现有的理论基础,从中国的实践出发,进一步丰富和创新现有的理论发展体系,用中国的学术话语构建中国的学科体系,培养一批具有交叉学科背景的复合型人才,提升中国在国际广告学领域发展中的影响力。

而在计算广告技术应用与实践方面,为实现特定语境下特定用户和相应广告之间的最佳匹配,不仅需要综合运用经济学、心理学、传播学、营销学、统计学等各学科的系统知识,更重要的是,要将信息革命中的核心技术转化为实际的技术手段,包括受众定向技术、竞价广告技术、程序化交易技术等。目前,谷歌、亚马逊、腾讯、阿里巴巴等诸多大型互联网企业已经能熟练运用计算广告的理念来指导自身的产业实践。《计算广告学导论》梳理了业界的技术应用,对完善计算广告的跨学科体系、构建理论体系下的实践闭环具有重要意义。同时,本书提倡将工科的云计算技术、流媒体技术、人机互动技术等融入广告人才的课程体系之中,联合更多高等学校、研究机构、产业部门打破界限,集思广益,通力合作。在计算广告的人才培养中,应有针对性地满足市场需求,为互联网等企业输送专业人才。通过与企业建立紧密合作,共同制订人才培养方案,实现理论学习和实践提升的共同成长,为企业提供满足其定制化需求的复合型创新人才。

最后,本书希望能够用中国话语来构建计算广告理论体系,将具有三方面的意义:一是提升计算广告理论在中国的发展水平,运用符合中国语境的研究方法来研究本土对象;二是提升中国计算广告研究领域的国际学术影响力,基于中国社会实践发展理论体系,更好地指导实践创新;三是为社会决策提供有力依据,推动完善中国广告人才的培养模式。

段淳林

2021 年 9 月

目 录
CONTENTS

● 第一章　计算广告学的定位与研究目标 / 1
　一、理论的奠基:那些历久弥新的经典模型 / 2
　二、从洞察到认知:广告营销的技术革命 / 6
　三、计算广告学:人工智能时代的广告新科学 / 11
　四、计算广告学的体系构建与人才培养 / 15
　五、结语:广告即服务 / 20

● 第二章　计算广告的本质与特征 / 22
　一、计算广告的诞生条件及发展阶段 / 22
　二、计算广告的研究脉络与重要技术 / 24
　三、计算广告的本质特征 / 25

● 第三章　计算广告技术与产品的发展历程和逻辑 / 32
　一、计算广告技术与产品的发展历程 / 32
　二、计算广告技术与产品的演进逻辑 / 50

● 第四章　用户驱动和洞察 / 53
　一、用户标签和用户画像 / 53
　二、用户消费心理洞察 / 58
　三、用户消费行为驱动 / 65
　四、几种常见的用户行为分析模型 / 69

● 第五章　计算广告内容生产 / 73
　一、广告生产的变迁 / 73
　二、计算广告内容创作的算法逻辑 / 76
　三、计算广告内容生产的核心特征 / 81

● 第六章　计算广告的算法模型与技术应用 / 87
　一、计算广告的算法模型介绍 / 87

二、计算广告的技术应用 / 91
三、竞价广告相关技术 / 106

第七章 思维方式与动态程序化创意 / 110

一、程序化创意的发展和演进 / 110
二、程序化创意 / 113
三、程序化创意的业务实现逻辑 / 115
四、人工智能与动态程序化创意 / 118
五、动态程序化创意的内容生产机制 / 120

第八章 计算广告投放语境中的不同主体类型及其策略 / 123

一、广告主私域流量池的广告投放 / 123
二、广告代理跨媒介的投放 / 126
三、垂直型平台社交投放 / 132
四、综合型平台的全域投放 / 136

第九章 计算广告与品牌智慧传播 / 140

一、AI大数据时代品牌智慧传播的内涵与特征 / 140
二、计算广告与品牌智慧传播的关系 / 143
三、计算广告驱动品牌智慧传播的发展 / 145

第十章 人工智能与计算广告的前沿问题 / 149

一、人工智能应用下的广告定义的变迁 / 149
二、人工智能应用下的广告流程重构 / 153
三、人工智能应用下的广告产业转型 / 155

第十一章 计算广告的伦理与法律规范 / 161

一、计算广告的伦理 / 161
二、计算广告的法律规范 / 187

第十二章 计算广告的应用案例 / 206

一、百度助力汽车行业全链AI营销 / 206
二、腾讯全链路数字化营销:打破数据孤岛,驱动广告提效 / 209
三、阿里巴巴全域数智化营销:助力企业增长更简单有效 / 212
四、巨量引擎:智能营销,激发增长效能 / 215

第十三章 计算物联网广告及其发展趋势 / 220

一、物联网的定义 / 220
二、物联网的发展历程 / 220

三、物联网产业发展的基本特点 / 222
四、物联网发展趋势 / 224
五、物联网时代的计算广告智能营销路径创新 / 225
六、程序化户外广告 / 227

第一章 计算广告学的定位与研究目标

无论在学界还是在业界,计算广告和计算广告学的概念在过去十余年间都引起了广泛的关注和深入的讨论。在讨论的过程中,大家不断加深着对它们的认识、理解和思考,它们也不断与原有的广告学知识结构和课程体系进行着碰撞与融合。随之而来的,是广大学生、研究者和从业者由观望到参与的态度转变,是各大院校的广告学专业从被动学习到积极尝试、不断完善和加强支持的主动学习的转变。在这样的转变之下,我们在新文科的语境下来探讨计算广告学这一全新的交叉学科,就显得意义格外重大。

今天,广告业的所有研究者和从业者都正站在一个全新的且意义深远的分界线上。在此之前,我们更多地是以工业时代所建立起来的传播模式和营销思维来指导广告实践;在此之后,信息技术革命的发展将使我们对于广告、营销、产品、品牌和用户所面临的具体问题得出一些新的答案。这些问题和答案涉及广告营销的各个方面,包括但不限于我们怎样看待广告、怎样进行营销、怎样了解用户、怎样分析市场……这些内容共同构成了不同时代的产学研共同体所遵循的不同的营销观和方法论,用托马斯·塞缪尔·库恩的概念说,就是"范式"。

越过这条分界线,广告研究和广告实践便开启了一种基于数据、算法和人工智能的全新范式,我们将其称为计算广告范式或计算广告学范式。这种新范式所提供的答案并不全是对于经典广告理论和营销模型的否定,更重要的是一种扬弃、重构和完善。新范式的开启同时也意味着经历了一个多世纪酝酿、奠基和发展的广告学科,真正开始在更本质的层面上与信息、数据、计算、算法等科学概念产生有机的融合,而不仅仅是在形式上看上去与之有关联。换句话说,科学已经不再只是广告艺术的外衣,广告转而成了激活艺术化营销传播的科学。虽然过去自然科学领域的专家总是对"广告是科学与艺术的结合体"这种说法嗤之以鼻,但是今天再也没有人对它的科学属性进行质疑了。这对于广告学科而言是一种根本性的转变,这场转变不是由大卫·奥格威这样的广告大师们来推动完成的(尽管他们曾经试图这样做),而是由计算机科学之父艾伦·图灵以及无数计算机工程师和数据科学家完成的。也恰恰因为如此,当我们越过这条分界线之后,将会越来越发现,不仅在广告营销领域,而且在更广泛的研究领域,传统的自然科学与社会科学之间曾经泾渭分明的界限都变得越来越模糊。包括广告营销在内的越来越多的社会科学领域对信息、数据、算法越来越依赖,甚至已在根本上将它们看成是学科持续发展和不断创新的最核心要素。事实上,计算广告的新范式也是如此,未来广告学科的理论拓展、观念创新、思维迭代和方法再造都将高度依赖于这些与信息高度关联的全新的基础性资源。所有这些都意味着,在20世纪的各个年代发展起来的经典广告营销理论,都必须在新的范式下用数据思维和计算方法对自己进行重构与完善。

一、理论的奠基:那些历久弥新的经典模型

"如果要写一部广告史,第一个必须要写到的人一定会是约翰·E.肯尼迪。因为直到今天为止,他所确定下来的原则仍然是每一位广告文案人员必须遵循的准则。"约翰·E.肯尼迪曾经的雇主罗德·托马斯广告公司的大股东阿尔伯特·拉斯克尔的这句话毫不掩饰地强调了约翰·E.肯尼迪在广告史上的重要地位。事实上,正是阿尔伯特·拉斯克尔、约翰·E.肯尼迪和罗德·托马斯公司雇佣的另一位著名文案撰稿人克劳德·霍普金斯在20世纪一二十年代所建立起的合作关系,使他们成为广告科学(科学派广告)的先驱式人物,从而开启了真正意义上的现代广告。

(一)广告开始成为一门精准的科学

1905年(一说1904年)5月某个晚上的6点钟,罗德·托马斯广告公司一位高级合伙人A.L.托马斯在准备离开办公室的时候收到了一位送信人带来的纸条,上面写道:"你并不清楚什么是广告,广告行业也没有人清楚,更没有任何一名广告人可以确定他们自己非常清楚。如果你想搞清楚,就告诉这位信使让我上来,我此刻就在楼下大堂等着。"落款是约翰·E.肯尼迪。A.L.托马斯让彼时已经是公司初级合伙人的阿尔伯特·拉斯克尔接见了约翰·E.肯尼迪,两人一直聊到次日凌晨3点钟。[①]

这次谈话给阿尔伯特·拉斯克尔留下最深印象的一句话就是约翰·E.肯尼迪后来为世人所共知的那句名言——"广告是印在纸上的推销术"(advertising is salesmanship-in-print)[②]。在约翰·E.肯尼迪提出这个说法之前的西方社会——在1841年世界上第一家广告公司诞生之后的整个19世纪后半叶——关于广告最流行的定义莫过于"广告是有关商品或服务的新闻"这种说法了,它仅仅把广告看成一种与新闻传播类似的告知手段。但约翰·E.肯尼迪却用敏锐的目光直接发现了广告最为核心的商业价值,并用"salesmanship"一词将广告作为服务于销售的重要手段这一使命揭示出来。它从根本上改变了流行于19世纪的广告理论,建立了20世纪的广告新概念,创立了广告促进销售的新策略。阿尔伯特·拉斯克尔很快就高薪雇佣了约翰·E.肯尼迪,并在他的协助下通过创建独立的、广告史上最早的文案部来践行广告服务销售的理念。但这次合作时间并不长,约翰·E.肯尼迪不久就离开了罗德·托马斯广告公司。

1908年,阿尔伯特·拉斯克尔又以更高的年薪,即18.5万美元[③]雇佣了另外一位同样被认为是现代广告业奠基人的克劳德·霍普金斯,二人继续沿着"salesmanship-in-print"这一思路在商业广告的荒原上开疆拓土。克劳德·霍普金斯比约翰·E.肯尼

[①] Who Was John E. Kennedy? [EB/OL]. http://www.scientificadvertising.com/authors/jek/.

[②] Cruikshank J L, Schultz A W. The Man Who Sold America: The Amazing(but True!)Story of Albert D. Lasker and the Creation of the Advertising Century[M]. Cambridge: Harvard Business Review Press, 2010.

[③] Hopkins C C. Scientific Advertising[M]. New York: Bell, 1960.

迪更加坚定地宣称,广告存在的唯一理由和根本目的就是要实现销售某样商品的使命,并且它必须要被其所产生的结果所测量和评估。他的这些广告主张和理念集中汇聚在《科学的广告＋我的广告生涯》这部著作中,这部著作构成了在今天的广告从业人员中广为流行的《文案圣经:如何写出有销售力的文案》的主体部分,指引着人们写出更有销售力的文案。在这本书的介绍部分,编辑写道:"他(克劳德·霍普金斯)在广告方面的每一个创举,比如优惠券、测试营销、文案调查、邮寄营销和免费试用等,都是围绕广告的效果来进行的。正是克劳德·霍普金斯把广告变成了一门科学,摆脱了广告的盲目性……使之成为促进经济发展的重要手段。"[1]事实上,正如广告营销领域的著名学者阿尔弗雷德·普利策所认为的那样,在如何有效进行广告宣传方面,当今的广告研究要想获得克劳德·霍普金斯那样的巨大成就,还有很长的路要走。

在克劳德·霍普金斯的著作中,我们看到他所提倡的关注个体、注重销售、创造个性化广告、追踪广告效果等理念,无不与今天我们重点关注的计算广告理念相似、相通。[2] 甚至可以说,他所开创的直邮广告可以算得上是计算广告的早期雏形,这种形式的广告"追踪到的收益可以精确到每分每毫,每个回复的平均成本和每一美元销售额的平均成本都在追踪到的收益中精确地显示出来……经过这样的长期发展,广告营销成为一门精准科学"[3]。而克劳德·霍普金斯和阿尔伯特·拉斯克尔无疑是将广告作视为一门精准科学的先驱者、开拓者和捍卫者。也正因此,二人被大卫·奥格威列入"创造现代广告的六巨擘"行列,他在评价克劳德·霍普金斯《科学的广告＋我的广告生涯》一书的时候这样写道:"除非你看过本书七遍,否则就不能进入广告界。"这也足见克劳德·霍普金斯对大卫·奥格威等后来广告殿堂的关键人物所产生的重要影响。

(二) 广告科学理论逐渐发展

在阿尔伯特·拉斯克尔、约翰·E.肯尼迪、克劳德·霍普金斯等开拓者倡导的广告科学理念基础之上,广告业的后起之秀结合工商业界和传媒业界的最新进展,进行了更多有益的探索和延伸。罗斯·瑞夫斯在20世纪40年代进一步发展出USP(unique selling proposition/point,独特的销售主张)理论,大卫·奥格威在20世纪60年代进一步发展出品牌形象理论,艾·里斯和杰克·特劳特在20世纪70年代进一步发展出品牌定位理论。在传播学领域,1948年,使拉斯韦尔声名鹊起的5W传播模型初步形成了传播学研究的基本范畴和层面,也成为广告领域的从业者们探讨新的广告理念和理论的重要思想来源,并为后来不同时期广告理论的发展引入了传播学的研究视角。

1. 罗斯·瑞夫斯与USP理论

罗斯·瑞夫斯是科学派广告的继承者和卫道者,他也一直以克劳德·霍普金斯的

---

[1] 克劳德·霍普金斯.文案圣经:如何写出有销售力的文案[M].姚静,译.北京:中国友谊出版公司,2017.

[2] 如霍普金斯说:"我们必须着眼于个人,我们的广告对人也必须像我们平时与人面对面一样,以他们特定的需求为中心,就像每一个站在你面前的人都有特定的需求一样。无论你的生意有多大,都要脚踏实地地看待每一个个体,因为正是那些个体才使你的生意形成了规模。"这与计算广告个性化、场景化、精准化的理念如出一辙。

[3] 克劳德·霍普金斯.文案圣经:如何写出有销售力的文案[M].姚静,译.北京:中国友谊出版公司,2017.

信徒自居。与阿尔伯特·拉斯克尔和克劳德·霍普金斯的理念相同,罗斯·瑞夫斯对"广告的目的是达成销售"这一观点深信不疑,并坚持认为商业广告应该向用户炫耀产品的价值或独特卖点,而非一位广告文案的聪明或幽默细胞。也正因此,他自始至终强调广告活动要多些科学成分,少点艺术要素,甚至曾经略带偏激地认为"创意"是广告活动中极为危险的一个词。经过半个多世纪的发展,USP 理论早已成为全球任何一场广告营销战役开始之前的必备策略之一,所有的执行者必然会问的一个问题就是:这款产品的独特销售主张是什么?在《实效的广告》一书中,罗斯·瑞夫斯认为,这个独特卖点必须是竞争对手没有或者无法提供给用户的,它要足够独特,以至于不管是在品牌层面还是在主张层面,其他广告都不能产生与之相同的效果。① 这也就意味着,一个清晰而独特的销售主张要能够帮助用户理解同一品类中不同品牌之间的差别,使他们形成对于品牌的积极态度,并最终提升品牌的记忆和回想效果。尽管罗斯·瑞夫斯本人并不喜欢过分强调广告创意,然而广告创意人却非常喜欢罗斯·瑞夫斯所提出的 USP 理论,并将之奉为进行广告创意和策划的重要法则。也正因此,罗斯·瑞夫斯的 USP 理论成为整个 20 世纪广告史上最早的一个形成广泛且实际影响力的广告营销理论,成为无数广告从业人员铭记于心的"金十字架"。

2. 大卫·奥格威与品牌形象理论

同样继承了克劳德·霍普金斯和阿尔伯特·拉斯克尔衣钵的英裔广告大师大卫·奥格威在他的广告生涯中,也格外强调广告必须承担销售功能:做广告是为了销售产品,否则就不是做广告;一个广告和另外一个广告之间的差异是用销售力的尺度来衡量的,它可以是 19∶1。这种观念的形成与他在创办奥美广告公司之前担任推销员和调查员的经历有着必然的联系,这期间他写出了《财富》杂志宣称的"有史以来写得最好的销售手册",并有三年多的时间受聘于盖洛普民意调查机构,在全球范围内为好莱坞进行客户调查。这段经历直接塑造了大卫·奥格威的市场观和方法论,对他后来形成的品牌形象理论也产生了极大的影响。

1928 年,乔治·盖洛普完成了他的博士毕业论文《确定读者对报纸内容兴趣的客观方法》,1930 年,他发表了另一篇重要论文《用科学方法而不是猜测来确定读者的兴趣》,1935 年,他又以自己的名字命名,创办了全球第一个客观而科学的民意调研机构。直到半个世纪后的 1984 年,即乔治·盖洛普去世,这家调研机构深刻地影响了政治学、新闻学、传播学以及广告学的调研方法和实践方法的走向,乔治·盖洛普本人也因其在市场调研方法层面的巨大影响力先后进入大众传播名人堂和广告名人堂。大卫·奥格威 1938 年加入乔治·盖洛普调查公司后所从事的工作,不但锻炼了他的能力,而且也使他更加相信自己对于市场的判断力和对于消费者的洞察力,这为他在 1948 年创办奥美广告公司打下了坚实的基础。经过几十年的风雨历程,最初只有两名员工的奥美广告公司已经在全球 100 多个国家和地区设有了 359 个分支机构,而它的创办者大卫·奥格威也因其对全球广告业的巨大影响而被称为"现代广告教皇",奥美广告公司、大卫·奥格威、品牌形象论也经常被全球广告人放在一起进行讨论学习。

事实上,尽管大卫·奥格威本人一再强调广告的销售功能,品牌形象论也重点突出

---

① Reeves R. Reality in Advertising[M]. London: Macgibbon and Kee, 1961.

了品牌作为一项投资对于企业整体销售和长远利益所具有的巨大价值,但这一广告理念对阿尔伯特·拉斯克尔和克劳德·霍普金斯所倡导的科学广告理念来说,依然有着革命性的颠覆作用。其原因主要在于品牌形象论将对品牌的长期投资放在了首要的位置,从而开启了广告营销领域长达半个多世纪的争论:是要长期利益,还是短期利益?是要品牌形象,还是销售业绩?是要广告创意,还是要客观数据?之所以存在这样的争论,是因为大家普遍认为品牌作为一种资产,其整体价值可以被测量,其各个组成部分的实际效用可以被评估。[1] 但在实际操作层面,品牌资产对销售业绩所带来的价值在多大程度上能够被评估和测量却是一个大大的问号。对品牌形象广告的过分注重和巨额投入带来了另外一位著名广告人约翰·沃纳梅克所提出的广告营销界的哥德巴赫猜想——"我知道广告费用的一半被浪费了,但却不知道是哪一半"。也正因此,品牌形象论在后来非但没有成为科学派广告的理论支撑,反而成为创意派广告用来刻意区分品牌广告和实效广告的得力工具。

3. 艾·里斯和杰克·特劳特与定位理论

与品牌形象理论一脉相承的品牌定位理论试图在品牌塑造和促进销售之间进行平衡,它强调了品牌必须通过不同于竞争对手的差异化定位的方式在消费者脑海中占据某个位置。艾·里斯和杰克·特劳特被普遍认为是定位理论的提出者。1969 年,杰克·特劳特在美国《工业营销》杂志发表了第一篇介绍定位理念的署名文章《定位:同质化时代的竞争之道》,文章较为详细地介绍了里斯公司的营销策略。1972 年,《广告时代》杂志先后刊登了艾·里斯和杰克·特劳特的系列文章《定位时代的来临》,不久后这些系列文章被整理成系统介绍定位理论的单行本广为流传开来,定位理论也成为"有史以来对美国营销界影响最大的观念"[2]。

4. 杰罗姆·麦卡锡与 4P 理论

除了定位理论之外,营销领域的很多其他理念和工具也都被广告人"拿"了过来,用以指导他们的广告作业流程。尽管侧重点有所不同,但毕竟广告与营销之间存在的交集太多,关联太密切,目标太相近。1960 年,杰罗姆·麦卡锡提出了一种全新的营销组合,深深地影响了营销实战领域和学术领域。[3] 他在《营销基础:一种营销管理方法》这本书中给出了服务于营销决策的 4P 理论及其基本框架:这一营销组合主要包括产品、价格、渠道和促销。[4] 在这个营销组合中,广告被视为促销手段的重要方式之一。而在广告实践中,从业者在进行策划、构思和传播的时候,他们涉足的领域也已经远远超出了广告本身,综合性的广告公司往往会在向广告主进行提案的过程中以广告为出发点,同时使用 4P 营销组合向广告主提供更全面的营销建议和执行方案。

---

[1] Keller K L. Conceptualizing, Measuring, and Managing Customer-Based Brand Equity[J]. Journal of Marketing, 1993, 57(1):1-22.

[2] Ellson T. Culture and Positioning as Determinants of Strategy: Personality and the Business Organization[M]. New York:Palgrave Macmillan UK,2004.

[3] Dominici G. From Marketing Mix to E-Marketing Mix:A Literature Overview and Classification[J]. International Journal of Business and Management,2009,4(9):17-24.

[4] Constantinides E. The Marketing Mix Revisited:Towards the 21st Century Marketing[J]. Journal of Marketing Management,2006(22):407-438.

5. 罗伯特·劳特朋与 4C 理论

1990 年,北卡罗来纳大学新闻传播学院的广告学教授罗伯特·劳特朋在《4P 退休,4C 登场》这篇文章中介绍了另一种新的营销组合框架,这是一个以消费者为中心的 4P 营销组合的新版本,其主要目的是顺应大众市场向利基市场转变的时代趋势。[①] 4C 理论将消费者、成本、便利和沟通这四大要素与 4P 理论中的四大要素进行对应,强调了以消费者需求为中心的营销沟通方式。这种理念的转变尽管没有如预期的那样更加真正地关注利基市场,但它的确充分反映了大众市场在供求关系层面发生的根本性转向:从产品本位主义向消费者本位主义过渡。在这样的背景下,广告所沟通的对象依然是大众媒体的受众,广告对销售所起的作用依然是通过 AIDMA[②] 五个步骤来完成的。尽管 4C 理论相比 4P 理论更加关注广告活动中与消费者进行更加有意义的平等沟通和良性互动,但实际上它并没有本质上的突破与超越。

6. 唐·E.舒尔茨与整合营销传播理论

在提出 4C 组合策略两年后的 1992 年,罗伯特·劳特朋教授与美国西北大学的教授唐·E.舒尔茨教授和斯坦利·田纳本教授共同出版了《整合营销传播》一书,作为营销专业学生的教材。尽管这本书再一次强调了 4C 对 4P 的取代作用,但实际上它更重要的意义在于大力地推广了整合营销传播这一理论。很快,整合营销传播以其简单明了的核心理念"用一个声音说话"(Speak with one voice)在营销界和广告界的从业人员脑海中形成了深刻的印象,并在世纪之交的时间节点上成了整个大众传播时代广告营销理论的集大成者,唐·E.舒尔茨也成为整合营销学派的经典代言人。

整合营销传播这一概念以其本身较强的张力,将过去一个世纪广告领域、传播领域、营销领域的主要观点整合在一起,将焦点聚焦在通过整合包括标准广告在内的多种手段来满足组织的传播需求这一个点上[③],在这方面上无疑它是成功的。如果它是在大众传播时代刚刚开启的时候提出来的,那么它一定会获得更加真实而广泛的影响力;但遗憾的是,它是在大众媒体如日中天的 20 世纪 90 年代出现的,当时间跨过 2000 年之后,大众传播和大众广告迅速地走上了转型的轨道,"用一个声音说话"的方法论根本就无法被新的碎片化、个性化和差异化的消费市场所接受。新的媒介、新的供求、新的用户意味着广告营销领域在理念和方法上都需要新的突破。

二、从洞察到认知:广告营销的技术革命

(一) 大众传媒时代传统广告的局限

回顾 20 世纪的广告理论发展脉络,我们能够清晰地发现广告业的先驱们在其发展

---

① Lauterborn B. New Marketing Litany: Four Ps Passé; C-Words Take Over[J]. Advertising Age, 1990,61(41):26.

② 指的是 Attention(注意)、Interest(兴趣)、Desire(欲望)、Memory(记忆)、Action(行动)。

③ Kliatchko J. Revisiting the IMC Construct: A Revised Definition and Four Pillars[J]. International Journal of Advertising,2008,27(1):133-160.

初期就已经确定了广告作为销售工具的基本属性。然而我们也必须看到,对于"广告是否真正实现了其销售效果、达成了其销售使命"的争论,其实在约翰·E.肯尼迪提出"广告是印在纸上的推销术"这一理念的时候,就已经为科学派广告和创意派广告的分歧埋下了深深的伏笔,并最终被约翰·沃纳梅克总结为那句通俗但经典到无法超越的语录"我知道广告费用的一半被浪费了,但却不知道是哪一半"。这句话经常被广告业界的人们拿来当作笑谈,但它生动直白地击中了20世纪大众传播语境下广告研究和广告实践所面临的最根本的理论难题和技术困境。

在大众传媒发展的早期阶段,无论是广告人、广告主还是用户,都普遍认为广告的目的就是销售,广告对于销售的促进作用是有着显著效果的;而随着大众传媒业、广告业和工业经济的快速发展,学界和业界逐渐发现广告效果的"魔弹论"越来越难奏效,那些扛着科学大旗的广告公司也无法清楚地向它的雇主解释究竟广告对销售起到了什么样的作用、在多大程度上达成了绩效目标。在新的市场环境、信息环境和媒介环境下,缺乏重大的理论建树和技术突破,成为建立在工业经济和大众传媒基础逻辑上的21世纪广告业继续保持高歌猛进姿态的最大发展瓶颈,并直接导致了传统4A广告公司版图在大数据、云计算和智能媒体语境下的分崩离析。

实际上,通过对20世纪不同时期的广告理念和策略的历时性研究,我们发现每一种不同的广告学说或假设的产生和流行,都是与当时的大众媒体发展状况和市场经济供求关系紧密相连的,也都在一定程度上受到了彼时广告业界和工商业界的认可甚至推崇,并因为市场的检验和事实的佐证而在不同程度上反映了当时当地的广告生态。例如,克劳德·霍普金斯致力于提升广告的科学性,但当时广告对于产品销量的提升究竟是因为其精雕细琢的广告文案,还是因为早期的媒体受众对广告与新闻之间的区别还有些分不清楚,抑或是因为工业产品本身的供不应求导致消费者在接触广告信息之后便直接做出了购买决定?事实上,无论是早期的科学广告说、实效广告说,还是中期的品牌形象论、产品定位论,再或者是晚期的4C营销组合、整合营销传播等,都无法用真实的数据、客观的标准和显著的效果证明是广告对于销售起到了直接的作用。

在这样的背景下,对广告效果及其科学性的争论是无法在根本上平息的。客观来说,这并不是广告从业人员的能力不足造成的,而是大众传播媒介本身的局限导致的。无论借助于报纸杂志还是广播电视,广告主和广告公司都无法真正掌握广告受众或媒体受众太多具体的信息,它既无法准确地统计具体每一位用户的个性化需求,又不能生动清晰地对他们每个人进行用户画像。因此,在模糊的市场观中形成的方法论,也只能是针对受众是无差别的同质化群体这一假设而形成的,并最终形成了基于盖洛普抽样调查模式的量化研究方法和基于4A广告公司市场洞察模式的经验主义研究方法。广告公司非常清楚,对消费者的充分了解是他们在日益激烈的市场竞争中生存下来的关键,类似智威汤逊(JWT)这样的广告公司很早就开始通过市场调查的方式来洞察用户的品牌消费行为,以便向广告主提供更合适的广告策略。[1] 很多时候广告公司会对抽样调查得出来的数据和结论进行修正,以使之更符合他们对消费者的"深刻洞察"。

可以说,20世纪建立在工业制造和大众传播基础之上的广告模式和广告理论,在

---

[1] Petty R D. A History of Brand Identity Protection and Brand Marketing[M]. London: Routledge, 2016.

策划、文案、创意和媒介等广告流程的洞察环节上倾注了占绝对优势的人、财、物资源，以至于业内外的很多人在谈论广告的时候首先要想到创意，却有意无意地避开了它在最本质上应该作为一个为达成销售而服务的科学手段这一核心属性。就连在广告领域从事市场调查工作的毕业生，除了要具备市场营销学、统计学、社会学、消费者行为学等课程的专业知识之外，都要强调他们还应该具备"创意性思考"的能力，而不是以事实和数据为基础进行"科学性思考"的能力。事实上，这种状况并不能归咎于广告从业者和研究者，大众传播媒体在数据采集技术和用户跟踪技术等方面的局限，才是广告无法借助于测量或验证方式从根本上变得科学起来的客观原因。

（二）互联网时代效果广告的发展

直到今天，对于"广告应该在多大程度上承担销售功能"的争论依然在沿着科学派与创意派的分歧继续走下去，这也是在当下的互联网和移动互联网环境中体现出来的效果广告与品牌广告的区别。传统大众媒体、广告公司、公关公司偏重品牌促进增长的营销方式，通过品牌广告塑造的经典形象为企业和产品带来持续关注度、美誉度和忠诚度，带动销量，但它不强调广告与销售之间的直接和必然关系。《当代广告学》对于广告概念的界定很好地反映了品牌广告的功能和价值：广告是由可识别的出资人通过各种媒介（通常是有偿的、有组织的、综合的和非人员性劝服的）进行有关产品（商品、服务或观点）的信息传播活动。[①] 这个定义意味着广告（尤其是品牌广告）的本质功能是一种品牌告知和信息传播活动。广告的根本目的是广告主通过媒体达到低成本的用户接触，进而影响其中的潜在用户，使他们选择广告主的几率增加，或者对产品性价比的苛求程度降低。[②] 这种思维直接影响了早期互联网广告的理念与实际操作，无论是媒体、广告主，还是广告公司，在互联网发展初期都仅仅是把互联网广告视为大众媒体广告的一种线上形式，并仍然坚定不移地认为网络展示广告的主要目的是对品牌认知的一种支持。[③]

在近些年的实践过程中，新兴的数字化媒体和网络营销公司则会更加强调在互联网和移动互联网的应用场景中，以精准投放为手段，以销售效果为导向，对广告所带来的销量进行更精细化和集约化的运营。在新媒体时代，人类的行为和态度可以通过数据的形式呈现出来，如果能够对数据进行采集、分析、探索及应用，就能做到精准营销，引导广告商将资金投向有需求的特定受众。这不仅可以帮助广告主省下大批的预算投资，还能够在精准定义市场需求的基础上提升广告效果。[④] 发生这种转变，是因为传统媒体广告投放的总投入容易确定，但总产出很难衡量，然而在互联网广告投放的场景下，它的总投入和总产出都有非常直接的数据作为支撑，广告曝光之后的用户点击、下载、注册或者购买行为都能够被记录、收集和分析，这些数据可以作为调整或优化广告投放策略的客观依据，从而帮助企业的营销人员不断提升广告活动的投资回报率

[①] 威廉·阿伦斯，迈克尔·维戈尔德，克里斯蒂安·阿伦斯.当代广告学[M].丁俊杰，程坪，陈志娟，等，译.北京：人民邮电出版社，2013.

[②] 刘鹏，王超.计算广告：互联网商业变现的市场与技术[M].北京：人民邮电出版社，2015.

[③] Chaffey D, Ellis-Chadwick F. Digital Marketing: Strategy, Implementation, and Practice[M]. Fifth edition. London: Pearson Education Limited, 2012.

[④] 杨扬.计算广告学的理论逻辑与实践路径[J].理论月刊，2018(11)：162-167.

（ROI）。

这也正是数据驱动的效果广告在2010年后席卷全球营销领域的重要原因。尽管效果广告发展迅速，但我们仍然面对着这样一个现实：大多数广告主对营销总监、市场总监甚至运营总监的招聘要求依然停留在过去的"品牌总监"逻辑中，导致所招聘的总监有可能不懂互联网、移动互联网、效果广告投放以及线上线下流量转化等运营策略。因此，知识结构的老化和技术基因的缺乏正在成为很多企业在新的环境中谋求转型的限制因素。互联网尤其是移动互联网快速发展所带来的营销进化是一种质变，它意味着广告不仅仅是在用户面前的呈现和曝光，更重要的是所实现的最终效果，即引导用户在移动端通过点击广告、跳转到产品或品牌的着陆页、完成在线下单支付等几个简单的步骤，从而实现最终的销售效果。也就是说，移动互联网广告的营销效果因为让用户增加了一个闭环型的点击购买动作而变得更具备可测量性。

基于大众媒体的品牌广告无法实现即时场景、即时即刻的用户购买，而基于移动端的效果营销必然是转化链更短、效率更高、更为先进的营销模式，在移动互联网时代，一切传播形式都具备导向购买（或下载、注册等用户行为）功能，这是一个根本的思维取向。如果不能导向购买，则不叫效果营销。[①] 技术的进化已经极大地压缩了从广告曝光到购买决策的时间和空间，这对于广告促进销售的效果提升至关重要。一条广告信息从打动用户到触发购买冲动往往只是转瞬即逝的几秒，如果广告活动能够在当时当下解决从曝光到购买的转化问题，那就意味着它可以完成即时销售，而不需要像传统广告那样经历曝光—关注—理解—接受—保持—决策这一系列漫长的时间周期和空间距离。否则，在快节奏的信息环境下，一旦用户因为无法直达交易页面而跳出当前场景，在经历了保持期、遗忘期或者冷静期之后，广告直接促进销售的效果必然因为丧失最佳的交易窗口期而大打折扣。这是传统大众媒体的品牌广告无法向广告主承诺销售业绩而仅仅强调其信息传播功能的主要原因。

（三）大数据时代计算广告的崛起

从传统大众媒体向数字化媒体的转变，使得广告营销活动能够更容易地获取、存储和分析数据，从而大大提高了数据的利用效率。[②] 数字化媒体借助于前沿的数据技术对用户行为数据和消费数据进行分析和挖掘，能够在个体层面上对不同用户的兴趣、偏好和需求形成更加客观和全面的认知。由于用户各方面的数据处于不断更新的状态，对用户所形成的认知也会随着数据的更新而处于一个动态完善的过程。借助于大数据所形成的用户画像，营销人员及其所使用的程序化软件可以对不同时间、不同地点、不同状态、不同场景和不同情绪下的用户实施不同的广告投放策略。这使得全新环境下的精准营销技术越来越强调广告本身与用户需求之间的相关性。[③] 相关性越高，广告投放的精准程度也就越高，用户点击并完成购买的转化率也就越高。

从本质上来看，大数据思维和技术在广告营销领域的应用，正在从底层逻辑上对大

[①] 杨飞. 流量池[M]. 北京：中信出版集团，2018.

[②] Blattberg R C, Kim B, Neslin S A. Database Marketing: Analyzing and Managing Customers[M]. Berlin: Springer, 2008.

[③] Zabin J, Brebach G, Kotler P. Precision Marketing: The New Rules for Attracting, Retaining and Leveraging Profitable Customers[M]. Hoboken: John Wiley & Sons Inc, 2004.

众媒体时代的市场调研方式和消费者洞察方式进行解构。大数据思维在很大程度上克服了市场分析和广告投放等方面的经验主义倾向，为我们在广告营销领域建立更加客观的认识论和更加实效的方法论提供了新的思路。具体而言，大数据作为一种全新的思维和应用(而不仅仅是一种网络技术和统计方法)，对我们从经验主义的洞察模式向数据主义的认知模式转变主要有两方面的影响。一方面，市场分析的对象从有限样本扩展到了总体用户，它解决了过去 4A 广告公司市场洞察太过主观的问题：由于无法穷尽一切样本，因而无法保证结论的可证伪性，以致很多形而上的命题带有较大的偏见。① 另一方面，它更加注重呈现不同变量之间可能存在的相关关系，这也就意味着营销人员能够发现更多能在事实层面上直接影响用户购买和产品销售的非线性的因果关系，并进一步利用包括广告在内的一切手段对其施加影响，从而提升营销活动的效果。

这都使得营销人员有机会对市场、用户、产品有更加客观、理性和全面的认知，并且利用大数据分析和计算的方法，有针对性地将不同的产品信息个性化地匹配给不同的用户。事实上，用户需求的个性化和差异化特征并不是直到今天才呈现出来的，在市场经济从卖方市场向买方市场转变的时候，它就已经萌芽。但工业社会的大规模生产、传播和营销方式并不支持低成本的、面向具体用户的产品定制、信息定制和沟通方案定制，尽管理论上营销人员可以对市场进行无限的细分，但在技术层面和经济层面都无法将这种理想状态落地。直到计算机技术、互联网技术和大数据技术在 21 世纪的第一个十年取得了突飞猛进的发展，同时计算广告概念出现，才在技术应用层面上对这种个性化的营销策略予以确认。

在美国的计算机协会和美国工业与应用数学学会联合举办的世界计算机算法方面最权威的离散算法研讨会(SODA，Symposium on Discrete Algorithms)第十九次学术年会上，时任雅虎研究院资深研究员的 Andrei Broder 较为系统地介绍了计算广告与推荐系统等概念，不久后他与一位同事在斯坦福大学开设了"计算广告学导论"的课程。可以说，计算广告这一概念是在互联网技术和互联网广告快速发展的前提下，由具有计算机科学、数据科学、数学算法等背景的互联网广告一线科研和从业人员——而不是那些在传统大众媒体广告领域的创意、策划、投放人员或者广告学术研究者——率先总结、提出并迅速与产业实践结合的一个应用型概念。虽然没有对计算广告的基本定义及其内涵和外延给出清晰的界定，但是他在这次学术研讨会上以及不久后参加的几个不同的关于推荐算法的研讨会上，都明确提出了计算广告的核心挑战是为特定场景下的特定用户找到一个合适的广告，以实现最优匹配(The central challenge of computational advertising is to find the "best match" between a given user in a given context and a suitable advertisement)。②

事实上，计算广告理念是对 20 世纪初阿尔伯特·拉斯克尔和克劳德·霍普金斯等人提出的科学广告理念的一种新的诠释，但计算广告与科学广告两个概念所赖以存在的基础是不同的，后者建立在大众传播时代对市场深刻洞察的基础之上，而前者则建立在网络传播时代利用大数据对用户进行全面认知的基础之上。

---

① 段虹，徐苗苗.论大数据分析与认知模式的重构[J].哲学研究，2016(2):105-109.
② Broder A Z. Computational Advertising and Recommender Systems[C]//Proceedings of the 2008 ACM Conference on Recommender Systems. Lausanne，Switzerland，Oct 23-25，2008.

三、计算广告学:人工智能时代的广告新科学

广告传播就是建立在各种计算基础之上的,一切计算都是围绕着目标人群展开的,计算是内置于广告中的一个核心的理念,广告就是在计算的基础之上展开其传播活动的。① 无疑,计算广告因为其数据化、精准化、定向化、场景化、动态化和智能化等特征,将广告活动的客观性、实效性和科学性提升到了一个全新的高度。也正因如此,计算广告的概念一经问世就引起了国内外广告业界和学界的广泛关注。比起程序化广告的概念,对广告研究者而言,计算广告以其明确的理念主张和丰富的理论内涵有着更强的亲和力,而程序化广告则因其较强的技术性、应用性和限定性,缺乏一定的理论高度和外延宽度。因此,当广告业界和学界将关注焦点从程序化投放逐渐扩展到大数据和人工智能等技术在广告创意、策划、传播、反馈等各个环节的时候,计算广告的概念张力远远强于程序化广告。

(一)计算广告的数据思维

越来越多的广告公司和广告主可以通过更加先进的技术获得更强大的数据挖掘能力和计算能力,而这种巨大的变化发生的速度快到令人难以置信。在不到十年的时间里,大数据思维和应用已经在各个行业遍地开花,新的营销机构不断地去教育那些工业时代的广告公司和广告主如何使用计算广告相关的新技术和新方法。对于广告公司和广告主而言,计算广告更多地是指在总体用户和总体产品的海量数据中"计算"出具体用户需求和具体产品供给之间高度相关的匹配关系,这个过程是数据的获取、加工和产出过程。事实上,传媒和广告领域的从业者已经开始大规模地利用数据挖掘技术为用户量身定制更有吸引力的广告信息和媒体内容。我们正在从使用特定传统媒体手段传播信息的模式向使用技术手段在最佳的时间和地点针对定向用户传播定制化信息的模式过渡。②

数据成为互联网广告组织运作的核心要素,贯穿于互联网广告的全流程,数据的来源、质量和算法决定了广告匹配的效率,也决定了计算广告的交易价格与价值,因此成为计算广告最大的驱动力。③ 在大数据的海洋里,我们可以将约翰·沃纳梅克的经典名言改造为"我们的数据有一半以上都是垃圾,只不过我们不知道是哪一半",但我们可以将过滤垃圾数据并发现有效数据的过程交给计算机程序来完成。这个问题的解决也就意味着我们能够通过数据主义和计算主义的方式解决广告预算浪费一半的难题,从而实现广告客观性和科学性的提升。

---

① 颜景毅.计算广告学:基于大数据的广告传播框架建构[J].郑州大学学报(哲学社会科学版),2017,50(4):150-154.
② Couldry N,Turow J. Advertising,Big Data,and the Clearance of the Public Realm:Marketers' New Approaches to the Content Subsidy[J]. International Journal of Communication,2014(8):1710-1726.
③ 马澈.关于计算广告的反思——互联网广告产业、学理和公众层面的问题[J].新闻与写作,2017(5):20-26.

（二）计算广告重构广告范式

谈到科学，实际上它主要在两个基本方面改变了我们的认知：一个方面是外向的，即人类对于外部世界的认知；另一个方面是内向的，即人类对于我们自身的认知。建立在大数据基础之上的计算广告之所以将广告活动在科学角度提升了一个台阶，是因为无论对于营销活动所处的外部环境，还是对于作为营销对象的用户内心，它都建立起了更加全面而清晰的认知。互联网、大数据、人工智能、机器学习等全新的信息科技使得我们对于广告活动的判断和决策越来越明智，广告营销的效果也变得越来越明显。可以说整个营销领域的外部环境和内部规则都正在被计算广告所改变和再造，但这种重构依靠的不再是传统广告人所擅长的策划、创意、文案等洞察能力，而是建立在数据科学家和算法工程师更加严谨的数据处理和算法匹配等全新能力的基础之上。我们正见证着一次划时代的、前所未有的广告营销革命，这是一场从大众营销向精准营销的变迁，后者在不断继承前者所积累的理论及实践精髓的基础之上，重新构建着属于信息社会的广告营销新科学范式，即计算广告学范式。

关于科学范式，美国著名科学哲学家托马斯·塞缪尔·库恩主要用这个概念来指那些在一段特定时期内界定了一项科学规则的理念和实践。在那本影响了当代科学进程的《科学革命的结构》一书中，托马斯·塞缪尔·库恩认为一种科学范式通常被认为是在一段时间内为某一实践共同体成员提供问题模型和解决方案的科学成就，它包括了一个共同体成员所共享的信仰、价值、技术、基本模式、基本结构和基本功能等，是具体某一科学领域研究者和从业者从事日常研究和业务活动的理论基础和实践规范，即认识论和方法论。当然，无论对于全球的整体科学界，还是对于任何一个具体的科学领域，科学范式都有较强的稳定性，但它并不是一成不变的，托马斯·塞缪尔·库恩把这种从旧的范式向新的范式的变革过程称为"范式转换"。范式转换意味着理论基础、思维逻辑和实践方法发生了本质的变化，新范式与旧范式不再享有共同的认识论和方法论，过去所积累的经验和应用策略可能无法适应新技术、新环境和新世界的需求，不断涌现的新现象、新思维、新知识和新理论在现实层面上逐渐打破了原有的研究假设和基础法则，从而使得科学或学科的基础理论和应用逻辑发生了根本性的调整或颠覆：新的范式及其研究者必须承诺能够最大限度地对不断涌现的明显且广泛的具体问题提供全新的解决方案。[1]

事实上，在我们当前所处的时代背景之下，科技革命正是范式转换的核心驱动力，近30年来的互联网浪潮和人工智能进化已经解构了太多具体科学领域的思维方式和行为方式，包括广告科学在内。在广告营销领域，工业时代确立起来的旧范式正在瓦解，那些我们曾经习以为常的营销方式和广告策略在信息时代已经无法奏效，"有些知识我们曾经坚信不疑，视它们为权威机构最坚不可摧的基础，然而如今，这些知识也遇到了质疑，从而使得这些机构都受到了冲击"[2]，全球性4A广告公司及其赖以存在的策划、创意和媒介购买体系，在面对移动互联网的冲击时已经到了捉襟见肘的地步。我们都应该清醒地意识到，当获取、保存、传播、交互、生产和消费信息的媒介和方式发生变

---

[1] Kuhn T. The Structure of Scientific Revolutions[M]. Chicago: University of Chicago Press, 1962.
[2] 戴维·温伯格. 知识的边界[M]. 胡泳, 高美, 译. 太原: 山西人民出版社, 2014.

化的时候，广告营销的基本法则也会发生相应的改变，这时候在旧范式的"废墟"上建立新范式也就成为当务之急。

对于广告科学而言，新范式区别于旧范式的最大特点在于它是以当前科技革命的核心技术集群及应用成果为基础的，其所有理论拓展和应用创新都离不开对互联网、移动互联网、大数据科学、人工智能科学等技术手段的运用。而这也正是旧范式先天存在的最大缺陷，它直接导致了旧范式无法为层出不穷的新营销问题提供可行的解决方案。2018年3月，《经济学人》商业板块的一篇文章直截了当地宣称科技已经取代了世界广告巨头，而像WPP这样的传统4A公司的确在技术的冲击下面临着改变其商业模式中陈旧和低效等元素的巨大压力。具有数字化专业知识的咨询公司（如德勤和埃森哲）正在与各大广告公司展开竞争，认为它们知道如何通过数据、机器学习和应用程序更好、更便利地与消费者建立联系；谷歌和脸书（Facebook，2021年10月更名为Meta）这样的互联网企业可以通过强大的网络力量，让大大小小的公司通过它们的平台轻松地投放广告；亚马逊等电子商务网站以及互联网时代直接面向消费者的新兴企业影响力越来越大，这削弱了广告巨头的分销能力和议价能力。[1]

总之，技术力量正在突破大众传播时代形成的广告营销旧范式，并已经成为广告业的核心生产力。健全和加强广告管理，必须研究新的技术变化，运用数字技术，改变管理理念和方法[2]，也就是建立广告科学的新范式。对于旧范式及建立在其基础之上的广告公司、广告主、研究机构和从业者们而言，与其悲观地认为这是一场知识、理论乃至范式的危机，不如乐观地将新范式看作对自身知识结构和营销能力的一场提升与再造。比起过去，计算广告学的新范式虽然对营销人员提出了更综合性的能力要求，但它正在拓展广告学科和广告实践的视野，从而使其更加客观、科学、透明、有效和友好。

（三）计算广告是广告技术变革的必然要求

计算广告作为广告营销进化过程中的一种广告形态或发展阶段，是互联网媒体进行精细化流量管理和广告主进行集约化预算投放的必然要求。从杨致远和大卫·费罗1994年创办雅虎公司，将互联网广告比喻为"伫立在高速公路两旁的广告位"，到国内外各大互联网巨头的大量程序员和工程师不断对流量进行拆分，对算法进行优化，对用户进行定向，这个过程不仅是广告媒介迭代的过程，也是广告技术变革的过程，更是广告思维和范式转换的过程。

2008年之后，计算广告作为一个逐渐被接受和认可的概念，越来越多地出现在算法工程师、数据科学家、互联网从业人员、广告从业者和广告主的视野中。尽管Andrei Broder对计算广告概念的普及起到了非常重要的作用，但实际上当时计算广告技术在互联网商业模式中的实践应用已经成为一种较为普遍的现实（如雅虎、谷歌、百度、腾讯等都开发了广告精准投放系统），并极大程度地提升了广告投放的准确程度和触达效果。虽然关键词优化、实时竞价、程序化购买、个性化推荐等概念遍地开花，但是它们无法将广告领域最新的技术创新提炼升华为更具有普适性的理念结晶，即形成一种广

---

[1] Technology Has Upended the Business Model of the World's Advertising Giants[EB/OL].[2018-03-31]. https://sundiatapost.com/technology-has-upended-the-worlds-advertising-giants/.
[2] 陈刚.技术成为广告业的核心生产力[N].中国市场监管报，2019-01-03.

营销的新范式。因此，计算广告和计算广告学所承载的重要使命与其说是引导营销形态的实践探索，毋宁说是助推广告科学的范式转换。事实证明，过去10年计算广告理念和应用的普及已经为这种范式转换打下了坚实的基础。今天，无论是互联网从业者还是大众媒体从业者，无论是广告公司还是广告主，他们在从事广告营销活动的过程中无时无刻不在追求的一个共同目标就是运用计算能力实现海量用户与海量广告之间的精准匹配，也就是在合适的时间、合适的地点以合适的频次、合适的方式将合适的广告投放给合适的用户①，这种比较一致的共识意味着广告科学的新范式已经初具雏形。

而在此之前并不是太久远的时期，广告活动还是一种建立在过去经验积累和大胆猜测基础之上的魔法艺术（black art），忽然之间广告主就能够将信息高度精准地定向投放给那些对具体话题感兴趣的个体用户了。这样，广告将不再是一种妖术，而是一门方兴未艾的科学。② 随着互联网的进化和大数据技术的运用，越来越定向化、互动化和友好化的广告设计及投放方式将会对互联网经济乃至整个社会的发展方式产生巨大的影响。深深扎根于数学、数据和算法基础上的计算广告方法变得越来越必要，且将作为一种基础性工具继续深化发展下去。③ 事实上，随着近几年大数据、人工智能、机器学习等技术与广告活动各个板块、各个环节的深度结合，新范式下的新思维、新技术和新应用早已远远超出了互联网广告的程序化投放这一特定领域，而扩展到了几乎所有主要媒体形式和所有主要广告环节，因此我们看到，建立在数据挖掘和计算能力基础上的精准化用户画像、程序化文案创意、智能化视频生成、互动化广告沟通等新工具大行其道。在这样的智能媒体和智能营销语境下，我们就可以清晰地对广告科学新范式中的两个核心概念进行界定，"计算广告是根据特定用户和特定情境，通过高效算法确定与之最匹配的广告并进行精准化创意、制作、投放、传播和互动的广告业态，计算广告学是广告学领域新近兴起的一个分支学科和交叉学科，它是研究计算广告业态的历史、理论、形式、流程、策略、管理、技术与趋势等内容的一门科学"④。

（四）计算广告新范式视角下的品牌广告与效果广告

以新范式的新视角再来看品牌广告与效果广告之间的分歧与争论，就会发现，无论是品牌广告对于洞察和创意的强调，还是效果广告对于数据和结果的看重，实际上都已经无法摆脱它们对数据主义和计算主义的技术和工具的高度依赖。尽管纯粹情绪化和艺术化的广告创作依然不会消亡，但它已经不是新范式下的主导思维和主流策略。在计算广告学逐渐被确立为广告科学新范式的时代背景下，品牌广告和效果广告正在从过去的相互对立向品效合一过渡。当所有媒体类型都完成了智能化转型之后，品效合一在理论层面和技术层面也就彻底具备了现实可行性。正如分众传媒的创始人江南春

---

① Kelly K. Computational Advertising [EB/OL]. [2018-01-15]. https://kk.org/thetechnium/computational-advertising/.

② The New Science of Computational Advertising [EB/OL]. [2012-01-12]. https://www.technologyreview.com/s/428174/the-new-science-of-computational-advertising/.

③ Yuan Shuai, Abidin A Z, Sloan M, et al. Internet Advertising: An Interplay among Advertisers, Online Publishers, Ad Exchanges and Web Users[EB/OL].[2012-07-02]. https://arxiv.org/abs/1206.1754.

④ 刘庆振，赵磊. 计算广告学：智能媒体时代的广告研究新思维[M]. 北京：人民日报出版社，2017.

所认为的那样，对于广告营销活动而言，建立在流量基础之上的效果广告与建立在定位基础上的品牌广告不但要坚持两手都要抓、两手都要硬，而且还必须努力做到品效合一，因为"流量占据通路，品牌占据人心；流量相当于促销，而品牌才是真正的'护城河'"①。

只有做到品效合一，广告主才能实现营销费用的最优化利用和销售效果的最大化发挥。所以，新的范式并没有彻底摒弃旧范式积累下来的用户洞察、创意传播、心智占领等思想精髓，而是用数据主义和计算主义的方法把它们量化、精准化和智能化了。

四、计算广告学的体系构建与人才培养

（一）计算广告学的体系构建

1. 计算广告学需要完善理论框架

目前，国内外大量研究提出了计算广告领域的诸多问题，将这些问题进行总结和归纳，我们会发现，目前以及未来一个阶段计算广告研究的关键问题在于，如何将计算广告从应用层面抽象上升到理论层面，构建一个计算广告的理论框架，并进一步指导媒介融合、智能媒体、传媒广告产业转型等背景下的广告跨屏传播体系乃至整个广告产业生态的进化与创新。

传统的广告学领域在量化的研究工具和研究方法方面存在一定的技术和数据弱点，而这些弱点恰恰是计算广告的研究能够补足的。国内外学者在计算广告研究初期发表了数量相对较多的技术和数据导向的论文，他们从计算广告这一新兴的、较热门的技术工具的不同方面着手，为不同领域的从业者和研究者了解计算广告的特征、价值和应用起到了一定的启蒙作用。但如果仅仅停留在工具层面的讨论，而缺乏对计算广告整体框架的把握，我们当前以及未来对计算广告的研究就有可能陷入"眉毛胡子一把抓"的研究混乱之中。任何一个全新领域的热点研究都经常会遇到类似的情形，从业者和研究者都明显地感觉到在实践和研究方面存在很多问题，但在这很多具体问题、细节问题的背后，只有为数不多的几个本质问题值得深入探讨。在计算广告领域，国内外的相关从业者和研究者发表了较多的技术层面的应用型论文，但是推动计算广告继续被广泛认知及普遍应用的本质问题并没有被解决。

所以，当前计算广告研究所面临的本质问题是理论框架的不完整、不清晰、不成熟。事实上，作为广告学研究的一个全新分支，计算广告理论框架的完善也将会在很大程度上丰富广告传播的整体理论体系。也就是说，计算广告来源于具体的应用领域，为了使计算广告的理想理念和匹配技术应用范围更大，我们需要总结、抽象、提炼出一整套有关计算广告的假设、思维、理念、共识、方法、路径，进而搭建一个完整的理论框架，去指导更广泛的应用实践。对计算广告理论缺陷的思考和研究能够为整个广告学的研究和

---

① 江南春. 新手，什么样的广告划算、效果好？[EB/OL].［2017-01-19］. https://36kr.com/p/5062362.html.

实践带来全新的思想。而这种全新思想的产生需要跨领域、跨学科、多视角、多方法的跨界交叉碰撞,碰撞的理想结果是广告学领域的一个全新的分支学科和交叉学科——计算广告学的萌芽和进一步成长,它将推动广告学领域量化研究的思想和工具更充分地融入质化的流程和细节中,真正实现广告艺术与广告科学的完美融合。

2. 计算广告学需要运用理论框架指导实践

在形成了较为完整的理论框架之后,计算广告的研究重点就是在这一理论框架的指导之下去解释并解决当前产业实践所面临的转型问题,亦即产业生态的进化与创新问题。当前,无论新兴媒体还是传统媒体,在本质上都已经是数字化的媒体,那么这就意味着这些媒体所承载的绝大多数广告也都是数字化的广告——技术和数据驱动的可计算的广告。但是目前实际的情况在于,计算广告的研究和应用仍然较多地停留在互联网广告领域,而互联网广告领域对计算广告的关注又更多地停留在了程序化的交易环节。王薇通过深度调查研究认为,随着媒介融合、全媒体营销和跨屏传播趋势的进一步发展,只要是能够数字化的资源,都可以实现程序化,程序化将会是一个面向所有媒体和终端、打通线上线下的服务[1]。同样的道理,计算广告也将会是一种能够打通所有媒体屏幕的广告服务。那么,如何将计算广告的理念从交易环节扩展到广告业务流程的每一个细节?如何将计算广告的实践从互联网广告领域扩展到更广泛的多屏、全媒体领域,从而实现广告业务流程的重构和广告生态的创新?赵国栋、易欢欢、糜万军等提出,通过创造大部分平台一起合作的广告产业生态系统方式来达到广告系列目标,理解生态链各个部分的参与者以及它们是如何相互影响的,这是实现成功在线广告过程的关键[2];而构建一个自动化、智能化、集约化、精准化、个性化的计算广告传播的新景观,则成为计算广告应用层面亟待解决的实际问题。这些问题的解决,都需要一种高屋建瓴的理论支持。

3. 计算广告学研究需要明确其概念和内涵

对计算广告和计算广告学的研究,首先应该从广告学的角度切入,通过计算广告概念的确定,在本体论层面明确计算广告的内涵和外延,在此基础上,进一步将计算广告的产业实践抽象升华为计算广告学作为一门学科的理论框架。而目前国内外的业界和学界都尚未对计算广告或计算广告学给出一个明确的、统一的界定;同时,国内外的研究大部分集中在"计算"这一定语的角度,很多时候忽略了"广告"这一主语或者本体。计算广告首先是一种广告,计算广告学首先是广告学的一个重要分支学科,其次才是某种数据和技术驱动的某种计算形式。刘庆振从广告学的角度切入,分析了计算广告所带来的广告产业的革命性变化,甚至更进一步指出,这场变革所带来的影响将不仅仅停留在广告领域,而是会更广泛地影响到经济领域更深层次的资源配置效率问题,间接地推动国家经济转型和产业结构升级。[3] 但是关于计算广告和计算广告学是什么,我们并没有达成共识。毕竟,无论是计算广告还是计算广告学,作为一门新型的交叉领域或交叉学科,都涉及计算机科学、数据科学、新闻传播学、社会学、心理学、管理学和经济学

---

[1] 王薇.解构程序化生态圈——剖析程序化广告八大误区[J].广告大观:媒介版,2015(8):26-29.

[2] 赵国栋,易欢欢,糜万军,等.大数据时代的历史机遇:产业变革与数据科学[M].北京:清华大学出版社,2013.

[3] 刘庆振.计算广告学:"互联网+"背景下大数据营销的范式与实践[J].现代广告,2015(21):52-57.

等众多方面。国内外前期的大量研究还没有形成关于计算广告是什么以及怎么做的统一的、完整的理论,还没有形成对计算广告、计算广告学最本质、最深刻的理解。

4. 小结:计算广告学的体系构建

综上可知,我们缺失的是关于计算广告的一般性法则,它可以赋予主体一个逻辑框架,一个有助于强化广告学原有薄弱领域的框架。换句话说,计算广告在业内已经开始了它的实践历程,但我们缺失关于计算广告的理论——一门关于计算广告的科学。

在形成了关于计算广告的整体的知识体系和理论框架之后,下一步就应该经过多方讨论研究,进而科学、客观、审慎、全面地对待计算广告的产业应用,并重点以广告学这一本体学科和广告产业转型过程中面临的最核心的问题为切入点,通过整合来自计算机科学、数据科学、新闻传播学、广告学、统计学等众多领域的资源,对这些本质问题进行交叉研究和观点融合,并通过运用前期研究形成的关于计算广告的理论框架,发现并总结解决产业实际问题的方法论。

可见,当前及未来一段时期研究的基本路径应该是,从广告产业实践的焦点和热点——计算广告这一重要话题引发更深入的思考和提炼,并通过理论构建,将其上升到学科高度,从产业实践和学术研究两个层面总结规律,进而提出关于计算广告的一整套具有高度概括性的假设、理论、准则和方法,即计算广告学学科的整体框架,并以此解释和指导当前正在发生的广告产业变革,并预测未来传媒产业的发展方向。这样就形成了关于计算广告研究的一整套的本体论、认识论和方法论。

(二) 计算广告学的应用与人才培养

计算广告学作为一门全新的交叉学科,为广告学科乃至整个新闻传播学科的发展带来了前所未有的机遇和挑战。要充分利用这个机遇,就必须建立起一套能够与工业4.0、信息技术革命、智能媒体等全新技术经济范式相匹配的学科理论范式,并积极推动新范式的思维方式和操作模式的广泛传播和普遍应用,使其应用到广告产业、传媒产业、互联网产业乃至与计算广告相关的所有产业实践中,以指导产业变革和流程再造。与此同时,计算广告学还必须为自身这一全新的学科争取应有的地位,通过产学研互动、跨学科互动、全方位互动,为学术研究和产业实践培养复合型的计算广告人才。

1. 媒介融合背景下的传播范式转换

按照托马斯·塞缪尔·库恩对范式的理解,我们可以认为学科范式是学术共同体对某一学科在本体论、认识论和方法论等诸多方面的基本承诺,是他们共同接受的这一学科的假说、理论、准则和方法的总和。具体到广告学科,当前已经形成的在学术领域和产业领域都占据主流地位的广告学的学科范式,是建立在大规模生产和同质化消费的工业经济基础之上的整合营销传播范式。这一理念的核心要义在于"用同一个声音说话",即利用整合营销传播的手段,借助大众传媒在报纸、杂志、电台、电视台、户外、机场等媒体空间进行广告轰炸和品牌包围。由于这一范式的抽样调查研究精确度有限,且广告效果与行动转化之间存在着较大的差距,因此,在此范式下的广告学科将研究的重点放在了广告创意、活动策划、品牌包装、媒介策略和消费者群体洞察等品牌广告的质化研究环节,而忽略了对直接效果广告的研究。

随着技术经济范式的转换,信息、芯片、互联网、移动互联网、智能终端、大数据等作为关键生产要素或技术通用体系在广告传媒产业被广泛和普遍应用,从而推动了低成本、高效率的受众定向、程序计算、效果测量、标准投放和数据挖掘等精准化效果广告体系的完善,广告学科的本体论、认识论和方法论也随之发生相应的改变。旧有的、相对稳定的学科范式无法在媒介融合背景下提供解决广告精准化传播问题的合适方法,广告学科亟需新的融合定制传播范式来研究新问题、探讨新思路、提供新方法。计算广告学无疑是新学科范式的重要产物,它虽然不能与新范式等同,但却承担着推广新范式的重要责任;当然,新范式并不是彻底否定旧有范式在质化研究方面所积累的经验,而是将广告学科之前所有的精髓理念继承下来,并与新范式下全新的量化手段、计算技术、数据能力相叠加,进而推动广告学走向一个新高度。

2. 新营销方式引发产业变革

无论对于传统媒体还是新兴媒体,无论对于互联网企业还是更广范围的各行各业的广告主,计算广告作为一种新背景下新的营销方式,都产生了不容忽视的,甚至是颠覆性的影响。广告学是一门传播学、经济学、管理学等多学科融合的交叉学科,研究计算广告对传媒产业、信息产业以及国民经济各行各业带来的影响,并提出对未来产业变革趋势的判断和企业应对方案的指导,是广告学尤其是计算广告学这一分支学科的题中之义。

事实上,我们已经看到随着互联网广告市场的快速增长,报纸广告呈现明显萎缩的态势,例如因收入下滑的巨大影响而导致报纸停刊或报社倒闭,甚至一时间"报纸消亡论"甚嚣尘上。相反,国内外电视广告市场并没有因为互联网广告市场的崛起而走向衰落,中央电视台、湖南电视台等每年的广告招标收入仍然稳步增长。主要原因在于互联网广告市场仍然以效果广告为主,它对报纸的分类广告是一种替代,但是对电视的品牌广告却是一种增量。

此外,计算广告催生了能够自动完成广告购买的程序化交易平台,进而在一定程度上对过去的广告代理公司形成冲击,同时使得广告主能够更灵活主动地进行数据挖掘、广告创意和精准互动。传统媒体、新兴媒体、广告公司、广告主、互联网平台、用户等整个广告生态体系中的各方利益相关者如何看待并应对这些具体现象或整体变革,都不仅仅是产业实践层面的事情,它需要学界为此提供理论指导和参考意见。与此同时,计算广告学所关注的焦点——程序化购买——也正在从计算机端向移动端、电视端甚至户外终端扩展,它应怎样打通线上线下并构建一个媒介融合时代的广告交易标准和效果测量标准,也需要战略层面的理论指引。

3. 广告业务流程再造

技术具有自我强化的能力,"新现象与新技术构成一个良性循环,新现象提供了发现新现象的新技术,或者说新技术发现了导致新技术的新现象"[①]。计算广告作为广告领域的新现象,必然与机器学习、统计建模、信息搜索、数据挖掘等各种新技术密切相关,这种新技术在广告领域的全新组合也会进一步促进计算广告的创新和发展,而计算广告新的发展过程又会产生对更多新技术或新技术组合的需求,这样的良性循环促进

---

① 布莱恩·阿瑟.技术的本质:技术是什么,它是如何进化的[M].曹东溟,王健,译.杭州:浙江人民出版社,2014:70.

了计算广告业态的完善,并使得新思维和新技术渗透到广告业务流程的每个环节甚至每个细节中,经由改造升级完成了广告业务流程的重构。

过去的广告业务流程以企业的营销需求为起点,依次完成市场分析、广告战略、广告策划、广告创意、媒介购买、广告投放、效果监测等环节,整个线性流程缺少完备的数据支撑,从而导致决策中包含过多的主观色彩。而计算广告的业务流程则是以用户真实或潜在需求为价值起点,逆向倒推出投放媒介和广告形式,并据此完成媒介购买和广告创意,每个环节的决策都有复杂的算法和丰富的数据作为支撑。

按照技术的自我强化特性,随着 3D 个性化智能打印和物联网技术的快速发展,这种量化广告的极端业态可能会向着完全自动化和智能化的方向演进,并最终形成"程序化用户需求—程序化媒介匹配—程序化广告创意—程序化广告购买—程序化广告投放—程序化商品购买—程序化商品生产—程序化配送和消费—程序化用户需求"这样一个建立在技术、数据与机器交互基础之上的极端量化的循环景观。

事实上,无论是一门科学还是一门学科,都不应该是纯质化或者纯量化的绝对状态,计算广告学要解决的关键问题绝对不是将广告业务流程或广告学术研究引向绝对量化的歧途,而是要利用兼具批判性和建设性的学术研究,发现一条将量化手段与质化环节完美融合的广告操作路径,以服务于新环境下的广告业务。

4. 计算广告复合型人才培养

新的范式、新的竞争、新的业态都需要全新的人才培养体系与之相适应。虽然国内一部分高校已经开设了计算广告学的相关课程,但是这并不意味着我们能够快速培养出适合产业需求的计算广告人才。一方面,几乎绝大多数高校开设的计算广告学课程都聚焦于"计算"这一定语层面,而忽略了后面的"广告学"这一主语。相应地,这些高校将这门课程的学生群体定位为计算机相关专业的学生。另一方面,作为一门交叉学科,计算广告学所涵盖的知识领域广泛,所要求的专业技能多元,因此仅仅通过一门非主干课程的学习培养计算广告领域亟需的人才也是不现实的。

计算广告学是一个交叉学科,因此,计算广告领域的人才应该是复合型人才,而这样的人才培养应该跨学科进行。但是由于我们当前的教育体系是建立在工业经济时代所产生的专业化分工思想基础之上的单一学科独自培养的教育模式,新闻学、广告学、影视艺术学、计算机科学、统计学、信息工程学等学科之间几乎没有交互,甚至很多学科之间"老死不相往来"。因此,目前尚无高校真正具备搭建计算广告学跨学科教学科研平台的魄力和能力,这也是摆在计算广告学这个学科的研究者面前的重大难题。

随着"互联网+"浪潮的继续深化,建立在传统工业经济基础上的产业边界被逐渐打破甚至彻底消融,产业融合、媒介融合、消费融合等迅速发展,催生了全新的合工理论,这在客观上也要求传统的分学科人才培养模式向全新的跨学科人才培养模式改进。因此,为了培养更符合产业需求的计算广告人才,计算广告学需要从三方面着手,进行更多有益的探索。第一,积极探索、多方尝试、不懈努力,打通学科之间的界限,搭建一个产学研联动、跨学科互动的教学科研队伍,并着力编写真正适合计算广告人才培养的优质教材。第二,广泛研讨、全力推进、不断争取,将"计算广告学导论"或"计算广告学概论"课程作为包括广告学在内的诸多相关学科的主干课程,从而确立这门学科的重要地位。第三,集思广益、兼容并蓄、不断改进,发展计算广告学的教学体系和科研体系,将理论学习与产业实践相结合,将质化课程与量化课程相结合,将专业能力与综合能力相结合，培养复合型的计算广告人才。

无论是产业变革还是企业转型，最核心的要素都是人才，这也为当前广告营销人才的培养提出了一个新的课题——让过去整合营销传播范式所培养出来的职业能力与当前及未来融合定制范式下计算广告学所需求的职业能力相匹配。计算广告学作为一个方兴未艾的交叉学科，涵盖了语言处理、机器学习、推荐系统、分布式算法等众多量化研究方向，同时又涉及市场营销、信息传播、消费心理、社交网络等多种质化研究方向。因此，它对一专多能的复合型人才需求日益明显。由于过去的出版与广电、邮政与电信、计算机与IT技术、广告与营销等分属于不同的产业部门，而高校的人才培养体系也是按照新闻传播、市场营销、通信技术、计算机科学等不同学科进行相应的人才培养。所以，计算广告学的发展面临着人才匮乏的问题。计算广告学复合型人才的培养，客观上需要更多高等学校、研究机构、产业部门打破界限、集思广益、通力合作。值得期待的是，当前的智能媒体浪潮为计算广告学的理论研究和产业实践提供了肥沃的土壤，计算广告学本身所描绘的未来景观也吸引了越来越多的各界精英投身产学研的各个环节，一场广告营销领域的产业巨变已经开始。

虽然计算广告学的前景非常值得期待，但是在它的发展过程中仍然面临许多不容回避的问题，最突出的就是人才匮乏和信息安全问题。无论是对于计算广告学而言，还是对于越来越多的数据驱动型的创新企业而言，大数据的战略意义并不在于我们要掌握规模多么庞大的数据资源，而是在于对这些数据资源的深度分析和专业处理的思维和能力。而这种思维和能力的获得和提升，离不开同时具备扎实的数据统计分析能力、强烈的数据敏感性、独特的创造创新能力、良好的沟通能力、丰富的经验知识以及端正的价值观念和职业操守的数据人才的培养。这种人才的培养需要多学科之间的密切合作、产学研之间的广泛参与，但是目前国内没有任何一所大学具备这样的培养体系和综合能力。

同时，计算广告学的另一个更为尖锐的问题，也与具备专业素养和职业操守的高级人才密切相关，那就是用户的个人隐私和信息安全问题。"我们所冒的风险比想象中还要大。如果在隐私和预测方面对大数据管理不当，或者出现数据分析错误，会导致的不良后果比定制化的在线广告要严重得多。"[1]当然，无论是计算广告学还是大数据技术的其他应用层面，我们都需要明确的是，技术本身是中性的，它的不利影响并不是大数据自身的缺陷，而是我们滥用了这些技术之后所导致的恶果。计算广告学本身仍然将成为我们理解和解决当前广告领域许多紧迫问题的重要工具，同时，我们也要努力找到那些威胁用户隐私和信息安全问题的解决途径。

五、结语：广告即服务

新范式的基本逻辑已经确立，算法、大数据和人工智能等核心技术的密切结合在

---

[1] 维克托·迈尔-舍恩伯格，肯尼思·库克耶. 大数据时代：生活、工作与思维的大变革[M]. 盛杨燕，周涛，译. 杭州：浙江人民出版社，2013：270-271.

21世纪的第三个十年给广告、媒体乃至整个社会带来的影响远远超过计算机和互联网在过去三十多年对它们造成的改变。尽管这种改变已经非常巨大,但未来的广告营销和信息传播图景将会以更快的速度、更宽的广度和更大的强度刷新所有人的认识论和方法论。甚至,在万物皆媒的智能时代,广告营销与其他信息服务之间的边界将彻底消失,一切以解决用户信息需求为目的的活动都将变得更加服务化,我们也将重新界定广告:从广告即销售、广告即传播,向广告即服务、营销即服务(advertising/marketing-as-a-service)转变。这种图景并不是虚无缥缈的海市蜃楼,而是已经缓缓展开的百年画卷,它将彻底改变我们的营销方式、互动方式、社交方式和生活方式,并为整个21世纪媒体经济和社会形态的根本性变革定下基调。

届时,尽管广告的概念会发生变化,但是新范式的理论逻辑、技术基础和基本目标都会在较长的时期内处于相对稳定的状态,那就是:运用最优秀的算法对海量的产品供给和广泛的用户需求进行个性化、动态化、智能化和精准化的完美匹配。谁能更好地提供这一服务、完成这一目标,谁就会是广告科学新范式游戏规则下的新赢家。那时候,今天流行的用一套算法向所有用户进行精准化信息投放和个性化内容推荐的方式将彻底成为历史,个性化的解决方案算法将成为主导,以应对日益增长的个性化的用户信息需求。届时,更多的数据、更智能的程序和学习能力更强的工具,将使之成为现实。

第二章 计算广告的本质与特征

计算广告重绘了广告实践版图,目前已经成为理论研究的热点。在人类社会走向智慧传播的大背景、大趋势下,可以说,不断发展、变化、完善中的计算广告思想及实践模式正在成为广告、新闻及更广泛意义上传播领域的主导模式。在当今社会,计算广告已经成为无法回避的趋势和方向。

环顾我们所处的现代社会,广告无处不在,且正在迅速进化。在移动互联网飞速发展的今日,我们更是行走在各种各样的广告之中。在线下,强交互性、体验性的户外广告吸引用户观看,提升品牌认知度和黏性。在线上,购物软件针对不同用户的浏览记录和购买记录,为不同用户推荐符合其需求的产品,促进购买率的提升;娱乐软件也通过分析用户喜好,为用户推荐短视频、文章以及其他形式的内容,也包括植入其中的软性广告;聊天软件中的信息流广告或原生广告早已攻占用户的朋友圈,广告主确保用户可以在恰当的时间段浏览不同的广告,这样点击率与购买率会大幅提升;更不用提电视节目或者电脑游戏中植入的各类广告。可以说,计算广告正试图洞悉人心。从最初的合约广告到定向广告再到竞价广告,再到如今的原生广告、信息流广告,广告的交易形式、表现形式以及内容都在向更高的层次进化,研究计算广告及其发展非常关键。

同时,针对广告学科自身而言,学科的发展与研究也需要现代化的变革。计算广告学是一个全新的交叉科学领域,涉及在线广告、信息检索、文本分析、数学建模、机器学习、推荐系统、优化策略、博弈理论、拍卖理论、微观经济学等研究和应用。它融合了广告学、传播学、市场营销学与软件科学、人工智能等学科知识,将工科与文科巧妙地结合在一起,因此计算广告的发展更呼唤着深刻理解和熟练掌握计算广告相关思想、理论、技术、市场、组织、管理等各方面知识和技能的专门人才。

本章试图对计算广告的本质特征进行梳理,进而从不同角度和层面思考计算广告的发展轨迹和未来方向,并且提醒人们时刻保持理性审慎态度,正确看待计算广告的正负面影响,从而最大程度地趋利避害,使计算广告得到良性发展。

一、计算广告的诞生条件及发展阶段

(一)计算广告的诞生条件

互联网技术的发展与跃升、可计算资源的持续增长、获取移动设备的便捷性以及富媒体内容的普及推动人类社会进入以数据为基础的高度计算化时代。计算广告是以数据为基础、以算法为手段、以用户为中心的智能营销方式,它在数据的实时高效计算下,进行用户场景画像,并快速投放、精准匹配及优化用户一系列需求。计算广告虽然诞生于互联网时代,却与传统的广告发展有着千丝万缕的联系,研究计算广告的发展脉络,需要从广告的发展历史着手。

社会计算的兴起与大数据的发展是计算广告诞生的重要条件。社会计算是由社会行为和计算系统交叉融合而成的研究领域,它研究的问题包括利用计算系统助力人类沟通和协作、利用计算技术研究社会运行的规律和发展趋势等。社会计算的发展,为计算广告提供了理论基础和条件。至此,研究者开始具备数据思维,逐步在社会科学领域使用计算技术,从而实现了社会研究范式的变革。社会计算也逐渐由简单计算升级为复杂网络计算,这使对群体传播的精准研究成为可能,也为计算广告的发展奠定了基础。

同时,大数据时代已经到来,信息爆炸所带来的海量数据使数据分析方法和思维产生了天翻地覆的转变。大数据并非一个确切的概念,最初是指因需要处理的信息量过大,已经超出一般电脑在数据处理时所能使用的内存量,工程师们必须改进处理数据的一种工具。传统的社会计算时代的采样分析已经不能完全适应社会需要,大数据技术所能实现的全量分析成为主流。广告投放过程中产生的海量数据可以被更全面地分析,这种全面分析不仅不以牺牲准确性为代价,反而对准确性有了更高的要求。大数据成为人类更深入地认识社会、解决社会问题的方法和技术手段。

社会计算与大数据为计算广告奠定了发展的根基,提供了必要的技术支撑,而广告自身的进化也使广告形式向更为精准的计算广告发展。传统意义上的媒介产业正在发生变革且边界正在消失,互联网改变了媒介产业,也改变了与之相关的广告行业。

(二)计算广告的发展阶段

互联网广告产生之前,广告行业是媒介产业盈利的重要工具。传统媒介通过售卖广告位的形式与广告主或者品牌方进行合作,为其提供展示产品或服务的机会。"二次售卖"的模式一直延续至门户网站时代,但在这种投放模式下,广告投放的效果难以评测,精准度也较低,因此根据用户反馈进行广告投放的改进效率较低,对人工依赖程度很大。广告进入互联网在线广告投放模式之后,这一现象才有了较大的改善。

互联网在线广告发展史大致有三个阶段:合约广告、定向广告与竞价广告。在合约广告时代,广告主与媒体采用合同约定的方式确定某一广告位在某一时间段为某特定广告主所独占,并且根据双方的要求,确定广告创意和投放策略。但随着需求的变更,广告主逐渐倾向于对不同的受众展示不同的广告,互联网广告由合约广告向定向广告转变,此时的定向广告仍以合约的方式进行,并遵循千次展示付费(CPM)的计费方式。

随着定向标签逐渐精准化,广告主对于流量预估有了更高的要求,由此诞生了竞价广告。竞价广告是一种由用户自主投放,自主管理,通过调整价格来进行排名,按照广告效果付费的新型网络广告形式,比如百度搜索页面采用的即是竞价广告。在线广告市场形态也由此发生了变化,广告网络(ADN)开始出现,它联合众多中小媒体与广告主进行谈判,以中介的身份赚取费用。

但随着广告网络数量逐渐增加,市场交易出现了良莠不齐的现象,为广告主发布广告增加了额外的辨别成本,因此互联网广告交易平台(ad exchange)应运而生。广告网络把自己的广告位（相当于股票市场中的股票）登记在互联网广告网络平台上，由购买广告位的广告主或者代理商自主选择购买，并逐渐走向实时交易。随着在线广告市场的发展，需求方平台（DSP）和供应方平台（SSP）诞生了，为之后的在线广告交易提供了极大的便利。

可以看到，在线广告市场形态的变革朝着越来越便捷、实时、高效的方向进化，对广告主和媒体方而言都是生产力的进步，也为计算广告带来了诸多变革。在学科建设方面，计算广告衍生了新学科的建设，实现了跨学科的交融，改变了广告的范式，也在一定程度上成为人类生活的帮手。计算广告所具有的强大的计算能力在一定程度上拓宽了媒介与媒介产业的内涵，"连接"成为移动互联网时代的关键词，人机智能互动将成为人类生活中必不可少的一部分，计算广告也因此得以嵌入我们的日常生活中。

二、计算广告的研究脉络与重要技术

（一）计算广告的研究脉络

国外对于计算广告的研究开始得较早，但计算广告的概念被正式提出是在离散算法研讨会第十九次学术年会上。时任雅虎研究院资深研究员兼副总裁的 Andrei Broder 提出了计算广告（computational advertising）的概念，他认为计算广告的核心挑战是为特定场景下的特定用户找到一个合适的广告，以实现"最优"匹配。2011 年，斯坦福大学邀请 Andrei Broder 和另一位雅虎资深研究员 Vanja Josifovski 联合开设"计算广告学导论"的研究生课程，并在这门课程的官方网站上明确指出了计算广告的定义。

随后，计算广告这一概念在世界范围内受到较多关注，众多学者从技术角度对计算广告进行了深入探讨，包括广告实时检索技术、兴趣内容匹配问题、信息检索方式等，完善并且拓展了计算广告的内涵和外延，并且促进了计算广告在实践领域的应用。在互联网产业方面，不同学者根据计算广告的实际应用进行了研究，比如领英与必应搜索引擎等相关研究。Deepak Agarval 详细分析了世界上最大的社交网络平台之一的 LinkedIn 在计算广告方面的实践，介绍了该公司自主广告展示系统的机器学习和优化方法。[1] 同时，他阐述了 LinkedIn 是如何在计算广告的理论构想和业务实践之间建立起连接以及如何克服产业快速发展带来的多重挑战。可以看出，国外对于计算广告的研究多集中于大规模搜索、文本分析、信息获取、统计模型、机器学习、数据挖掘、分类优化以及微观经济学等信息技术和数据处理两大方面，不仅促进了计算广告学在学术领域的发展，而且促进了其在商业领域的变现。

---

[1] Agarwal D. Computational Advertising: The LinkedIn Way[C]//He Qi, Iyengar A. Proceedings of the 22nd ACM International Conference on Information & Knowledge Management. New York: Association for Computing Machinery, 2013.

在国内,2009年6月,雅虎北京全球研发中心正式宣布成立,该中心是雅虎为全球互联网用户设计和研发网络技术平台和产品的核心基地之一。这样,计算广告的概念被雅虎及其提出者Andrei Broder引入国内,计算广告的研究和应用也在国内的互联网企业和高校计算机科学领域快速蔓延开来。业界讨论与高校研究一并推动了计算广告学的研究和发展。2013年,百度联合清华大学开设的课程,将计算广告相关技术知识传播到课堂中去,让更多的学生了解、熟悉计算广告的运作规律。计算广告作为一门新兴的交叉学科,在理论支撑上有所不足,因此更需持续不断的研究,从而摆脱仅仅在工具层面讨论的局限,进一步升级到对整体层次的理解和把握,进而在宏观的角度指导计算广告的发展,引导未来整个广告行业的变迁。

(二)计算广告的重要技术

在技术层面,计算广告的核心技术包括合约广告技术、受众定向技术、竞价广告技术、程序化交易技术等;相关技术包括创意优化技术、流量保护技术、效果监测技术、数据安全技术等。

受众定向技术即是对广告(a)、用户(u)、上下文/情境(c)这三个维度提取有意义的特征(标签)的过程。从技术框架的角度看,受众定向标签可以分成用户标签、上下文标签/情境标签和广告主定制标签三种类型。受众定向虽然不算是计算广告中最困难的技术,但却是在线广告,特别是显示广告最核心的驱动力。通过受众定向技术,用户在网络中的行为表现被概括成可售卖的人群属性,广告主选择购买人群属性信息后,即可在广告投放中实现用户精准定向,投放适合不同用户的广告。

在计算广告的技术中,竞价技术作为核心技术之一,是计算广告发展的重要支撑,其发展来源于合约广告到计算广告的进步。1998年,以谷歌为代表的搜索引擎出现,催生了竞价广告。2000年前后,互联网广告领域逐渐产生了广告网络,将广告客户和网络媒体连接在一起,实时竞价方式也随之产生。可以说,精准投放的需求驱动互联网广告的交易方式从合约交易向竞价机制过渡,并进一步衍生出程序化交易的模式。而广告竞价相关技术(如搜索广告系统、点击率预测等)引导了计算广告当下与未来的发展方向,因此对于计算广告的研究,也需要结合技术的发展来进行。

综上所述,我们可以对计算广告进行如下定义:计算广告是以数据为基础、以算法为手段、以用户为中心的智能营销方式,它在数据的实时高效计算下,进行用户场景画像,并快速投放、精准匹配及优化用户一系列需求。下文关于计算广告本质特征的描述将围绕计算广告这一定义进行展开。

三、计算广告的本质特征

基于前文的阐述,计算广告的诞生离不开社会计算和大数据的发展,因此研究计算广告的本质特征离不开对社会计算和大数据特征的研究。

(一)社会计算的本质特征

1. 网络的复杂化

社会计算以复杂网络为基础,因此社会计算的复杂性源于复杂网络的特性。在复杂网络中,大量信息被迅速传播,网络结构也在动态演变,复杂网络作为以个体节点为基础形成的层级化网络结构,既具有普适的塑造法则和相同的枢纽节点,又呈现出交叉、重叠等分布特性。在大数据时代,随着数据的海量增长,这一网络结构不断扩张,催生了全新的领域——复杂自适应系统、复杂适应系统组等,使得传播网络更加复杂化。

复杂网络的特性主要表现在四个层面:其一,结构复杂性,即网络节点以及不同节点之间关系复杂;其二,空间和时间的演化复杂性,即展示出丰富的动态行为,特别是网络节点之间存在不同类型的同步化运动;其三,连接与节点的多样性,即不仅节点的数量多样,而且节点所代表的事物具备多样性;其四,传播技术的多重复杂性,复杂网络背景下的传播技术因其与生俱来的先导性、战略性与广泛渗透性,带来了从个人计算到集体计算、从简单计算到复杂网络计算、从单一性到融合性、从网际网络到无尺度网络的巨大变化,也带来了网络资源、计算资源和存储资源的融合,呈现出多重复杂性。

2. 服务的多维化

当今的服务呈现软件即服务、数据即服务、平台即服务和基础设施即服务等发展趋势。未来的时代是个性化需求时代,通用制造和通用软件生产的软硬件产品将无法完全适应当前的需求。在用户中心时代,人们的消费需求逐渐多元化,服务性需求逐渐增多。产业价值链也将从以制造为中心向以服务为中心转变,这也促进了按需服务等新型商业模式的出现。所谓按需服务,是指根据需求方平台广告主的需求,来提供个性化柔性服务,以促进商业模式转型和服务产业链角色重构。

3. 硬件设备的智能化

易观分析发布的《2017中国智能硬件创新产业发展分析》的报告显示,随着硬件产品种类和数量的增加、智能硬件平台的兴起,人工智能技术带来了语音交互和计算机视觉等更多样化的交互模式,也促使智能扬声器、服务机器人等产品向物联网的入口水平发展,中国智能硬件产业生态日渐完善。智能硬件是继智能手机之后出现的概念,即利用智能化技术,通过软硬件结合的方式,对传统硬件设备进行改造,使其拥有智能化的功能与更加人性化的魅力,例如智能手表、智能电视等。智能硬件产业正通过整合终端、数据、内容、服务等产业资源,不断突破信息孤岛的局限性。此外,各种移动智能手机、iPad、Kindle等智能化终端更新速度迅猛,个人定制色彩愈发明显。人与人之间的隔阂被打通,信息传播逐渐具备平台化、智能化等特点,信息资源更加集中、高效。目前,随着近年来人工智能等新技术革命的跨越式发展,智能硬件已经从传统的可穿戴式设备进一步延伸至家居、健身、医疗等更加广泛的领域。智能硬件的"人格化特征"更加明显,硬件设备智能化浪潮日益高涨。

在移动互联网时代,硬件设备智能化成为必然趋势,智能化硬件设备能够与人即时对话,为人机交互创造了条件。尤其在VR和AR技术的带动下,其创新性和前瞻性为消费者的购物方式和产品运营方式带来了颠覆性的变革。VR与AR技术的特点为沉浸性和交互性。以往的人机交互模式是一种平面图形式的交互方式,通过键盘和鼠标进行指令输入,机器也是以2D图像变化为主要形式进行反馈。整个过程中,人处于被动的地位,人理解机器的行为,并配合机器,很少在视觉、触觉和听觉等层面与机器进行交互。而VR的交互则是机器理解人的行为,通过特定的装备,创造出虚拟环境与人进行交流,模拟真实世界的反馈。在整个过程中,人通过包括视觉在内的知觉管理系统与机器交互,形成可感知的虚拟现实世界,并可以获得视觉、嗅觉、听觉、味觉多种感官刺激,这种虚拟现实沉浸式体验模式极大地提升了消费者的使用体验。

4. 资源的平台化

资源的平台化主要是指资源聚集的平台化。移动互联网时代,网络资源的优化配置塑造了全新的产业格局,从而形成了产业化平台聚合。同时,数字技术、网络技术的日益兴盛,促成了社会化媒体平台的崛起,它不仅是社交的场所,而且是资源整合的平台。包括广告、流量、文化在内的各种资源在互联网的加持中聚集起来,实现了资源的共享和共创。社会化媒体通过充分整合各行业上下游资源,成为一个多元化的资源整合平台,从而成为社会资源的整合者和调配者,导入了大量用户和流量。

随着复杂性网络工具的不断成熟,在从硬件到软件等众多细分领域形成了通过资源整合带动产业平台化和通过资源聚集打造电商聚集平台的趋势,出现了以亚马逊(Amazon)、苹果(Apple)、谷歌为代表的新商业模式。各行业通过资源的优化配置,实现资源动态化、扩散化发展,塑造了全新的产业格局。随之,社会计算向平台化靠拢。随着资源平台化的发展,如何运用社会计算实现不同平台的跨界整合传播,成为企业应该考虑的问题。

5. 技术的融合化

社交媒体的诞生彻底改变了大众传播的形式。裂变式发展的网络和数字技术打破了传统媒体和新兴媒体的边界,新技术消解了媒体的边界,技术与媒介的相融让不同媒介之间的界限越来越模糊。目前,信息传播逐渐呈现整合和社会化的特点。各种新兴技术蓬勃发展、相互交叉,实现了技术的跨界、融合,甚至是无边界聚合,因此这被称为"一场极度聚合的革命"。O2O打破了时空界限,让虚拟与现实深度交融,让不同行业走向融合;微信、微博等社交媒体聚合碎片化信息;技术的融合让不同组织拥有了扩张的外驱力与外骨骼。

(二) 大数据的本质特征

1. 海量数据

大数据聚合的数据量十分巨大。从B(Byte)、KB、MB、GB、TB到PB、EB、ZB、YB……庞大的数据量是大数据的基本特征。导致数据规模快速增长的原因有很多。第一,互联网的广泛使用增加了使用互联网的个人、企业和组织的数量,数据获取和共享更为容易;第二,随着各种传感器数据采集能力的大幅提升,人类获取的数据越来越接近原始事物本身,并且描述相同事物的数据量呈爆炸式增长;第三,海量的数据还表现为人们处理数据的方法、概念的根本变化——直接处理全体数据,而不仅仅是考虑采样数据,使用全体数据可以提高信息的精确度,从更多细节中解释事物属性将不可避免地导致待处理的数据量显著增加。

2. 数据来源多样性

复杂多变、类型多样是大数据的重要特征。虽然过往的数据量庞大，但通常都是预先定义的结构化数据。这种对结构化信息的关注，强调普及和标准化的属性，使得处理传统数据的复杂程度呈线性增长，新增数据可以通过常规的技术手段进行处理。

而如今，人们使用互联网不仅限于查看新闻、发送邮件，还会发送大量非结构化的数据，如视频、照片、表情包等。同时，工作、生活各个角落中的传感器也在源源不断地产生各种半结构化和非结构化数据。这些结构复杂、种类繁多、规模巨大的半结构化和非结构化数据将逐渐取代结构化数据，成为主流数据。

3. 实时处理

大数据的第三个特征是数据的迅捷性，具体指数据采集、存储、处理和传输的高速度和及时性。小数据时代的数据主要依靠人工采集，例如天文观测数据、抽样调查数据以及日常测量数据等。由于这些数据是人工手动测量，因此测量速度、频次和数据量都在一定程度上受限。此外，这些数据的处理往往耗时长、成本高，比如人口普查数据的获取与处理等。

目前，由于智能芯片的广泛应用，数据采集已实现智能化和自动化，数据获取也从手动采集转向自动生成，例如上网自动产生的各种浏览记录、社交软件产生的各种聊天和视频记录、商品交易平台产生的交易记录等。自然界和人类社会的各种现象、思想和行为都被全程记录下来，形成了所谓的全数据模式，这也是大数据形成的重要原因。与此同时，数据处理设备正变得越来越智能和自动化，从收集各种数据到分类并完成处理，整个过程耗时均以毫秒为单位计算，具有实时处理和高速处理的特点。

4. 低价值密度

低价值密度是大数据所关注的非结构化数据的重要属性。传统的结构化数据基于特定的数据模型抽象出事物，每一条数据都包含该应用需要考量的信息。而大数据为获取事物的全部细节，去除了采样和抽象的过程。如此，虽然能够全面分析更多信息，但同时不免引入大量无意义，甚至错误的信息。因此，大数据所关注的非结构化数据存在低价值密度的问题。然而，大数据背后也隐藏着较高的经济价值和社会价值，这既需要对来源多样的数据进行参照、关联、对比分析，也需要个人拥有独到的思维并会利用高超的技术。有学者曾将挖掘大数据价值的过程比喻成沙里淘金，而大数据的巨大价值就来自其超前的预测能力和真实性。正如阿里巴巴集团的创始人马云曾提到："海关是卖出货以后才获得数据，而我们提前半年从询盘上就推断出世界贸易发生变化了。"

5. 真实

数据是事物及其状态的记录，但这种记录也存在能否真实反映事物及其状态的问题，即数据真实性问题。由于小数据时代都是先有目的，后有数据，因此这些数据难免被数据采集者"污染"，难以保持其客观真实性。但在大数据时代，除了作为智能设备的设计和制造者之外，人类并没有全程参与数据采集过程，所有的数据都是由智能终端自动采集、记录下来的。也就是说，在大数据时代，数据先于目的诞生。由于数据采集、记录过程中没有数据采集者的主观意图，这些数据就不存在被主体"污染"的风险，因此确保了其客观真实性，能够真实地反映事物及其状态、行为。

（三）计算广告的本质特征

1. 实时优化性

实时是始终贯穿计算广告的特征之一。在计算广告1.0阶段，广告主对广告位的竞价排名是实时生成的；在计算广告2.0阶段，程序化购买广告基于实时优化的匹配和竞价实现；在计算广告3.0阶段，不仅投放前的所有操作具有实时优化性，投放后的监测和广告创意的调整也具有实时优化性。计算实时优化性使在线广告投放的效率远高于传统大众媒体广告，成为大数据时代广告主首选的广告投放策略，例如基于CPC（cost per click）发展而来的OCPC（optimized cost per click）。

百度搜索广告、信息流广告、今日头条智能推荐广告等都是一种新的智能广告投放模式。这类智能平台系统在对消费者数据进行深度挖掘之后，智能实时预估每一次点击的转化率，并在用户场景匹配和竞争环境下智能出价（RTB），强化高转化率流量的获取，弱化低转化率流量的展现，以帮助广告主降低转化成本，提升转化量和投放效率。在这种情况下，动态化的实时优化广告营销策略能够为不同消费者在不同场景下提供更为合适的内容、形式和渠道的广告。

2. 智能创意性

刘庆振认为，计算广告概念的出现，提出了广告要实现语境、用户和广告三者精准匹配的核心问题。要解决这个核心问题，需要媒介形式、广告内容以及广告创意的完美配合。[①]

在广告内容和广告创意方面，计算广告实际上实现了精准营销，符合广告主将广告精准投放给理想的客户的需求，以节约广告预算。随着技术的迭代优化，广告主希望可以针对高度细分的用户投放个性化的、合适的广告创意内容，也就是所谓的程序化创意。广告主在线投放广告不仅仅希望广告在消费者面前显示出来，更希望消费者能够喜欢自己的广告内容，并将这种喜欢转化成点击率进而产生购买行为。针对目前追求个性、自我的消费者群体，不仅产品要个性化，广告创意也需要个性化。程序化创意能够在一定程度上解决计算广告在程序化购买过程中出现的创意枯竭的问题。所谓程序化创意，是指能够将大量的诸如广告大小、尺寸、颜色、字体等广告元素进行动态优化，与用户的需求进行动态匹配而生产的创意内容。程序化创意融合了较多的创意元素，将不同的创意元素进行动态重组，体现了计算广告的智能创意性特征。计算广告的内容不再走大众化的统一路线，而是针对个体用户的画像生产与用户需求高度相关的个性化内容，从而达到广告创意与程序化技术的理想状态。

3. 匹配互动性

计算广告与传统广告的一大区别是计算广告能够高效投放广告。程序化购买利用的是应用程序（App）媒体资源中的长尾流量，实时竞价平台把闲置的媒体资源提供给各个不同的需求方平台进行匹配与竞价，从而将用户参与行为、广告主流量需求、投放媒介三者进行匹配，实现了以用户为中心的互动传播。需求方平台在人群定向技术、特定算法技术的帮助下，利用大数据绘制受众的个性化图谱，在相同的广告位为不同受众

---

① 刘庆振.计算广告："互联网+"时代的广告业务流程重构[J].中国广告，2017(6)：125-129.

提供不同的广告,在与用户的交互过程中实现需求与广告信息的精准匹配。

计算广告不仅要根据用户需求和流量进行精准投放,而且需要在投放的同时注意广告内容的匹配性。计算广告会将特定的广告内容投放给特定的目标群体和区域,主要以文字、图片、视频或动态网页几种形式,进行精准投放。这意味着要提高广告的点击率、构建良好的广告产业链,就必须增强对消费者的了解和提升对于内容的建设。只有将用户与高相关度的内容进行匹配,才能形成良好的互动,达成传达信息的目的。

4. 效果可测性

效果可测性是计算广告的又一个重要特征。传统的广告效果监测是事后的。广告主一般从广告代理公司或第三方调查公司那里,以抽样调查的方式获得广告效果的具体数据。但是这种方式缺乏实时的效果反馈,也受到各种因素的影响,难以获取真实的消费行为数据,只是停留于认知层面。广告主既难以准确地定位目标群体,也难以了解真实的行为认知消费数据,无法为后续的精准广告决策提供实实在在的数据支撑。在这个阶段,收视率、到达率、千人成本、毛评点、收视点成本、暴露频次等是最主要的评估指标,很难实现品效合一。

但以海量数据为基础的计算广告,使效果动态监测成为可能,广告主通过精准的数据分析进行智能决策,也可以利用动态数据进行实时监控,使广告效果的衡量方式更加精确化和精细化。互联网时代的"快"属性使得广告行业需要根据消费者需求的转变做出快速反应,通过实时的效果数据对广告策略和内容进行调整,计算广告和大数据使这一点变成现实。各类广告效果监测工具收集用户的行为数据,为广告主提供实时的效果数据,使得广告决策更加透明、科学。此外,从样本数据到整体数据的抓取也使效果数据的准确度有了显著提升。

计算广告的效果可测性基于测量指标而存在。互联网广告具有三类效果测量指标:流量指标、互动指标和转化指标。流量指标是反映广告展现情况和到达情况的一类指标,包括曝光、独立曝光、可见曝光、点击、点击率、页面浏览量、访问量、独立访客等。互动指标反映用户的参与深度,包括跳失率、二跳率、访问深度、访问时间、个性化互动等。不同转化指标在不同行业的定义差异较大,如销售类转化指标有销售线索、销售量等,而应用类转化指标有下载量、激活、注册、存留率等。

尽管计算广告在效果监测方面还存在流量注水、数据造假等行业问题,在一定程度上影响广告效果的真实性,但计算广告将品牌与效果连接起来,以品效合一为最终追求,使品牌广告和效果广告进一步融合,对于广告策略调整和广告效果最大化具有重要意义。同时,传统广告的效果评估逐渐减少,取而代之的是周期更短、指标更多元的效果监测体系,因此传统市场调研公司也逐渐让位于第三方效果监测公司。

计算广告的本质特征,是实现用户、广告与场景的匹配,即基于用户洞察的身份匹配、基于内容分析的意义匹配、基于场景构建的情境匹配,从而构建多样的广告场景,吸引用户,使用户积极参与互动、主动分享信息,参与品牌价值共创,最终实现由特定用户、特定时间、特定空间组成的场景画面的和谐统一。大数据时代的广告,通过对海量用户行为数据的分析与处理,联系各种各样的人,满足了人们形形色色的场景需求。

计算广告实现用户与场景的匹配,不是仅仅依靠用户标签进行简单匹配,而是通过数据对用户以及用户所处的场景进行深刻洞察。除了相似性计算和主题分析等匹配方法之外,大数据技术的应用还可以使计算广告聚合线上和线下数据,将在线行为与离线轨迹相结合，并对用户进行多维分析，以此了解用户来源和用户需求。同时，大数据时代的营销传播精确性更强，能精准判断用户所处的语义环境和生活场景，让对的广告"找"到对的人，最终提高广告转化率。

◇【案例】今日头条如何精准投放信息流广告？

 本章课后习题

1. 请用自己的语言总结计算广告的特征并加以阐释。
2. 请列举两个自己熟悉的互联网广告实时匹配的案例。
3. 社会计算为计算广告的诞生与发展提供了哪些条件？

二维码

扫描二维码
查看案例详情

第三章 计算广告技术与产品的发展历程和逻辑

一、计算广告技术与产品的发展历程

(一)搜索竞价广告

1. 搜索竞价广告是计算广告的起点

世界上第一条在线广告是 1994 年发布在 HotWired 上的一个旗帜广告(banner ad),但是早期的旗帜广告或者说更宽泛的展示广告(display ad)只不过是把原本投放在传统媒体的广告移植到互联网上,广告的投放方式并没有什么变化,广告主与媒体协商购买广告版位,根据广告时段和广告展示来计费。

在出现互联网搜索引擎之后,搜索引擎公司发现这种旗帜广告是不太适宜的,因为网民的注意力集中在搜索结果上,在页面停留的时间很短,旗帜广告的效果并不好。1996 年,搜索引擎公司 Open Text 创造了一种将广告插入相应关键词的搜索结果页面上的广告产品"preferred listing"。同年,雅虎公司开创了按点击付费(CPC)的广告计费方式。

1998 年,搜索引擎公司 GoTo(后更名为 Overture,并被雅虎收购)创始人 Bill Gross 创造性地提出了一种新的广告理念:广告主提交一个关键词和相应的广告文本;经网站审核后,同一个搜索结果上的多个广告按照广告主的竞价从高到低排序,展示在相应搜索结果的上方;当网民点击广告时,按照广告主的报价收费。

这一理念具有里程碑式的意义,它开创并综合性地应用了关键词匹配、广告排序、广告拍卖与竞价、按点击付费等计算广告的核心技术和产品理念,使搜索竞价广告(sponsored search ads)成为计算广告诞生的起点和发展的基础。

2001 年,百度创始人李彦宏提出了搜索引擎三定律,即相关性定律、人气质量定律和自信心定律,其中自信心定律就是指竞价排名,搜索引擎三定律开启了中国搜索竞价广告的市场。2002 年,谷歌将已发布的 Google AdWords 升级为 Google AdWords Select,除了保留原有的搜索关键词匹配外,借鉴 Overture 将计费模式升级为按点击付费模式。由此开始,国际互联网都找到了搜索引擎的货币化方案,为谷歌和百度带来了巨额的营收,在相当长的时期内,搜索巨头的广告收入占到整个在线广告市场 50% 以上的份额。

2. 搜索竞价广告的机制

（1）关键词广告。

由于网民使用搜索引擎的意图以搜索关键词来体现，搜索引擎生成的结果通过关键词的匹配和网站排序来呈现，因此搜索广告的产品形态和首要机制也是基于关键词形成的。

简单来说，搜索关键词广告是指当网民在搜索引擎上查询某个关键词时，与这个关键词有关的广告会按照一定顺序展现在搜索结果页。具体而言，它包括以下机制特征。

①广告主按照关键词来购买广告展示机会，用户输入的关键词请求（query）与广告主的关键词相匹配，来确定是否触发广告展示。匹配方式包括精确匹配、短语匹配、广泛匹配、否定匹配等。

②搜索广告的基本形式是与自然搜索结果相仿的文字链，并注明"广告"等提示，以有限度地帮助网民区分。正是因为这一点，搜索广告也被视为原生广告的一种形式。

③搜索广告展示在搜索结果页的特定区域，一般包括北区、东区、南区，其中北区处于搜索结果页的顶部，是用户注意力的焦点位置，最为重要。

④搜索引擎的页面空间有限，也要注意自然结果的展现，因此留给搜索广告的位置有限，仅能呈现少量条数的广告。

⑤区域和条数共同构成广告候选的队列，广告主所要争夺的就是出现在这一队列内，并争夺更具优势的区域和更靠前的位置，以抢夺用户的注意力。

总体来说，搜索关键词广告是由网民主动而明确的行为意图引起的，关键词匹配不仅提供了广告展示，更重要的是广告主有机会精准地满足目标消费者的需求意向，因此它的广告价值非常显著（如图3-1所示）。

图3-1 搜索广告页面

（2）广告竞价。

搜索关键词广告的展示空间有限，且不同位置的广告效果存在很大差异，因此搜索引擎采取拍卖的方式来出售广告展示机会和广告展示位置。具体而言，搜索引擎的拍卖机制包括如下环节与内容。

①位置拍卖(position auction)。多家广告主对同一关键词的广告位进行竞拍,搜索广告系统通过对广告候选队列进行计算,决定广告主是否得到展示机会,以及展示的具体位置。

②出价(pricing)。广告主竞拍时的出价是获得一次(网民)广告点击的价格,而非广告展示。

③广告排序。Overture发明的广告竞拍是只以广告主的出价排序,也就是谁出价高,谁获得广告展示。但是谷歌发现这种方式存在缺陷,因为出价高的广告可能因为种种原因,并没有带来较多的点击甚至没有点击,而搜索广告是以点击来结算的,这种情况下,搜索引擎的收益是受损的。因此,谷歌将点击率引入搜索广告拍卖中,因为点击率衡量了广告的质量,谷歌先预估每条候选广告的点击率,然后按点击率和出价的乘积排序,这样排序在前的广告就是广告主和用户均认可的广告,搜索引擎的收益也能最大化。这就是后来被广泛采用的竞价广告排序机制。

④竞拍付费。广告主出价竞拍后得到位置,通过引入相关拍卖理论和博弈理论,搜索引擎采取过三种竞拍付费机制,分别为GFP(generalized first-price,一阶拍卖,按照竞拍者的出价来收费)、GSP(generalized second-price,二阶拍卖,按照赢得拍卖者的下一位出价来收费)和VCG(以Vickrey、Clarke、Groves三位提出该策略的学者命名,按照赢得拍卖者给其他市场参与者带来的价值损害来收费)。其中,GFP模式在博弈上不够均衡,目前已不再使用。VCG模式是博弈理论上的最优策略,但因为较难以向广告主解释,搜索竞价广告有时也会采取相对合理且简洁的GSP模式。

由于搜索广告关键词是极为海量的,人工合约协商的方式无法实现海量的交易。竞价拍卖机制确保了搜索广告市场可以自动化地、规模化地达成交易,并且公开、公平,给广告主和搜索引擎平台都带来相对合理的收益。

3. 搜索广告的后续发展

搜索广告诞生后也在不断进化。除了基础的文字链广告形式外,搜索引擎围绕创意和转化两个方面开发新的广告形式,在创意方面增加品牌标识、品牌创意展示等,在转化方面增加商品购买、服务内容(如预订机票或酒店、查询车险报价等)、意向表单的直达窗口等,以丰富搜索广告的创意展现,提升广告效果,特别是满足品牌广告主的全方位营销传播需求。这种搜索广告的产品进化集中体现为PC互联网的品牌专区(如图3-2所示),以及移动互联网搜索直达的小程序。

互联网发展至今,搜索已经成为各类互联网平台的基础功能,从这个角度出发,凡是拥有巨大的用户搜索流量、通过搜索进行流量分发的互联网平台,基本上都有搜索广告产品,包括电子商务平台、生活服务平台、应用市场、游戏市场等。比如在电商广告中占据相当大份额的搜索广告产品"淘宝直通车"(如图3-3所示),淘宝直通车广告出现在淘宝网、天猫相关关键词的搜索结果页上,主要服务于淘宝网、天猫的卖家,帮助卖家针对用户的搜索购买行为进行商品和店铺的推广,其广告机制与搜索引擎的广告机制在原理上是基本相通的。

图 3-2　搜索品牌专区

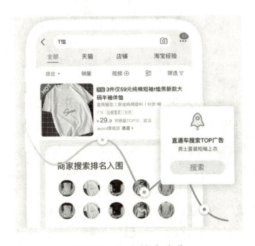

图 3-3　电商搜索广告

（二）展示广告

1. 受众定向展示广告

早期的在线广告是按照网站页面上的广告位进行广告展示和出售的，但是这种传统的广告展示方式和售卖方式存在问题：广告主通过媒体广告，试图影响的是其目标消费者和潜在消费者，而媒体的受众人群通常和广告主的目标消费者并不重合，这就造成了相当一部分的广告曝光是无效的。搜索广告给了在线广告以启发，搜索的关键词代表着特定的意向人群，由此提高了广告的精准性，那么除此之外，是否还有其他能够对媒体受众人群进行分类、定向展示广告的方式呢？

2003 年，谷歌收购 Applied Semantics 公司，获取其 AdSense 广告技术，并于同年推出 Google AdSense 广告产品。Google AdSense 将与 Google AdWords 类似的广告延伸到谷歌以外的海量网站，它自动抓取并分析网站的具体内容，系统会选择匹配与内容（实际粒度为主题或关键词）相关的广告进行展示（包括文字链、图片等），它的后台是一种对上百万词语的多样性含义进行概念性理解的本体论和搜索技术——CIRCA。Google AdSense 的实质是上下文广告（contextual ad）。

此后，互联网展示广告又根据网站的各种信息和受众信息，推出多种定向方式，统称受众定向（audience targeting）广告（如图 3-4 所示），实现了展示广告的受众匹配和精准化广告投放。展示广告的定向方式主要包括如下内容。

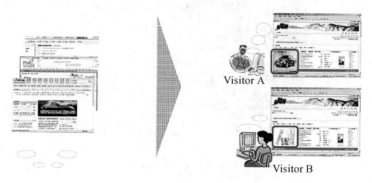

图 3-4　受众定向广告

（1）人口属性定向。

人口属性定向（demographical targeting）是利用受众的人口属性等信息对受众进行分组的定向方式，人口属性主要包括性别、年龄、受教育程度、婚姻状况、家庭状况（是否有小孩、小孩年龄等）、收入状况、行业、职业等信息。人口属性是广告主在消费者细分和品牌定位方面常用的指标。由于大量用户可能没有明确注册这些信息，以及出于对个人隐私的保护，可以通过机器学习进行预测、标注人群标签。

（2）地域定向与精准位置定向。

地域定向（geographic targeting）和精确位置定向（hyper-local targeting）都是根据用户所处的地理位置投放广告，这样便于广告主根据服务范围、产品铺货情况以及不同区域的消费特征来进行针对性的营销。一般的地域定向主要表现为国家、身份、城市等信息，而随着移动互联网的发展，精确位置定向可以达到街区，甚至数米级的精度，这使得区域性非常强的本地零售和服务业（如餐饮、生活服务等）可以进行低成本精准获客。

（3）设备定向。

设备定向（device targeting）是一种比较基础的受众定向方式。它可以根据受众联网所使用的终端设备（品牌、机型等）、操作系统（iOS、Android）、浏览器等设备信息进行定向。对于一般广告主，设备定向主要是判断人群特征和创意形式，对于移动应用、游戏等广告主，设备定向则与受众的转化率产生更紧密的联系。

（4）频道定向。

频道定向（channel targeting）是根据受众访问的媒体（网站、应用）类型、具体频道类型等内容分类来进行定向投放。例如，汽车、母婴等垂直网站和频道带有鲜明的用户属性特征和消费决策场景，适合针对这些行业或人群的广告主进行定向投放。

（5）上下文定向。

上下文定向（contextual targeting）指根据受众所浏览的页面里的文本内容，提取带有属性的关键词、主题或者其他分类，来匹配相关的广告。上下文可以粗略地描述受众当前的任务和兴趣，上下文定向在原生广告环境下会产生更大的价值。

(6) 行为定向。

行为定向(behavioral targeting)是计算广告发展中一种非常重要的广告定向方式，它根据受众之前的历史访问行为来了解用户的兴趣和意向，定向投放相关的广告。行为定向依据的信息包括受众访问过的网站/移动应用、搜索过的关键词、点击过的广告、浏览过的商品信息等。行为定向与频道定向、上下文定向、人口属性定向等方式相比，具有两点差异：一是它分析的不是当前的、某个具体的媒体环境和受众行为，而是历史的、一段时间、跨媒体的行为数据；二是它实现了从标准化的身份人口信息到更加个性化的受众兴趣信息的定向，更加接近消费意图和营销意图。

(7) 重定向。

重定向(retargeting)是指广告主针对访问过其网站/移动应用/社交媒体，浏览过、购买过其商品的受众进行追踪式的投放。重定向精准程度较高，转化效果较为突出，主要有两种营销目标：一是访客找回，针对之前未成功转化的访客进行重复投放以促成转化；二是复购营销，刺激已有客户的重复购买。访客信息和购买客户信息都来自广告主，而不是媒体，因此重定向主要依赖第一方数据开展。

(8) 相似受众定向。

相似受众定向(look-alike targeting)是重定向的拓展。重定向虽然精准，但是往往人群规模偏低，在营销应用中多针对已有客户的转化。因此媒体和广告平台为广告主提供了一种结合第一方数据和第二方数据的办法，即广告主提供一部分用户(已有客户)信息作为种子用户，媒体和广告平台根据种子用户的信息，通过机器学习算法，从媒体或平台方具有丰富信息的规模化受众中找出与广告主已有客户具有相似特征(比通用的人群标签更加细化和交叉)的人群。这部分人群因其相似性，可以帮助广告主实现扩大潜在客户群、针对较大规模的新客户进行广告投放的目的。

2. 广告网络

(1) 广告网络的诞生。

随着展示广告的快速发展，在线广告市场在供给端出现了海量的媒体广告资源，对于媒体来说，头部的媒体通过合约式售卖方式无法消耗所有广告库存(ad inventory)，大量的中小网站因为较为分散、流量相对较少，较难实现广告销售。从需求方角度，也面临着如何对接众多分散的广告媒体和广告资源的问题。因此，广告网络应运而生。

广告网络联合有广告投放需求的各类媒体(特别是中小网站)，建立标准并统一管理它们的广告位，作为这些接入网站的代理，与广告主接触。当网站有流量时，根据网站的上下文关键词、内容标签和人群标签，广告网络就会依照协商的价格展示适合投放的广告主的广告，广告网络、网站按比例对广告费进行分成。因为发展前期主要是以联盟的方式运作，所以又被称为广告联盟(ad affiliate)。广告网络大大加速了互联网媒体广告开发的规模和效率。

1996年，DoubleClick基于各大网站部署的展示广告发布系统推出广告网络。Google AdSense对接谷歌以外的众多网站，属于早期的广告网络；此后，谷歌于2009年在整合旗下包括油管(YouTube)、Google Finance、Google AdSense等广告资源以及收购的DoubleClick基础上，推出GDN(google display network)，涵盖上下文定向和受众人群定向方式，属于体系更加完整的广告网络。目前，GDN是世界上最大的展示广告网络，可以覆盖90%的互联网用户和超过200万家网站。

中国也跟上步伐,推出各种广告网络。1998年,好耶开发了中国的展示广告发布系统和发布网络。2002年,百度联盟出现。2009年,易传媒推出覆盖多个垂直领域(包括女性、男性、汽车、科技等)的垂直广告网络,后并入阿里妈妈的广告网络。2010年,阿里巴巴推出淘宝联盟,淘宝客通过淘宝联盟获得广告,在淘宝网、天猫之外为卖家做推广,根据带来的流量和转化的比例获得佣金,属于电商的垂直广告网络。

(2) 展示广告的机制与技术。

在计算广告这一发展阶段,基于各种技术应用和产品进展,展示广告主要实现了以下运作机制。

①广告发布。相比传统媒体的固定广告位和提前上刊,互联网媒体的广告资源位则是动态的,根据投放需求调取相应的广告,它的创意素材、尺寸、链接、排期、频次、数据监测代码都需要灵活的、动态的、精细化的设置。同时,对于媒体方来说,广告展示还涉及决策,在定向广告的情况下,广告资源极度碎片化,某个广告位以何种标签定向和出售,应该匹配给哪个广告主才能实现流量和广告收益的最大化?这涉及人群划分、流量预测、流量塑形、流量分配等动态的计算问题。DoubleClick的动态广告报告与目标定位(dynamic advertising reporting targeting, DART)系统、好耶的广告伺服(ad serving)系统就是为了帮助媒体解决这一问题。

②受众标签。无论是广告主实现精准化投放、提升效果,还是互联网媒体对优质广告资源按流量拆分或者提升长尾流量的售卖价值,都需要掌握受众人群的属性标签,以实现符合受众需求的广告定向展示和定向投放。因此在展示广告技术体系中,也需要通过内容分析和数据挖掘,给页面和受众打标签,并进行产品标签分类和管理。

③合约式投放。这一阶段,展示广告投放主要是合约式的,也就是根据广告主与媒体就广告投放的整体安排和价格签订的协议来实施投放。合约式投放具体分为广告位合约和展示量合约,广告位合约是独占某一具体广告位,按照时长来投放(可以固定或轮换广告创意);展示量合约则是约定投放总量(一般是CPM)和展示单价,然后由媒体或广告网络根据约定的受众定向的条件要求完成投放并进行结算,又称为担保式投放(guaranteed delivery)。尽管广告位合约和展示量合约最终都要依赖广告位进行广告展示,但是展示量合约已经具备了按人群投放和售卖/采买的性质。雅虎的担保式投放系统就是一个比较完备的展示广告系统,为广告主提供合约式的采买接口,并提供基础的人群定向功能来进行投放。

④广告网络。这一阶段,广告网络主要实现以下目的:通过签约合作,批量聚合众多媒体的海量广告资源,形成广告联盟;这一阶段主要采取合约式投放(还未实现程序化竞价交易),一方面是广告联盟对媒体的广告资源位进行代理投放,另一方面是媒体对广告联盟和广告类型的选择;广告网络设置统一的广告标准(包括形式、尺寸、代码和受众标签等),为媒体提供接口,对媒体广告资源进行标签化处理和统一管理;广告网络对接广告主,根据合约分配广告媒体流量,达成投放计划,对收益进行结算和分配。

(三) 程序化广告交易

1. 实时竞价与程序化交易的产生与发展

(1) 竞价广告网络。

在展示广告的合约式投放阶段,包括投放总量、定向方式、媒体类型与广告版位、广告价格都在合约中做出约定，由媒体或者广告联盟来分配计算和具体执行。这主要适用于品牌类的广告主，还是比较传统的广告投放计划的模式，广告主缺乏深度的介入和精细化的运作。

为了促进广告的售卖，广告网络在发展过程中逐渐从分类打包售卖升级为竞价广告网络。基于竞价广告网络的展示广告和原本就属于竞价方式的搜索广告，使在线广告整体进入竞价的阶段。相比合约式广告，竞价广告的如下转变使之在计算广告的演进中具有里程碑式的意义。

①去除量的合约。无论是搜索广告的关键词，还是竞价广告网络中的媒体剩余流量，流量都比较分散，并不通过合约规定独占的广告，对于媒体来说，不用根据合约做排期，而是通过收益预估来决定每次广告展示的分配，资源分配更加精细和灵活，决策更明晰、更有效率。因此，在交易时去除了量的承诺（不保量）。

②按照每点击成本出价、竞价和结算。在竞价的广告市场，只规定竞价的规则，通过拍卖中的博弈机制激发广告主的竞争性和市场活力，能够提升媒体的售卖效率和收入。对于广告主来说，搜索广告和竞价展示广告都是按照每点击成本来出价、竞价和结算，可以自行控制成本、预期广告效果和优化投资回报率，也符合广告主的利益。

③数据产生价值。竞价广告从售卖媒体变为售卖单独的广告位和单次的广告展示，广告展示支持关键词、上下文或受众人群定向，广告价值主要体现在媒体方提供的人群标签、定向方式以及精准性上，数据的价值得以体现。特别是竞价广告网络相比单一媒体，可以聚合多处流量来源，数据多样，也可以更加全面地分析受众的网络行为并为受众画像。

④广告主采买方式与构成的变化。基于受众定向，广告主采买从之前与媒体捆绑的买广告位转向跨媒体的精准"买人群"；基于竞价，广告主从按量购买（展示量合约）转向按质购买，也就是采买时首先要考虑人群的质量（价值和精准度）和每点击成本。对于广告主来说，这一采买方式更加贴近营销需求，借助于竞价广告系统工具，投放广告成为一种自助式的行为，由此广告也变为围绕投放账户的一系列日常行动，包括账户搭建、费用充值、费用消耗和账户优化。同时，这一采买方式的灵活性大大降低了投放广告的门槛，大量中小广告主逐渐成为投放的主体，在线广告的广告主数量和市场规模得到快速扩张。

（2）实时竞价。

到了竞价阶段，在线广告市场虽然取得了很大的进步，但是仍然存在着局限和问题。对于媒体（即使托管给广告网络）和广告网络来说，依然存在未售出的广告库存，需要寻找更多的广告主。在市场中出现了多家广告网络，但每家的接入条件、广告位资源、定价和数据标签存在不同，市场较为分散、混乱，且流动性不够。对于广告主来说，无论是广告资源位、广告竞价和展示，还是受众人群标签，都是在搜索或广告网络系统内部进行，像是一个黑盒，操作过程仍然是提前确定投放要求，阶段性地回收数据和间接调整效果，采买、投放和反馈是分开的若干阶段，并不即时、透明和精确。

在这样的背景下，以实时竞价（real time bidding，简称 RTB）为核心的程序化广告交易平台（Ad Exchange）出现了。世界上第一个广告交易平台为 Right Media，诞生于 2005 年。2007 年，雅虎收购 Right Media，谷歌收购 DoubleClick 并推出 DoubleClick Ad Exchange，广告交易平台进入快速发展期。2012 年，美国互动广告局（IAB）正式发布标准实时竞价协议,同年 DoubleClick Ad Exchange 在中国正式上线,促使中国在线广告进入程序化交易时代,阿里巴巴、腾讯、百度的广告交易平台陆续面世。

简单来说,广告交易平台类似于证券市场中的交易所。媒体或广告网络通过程序化的方式将广告流量接入广告交易平台中,当用户浏览广告页面产生曝光机会时,广告交易平台会发起拍卖,各种广告需求方根据数据决定是否竞价以及出价,广告交易平台根据比价选出获胜的买家并通过媒体来展示其广告。整个过程都是通过机器间在线通信的程序化方式在 100 毫秒以内完成,分析、交易和投放几乎同时发生,效率极高。以 DoubleClick Ad Exchange 为例,它每天管理着全球数百亿次广告的实时竞价和交易。

与前一阶段的竞价广告相比,在市场方面,广告交易平台作为一个完全开放、透明、公开的交易市场,接入各个媒体和封闭的广告网络,进一步提高了媒体广告资源的变现效率和规模。在广告运作方面,实时竞价和程序化交易最为突出的特点就是给需求端(广告主)带来变化,使得在线广告市场彻底地向广告主开放,具体表现在以下三个方面。

① 广告主自主选择广告机会。在竞价广告网络,广告主也是按照定义好的目标受众人群来制定出价、指导投放,决策是广告展示前的计划。而在广告交易平台,广告主是针对每一次广告展示的机会、每一个具体的人,自主进行选择,独立进行出价,精准程度提高。正因为如此,竞价需要和广告展示实时进行。要指明的是,狭义的实时竞价指的是广告主的实时参与(搜索竞价广告是由搜索引擎进行实时比价,但不是广告主实时出价)。

② 广告主利用自有数据(即第一方数据)。广告交易平台对于广告主的两种典型需求特别具有优势。一是自定义受众(customized audience)定向,广告主针对既有客户、网站/应用的访客去做访客召回和重定向,这在投放中只需要广告交易平台返回受众 ID,广告主根据自有客户 ID 的匹配(mapping)情况决定是否投放。在实践中,目前还发展出实时接口(real time API,RTA),广告主的系统进一步对接,以更灵活地实现个性化重定向和用户分层运营。二是潜客推荐,当广告主没有明确受众标签或受众特征比较复杂时,无法通过广告网络去做受众定向,这种情况下,就可以提供一批种子客户,由媒体分析他们的网络行为特征,进而扩大到相似受众人群,展开广告营销。

③ 广告主程序化实时决策。在搜索和竞价展示广告中,广告主只负责根据点击价值来出价,广告价值的预估、广告的排序和展现都由媒体来计算和决策。而在广告交易平台中,媒体广告位完全托管给了广告交易平台,媒体只提供接口,最后为出价高者展现广告,主要由需求方来出价、预估点击率,进行相应的计算和广告展现的决策。再结合前述的第一方数据的使用,必须在需求方(广告主)一端架设服务器,搭建需求方平台系统,才能实现计算、决策和技术接口,实现全程的程序化交易。因此,程序化交易广告突破的技术瓶颈其实是广告主的程序化(媒体和广告网络之前就已实现程序化)。

(3) 程序化交易模式。

在实时竞价和程序化交易产生以后,广告交易技术取得突破,然而作为在线广告市场,媒体的类型和流量体系比较复杂,广告主亦存在品牌类广告主和中小广告主之分,形成了错综复杂的利益关系,市场不断演变和细化,产生了多种程序化交易模式。主要包括以下四种。

① 公开竞价(open auction,open RTB)。广告主在公开的广告交易平台进行实时

竞价，自由挑选流量（媒体广告资源、对应目标人群）。由于是竞价方式，不确定价格（价高者得，次高价结算，平台仅设置底价），且不预留广告库存（不保量），对于媒体而言，该方式没有控制性，一般是最后选择的变现手段，即其他手段售卖后的剩余流量（但不代表是劣质流量）。

②私有竞价（private auction，private RTB，invitation-only auction）。相比公开竞价，非完全公开的方式缩小了（买方）竞价的范围，只有受邀请的买方才能参与。对于媒体来说，这种方式能够保证广告主的质量，保护媒体环境，且因为依然采取实时竞技的方式，能够确保变现效率。因此，很多优质媒体纷纷采用这种方式，与在公开的广告交易平台相比，私有竞价媒体质量更优，其价格也更高。

③优选交易（preferred deal）。买卖双方协商固定的价格后（由于给广告主优选，不竞价，因此该价格一般高于实时竞价市场价格），由买方（广告主）按照自己的需求在媒体自由挑选流量，这种方式的特点是保价不保量，美国互动广告局将其界定为非预留定价交易（unreserved fixed rate）。一般是针对特定的、重要的客户，是媒体服务品牌广告主、稳定收益的手段。广告主也采取程序化的方式来挑选流量和交易，因此优选交易在技术上可视为只有一个广告主的程序化交易系统。

④程序化直投（programmatic direct buying）。这种方式采取的是合约方式，而非竞价方式，即保价保量，美国互动广告局将其界定为担保投送优化（automated guaranteed）。媒体提供接口给广告主，广告主可以在合约规定的展示量和固定价格之下，在买断的媒体流量资源内进行投放决策。这种方式在采买和交易环节和传统的合约广告一样，并非程序化交易，但是在投放上采取自动化、程序化方式，可以在一定的限制条件下做到在合适的地点和时间针对合适的人展示合适的广告，进行人群定向、个性化广告内容、跨媒体频次控制等，以达到优化广告效果的目的。这种方式更受大型品牌广告主的欢迎（见表3-1）。

表3-1 美国互动广告局总结的程序化相关交易方式[①]

交易模式	库存类型	价格模式	参与方式	资源拥有者	市场模式示例
公开竞价（open auction）	非预留	竞价	一对多个	公开	real-time bidding（RTB），open exchange，open marketplace
私有竞价（invitation-only auction）	非预留	竞价	一对少量	少量广告主	private marketplace，private auction，closed auction，private access
非预留定价交易（unreserved fixed rate）	非预留	定价	一对一	广告主私有	preferred deal，private access，first right of refusal
担保投送优化（automated guaranteed）	预留	定价	一对一	广告主私有	programmatic direct buy，programmatic premium

总体来说，通过公开市场与私有市场的发展，实时竞价和合约投放不同程度的融

---

① Programmatic and Automation—The Publishers' Perspective[EB/OL]．https://www.iab.com/wp-content/uploads/2015/06/IAB_Digital_Simplified_Programmatic_Sept_2013.pdf．

合,以及程序化交易与程序化广告的结合,媒体价值与变现效率、媒体利益与广告主利益、品牌广告主与中小广告主、广告与用户体验这些在线广告需要协调的因素都得到了考量和平衡,整个在线广告市场趋向包容性、协调式发展。

2. 程序化广告交易的技术生态

(1) 广告交易平台(ADX)与供给方平台(SSP)。

前文已经介绍了广告交易平台(ADX)的产生和基本逻辑。在程序化广告交易生态中,广告交易平台是关键的交易场所和技术平台,一方面,它对接、聚合媒体和广告网络的流量,提升媒体广告资源的售卖率;另一方面,它对接买方,处理多个买方的询价和竞价;在这个过程中,它还需要传送和处理相关的页面信息、用户信息和广告创意。广告交易平台帮助在线广告交易过程实现充分的数字化、标准化和货币化。

帮助媒体实现广告流量变现的平台还有供给方平台(supply side platform,SSP)。对于媒体来说,面对多种广告售卖方式,包括合约广告售卖、优选和私有竞价市场以及公开市场竞价,不同方式的售卖效率和价格不同,那么,流量分配给哪种售卖方式、哪个平台,如何分配整体收益最大化就需要一个动态的计算和决策系统帮助实现,这个系统即供给方平台。SSP发展过程中的典型产品有广告优化平台(Admeld),它帮助美国在线(AOL)、福布斯(FOX)集团下属网站接入50多家广告网络、自建私有竞价市场(private marketplace,PMP)并提供数据服务,以优化媒体网站收益,Admeld后被谷歌收购,整合成为DoubleClick的SSP。随着程序化交易的发展,广告网络的价值降低,SSP逐渐和ADX在功能和产品上重合。

近年来,在供给方还涌现出一种特殊的形式,即头部竞价(header bidding)。在该模式下,媒体绕过ADX和SSP,在网页客户端直接连接买方DSP,让其优先竞价,以售出广告流量资源。这种技术手段在用户体验和数据安全上存在局限,但是可以让媒体在与大型交易平台的博弈中占据主动权,降低收入分成,有其市场价值。

(2) 需求方平台与交易终端(trading desk)。

需求方平台,即需求方(广告主或代理商)的程序化实时竞价操作平台,主要具有以下三个核心功能:第一,对接ADX、SSP、广告网络和媒体等流量来源,实现程序化的流量采买和广告投放;第二,根据第一方数据和第三方数据,帮助广告主识别受众,实现自定义受众和定向投放;第三,通过广告价值预估(eCPM)进行候选广告(包括广告主和广告素材)的排序和出价,以求成功竞价,并负责投资回报率的优化。

在线广告市场主体都在介入DSP,市场上既存在第三方独立DSP,接入ADX、服务广告主的DSP,也存在媒体方的私有DSP,如腾讯、今日头条都依托庞大的自有流量搭建专门的DSP,还存在广告主的自建DSP,一些投放需求大、自身数据丰富的广告主投入技术开发和操作DSP。DSP发展过程中的典型产品有InviteMedia,它原是一家独立的DSP公司,接入ADX,依靠其强大的技术、数据和优化能力服务广告主并收取佣金,后被谷歌收购,整合成为DoubleClick投标经理。

在线广告市场中,一般是大型的互联网客户(如京东、携程)选择自建DSP并具有持续流量消耗和优化运作的能力,传统的品牌广告主往往需要对接多家媒体方DSP和第三方DSP,且还要处理合约投放、优选投放和程序化直投,广告投放管理日益复杂。因此,出现了一站式的交易终端,一般是由品牌广告主或其代理公司操作,整合DSP和其他投放渠道,进行投放活动的管理、DSP分配、频次控制、数据统计和品牌整体的预算和投资回报率管理。

(3) 数据管理平台(DMP)。

程序化广告交易的关键转变是使互联网广告投放从买媒体广告位转向跨媒体的精准"买人群",驱动程序化广告交易的一个核心资源就是数据,数据的来源和加工质量既决定了广告主的投放效果,也影响着程序化广告市场各方在交易中的价值。因此,在程序化广告交易市场中,出现了专门的数据采集、加工、管理和交易的平台,即DMP(data management platform)。根据数据的来源和管理主体,一般存在第一方DMP和第三方DMP。

第一方DMP主要采集和加工的是广告主的自有数据,它的主要价值在于对广告主自有的网站或应用访问用户数据、CRM客户数据、电商数据等进行分析,加工成更加精细和准确的受众标签,以指导DSP进行广告精准投放(如前文所说的重定向和潜客推荐)。第一方DMP可采取广告主自建的方式,或采取外部技术提供商的定制化开发和私有部署,近年来越来越多的广告主重视DMP的搭建和使用。

第三方DMP是由广告主和媒体之外的第三方机构聚合各种来源的受众数据,然后进行数据打通,按照其搭建的标签体系进行数据的加工,形成有价值的受众标签,从而在程序化广告交易中,或是为媒体和ADX丰富受众标签,或是对接DSP,进行更加精准的受众定向,从而获取收益。与第一方DMP相比,第三方DMP的数据来源更为广泛,除了数据管理和加工功能外,其特色是提供数据交易和变现的能力。第三方DMP的开创者是BlueKai,它早在2008年就建立了一个独立的数据库,后被Oracle收购。BlueKai有两个特点:一是开创了数据交易的市场,它聚合大量中小媒体的数据,将加工后的数据对外出售,美国排名前20位的广告网络和门户网站中有80%都在使用BlueKai的数据;二是独特的标签体系,它的标签体系非常开放和精细,相比媒体数据的局限,能够满足尽可能多的广告主的个性化营销需求。

(4) 其他平台。

除了上述主要的技术平台外,在这一阶段的程序化广告交易生态中,还存在着提供独立广告效果监测、广告可见度分析的第三方广告监测平台(如秒针)、进行无效流量验证和反作弊的技术平台,以及帮助广告主进行品牌安全(brand safety)管理的技术平台等。随着在线广告市场和技术的发展,后来还出现了程序化创意平台和其他各种营销技术平台。

(四) 移动互联网广告

1. 移动互联网的特征与影响

2000年之后,特别是2007年苹果公司推出iPhone手机之后,手机进入智能化时代,有力地推动了移动互联网的发展。2014年中国的手机网民数量超过了PC网民,随着网民和流量向移动端迁移,移动互联网广告也得到迅猛发展。早在2006年,全球第一个移动广告网络Admob建立,2010年苹果公司上线了移动广告平台iAd,2011年百度的移动应用广告联盟上线,2012年脸书发布移动广告产品和移动广告网络,到2016年,在中美两国的在线广告市场,移动互联网广告的份额都超过了PC,此后占比更是逐渐加大。

相比桌面互联网,移动互联网具有如下特征,使之对于计算广告的发展产生了重要影响。

移动互联网主要基于手机终端,屏幕尺寸十分有限,传统的横幅、弹窗等展示广告形式没有充足的广告空间,对用户干扰大,无法移植过来,需要新的适合移动端屏幕和浏览习惯的广告样式。信息流广告应运而生,并发展成为当前移动互联网的主要广告产品。

随着4G、5G网络的普及和应用,视频特别是短视频成为移动互联网的主要应用,我们进入了一个媒介化、景观化的社会,视频内容的创作和消费非常活跃。海量的以短视频为形式、以信息流为样式的广告,使得广告的创意成为影响广告效果、亟待程序化解决的关键问题。

相比桌面互联网,移动互联网深入地融入了人的真实生活,主要体现在社交应用和基于位置的场景化服务(LBS)。包括人的内容消费信息、社会关系信息、行动位置信息以及传感器带来的身体信息的大数据,一方面使得受众标签更加丰富和精准,数据驱动广告的能力得到进一步加强,另一方面则使得用户隐私面临前所未有的挑战,计算广告的伦理和规范问题引起人们的关注。

移动互联网的生态发生了显著变化,移动互联网主要依托应用(App)而非网站(Web),App之间的链接和跳转不够便利,再加上超级App平台(如脸书、微信、今日头条等)的出现和壮大,使得互联网进入较为封闭的寡头竞争局面。移动互联网广告的主要驱动力、技术平台、数据资源和广告交易市场集中在少数几个巨头身上,这将对计算广告的市场机制产生影响。

2. 信息流原生广告

信息流广告(in-feed ad)起源于社交网络。2006年,脸书在其为用户个性化内容推荐的信息流(news feed)页面中插入广告内容,发明了信息流广告。此后,推特(Twitter)、微博、微信朋友圈都推出了信息流广告。除了社交网络外,由于手机竖屏界面展示和交互的特点,资讯类、工具类和短视频类等产品也纷纷瀑布流化(信息流化),今日头条、百度、抖音等App也推出了相似的信息流广告(如图3-5所示)。

信息流广告最主要的特点就是其高度的原生性。信息流广告在用户浏览平台内容的动态过程中出现,在展现样式上与原有内容非常接近,在交互方式上也与平台的用户体验一致(比如同为上下滑动),从而使广告比较自然、有机地融入内容和产品之中。因此,信息流广告又被称为信息流原生广告(in-feed native ad)。因为广告融入用户的自然使用,不占据单独的区域,不需要特殊的操作,广告对于用户的干扰度低,可见度高,广告效果较好。信息流广告也可以依托平台的社交信息、位置属性、上下文内容和兴趣标签,与用户和场景匹配,实现精准的个性化展示。与其他广告形式不同,由于信息流常常是无限加载,用户可以不停滑动浏览,因此基于"隔n出1"的广告填充策略,不受广告空间限制,只受用户使用时间的影响,信息流可以开发的广告库存极大。信息流广告已成为移动互联网最为重要的变现手段。

美国互动广告局提出原生广告的含义是与页面内容紧密关联、融入整体设计且与平台行为一致的广告。它认为原生广告是一系列广告产品类型,并不只是信息流广告,

图 3-5 信息流广告

还包括搜索广告、推荐工具、促销列表、广告内的原生要素和定制化内容等。①

从原生广告的内涵和实现逻辑来看,原生可以分为表现原生、场景原生和意图原生三个层次。信息流广告以信息的样式、搜索广告以搜索结果的样式都是在展现样式上与内容一致,属于表现原生,这在媒体的广告产品开发中较为容易实现。场景原生更进一步,它是基于用户使用互联网产品的自然状态和独特体验。比如在社交网络中的朋友圈广告,不仅其形式接近朋友圈的内容,而且广告发布是以人格化的形式,与社交场景一致,注重唤起受众的互动。

意图原生则是更为极致的追求,挖掘用户在场景中的意图并进行匹配,符合用户的行为目的,给受众提供有用的信息或服务,乃至符合用户的心理,实现品牌与受众的情感共振。在这个意义上,在线广告发展的方向之一将是个性化推荐,根据场景体现的用户意图以及用户的兴趣标签和消费行为数据,为受众推荐与其相关的、正好需要的商业化内容。

原生广告和个性化推荐是计算广告发展的方向。目前计算广告在这两方面主要面临两大挑战。一是原生广告特别是场景原生和意图原生,需要识别媒体场景和受众意图,并实现个性化、结构化的商业化内容生成,这在数据处理和算法模型上都具有技术难度;同时涉及媒体的深度参与,在市场和交易机制上也需要创新,因此原生广告的程序化、规模化进程还较为缓慢。二是广告的原生化和个性化推荐,涉及广告的合法性和伦理问题,表现上的原生不能完全模糊广告和内容的界限,仍要保证广告的可辨识度;基于场景和意图的广告主动推荐,要合法使用受众信息,并且给予受众控制和退出的

---

① OpenRTB Dynamic Native Ads API Specification Version 1.1[EB/OL]. http://www.iab.com/wp-content/uploads/2016/03/OpenRTB-Native-Ads-Specification-1-1_2016.pdf.

权利。

3. 程序化创意

前文所述的程序化广告主要是广告投放和交易的程序化。在广告活动中,经过创意制作的广告作品负责传递商品和品牌信息,也是影响广告效果的重要因素。随着在线广告的发展,传统的广告创意方法面临着巨大的挑战,表现在以下四个方面。

第一,互联网媒体环境复杂,广告呈现要适应众多的终端类型、广告形式、广告版位、尺寸规格等,再加上原生广告出现需要与内容样式达成一致,由此造成广告创意需要生成的投放素材格式繁多,带来巨大的任务量。第二,广告主特别是电商广告主,除了投放品牌广告或者活动广告外,还大量投放商品广告,而商品数量可以达到百万、千万等超高量级,因此相应的商品广告创意也会是如此庞大的规模。第三,采用受众定向后,广告趋于个性化精准投放,每一次广告展示都是针对不同的受众,从广告的逻辑来讲,不同的受众所需要的、所感兴趣的广告信息也有所不同,"千人千面"的投放需要"千人千面"的广告创意。第四,传统的广告创意在决策上是依靠广告人的大脑和经验,由于在线广告的创意直接影响广告点击率,亦会间接影响到竞价排名,对于广告创意相关性和效果的要求更加关键,需要精准的预估和不断的优化调整。综上所述,传统的广告创意方法无法满足在线广告创意对于海量化、实时化、个性化和科学化的要求,必须通过技术来解决这些问题,程序化创意应运而生。

程序化创意(programmatic creative)是一系列由数据和算法驱动的广告技术,将广告创意流程(包括生成、制作、展示、试验、优化等环节)程序化和智能化,降低人力成本、提高效率,实现创意工作的规模化,并提升创意质量和广告效果。目前,程序化创意主要体现为程序化创意生成、个性化创意展示以及动态创意优化。

(1) 程序化创意生成。

程序化创意生成主要解决广告创意如何实现规模化生产的问题,目前主要从三个方面入手。一是创意元素的生成,通过从广告主的商品信息、网站/应用页面中提取广告创意元素,将其标签化、数据化,用于广告创意制作,比如谷歌的 UAC(universal App campaigns)就可以从广告主在 Google Play 应用商店的 App 展示页面中自动提取广告文字描述信息和图片、视频素材。二是创意的组合制作,程序化创意平台根据媒体类型和广告主类型生成广告模版,然后自动化地对各种创意元素进行组合、修改、替换,快速生成大量的广告创意作品。三是扩充广告创意,基于已有的创意模版、元素、作品,通过机器学习的手段,大批量产生新的广告创意。

(2) 个性化创意展示。

个性化创意展示是程序化广告创意与程序化广告投放的对接,实现广告创意的个性化曝光展示。个性化创意展示常采用的定向方式包括:地域定向,根据受众的地域在创意中展示与当地有关的商品或内容(比如当地的经销商信息);搜索重定向,在广告创意中展示受众曾经的搜索词;人群定向,比如根据受众的性别,对广告中的商品和创意的诉求、颜色做出调整;个性化定价,对受众展示实时的或不同的价格,比如机票预订网站的广告创意可以根据售票情况和受众信息展示不同的机票价格。除了个性化的广告创意外,在后链路,目前的营销技术还可以根据受众信息实现个性化的落地页,通过不同的落地页布局、设计、商品信息和活动信息来精准提升转化率。

（3）动态创意优化。

动态创意优化（dynamic creative optimization）是指基于互联网的实时反馈和大数据，在某一个或一组广告位上，结合广告受众和场景，基于历史数据、对比实验和实时效果数据，通过算法来不断预测、筛选、调整广告创意元素和作品，实现广告效果的不断优化和提升。经过程序化创意生成和个性化创意展示，计算广告实现了创意的规模化和投放的"千人千面"，接下来计算广告的任务就是循证、反馈、优化，依靠实际的效果来验证和调整。动态创意优化根据产品、人群、定位、地域等多维度寻找匹配的创意，根据点击率、转化率、投资回报率等多个指标分析创意效果，然后由优化程序实时暂停较差版本和元素的创意，并持续新增优质的创意版本和元素。其基本思路是大规模的、实时的A/B测试，简单来说就是将不同的创意匹配方式和创意元素组合产生的多个广告创意分别展示一段时间，对比它们的平均点击率，然后自动选择点击率最高的创意来加大投放。谷歌智能广告系统挑选出的最佳广告创意，与普通展示广告相比，平均转化率可提高10%~30%。

（五）MarTech营销技术

1. MarTech的兴起

在传统营销体系中，广告属于营销的重要组成部分，而随着渠道的融合、广告外延的扩大和营销体系的整合，广告与营销的边界日益模糊。互联网广告是营销中较早规模化应用技术和数据并实现货币化的领域，相关技术被称为广告技术（AdTech）。随着企业数字化转型走向全面和深入，营销的整个体系也在加强对于技术和数据的应用，营销技术（MarTech）的概念和工具开始兴起。

对于MarTech的理解有狭义和广义之分，狭义的MarTech从企业的部门设置和作业分工出发，与更多关注外部市场、广告投放和品牌传播等市场部的职能相区分，基于客户关系管理（customer relation management，CRM）和直复营销的拓展，主要指面向客户进行数字化运营的技术工具。而广义的MarTech，根据MarTech概念提出者Scott Brinker的描绘，全球MarTech领域已涉及广告和促销、内容和体验、社交和关系营销、商务和销售、数据和管理五大门类，拥有超过7000款产品或解决方案，形成了Adobe、Salesforce、IBM和Oracle四大MarTech巨头。

因此，MarTech这场革命的实质是企业营销全流程、全周期和全任务的数字化，涵盖广告、运营和销售等环节，围绕企业从获客、转化、销售、二次传播、品牌、复购到客户和业务持续增长的目标，以技术和数据驱动的智慧营销理念和技术。在MarTech体系演进和智慧营销理念指导之下，一些与计算广告核心问题紧密相关的领域也取得了进展。

2. 全场景数字化与程序化

程序化广告首先应用于互联网和移动互联网媒介，互联网天然是数字化和网络化的。随着线上流量增长放缓，具有覆盖价值和场景优势的其他媒介和渠道也开始加速数字化改造和创新，以融入程序化广告的巨大市场。比较典型的媒介和场景包括以下三种。

(1) OTT 电视(over the top TV)。

目前电视终端市场的出货已基本都是 OTT 电视,OTT 电视在全部电视家庭户中已占有相当大的比重。OTT 电视具有点播、交互功能,可以记录设备 ID、分析受众画像,通过联网接入程序化投放平台,可以实现电视广告的精准投放和程序化采买。OTT 广告已成为一个热门市场,主要推动者包括各类终端厂商、内容平台、互联网公司和程序化广告公司等。OTT 程序化广告的价值一方面是其大屏的视频表现,另一方面是其家庭场景,基于这两点原因,OTT 广告对于品牌广告主具有较强的吸引力。OTT 程序化广告正在解决的问题主要是大屏交互体验和落地页转化的改进,以及与互联网整合的跨屏投放(频次控制、受众定向等)和效果评估(如 iGRP 测量)。

(2) 程序化户外广告(programmatic digital out-of-home)。

户外广告是最古老的广告媒介,户外广告首先实现的是广告终端向电子化、动态化、联网化的转变,以实时地触达移动受众并与受众交互,可以认为是一块联网的屏幕;其次是实现投放机制的转变,对广告库存进行数字化管理和动态分发,并引入程序化交易模式。程序化户外广告的市场典型有传统户外广告公司 JCDecaux 搭建的程序化交易平台 VIOOH,以及分众传媒与阿里巴巴的业务合作和数据打通。程序化户外广告除了具备程序化广告的一般特点外,更可被视为整个数字生态的实体性接入端口,针对生活化的现实场景和实时流动、聚集的人群提供精准有效的广告。

(3) 物联网(internet of things)设备。

快速扩张的物联网技术将便携式设备、家用电器、汽车和其他嵌入电子设备、软件、传感器和执行器相连接,从而组成一张巨大的物联网网络,实现"万物皆媒"。目前比较普及的消费类物联网设备主要是智能电视、智能音箱、智能手表,具有较高潜力的是汽车、智能家居和智慧城市。物联网设备具有独特的场景、数据和连接优势,不仅能够成为程序化广告生态中新的流量入口,与 AI 结合的 AIOT(智联网)还能够实现品牌对用户的个性化智能服务,比如小米基于 AIOT 帮助必胜客为用户提供居家的智能点餐服务。AIOT 广告营销还在起步中,有着巨大的技术潜力和想象空间。

3. 广告的全链路与智能化

计算广告的理念和实践都对广告效果有着极致的追求,受众对于广告存在一个接触过程,相应地也存在一个认知和行为转化过程。由于媒体的数字化进程早于广告主,计算广告的发展首先依托媒体和第二方数据来进行投放和优化。随着大批互联网类广告主的投放和传统企业数字化阵地(如网站、应用程序、活动页、公众号、小程序、电商页面等以及线下门店的数字化改造)的完善,通过自建或者媒体方、电商平台的协助搭建,逐渐实现了第一方的数据化。行业里根据受众的路径,通常把受众点击广告之后,发生在广告主页面的交互、转化行为和购买信息称为后链路数据,再结合媒体访问和广告接触数据,就构成了全链路。后链路更加接近广告主对于广告营销的最终需求和广告效果的最终评价,广告主可以进行全链路的受众接触管理,实现品牌效果和转化销售效果的协同。

在掌握后链路数据后,计算广告的出价和竞价过程也发生了变化,向智能出价转变。在传统的手动出价方式里,广告主需要为每个关键词、广告展示或人群包单独出价,耗时费力;需要根据最近的点击情况,调整新的出价,存在延迟和不够合理的操作;即使根据多方面广告效果数据,有时也很难判定竞价是否会带来效益。而采用智能出价方式后，广告主不用对展示和点击出价，而是对期望的转化成本或目标支出回报率设定出价目标。系统经过机器学习后会根据实际转化情况进行自动调整，尽可能达成目标。由于针对广告主最关心的后端转化和投入产出指标，智能出价方式的效果评估更加有针对性，也有更强的因果关联。目前在线广告实践中推出的智能出价指标主要为多种 oCPX(optimized CPM/CPC/CPA/CPI)，广告系统还提供了控制目标广告支出回报率(target ROAS)、尽可能提高转化次数、尽可能提高转化价值等智能优化方式。

在全媒体、全场景、全链路环境下，对于广告主特别是品牌广告主来说，需要对广告活动进行全面的衡量，计算出不同渠道和波次广告对于品牌最终效果的贡献，这一计算任务被称为归因(attribution)。计算广告发展到当前阶段，在归因的数据支持和模型算法上都取得了进展。目前，主要媒体渠道都实现了数字化、数据化，以智能手机为中枢，可以实现跨平台的用户身份识别与归一。归因模型方面在早期的最后触点、首次触点、线性平均、时间衰减模型之外，出现了加权多点归因模型和基于算法(包括 logistic 回归、条件概率、马尔可夫链等算法)的多触点归因模型(multi-touch attribution)。基于算法的多触点归因模型等应用，提升了品牌广告主整体广告效果评估的科学性和决策的智能化程度。

4. MarTech 的主要应用方向

MarTech 涉及企业广告、运营和销售等全流程，相关技术繁多，从对于广告营销范式的影响来看，比较重要的应用方向有以下三个。

(1) 数据平台的发展。

程序化广告生态中对数据处理和开发起核心作用的是 DMP，DMP 主要处理的是受众媒体访问数据和广告接触数据，主要支撑的是程序化广告投放。随着企业自身对于数据的重视和全链路的实现，在 MarTech 领域出现了 CDP、data lake 等新型数据平台。CDP(customer data platform)顾名思义，主要采集和处理的是作为客户的消费者数据，相比 DMP 的受众数据，CDP 更加偏重于后链路，具体包括 CRM 客户服务数据、会员数据、企业自有触点数据、零售数据等，基于 CDP，可以实现营销自动化、个性化落地页、复购营销等营销方式升级。数据湖(data lake)，是企业整体的数据集市和中台，整合企业各种数据源，不局限于营销领域，因此范围更宽，包括全面的企业经营数据、业务数据、财务数据等，主要帮助企业实现智慧决策和数字化转型，是企业广告和营销的"大脑"。

(2) 精细化深度运营与服务。

基于 MarTech 的数据平台和技术工具，特别是一套营销活动自动化的系统，对消费者数字旅程(customer digital journey)各种触点(包括企业官网、社交媒体、销售人员、客服中心、数字广告等)进行管理，运用内容管理平台(content management platform，CMP)自动生成内容，实现与客户的个性化沟通和互动。在这个过程中，还可以基于大数据，分析客户生命周期和价值，对客户进行分层、分类的精细化运营，达成不同的营销转化目标，实现业务增长。从这种趋势来看，企业将从推送式营销企业变革为服务型数字企业，通过数字化的智能技术，在持续的互动过程中，敏捷地响应消费者的需求，实现柔性化的生产和个性化的服务。

(3) 智慧零售(smart retail)。

广告、营销、销售一体化的趋势越来越明显。从广告营销的角度，在线广告向销售后端打通，投放时可以衡量线上、线下销售转化数据，比如在广告主平台上安装广告平台（如脸书）的软件开发工具包（software development kit，SDK），或者将CRM零售终端的数据对接至广告平台，都可以实现将销售目标作为投放和优化广告的机制。从销售的角度，借助于互联网所赋能的智慧零售生态和数字化工具，比如腾讯、阿里巴巴的智慧零售，企业可以进行包括数字广告在内的全渠道引流，将线下购物场景数据化、体验智能化，然后基于全链路数据分析，提高零售的运营效率，提升客户的品牌忠诚度。

二、计算广告技术与产品的演进逻辑

（一）计算广告的系统逻辑与环节

从计算广告的系统逻辑来理解，计算广告的核心任务是为一系列用户与环境的组合找到最合适的广告投放策略，以优化整体广告活动的利润。围绕这个核心任务，计算广告的实现过程包括以下关键环节与特征。

(1) 把广告效果转化为可以明确衡量和测量的目标。

对于广告主来说，这个目标一般是销售收入，以及基于收入的次生性指标，比如游戏/应用安装、付费行为等，还包括基于收入的过程性指标，比如点击、访问、注册、留资等；对于媒体方来说，这个目标是媒体流量进行广告变现的收入。

(2) 根据目标，借助机器和算法进行广告的呈现与优化。

在在线广告投放的环节，为了达到广告主的精准效果目标和媒体方流量变现的目标，就涉及通过广告投放引擎及相关技术来进行广告资源的开发、设置、排期、分配和控制；在商业端和用户端看到的就是所谓的定向广告，即使不同的媒体环境和不同的广告受众看到不同的广告，从而实现价值的最大化。在线广告投放出去并不是结束，对于计算广告涉及的各个技术系统和市场主体，这都是一个实时、动态的优化过程，可以说"循证模式"或者说"有监督/无监督学习"才是计算广告作为一种广告的认识论或方法论最为核心的特征。

(3) 数据成为广告运作的核心要素。

计算广告区别于传统广告，就是数据达到广泛和深入的应用，成为在线广告运作的核心要素。就在线广告技术系统来说，需要不断更新数据，才能提升系统的能力；就在线广告运作和市场来说，基于海量数据（尤其是全量数据和用户行为数据），才能实现精准广告和个性化营销，提升资源价值和广告效果。

(4) 形成一个价值链。

在线广告形成一个繁荣的生态和清晰的价值链，生态中包括需求方平台、供给方平台和中间的各种交易平台与服务平台，整个市场以充分动态博弈和程序化交易的方式进行，以数据和效果作为价值标准和通用货币，从而实现广告与受众的规模化开发和价值分配。

（二）计算广告的演进路径与特征

计算广告的发展经历了搜索竞价广告、展示广告、程序化广告交易、移动互联网广告、MarTech营销技术这五个阶段，梳理其演变和进化的过程，可以发现其主要以产品与技术、营销目标、广告市场这三个维度作为承载和动力，并呈现出各自的演进路径与特征。

（1）产品与技术的演进。

计算广告纷繁复杂的产品与技术，主要是解决广告的数字化、数据化、自动化、程序化、智能化这五个关键问题。首先是数字化。让媒体（线上媒体、线下媒体）、广告创意、广告计划以及企业的营销触点和资源都转化为数字化形态，可以实现交互和互联网传播，并通过IT手段进行管理。其次是数据化。对数字化后的触点、媒介和渠道都进行埋点，通过大数据采集和分析实现消费者画像和广告效果的衡量。然后是自动化。偏向于工具，通过计算机辅助自动执行广告投放、广告出价、广告内容和落地页生成、客户消息回复等广告营销执行细节。再次是程序化。依赖大数据、算法和网络接口，通过架设服务器来实现海量广告展示、决策和优化的全部流程，形成实时竞价的开放市场。最后是智能化。这是基于自动化和程序化向更高层次的演化，不仅让机器辅助人工提升效率，更重要的是通过深度学习等人工智能技术，让机器具备智慧，富有创造力，在创意和策略方面产生价值。

（2）营销策略与目标的演进。

广告主的营销需求是驱动计算广告演进的重要动力，从广告主的角度来分析，计算广告从程序化广告到程序化创意逐步改进广告流程，从帮助广告主"投对人"（广告投放）、"花对钱"（广告出价）、"说对话"（广告创意），到反馈和闭环的形成（广告优化），计算广告始终在帮助广告主实现营销目标，在展示广告方面实现"千人千面"和精准曝光，在搜索、信息流等效果广告方面实现明确的效果转化，随着后链路数据和MarTech的引入，从广告进一步深化到销售和消费者运营。同时，在品牌广告主层面，计算广告也在探讨品效协同，在保障品牌安全的前提下帮助广告主提升品牌价值，实现整体的营销效益和长期的品牌客户资产累积。

（3）市场机制与生态的演进。

计算广告的技术逻辑与市场逻辑是并行交织的，计算广告产品和系统是技术、数据和算法的集中体现，更是构建在线广告生态、实现市场交易和商业化变现的主要结果。计算广告发展的一条主线就是通过数据衡量，将受众与广告价值货币化，进而构建一个拍卖机制和交易市场，然后不断引入丰富的受众资源和广告资源，不断引入广告主第一方数据、媒体第二方数据和其他第三方数据，使市场各方利益都能得到保证。就生态来讲，计算广告的产品形式创新和市场连接主要是媒体平台主导的，它们具备流量、数据和技术优势，通过高效的商业化变现进一步强化了市场优势地位，这一方面促进了互联网广告产业的发展，另一方面也产生了垄断问题。随着广告主开始关注市场欺诈和信用，用户体验和消费者信息保护逐渐得到重视，这些因素成为计算广告持续发展的重要调控力量，计算广告从野蛮生长进入了多元协同治理的局面。

二维码

扫描二维码
查看案例详情

◇【案例】Google AdWords、Google Adsense 助力谷歌创造巨大的广告价值

📖 本章课后习题

1. 请简要描述程序化广告生态。
2. 请思考原生广告形式的发展。
3. 回顾计算广告的发展历程,并就其变化、动力和逻辑进行思考。

第四章　用户驱动和洞察

用户是计算广告产生、发展并不断优化的重要驱动力，计算广告是以用户为中心的，它通过算法技术收集用户的行为数据，并根据这些数据对用户进行深入的画像建模，以此洞察用户的兴趣点和爱好特征，细分出不同的用户群，从而实现对特定场景下的用户精准投放广告。

互联网技术的发展不仅使社会发生巨大变化，也促进传播方式的变革。由受众到用户这样一种称呼的变化，也越来越凸显用户在信息传播过程中的主体地位。相较于受众作为被动的、无意识的信息接受者，用户呈现更加主动和互动的主体特征，他们逐渐参与到广告的内容生产活动之中，实现了从受传者到传受合一身份的转变。

大数据使得海量信息的共享成为现实，也为用户提供了一个相对自由的信息接收环境。不同用户选择接触的信息不同，促使用户个性化与差异化特点产生。这也意味着在计算广告中，用户并非一成不变的行为主体，而是伴随着不同的情境、场景不断变化。与此同时，广告创意与投放的环节也需要不断调整，以适应这种变化。

用户的多样性和动态性催生了计算广告的阶段性发展。每一时期计算广告的变化都是为了满足更多用户的不同需要，从整体的、无差别的面向所有用户传播到细分的、精准的甚至面向个人的传播，用户的体验和感受都是计算广告关注的根本，也是衡量其广告效果的重要标准。计算广告旨在为不同用户的不同需求或者是同一用户在不同场景下的不同需求提供最合适的传播方案。

因此，用户驱动和洞察是计算广告的一个关键环节，用户的喜好直接影响了广告发布的时间、地点、频次以及平台等一系列要素。

一、用户标签和用户画像

根据用户在网络上的浏览、点击、收藏、评论等行为，我们可以收集到关于用户各种显性或隐性的基本信息数据，在这些数据的支撑与填充下，一个包含海量用户数据信息的行为库被建立起来。每个用户依据其使用习惯被贴上不同的个性标签，用户标签在某种程度上反映出一个人的个性特征、兴趣爱好以及消费习惯等外在和内在属性，它是用户画像的来源和基础。完整而准确的标签化数据能够让用户的画像更加立体和饱满，从而为广告的后续流程提供更具针对性的指导和参考。

（一）用户标签

我们可以把用户标签看作某个用户行为特征的符号化及系列化表达，它既可以将不同类型的用户区分开来，又能将有相同兴趣爱好的用户聚集在一起。

1. 静态属性标签和动态属性标签

一般来说，从数据的时效性看，用户的标签可以分为静态属性标签和动态属性标签。① 其中，静态属性标签指的是长期或者在一定时期内不会发生改变或较少发生改变的基础属性，比如用户的基本信息，包括姓名、性别、职业、地理位置、出生日期等。基础属性描述的是用户客观存在的社会特征，主要用于识别其身份。动态属性标签则存在一定的有效期，并且经常发生改变，它既包括用户的短期行为属性，也包含其长期兴趣爱好属性。短期行为属性指的是用户近期内在网络上浏览、点击、评论等操作行为，例如用户近期是否浏览、收藏、结算某一商品，是否成为某一网站的注册用户或付费用户等。短期行为属性描述的是用户的自定义行为，体现了用户的动作行为特征以及行为内容、行为偏好等。长期兴趣爱好属性指的是用户长期累积下来的情感行为，包括对某一信息的评论、转发、点赞行为，登录某一界面的时间长度及次数。长期兴趣爱好属性描述的是用户的情绪化标签，很大程度上受到社交群体的影响，能够表现用户的潜在特征和情感取向。

2. 事实标签、模型标签以及预测标签

从数据提取的角度看，用户标签又可以分为事实标签、模型标签以及预测标签。② 其中，事实标签不需要经过任何加工，直接从用户的数据库中抽取出来即可，比如用户进行注册时所填写的姓名、性别等信息。模型标签指的是已有数据中缺少与之对应的数据，需要建立规则和模型来得到的标签实例，比如用户的支付偏好。预测标签是通过分析已有的事实数据，来预测用户未来的行为或者偏好的标签，比如某一用户的历史消费行为和某一群体相似，通过算法的分析可以预测，这一用户也会喜欢该群体喜欢的某件物品。

通过这两种维度对用户标签进行的分类，一方面有助于业务运营人员理解标签体系的设计，根据实际情况和自己的需求灵活更改标签的设置和定义，另一方面也有利于技术处理人员理解标签模块的功能和分类，遵循相互独立、协同处理的原则，帮助他们合理设计数据处理模型，促进标签的及时更新，提高数据响应效率。

与传统广告相比，计算广告时代的互动化和智能化趋势日益凸显，用户标签的优势和作用也越来越明显。首先，基于互联网数据的用户标签是多维和全面的，广告主在投放广告之前可以根据用户的兴趣标签有目标地选择用户群体，大大提高了执行效率。由于时间、空间以及人力的局限性，传统的用户市场调查所获取的用户数据往往是非常有限且不够准确的，但互联网有效地弥补了这些缺陷，只需要点击鼠标就可以搜索到全球各地数以亿计用户的各类标签，例如用户的购买次数、交易方式、消费偏好、活跃程度等，极大地降低了前期的广告投入成本。其次，用户标签可以帮助广告主识别潜在用户

---

① 张羽萍.适应性学习系统中用户与资源画像研究[J].科技与创新,2018(24):84-85.
② 李佳慧,赵刚.基于大数据的电子商务用户画像构建研究[J].电子商务,2019(1):46-49.

和既有用户,制订不同的营销策略。通过给用户打标签的方式,运营者可以将潜在用户和既有用户划分出来,对潜在用户给予更大力度的推送服务或者消费刺激行为,覆盖更广泛的用户群。假设某一App以邀请好友得红包的方式拉入新人,那么对于无分享行为的用户,就能打上"潜在用户"的标签,并用弹窗、提高奖励额度等方式推动其传播行为;对于已有的用户,也可以推送与其兴趣相匹配的素材,维持既有的用户关系;为了避免用户的流失,对于长期未登录的用户,还能打上"流失用户"的标签,采取短信或者大额奖励的方式来"唤醒"这类用户。最后,用户标签将广告效果的测量变得可视化。传统广告的传播效果往往是用发行量、点击率或者收视率等指标进行衡量,但数据的真实性无法保障,广告效果与实际情况也容易存在出入。而用户标签使得对用户数据的测量更为精细,衡量广告效果的指标更加多样化,这推动了广告效果与品牌宣传合二为一。

为用户打标签的过程实际上就是对用户的行为信息进行拆解和重构的过程。首先要将具有代表性的用户从人群中筛选出来,然后把他们的信息进行加工处理,最后提取出概括性的关键词来描述用户特征。具体而言,可以分为以下几个部分。第一是对数据的收集和整理。虽然网络的便捷性使得用户数据的来源十分广泛,但由于其固有的匿名性、隐蔽性等弊端,用户数据的真实性也有待考量。比如某个用户性别为男,但从某个电商平台看他的消费历史记录,购买的都是女性产品,这样的数据就会对运营者产生错误的引导。因此,还要结合大数据算法模型以及多种数据源来构建用户的智能标签,使得用户的标签更趋真实。第二是对数据的二次加工和提取关键词。网络提供给我们的数据往往只是简单的数字或者一长串的文字,我们需要从这些大量的数据或信息之中提炼出自己所需要的内容,建立一个标签库,既包含对用户信息的概括,也要对这些信息进行分门别类的整理和组合。第三是数据输出的结构化。如果要对用户进行个性化推荐,那么用户标签就需要清晰明了地呈现出来。比如在检索某个标签之后,与之相关联的二级标签、三级标签都能展现出来,同时还能看到每个标签里的具体情况。这样多层级、结构化的标签更能刻画出用户的具体形象。第四是标签的管理和维护工作。用户标签的生成不是一个静止的过程,每个用户的数据都是实时的,这也决定了用户的标签需要不断更新。这种更新不是随意的,而应该具备一定的规则体系,要明确标签更新的时间周期、维度、权限以及无用标签的剔除,例如,标签是实时、一个月还是更长时间更新,应该在什么情况下触发对标签的更新,谁有权利更新这个标签库,等等。如果标签库里总共有100个标签,但是会用的只有70个,那么剩下的标签就相当于无用标签,属于占用资源,就可以把这些标签从库里删除。

考虑到用户标签的动态性和复杂性,我们在进行用户标签时也要注意一些原则和问题。比如建立标签的自动化管理模式,广告调整的速度远远赶不上用户兴趣和态度变化的速度,用户的参与和退出的时间点都是动态的,标签也应随之而变,同时我们设置的标签可以将所有符合这一条件的用户集合起来,这就需要建立用户标签管理模型,以帮助运营人员监控用户在不同时期的实时变化,从而简化工作内容,释放创意的头脑。除此以外,标签的设置过程中也会存在属性信息缺失或者既有属性创建不了所需的标签等问题,例如用户的性别数据缺失,出现这种情况时可以先根据用户的历史浏览或者购买行为来推测,假若该用户购买的女性化妆品和服饰居多,就可以判断其性别趋向于女性。而标签的灵活组合就是解决标签扩展问题的关键,除了既有属性的定义规则,还可以创建多个标签,自由组合到一起,形成复合型标签。总之,用户标签问题的解决还依赖于运营者对标签的灵活配置。

将用户的不同标签组合在一起,就可以描绘出用户的画像轮廓,静态的基础属性是用一些简单的数据对用户画像进行粗略描绘,动态的短期行为属性则进一步完善用户画像的"骨骼"和"线条",方便广告主用户更加细致地了解其用户,而长期兴趣爱好属性则直接为用户画像添上了"颜色"和"光彩",让用户的形象更为生动,通过洞察用户的兴趣属性,广告主能够更精细地选择其目标用户。

(二) 用户画像

用户画像是将用户标签以不同的方式结合起来,形成一种关于用户信息的全貌。最早提出用户画像概念的是 Alan Cooper,他认为用户画像是"基于用户真实数据的虚拟代表"[1],后来也有其他学者提出了不同的表述,诸如"从海量数据中获取的、由用户信息构成的形象集合"[2]、"利用名字、照片、兴趣和偏好等要素对用户进行描述而生成的用户原型"[3],等等。大体来看,这些概念的内涵基本都是一致的,都是以用户为中心,并且强调了用户画像的集合性。用户画像既可以是对单个用户的画像,又可以是对群体用户的画像。单个用户通常是从用户群体中抽取出来的典型用户,对其画像能够深入全面地了解用户需求,站在用户的角度思考问题,而群体用户则是使用过某产品的多个用户的集合,对其画像可以了解不同用户的不同特征,进而对用户做出细分,提供个性化和差异化的产品服务,满足其不同的需求。

在计算广告中,用户画像是必不可少的。凭借其精准挖掘用户数据的优势,用户画像可以帮助广告主迅速确定并瞄准目标用户,将庞大的用户群进行细分和定向,让用户更加集中和专注,提升广告传播的到达率和有效性。众多成功的广告品牌都做到了对用户的聚焦,比如苹果一直在为有态度、注重品质又有些特立独行的用户服务,获得了不错的用户口碑和市场;豆瓣专注于为文艺青年服务,使其成为许多文艺青年的首选之地,并拥有很高的用户黏性。相反,那些面向所有用户群的产品往往很容易被市场淘汰,因为用户群的基数越广泛,就意味着产品所要迎合的用户需求越多,实际上就降低了产品服务的标准,这样的产品要么缺乏特色,要么过于简陋。因此,用户画像所要做的就是找到广告主的特定用户群,为基于大数据的用户洞察提供技术支撑。

用户画像还能优化广告制作的流程,提高决策效率,让广告触达真实的用户,减少不必要的成本浪费。有时候,设计人员在产品研发阶段所构建的虚拟用户和产品上市以后真正使用该产品的真实用户并不完全对等,这就导致广告效果达不到预期。通过用户画像可以在一定程度上避免类似情况的发生,如果事先就立足于统一的目标用户,找准广告的着力点和发力方向,深入剖析用户的核心诉求,就能减少广告制作者的分歧,预先把握好广告的大方向,避免资源的浪费。

---

[1] Cooper A, Reimann R, Cronin D. About Face 3: The Essentials of Interaction Design[M]. New Jersey: Wiley Publishing Inc, 2007.

[2] Quintana R M, Haley S R. The Persona Party: Using Personas to Design for Learning at Scale[J]. Chi Conference Extended, 2017(5): 933-941.

[3] Massanari A. Designing for Imaginary Friends: Information Architecture, Personas and the Politics of User Centered Design[J]. New Media & Society, 2010, 12(3): 401-416.

不论是在发现用户价值的层面,还是在确定用户走向、制订用户战略的层面,用户画像都发挥着巨大作用。同时作为一种竞争力,用户画像也推动着计算广告产业的智能化转型和升级,不断提升广告市场的运行效率。

用户画像的构建有很多种方法,包括目标导向构建法、角色导向构建法、参与导向构建法、虚构导向构建法、基于主题的构建法等,比较常见的还有 Alan Cooper 提出的"七步人物角色法"以及 Nielsen 提出的更为详细的"十步人物角色法",这些方法大都遵循着"获取用户信息—细分用户群—丰富和完善用户画像"的大致流程,我们在实际操作中可以依照具体的需求来选取不同的方法。

概括来说,获取并分析数据源通常是构建用户画像的第一步。全面而准确的数据源是构建用户画像的前提,数据源来自所有与用户相关的数据或标签,为了让数据的呈现更加清晰,一般会用分类的方式对数据进行梳理。这种分类具有封闭性,比如世界上的人可以分为学汉语的人和不学汉语的人,客户可以分为高价值客户、中价值客户和低价值客户,所有的子类目需要构成全部类目的集合,这样有助于不断补充被遗漏的信息维度,促进数据结构的不断完善。

第二步是对数据的标签和权重进行分析。用户的标签代表了内容,说明用户对该内容有兴趣、有需求,同时还要对标签进行分级,方便整理。用户画像的标签体系可以分为结构化的和非结构化的。结构化的标签体系可以直接从用户的基本信息和行为中获取,有非常明确的层级关系,比如性别、手机号码等,但这种标签往往比较笼统,无法全面衡量用户的兴趣。非结构化的标签体系中没有层级关系,各个标签分别反映兴趣爱好,比如搜索广告系统中的关键词。标签体系建设的关键是便于使用和区分,有效的标签体系能够反映用户买什么和不买什么的逻辑思维和依据。在"贴"完标签以后,还需要给用户的描述程度一定权重,权重表征了指数或者是用户的需求度,简单来说就是数据的可信度或者发生的概率。

第三步就是对数据的建模。时间、地点、人物是一个事件模型的三个基本要素,用户的每一次行为都可以看成随机事件,可通俗地归纳为"什么用户,在什么时间、什么地点,做了什么事",那么用户画像的数据模型就包括了用户标签、时间、接触点以及行为类型几个部分,用户标签的权重会随着不同的时间、行为以及接触点而变化。举个例子,假如 2020 年国庆节的时候,王先生在巨幕影城观看了《我和我的家乡》这一影片,要对王先生进行简单画像的话,男性就是用户标签,2020 年 10 月 1 日就是时间,观影是行为,巨幕影城则是接触点,观影内容是《我和我的家乡》。这些数据也可以利用图片或者报表的方式使其可视化。

通过不同的分析模型,用户画像可以将用户群划分得更细致,以锁定目标用户,深度发掘用户的群体特点。经常用到的有以下几种模型。

1. 用户状态模型

用户状态模型的分类依据是用户的消费频次,根据一段时间内用户使用某产品的次数,可以将用户分为新增用户、活跃用户、不活跃用户、流失用户、回流用户以及忠诚用户。[①] 用户状态反映的是用户与品牌之间的紧密性,了解不同的用户状态,可以采取

---

① 用户分类以及用户活跃度的衡量方法[EB/OL]. [2019-07-02]. https://blog.csdn.net/yiguanfangzhou/article/details/93207780.

不同的措施来维系新增用户、促活低活跃度用户以及增加有固定习惯的忠诚用户。

2. 用户价值模型

用户价值模型指的是 RFM 模型[①]，它是客户关系管理方法的一种，RFM 模型最初由 Hughes 于 1994 年提出，曾被广泛用于直销领域，能够有效分析用户的价值和创利能力，并用量化的方式展现出来。该模型有 recency（最近一次消费）、frequency（消费频率）和 monetary（消费金额）三个衡量指标。R 值越大，说明用户最近一次消费的时间离现在越久，用户的回购率不高。F 值越大，说明用户的消费次数越多，用户的忠诚度更高。M 值越大，说明用户的消费能力越强，用户的价值较大。基于这三个维度，用户可以被分为八个群体，分别是重要价值客户、重要发展客户、重要挽留客户、重要保持客户、一般价值客户、一般发展客户、一般挽留客户和一般保持客户。

3. 用户分群模型

用户状态和用户价值都是对用户消费行为的分析，其本质逻辑在于分层，而用户分群模型是在业务场景的基础上做的客群区分。[②] 例如某个超市会按照用户历史购买的商品种类将其分为数码用户、家电用户、生鲜用户、图书用户等，以便在特定的时期向特定的目标用户群发送定向优惠券。

除此之外，还有基于用户生命周期的画像，把用户分为入门级用户、高价值用户、稳定型用户与离群型用户等。用户画像并没有固定或者统一的标准，原则上还是要符合自身的实际需要。在用户画像的过程中还要注意丰富画像的内容，赋予画像灵魂和生命，适当地加入更多的元素让画像更充实。颗粒度是用户画像里常提到的一个名词，意思就是画像应该细化到什么程度，就像图片中所说的像素一样，像素越高的图片就会越清晰，但也并不是说颗粒度越细的用户画像就越好，太过于细密的颗粒度不仅会提高成本，而且会导致用户对象趋于单一，缩小用户范围，最终还是要结合实际情况来调整。

二、用户消费心理洞察

用户洞察就是深入观察目标用户的心理需求，把用户看穿、看透彻，不能只看表面，要洞察到激发用户购买行为的源泉。用户洞察不同于简单的用户研究和用户分析，仅仅通过大数据来掌握用户的动态、以用户画像来指导广告的走向是远远不够的，用户洞察更多的是把用户当成人来看，强调用户作为人的属性，而不完全是一些单调死板的数据或指数。用户洞察是对用户需求、动机以及情感的深刻理解，要读懂用户到底需要什么、追求什么以及习惯什么。

（一）消费需要

用户的需要是促成购买行为的第一步，需要是一种体验，包含意向和愿望。意向指

---

① Hughes A M. Strategic Datebase Marketing[M]. Chicago：Probus Publishing Company，1994.
② 王志刚，罗亚平，谢峰，等. 大数据分析推动邮政客户营销创新发展研究[J]. 邮政研究，2017，33(5)：32-35.

的是脑海中不太明显的需求,只是产生了想法但无法具体描述出来,仍处于朦胧意识的状态,也可以称其为隐性需求。而愿望是已经具备了明确的意识并且想要实现的需求,用户可以直接清晰地描述具体要什么,也可以称其为显性需求或者直接需求。需要来源于用户的痛点或兴奋点,由痛点产生的需要大部分是刚性需要,而由兴奋点产生的大部分是非刚性需要。

需要也是有层次的。提到需要的层次,最著名的便是马斯洛的需求理论,他将人的需求分为五种,从低到高依次是生理需求、安全需求、社交需求、尊重需求和自我实现需求。同样地,在大数据条件下,用户的消费需要也存在着不同的类型和层次,随着购买意向和愿望的强化,消费需要也不断加深。

1. 信息推送浏览的需要

当用户脑海中尚未形成明确的需要时,需要一些外部广告信息的刺激。广告信息的推送是广告主与用户之间的一种沟通机制,其目的就在于促进用户和广告信息之间的互动,以提升用户的活跃度和留存率。合适的推送能够激发用户的潜在需要,唤醒沉睡用户。如果用户长时间没有产生消费需要,就说明信息中与之相关的内容可能不够密切,无法引起用户注意,此时要通过其历史浏览记录、可能的兴趣爱好来推测用户当下的状态,推送用户真正感兴趣的内容。

用户的消费需要是一个动态性的变化过程。同一用户在不同的时间、不同的地点存在着不同的需要。在制订广告策略时应关注用户所处的地理环境和社会环境,将需要置于更宏观和系统的条件下来考察。比如用户在睡眠时间都是不喜欢被打扰的,这个时间段的用户一般都没有消费需要,如果强制性地推送广告信息会造成用户的反感。类似地,在工作时间去大量推送游玩娱乐等信息也是不太合适的。在进行信息推送以后,还要关注用户的反应,如果用户并没有点击浏览推送的信息,说明用户可能不感兴趣,就没有必要继续推送同类信息了。

2. 关键词检索的需要

当用户开始在网站上搜索关键词的时候,其心中已经产生了明确的需要,只是此时还未做出购买决策。用户需要收集关于某个商品的具体信息,比如商品有哪些种类、品牌,或者比较同一品牌不同商品的样式、功能、使用周期等。我们可以通过关键词出现的频率和关联性来判断用户所关心的问题,将检索结果进行恰当的个性化排序和调整。

用户在页面上点击鼠标、拉动滚动条、标记书签、停留查看、收藏商品等隐性行为揭示了用户的兴趣浓度,用户浏览所需要的信息时,查看该页面的时间就会较长,因此浏览时长可以体现用户的消费取向,对某个商品的点击查看次数以及停留的时间都能反映用户对广告信息的需要程度。收集用户的检索条件及历史记录可以提取用户需要的商品属性信息,建立起用户兴趣偏好的数据库,从而让搜索结果更符合用户的检索意图,提供匹配度更准确、满意度更高的检索结果。

3. 关联信息搜寻的需要

进行一定量的关键词信息检索以后,用户已经积累了一部分关于商品的有用信息,形成购买决策,用户需要搜寻关于该商品更加全面的信息并且进行不同属性之间的比较、权衡,以此确定最佳的购买方案。在这个过程中,用户会考虑商品的基本功能能否满足需要、商品的质量是否过关、商品的品牌排名是否位于前列、商品的式样和包装是否符合自身审美以及购买商品以后的后续服务是否完善等,直到所有的条件都达到心理预期,才会形成最终的购买意见。

用户在搜寻相关联信息时会与互联网产生大量的网络接触点,这反映了用户是通过哪些媒体和渠道完成对商品相关资讯的了解,这为后续广告的投放提供了参考指标。比如某位用户要购买汽车,也许会从汽车频道了解当前的市场状况,再从汽车品牌官网获取详细的资料,对比重点考察的车型,从汽车销售网站上寻找车辆经销商的报价,最后综合各方面的因素,决定想要购买车辆的型号。在用户搜寻信息中所查阅的网络站点,都是广告推送要重点关注的地方。

4. 加入购物车的需要

经过前期充分的信息积累和筛选,用户已经将模糊的消费意向转变为确定的购买行为意向,做出商品购买选择后,用户需要将其加入购物车,等待合适的时机完成购买。用户在这一状态下的潜在心理是知道自己有兴趣买,但是担心能搜寻到更加心仪的商品,放在购物车中备选待定,或者是商品的价格不在能力范围内,期望等到商品有促销活动的时候再买,也可能是为了参加店铺的满减凑单,暂时加入购物车,和其他需要的商品一起购买。当然还会有其他情况,要结合个人的实际消费习惯来确定背后的原因。

用户把商品加入购物车后是有很强烈的成交意向的,只需要稍加刺激就能够促成转化。对推广者来说,可以将商品数据信息披露给卖家,例如有多少人将商品加入了购物车,同一种商品被加入购物车的次数等,卖家可以依据这些数据设置针对性的营销活动,并以消息推送的方式来告知用户,利用营销工具来锁定那些把商品加入购物车一天以上仍未购买的目标用户,进行精准营销,充分把握用户资源,提升广告的转化率。

5. 浏览口碑的需要

用户加购商品前会关注其口碑信息,查看其他用户的购买体验,了解大多数用户对商品的评价、态度和感受,口碑的好坏是促成购买的重要参考。越来越多的用户通过在线评论来分享更加详细准确的商品信息,信息丰富、有深度的评论能帮助用户有效预测商品是否满足自身需要。在浏览口碑时,用户会不自觉地代入自己的角色,重点筛选出与自身条件契合度高的用户所提供的信息,以此预判商品价值是否达到期待,口碑的数量和方向都是用户判断的重点依据。

在实际购买中,用户往往更倾向于相信自己熟悉度、信赖度较高或者影响力、号召力较大的用户的意见,这类用户是网络消费的意见领袖,并且存在真实生活场景、有图片以及有视频的评价信息会更有说服力。用户需要从口碑中获取情感共鸣,浏览口碑可以降低一定的购买风险,减少商品信息与实物不一致的心理落差,对于有使用困惑的商品,口碑信息也便于更直观地呈现使用说明,节省了学习探索的时间,趣味性、故事性强的口碑有时还能激发用户的分享欲,扩大口碑传播的范围。

总的来说,分析用户的需要并不在于绝对地服从用户,而是要从不同的角度来启发用户的想法,表达其真实需要。正所谓"条条大路通罗马",成功的广告往往是抓住了用户某一个需要的点并将其放大,这个点正是来自不同思想的碰撞。

(二) 消费动机

如果用户的脑海中已经形成明确的意愿,但尚未采取任何实际行动,这种愿望就不足以形成动机,直到这一愿望激发了用户的活动并使用户保持活动的时候,愿望才形成动机。动机是推动行为的内在活力。动机来源于用户的心理需要,但并非所有的需要都是动机,只有当需要达到一定强度,并且具备可以满足需要的条件和对象时,才能转化为动机。动机存在着强弱之分,最强烈、稳定性最高的动机被称为优势动机,在行为中起主导作用。动机是使人产生并保持购买活动的心理倾向,是对外界刺激的内在反应,是促成行为的催化剂。需要是行为产生的源头,而动机则是引发行为的诱因。

用户的消费动机是复杂多样的,大体可分为生理型动机与心理型动机。生理型动机是与生俱来的生理需要,是为了维持生命的延续和发展而形成的购买动机,而心理型动机是由后天的社会性需要或者精神需要引起的,是用户为了维持社会关系、展现自身价值、实现自我满足而产生的购买动机。在人的消费行为中,这两种动机往往交织在一起,共同发挥作用。在计算广告中,用户的消费动机又可细分为以下几种。

1. 重复动机

重复动机是推动用户进行多次消费、反复消费的动机,有些消费需要具有可持续性,比如日常生活必需品,用户每天都需要这类商品,消费频率相对来说比较高,广告推送的次数也应该适当增加。还有些用户基于自身的消费习惯和偏好,会对某个特定的品牌或消费场景建立起特殊的信任和情感依赖,也会刺激用户进行经常性、习惯性消费,比如选择外卖,大部分年轻用户都更容易选择美团或饿了么 App,购买蔬菜、水果的时候可能会选择盒马鲜生,使用手机支付时多半选择微信或支付宝,这些日常性消费大多存在于固定的消费场景中。

一些特定类型的应用软件、小程序或者电商网站都是用户重复消费的来源,比如学习化妆或者穿搭技巧,很多女性会选择小红书,如果对页面上一些时尚达人推荐的商品感兴趣,很可能会直接点开链接购买,产生满意的购物体验后,一旦有穿搭需要,就会优先选择小红书。

2. 类别动机

用户也有不同的消费类别动机,由于用户性别、年龄、职业、收入、文化水平以及审美的差异,在消费时会存在不同的商品类别取向。比如男性通常更喜欢浏览汽车、电子产品和房地产等广告信息,女性则更关注厨房用品、家居用品和服装等生活用品;年轻用户更喜欢动漫、美妆、娱乐类商品,老龄用户更关心养生、保健类商品;收入水平较高的用户对品牌、质量等信息更为看重,收入较低的用户更在乎价格和舒适度等。不同类型的用户有不同类别的商品需求,推送广告时应注意区分用户类型,对特定类型的用户推送特定的商品信息。

3. 关联动机

用户在购买某种商品之后,可能还需要购买与之相关的后续商品,广告推送要根据实际情况预测用户的下一步需求,而不是一直重复推送同一种商品。有些商品的需要是有边界的,比如高档耐用品,大部分用户的需要周期相对而言较长,以汽车为例,如果不是狂热爱好者,绝大多数用户短期内对汽车的需求可能只有一至两辆,那么当用户已经购买过汽车之后,再继续向其推送有关汽车的广告信息,并不会引起很大注意,因为用户的需要已经达到其边界了,这个时候再多的广告也难以促成其二次购买行为。

用户的消费动机是与消费行为相关联、随消费行为而变化的。买完汽车以后,汽车不再成为需要,但此时用户的需要会转向与其相关的一系列配套设施,诸如汽车挂饰、保险等,与之相适应,广告的推送也应伴随着需要的改变来与之匹配。用户的行为数据之间应形成共通、共融的状态,以女性购买验孕试纸为例,如果是已婚女性,那接下来的广告就可能主推与胎教、婴幼儿奶粉、婴幼儿服装相关的信息;如果是未婚女性,可能就需要推荐一些医疗机构的服务信息。广告要时刻洞察用户需要的变化,发掘新的消费需要,推动关联性购买行为的发生。

4. 从众动机

用户在消费过程中会自觉或不自觉地模仿他人的消费行为,形成从众动机。互联网使得直播带货、网红经济应运而生,用户在网络中呈现互相争抢某一商品、群体聚集购买的状态,这种消费动机具有无目的性、偶发性和冲动性,比如在一些网红的直播间,很多商品从上架到售罄几乎只需要几秒钟的时间。网红和明星成为用户消费的主要模仿对象,用户的主动选择带来流量聚集和互动的正反馈,集体消费的狂欢促使用户消费情绪高涨,网红同用户建立起亲密的朋友关系,通过有价值的内容创造来与用户保持长期友好的关系,不断打造网红商品以及其衍生品。

用户的从众心理通常被运用到营销活动的宣传之中,例如天猫的双十一活动,电商网站通过营造节日的氛围带动了越来越多的用户参与消费,当用户发现周围的人都开始讨论消费的话题,就很难不被卷入其中,因为个体的行为总是会与群体的总趋势尽可能保持一致。一方面,众人提供的信息会更全面可靠,在不清楚现状的时候,用户一般会选择跟随大众;另一方面,人是社会性动物,都不愿意与群体作对,出于自我保护的意识,用户会不自觉地追随他人的行为。

5. 兴趣动机

不同社交平台的用户背景描述以及用户在各类网站平台上的信息评论、点赞和转发行为,都蕴含着用户的兴趣取向。用户的历史行为和交互行为信息反映用户的喜好,通过分析用户购买商品的种类、特点和价格等信息,可以实现对用户未来消费的推荐和预测,比如某位用户买了很多本书,那么该用户很有可能是老师或者学生,通过所购买图书的类型能判断出该用户研读的专业,在未来就能将与专业相关的更多书目推荐给该用户。

根据用户在日常互动中所发表的文章、评论和收藏的文档等,可以划分兴趣爱好相似度高的用户,由相邻用户的行为、爱好和兴趣预测目标用户的兴趣偏好,能实现用户间的相互推荐。比如某位用户喜欢收藏、评价喜剧类和爱情类的电影信息,如果另一位用户也喜欢观赏喜剧类电影,那么也可以将爱情类电影推荐给他,这就是根据两者的兴趣相似程度,推荐用户可能感兴趣的信息。

6. 便利动机

这是一种重视商品购买、使用与售后服务便捷性的动机,用户更看重购买过程的方便和快捷,有时候对服务有一定的要求。网购使用户的消费更便利,减少许多传统消费过程中的麻烦,但也对商家提出新的要求,比如物流速度的问题、生鲜产品的保鲜问题,对于一些大型货物,有的用户存在取货不便的问题,这些都需要加以考虑。在广告信息中,要给用户提供更加详细和完善的服务内容,实现线上购买、线下运送安装、退换货保障和保修等整个消费过程的便利。

购物距离的远近、购买时间的安排、支付方式的多样、筛选条件的易操作性等都是用户可能思考的便利条件。基于地理位置定位系统,用户能够搜索到周边的美食、住宿和游玩信息,减少了出行距离,在下午给用户提供一些奶茶、甜品的广告信息,更贴合用户消费的时间习惯,支持花呗支付、信用卡支付等方式会鼓励用户进行提前消费,更加直观简单的筛选条件可以有效节省用户购买之前投入的时间精力成本,购买条件的便利会潜在地增加用户的消费欲望。

用户的行为是多种动机共同驱使的结果,而用户的动机也因年龄、职业、收入、受教育程度、家庭条件等主客观条件的差异而变化,广告的推送应该与用户的动机相匹配,并不断强化用户的动机,诱导其购买行为。大数据为了解用户的购买动机提供了丰富的信息基础,在此基础上,要通过各种方式来激发其消费动机。

(三)消费情感

情感是人对现实世界的特殊反映形式,是人们对客观事物能否符合其需要而形成的体验,并不是无缘无故出现的,常随着接触时间和接触频次的增多而不断深化。用户对商品是否具有情感、具有怎样的情感以及情感的强烈程度都对购买行为产生很大的影响,抓住用户的情感是获取用户认同的关键。把握用户的情感是将瞬时心理感觉转化为长期稳定的情感记忆的过程,是让用户形成信任和依赖的心理过程。

用户的消费情感是其在购买、使用商品和服务的过程中产生的一系列情绪反应,这种反应既包括正面的情感,也包括负面的情感。举个很简单的例子,当你长期在一家网店购物,每次收到的产品很好时,就会产生正面的情绪反馈,这家店铺与你建立的情感体验是信任感和依赖感,但如果有一次收到了破损的货物,基于之前的情感体验,你可能还会与商家沟通反映情况,但若是一家没有情感基础的新店,你可能直接给差评或者投诉。所以情感是情绪类型和刺激强度在时间上的累加,维持用户的情感需要从各个方面共同发力。

在互联网时代,理解用户的情感要唤醒用户的情感经历,寻求与用户心灵上的契合。大数据为我们提供了来源丰富的用户初始信息,例如用户的评论、观点,通过语料的提取可以得到情感的具体表达,这些信息的心理投射反映出用户的兴趣爱好和情感特征。对于用户而言,情感运行的过程是无意识并且悄无声息的,个体在选择、关注或喜欢某物时,其消费情感是会不断递进的,用户常在不自觉中加深自己的情感程度。

1. 关注

用户在形成消费意向时,就会开始关注某商品的具体信息,或许是将店铺添加到关注列表,接受其宣传活动的消息推送,或许是主动收集网页信息。关注与购买行为之间并不存在必然联系,用户关注某商品只是出于了解讯息的需要。用户关注的本质在于趋利避害,比较不同商品间哪些条件是对自己有利的,从而规避对自己不利的方面。关注是用户比较表层的情感,用户可以同时关注许多不同种类的商品和信息,用户关注不具有稳定性,并且随时可能发生改变。

用户关注的情感倾向没有明显的界限,用户可以关注,也可以不关注,可以主动地关注,也可以被动地关注。主动关注广告是为了获取有价值的信息,关注目的通常比较明确,用户的注意力集中于对比、发现商品和服务的核心价值和附属价值,这个时候出现动态的信息流广告是会影响用户使用体验的,广告推送应该避免打断用户正在进行的任务,设置一些自动屏蔽或跳过的选项。用户也会被动关注一些信息,当用户在碎片时间浏览广告时,新鲜感的刺激和隐性需求的激活能够引起用户关注;推送一些定向的内容性广告,能使用户保持关注,但要让用户知晓推送的原因,不产生突兀的感觉,以免引起用户不满。

2. 兴趣

兴趣是用户对某个商品或品牌所传达信息的认同,用户不只是表面的关心,而且愿意花费时间来深入接触和观察某类商品,在参与活动、获取信息的过程中,用户会得到满足感。用户的兴趣表现在其网络访问活动之中,对于感兴趣的内容,用户会投入更多时间,更加主动地去思考学习,形成更多的意见反馈。

互联网用户的兴趣具有实时性、动态性和多样性,用户在浏览、访问网页过程中的操作行为都内含不同程度的兴趣,有的网站在用户首次注册登录界面时就会弹出一个信息采集框,让用户自己选定一些兴趣点,以此能够确定用户兴趣的大致范围,这是比较明显的兴趣定向行为,即用户主动提供兴趣。还有的兴趣发现是需要通过浏览活动记录来判断的,比如用户的浏览速度,用户在浏览时的扩展活动。当用户对某个内容非常感兴趣时,可能还会用搜索引擎、外部相关链接进一步查找相似信息,或者伴有收藏网址、复制文字、分享朋友圈等行为。

3. 好感

好感通常发生在用户购买后对商品或者服务产生正面、积极的情绪反应,用户对购买行为比较满意,并且有可能将其作为下一次购买的考虑对象。用户的好感来源于购买活动的各个方面,比如商品本身的质量好、正规的商品来源、物流时效性高、卖家服务态度好、商品的好评率高、使用商品时很便利等,都是用户产生好感的因素,但这种好感也容易受到内外部环境影响而发生变化,比如随着时间推进或者新事物的出现,用户的好感可能会淡化。当商品出现一些负面新闻或者评论时,用户的好感也可能消失。

用户的好感在于用户购买体验的心情愉悦程度,与用户多产生良性互动有利于增加用户的参与感,提升用户好感。比如在广告内容的界面增加一些交互环节,为用户提供一些小礼品等附加服务,在广告的视觉表现上营造出符合用户消费风格的氛围,体现为用户着想的理念,不能强制用户进行页面操作,让用户拥有主导权,挖掘用户寻求长期服务的动力,以维系用户的好感状态。

4. 偏好

用户长期重复购买某商品或者只在固定的品牌购买某商品是受到偏好的影响,偏好是用户在长期消费中形成的习惯,往往是用户内心深处的独特爱好,是用户个性化特征的体现,具有一定的稳定性,不会轻易发生改变。用户的偏好表现为用户对于某个品牌的依赖和忠诚度,用户会高度认同品牌的理念、行为和视觉形象,是深层次的情感打动。培养偏好是广告与用户建立情感纽带的核心手段。

偏好具有内在的一致性和规律性,大数据通过读取用户的关注内容和热点,可以计算出用户的内容偏好、渠道偏好与消费偏好等,抓住用户的偏好可对用户进行情感营销,制订针对性的广告传播路径,符合用户的行为规律。挖掘用户的偏好,并以此作为深度分析的依据,得出用户个人情感差异和内在需要的深刻洞见,将之作为绘制用户画像的核心,借助这些有价值的用户情感洞察,商家可以进行更深入的情感包装、情感促销、情感口碑、情感设计等营销策略,譬如给用户提供一些特殊权益、价格折扣或者是优先试用新品等,增强用户黏性。

利用情感分析技术可将用户在接触广告以后的情绪变化进行量化,从而将用户反馈意见的汇总更加完整且可视化地展现出来,以此判断广告传播活动的效果。这种将态度和情绪转变为可量化、可分析形式的技术是相对客观和科学的方法,在未来将广泛应用于计算广告的传播领域,并指导实际的生产、传播、消费和交流。

用户的心理洞察最重要的目标是充分收集用户的痛点和潜在需要,强化用户的期待和购买认知以及培养用户的观念和感知方式,从而优化广告的传播表达以及产品表达。心理洞察是对人性的深挖,是获取心理共鸣和改变用户行为的前期准备,有助于预测用户的消费行为。广告的出发点在于促成购买,用户行为的分析也是不可或缺的一部分。

三、用户消费行为驱动

用户的消费行为是用户围绕自身消费需要而产生的信息搜寻、信息比较、信息加工和消费决策行为,包括搜寻、购买、体验以及评价的全过程。消费行为具有复杂性,用户首先要识别问题,觉察现存状态与理想状态之间的差异,将潜在需要变成显性需要。为了满足这种需要,用户会进行信息搜寻,在了解有关商品的信息后,用户会确定主观的挑选标准,挑选的结果是购买,该过程既包括决策,也包括实际购买活动,购买以后,用户会将商品特性与之前的选择做比较,形成评价,评价的结果会反馈到记忆中,影响下次的购买。

用户在网络中的消费行为存在三种路径,分别是渐进式、往复式和随机式。当用户具有很明确的消费目标时,其行为通常是渐进式的,例如用户想要在京东上购买 iPhone,其行为路径会是打开京东 App、搜索 iPhone、浏览搜索结果、选择自营 iPhone、浏览商品详情页、加入购物车、付款,这一路径是线性的、渐进的,并且有一定时间顺序。在往复式行为中,用户的任务目标则是模糊的,变为用户想要买一部手机,但其会在搜索页和详情页之间来回切换对比,以确定自己最心仪的手机,这时的行为路径是打开 App、搜索手机、浏览结果、查看商品详情、返回详情页、查看不同详情、确定目标后付款,相比前一种行为,往复式的特点是增加了筛选和比较的过程。而随机式行为就完全没有任务目标了,是根据自己的兴趣随机地在各个页面寻找入口,没有固定的行为顺序和规律,点到哪里是哪里,直到完成购买。

用户的消费行为既受到学习记忆、态度、信息加工等个体内在因素的影响,也受到文化、家庭、社会阶层、社会群体等外在环境因素的影响,计算广告对用户消费行为的驱动应贯穿用户消费的各个环节,向潜在的消费者分类推送广告,提供分众化的广告呈现。

(一) 提供用户感兴趣的信息,激发用户的潜在需要

当用户本身没有需要时,可以通过外部环境的影响来引发需要,比如推送一些用户

可能感兴趣的信息。不同平台可以对品牌信息进行反复推送来强化品牌认知，有些用户虽然决定购买某种商品，但对品牌的选择仍处于观望状态，那么广告的推送就需要根据用户的消费水平或者历史消费习惯来重点突出某一品牌的详细情况介绍，并且多次出现，增强用户记忆，但要注意每次推送的内容不能完全一致，要尝试不同的文案和呈现方式，根据用户的反馈权衡推送频次和数量，以免造成用户反感。比如有些用户的朋友圈中会时常出现一些品牌广告链接，但由于朋友圈本身的社交属性，用户在浏览好友动态时会收到密集的消息，就容易忽略广告多次推送带来的不适感。

广告推送的形式可以多样化，广告创意要运用多层次的色彩、文字、图片以突出商品的个性和特点。广告的图形既要新奇，又要符合大众的审美，广告的文字要简单明了地概括重要信息，广告的色彩则需要鲜明与强烈的对比，来吸引用户的眼球，三者的结合应恰到好处地呈现商品不同层面的优点及其无法被替代的优势。广告弹出消息时，除了纯文本，还能调用手机系统的提示音，配合相应的视觉效果，让广告迅速吸引用户的眼球，触发其点击行为。

广告推送的时间需要合理把控，要在合适的时间推送给用户需要的、与之密切相关的讯息。广告活动一般都有时效性，每当有营销热点出现时，各大商家都会紧随热点及时向用户推送品牌文案，用户热情持续的时间往往只有几天，一旦过了最佳推送时机，就很难再引起大众的关注，而且每隔一段时间就会有新的热点出现，如果不及时与用户产生互动，可能会被用户淡忘。一般来讲，在在线用户数量较多的时候进行推送能起到更大的宣传作用，能在短时间内得到更多人的关注。广告推送的即时性和用户的生活作息时间有可能产生冲突，这时要尽量尊重用户的习惯，不打扰用户，在其睡眠时间避免频繁推送。

尽管用户的行为具有很强的随机性，并且不同的用户存在着行为差异，但通过用户行为数据的分析依然能看出一些显要规律。挖掘用户行为的规律、路径、习惯以及偏好，掌握用户的媒介接触行为和网络购物行为，广告主可以知道某个用户是怎样使用搜索引擎的、用户在电商网站上经常购买哪些类型的商品以及用户属于哪种行为类型的消费者，广告主借此能够明确用户当前的具体需求以及未来的潜在需求，指导以后的广告投放环节的行为。

（二）提供同类型的多样化信息，满足用户的信息检索需要

运营者要为用户创造选择的空间，丰富信息挑选、比较的来源，推送用户可能感兴趣的相似商品，选择与其心理定位相一致的内容。要站在用户的角度提供有价值的内容，使用户熟悉易懂的语言描述他们所需要的信息，定时更新原创信息，优化广告内容导航和信息检索图示，方便用户获取信息。同时要让用户具有选择权和主动权，如同邮件订阅一样，用户有屏蔽推送内容的权利，如果多次推送的信息使其产生困扰，用户可能会直接卸载应用，导致用户流失。

提高信息检索的效率，让有效信息代替简单数据，搜索结果的内容化在用户呈现中变得越来越重要，移动搜索不应是简单的信息堆砌和数据整合，而是要让信息有效到达用户。因此，运营者既要关注用户需求，又要综合考虑用户的各项背景信息，由上至下地梳理用户的兴趣点，设计和完善相关思维导图，为用户提供个性化、针对性的搜索服务，不断调整关键词选取的投放策略，力求做到网页版面的灵活性、丰富性，实现检索内

容的动态性。可以运用扩展关键词来获得更多潜在用户的关注,比如核心词的别称、简称、缩写、俗语等,从而提高搜索流量。

用户行为的不确定性增加了广告交互的难度,广告和用户在互动的过程中也应注意一些问题。一是尽量减少用户的行为数量,避免重复输入的情况,通过选项的预设来减少用户手动输入的麻烦,利用默认值来降低用户操作成本。二是给予用户行为及时的反馈,当用户通过点击、滑动、输入等操作方式"告诉"广告页面其正在执行的操作时,广告也要切换页面,以动态的形式进行反馈。三是降低行为难度,用点击代替文本输入,用指纹代替密码输入,将可操作区域放置在拇指区内等,界面的安排需要方便目标的达成。四是减少用户等待的时间,如果用户等待时间过长,容易出现焦躁的情绪,从而放弃浏览或者体验,但在实际中,由于设备性能、网络情况以及技术原因,难免出现反应时间太长的现象,可以通过动画或者一些有趣的形式来减缓用户等待的负面情绪。五是不要轻易中断用户行为,用户正在阅读时,突然弹出临时框提示用户执行其他任务极易造成用户反感,弹框的出现要选择合适的时机或者只是作为提示,不需要用户进行操作,以浮动显示消息的形式代替对话框,只起到告知的作用,但不影响用户当前的行为。

(三)提供关联性广告推送,更新信息加工过程

用户的消费行为之间是互联互通的,在用户决策的过程中合理地插入关联信息,能有效提高广告的转化率。当某种商品满足不了用户需求时,可以通过关联性信息为用户推荐其他商品,既可以是陈列式的关联,即将商品用合乎逻辑的顺序或方式摆放在一起,也可以是搭配式的关联,即在相关场景中把多个可能同时出现的商品放在一起推荐,比如某位用户买了沙发,在详情页中就可以继续推送电视柜、床、书桌等同一风格的家具,能大大提高消费的概率。

同类型的商品之间可以进行关联,比如同一风格和色系的服装,商家可以根据不同用户的审美搭配多种颜色,也可以在商品细节上做关联性处理,在详情页的前端推送细节差距比较小的商品,让用户在第一时间关注喜欢的商品,极力促进成交,如果是详情页末尾,就推送细节差距较大的商品,在用户没有发现心仪商品的时候,为其提供更多备选,延长用户停留的时间。

互补类型的商品之间也存在关联性,比如某位女性想买一件连衣裙,但在浏览广告的时候发现还有配套的项链、外套和鞋子,很有可能会购买一整套商品。还有一些品牌的 App,除了提供旗下品牌的商品信息,还会增加一些延伸性服务的内容,例如宝马汽车,其 App 中不仅推送经销商、车型和价格等基本广告信息,而且会提供用户在线体验游戏、车辆养护知识、路线查询、周边餐饮以及加油站等全方位的生活服务信息,实现不同商品的结合与匹配。

商品的价格类型同样是关联方式,商品价格档次取决于用户的标签选择和消费水平,同一价格区间里的商品可以搭配在一起推送,对于不同价格的商品,则可为一件高价商品搭配一款低价商品,在打折以后,用户会形成在购买高价商品的基础上用低价换购一件其他商品的消费感觉,认为商品总价有所降低,产生消费意愿。关联商品的数量还需视情况而定,如果是服饰类商品,通常不会超过四个,一般情况下关联商品的数量都控制在两到四个,数量太多反而会消磨用户的耐心。

不同 App 之间的数据关联还能促进用户信息的共享,相互唤醒用户。通过强强联合、互利共赢的营销方式,结合关联性商品的促销,激活共同的用户群,例如饿了么和淘宝的联合,在淘宝界面引入饿了么的入口,通过淘宝的渠道营销,帮助饿了么大幅提高销售额,与此同时,淘宝用饿了么"粮票"的方式对用户消费行为做出补偿,也增加其广告收入和业绩。还有腾讯与京东之间的合作,腾讯用微信和 QQ 作为切入点,为京东进行广告宣传,既提高京东对目标用户的消费引导,也强化其品牌形象,充分体现了大数据的平台优势。

(四)提供打折和降价信息,促成消费决策

适当的奖励或者回馈机制能够激发用户的积极性,用户对商品带来的利益认知是有限的,短时间内无法对其做出全面且完整的评价,因此需要一些刺激手段来增加其主动消费的欲望。商家可以通过购物车营销工具设置折扣和减价信息,再通过购物车消息和短信方式通知相关用户,这些消息是只面向购物车用户的。商家也可以对某个商品进行限时的促销活动,推动用户参与,并收集用户的活动数据,便于后期基于反馈的数据及时调整活动策略。

购物车广告活动的信息应简明扼要,重点在于吸引用户的注意力,比如限时降价、新款折扣等字眼,活动时间要控制在一定的范围内,给用户制造一种紧张感,提醒用户把握消费时机,在价格信息后面提示用户比加入购物车时便宜多少,使其产生占便宜心理,催促用户尽快下决心。定时地向活跃用户发放一些优惠券或代金券,利用多种活动方式加大优惠力度,比如满多少金额包邮、满减范围、低价换购商品以及赠送小礼品等,不断创新促销形式,影响用户消费决策。

运用游戏化的场景推送来刺激用户的消费行为,有利于增强用户的互动体验,让用户以游戏或任务的方式完成特定的操作行为,并给予相应奖励,用户会在潜意识中将消费行为当作获得奖励的手段,产生游戏成功的快感与完成任务的成就感、满足感,达到精神和物质的双重喜悦。比如拼多多 App 在推广之初,经常使用互相邀请新用户的机制,当用户邀请一定数量的好友时,就获得红包奖励,整个邀请的操作过程就是一种游戏化推送机制,带来大量新用户。在其内置的小程序中,还能通过消费行为来获取游戏道具,这也是促进消费的有效方式。

为用户提供多样化的购买方式和渠道,满足不同消费层次用户群的需求。对于经济能力有限的用户,可以提供分期付款或者信用购的方式,减轻用户承担全额付款的压力,让用户能够提前消费商品。比如京东推出的"白条",用户可以先体验后付款,极大地降低了消费门槛。团购的方式能吸引大量价格敏感型用户,产生集聚效应,用个体消费带动群体消费。秒杀也能达到同样的效果,虽然秒杀的消费人数存在限制,但是能够积累人气,营造抢购的消费气氛。对于经济实力较强的用户,则可提供限量竞拍的方式,价高者得,增加商品的销售利润,要灵活制订价格策略,为用户推送差异化、定制化的活动信息。

(五)提供评价信息,推动口碑营销

提供商品的补充信息与意见评价以诱导从众的购买心理。有时用户已经决定了要购买的商品和品牌,却因为忧虑风险而犹豫不决,此时应提供更具体的销量情况、他人

的体验和评价以及主要的消费群体等附加信息,来增强用户的了解程度,消除相关的疑惑,并利用大众的群体效应来为用户创造心理上的归属感,同时也要掌握好推送的时机,用户的内心活动是随时间变化的,要根据具体条件调整广告内容。

良好的口碑形象是商家的核心竞争优势,多数用户的好评能带来消费者的信任,用户的信息反馈也能推动商家不断进步。利用评价管理,能有效反哺商品的成交转化率,不采取措施遏制差评的话,会严重影响卖家形象,降低用户的消费冲动。很多用户给差评的原因大多是认为收到的商品与广告信息中的描述不符,因此要优化广告详情页信息,尽量采用真实的图片,不过分夸大商品属性特征。

邀请已经购买过的用户好评晒图是推动口碑管理的主要手段。这种手段一来能让潜在用户更清楚直观地了解商品的实物情况,消除想象中的顾虑,二来其他用户的好评比商家的推销介绍信息更加具有说服力,但是由于操作过程中的麻烦,很少有用户会主动上传评价,这就需要商家通过激励工具来增加好评的内容和数量,传播正面的口碑信息。

比起正面信息,商家更要重视负面信息。基于网络平台的广告内容通常是用户主动搜索的结果,负面评价更容易引起用户的注意,因此商家需要实时监控搜索平台展现的评价结果,发现负面评价的来源,并及时给予回应,通常负面评价的话题集中度都比较高,商家也可以有针对地处理话题内容。有效运用公关手段进行口碑管理,注重对负面信息的监控,及时发现负面信息并有效处理,降低其影响力。发现负面评价以后,商家应第一时间与买家沟通解释,积极解决问题。

口碑管理要从细节上关注用户的需要,从用户的口碑中,能发现用户的哪些需求仍未得到满足,商家的哪些服务能够更加完善,从而意识到现有商品中存在的问题与缺陷,推动商品功能的改进和更新换代。口碑信息是开发新产品的灵感和思路来源,当商品的问题程度达到用户无法忍受的状态时,就会推动新产品的研发进程,为用户创造出满意度更高的商品。用户的消费行为是一个相互劝服的过程,积极的口碑信息能在用户的社交圈内呈裂变式扩散,反之亦然,要充分发挥口碑传播的正向带动作用,推动消费行为的产生。

四、几种常见的用户行为分析模型

对用户行为的分析要将其定义为各种事件,例如用户搜索是一个事件,在何时、什么平台、用哪个账号进行搜索,以及搜索了什么内容,这就是一个完整的事件,可以总结概括为 5W 和 2H:who(谁)、what(做了什么)、when(什么时间)、where(在哪里)、why(什么目的)、how(通过什么方式)和 how much(用了多少时间、花了多少钱)。在网络中可以定义无数个类似的事件,这些事件是将用户行为连起来观察的基础。

用户行为分析就是通过对行为背后的数据进行统计分析,从中发现用户选择和购买产品的规律,并将这些规律同品牌的营销策略、产品功能、运营策略相结合,发现营销、产品和运营中存在的问题,推动问题的解决,从而优化用户体验,实现更精细和精准的营销和投放,让广告发挥最佳效果,让产品销量获得更好的增长。在广告运作过程中，对用户行为数据进行收集、存储、跟踪、分析和应用可以找到促进用户增长的扩散因素、群体特征和目标用户，进而深度还原用户使用场景、操作规律、访问路径和行为特点等。

衡量用户行为数据的指标可以细分为很多个，主要分为黏性指标、活跃指标和产出指标三类。黏性指标主要关注用户周期内持续访问的情况，比如新用户数和比例、活跃用户数和比例、用户转化率、用户留存率、用户流失率、用户访问率等。活跃指标主要考察用户访问的参与度，比如活跃用户、新增用户、回访用户、流失用户、平均停留时长、使用频率等。产出指标则主要衡量用户创造的直接价值输出，例如页面浏览数、独立访客数、点击次数、消费频次和消费金额等，这些指标的确立都是指导运营决策的需要，一要增加用户黏性，提升用户的认知度；二要提高用户的活跃程度，诱导用户参与；三要提高用户的价值，培养用户的忠诚度，根据不同指标调整优化广告策略。

用户行为驱动着计算广告的生存和发展，数据挖掘和指标的建立为揭示用户行为规律提供了支撑，除此之外，还要有科学的模型来支持分析的结果。用户行为模型不仅能从多维度分析行为的意义，而且能提高分析的速度和效率。常见的分析模型有以下几种。

（一）AARRR 模型

AARRR 模型[1]是硅谷知名创业孵化中心 500 Startups 的创办人 Dave McClure 于 2007 年提出的，模型中的 AARRR 分别对应英文单词 acquisition（获取用户）、activation（激活用户）、retention（提高留存）、revenue（获取收入）和 refer（病毒式传播），这五个环节是用户生命周期的重要组成部分。从获取用户的角度来看，用户行为的重点在获客渠道、不同渠道的付费推广费用、下载量等方面，假如企业在不同的渠道都做了付费推广，在费用一致的情况下发现某一渠道的下载量低，就要考虑是投放位置不佳还是用户群不匹配的问题，从而辨别优质渠道和劣质渠道，改进投放方式。到了激活用户的环节，要开始关注用户对平台的第一印象和基础体验，对应注册率、注册用户关注的功能等数据，建立和用户的强联系，适时加入新人引导与新人福利，为接下来的留存带来空间。当用户开始活跃时，就要关注用户的留存率，可以用次日留存、周留存和月留存来衡量，看是否低于正常水平，如果用户的次日留存高、周留存低，说明平台缺乏长期激励的机制，可尝试用"打卡"方式或者额外奖励来促使用户长期留在平台。等到用户已经形成使用习惯，就能考虑将其转化为付费用户，此时关注的是特定功能的使用时长，若用户表现出较强的黏性，就可运用合适的方式进行广告变现。最后经过一定的积累，用户会自发地形成社交圈内的口碑式传播，这时用户的忠诚度以及与用户传播相关的数据比较重要，例如用户的分享量、分享到不同渠道的数量、生成相应的海报量等，不论是哪个环节，最终的目标都是用更低的获客成本获取更优质的用户群。

（二）用户行为事件分析模型

行为事件分析[2]是根据运营关键指标对用户特定事件进行分析，通过追踪和记录

---

[1] 范冰.增长黑客：创业公司的用户与收入增长秘籍[M].北京：电子工业出版社，2015.
[2] 神策-乔一鸭.常见用户行为分析模型解析（1）——行为事件分析模型[EB/OL].[2017-05-23]. http://www.woshipm.com/data-analysis/686576.html.

用户的行为过程,如用户注册、认证、投资、提现等,能够快速了解事件的趋势走向和用户的完成情况,研究与事件有关联的所有因素来挖掘事件背后的原因和交互影响。这种模型具有强大的筛选、分组和聚合能力,涉及事件定义与选择、下钻分析和解释与结论等环节。事件定义要创建和管理会话,会话指的是用户在指定时间段内在网络上发生的一系列互动,当了解用户的访问次数、页面停留时长、退出率等指标时,都要引入会话才能进行分析。针对某一具体行为事件,要支持多维度的下钻分析和精细化条件筛选,当合理配置追踪事件和属性时,能看出变化趋势、维度对比等各种细分问题,确认行为的原因。对于某一结果,还要进行合理的理论解释,判断结果是否和预期一致,如果相悖,仍需进一步分析实证。

(三) 页面点击分析模型

点击分析[1]用于显示页面或者结构相同的页面组区域中不同元素点击密度的图示,包括元素被点击的次数和占比、发生点击的用户列表、按钮的当前和历史内容等因素,结果以热力图的方式呈现,访客热衷的页面区域及其所在的地理区域都表现为特殊高亮的形式。点击分析具有高效、灵活、易用和效果直观的特点,采用可视化的设计架构、简洁直观的操作方式,帮助运营人员评估网页设计的科学性。理想的点击分析能够精准评估用户与广告交互背后的深层关系,不仅支持事件属性与用户属性的任意筛选,而且可对特定环境下用户对特定元素的点击展开细致分析。实现网页内跳转点击的深层次分析也是其作用之一,使用者能和访问者一样通过点击页面元素进入分析界面,同时操作流畅,流程简易高效。与其他模型的配合更有利于从全面视角探索数据价值,深刻感知用户体验,直观的对比与清晰的数据使该方法多用于设计界面与网页改版的决策之中。

(四) 漏斗分析模型

新用户在访问的过程中会不断流失,最终形成一个类似漏斗的形状。漏斗分析[2]主要反映用户行为状态从起点到终点各阶段用户转化率的情况,广泛用于流量监控、产品目标转化等工作中,是相对规范、周期较长、环节较多的流程分析,便于发现问题所在。广告主可以观测用户在各个层级的转化情况,迅速定位流失环节,聚焦最有效的转化路径,根据转化率的趋势曲线,多维度切分用户行为变化,在不同属性的用户群之间进行比较可窥探差异化的转变思路。

(五) 用户行为路径分析模型

用户在访问网页的过程中,会有不同的行为路径,这些路径记录着用户的行为轨迹,反映用户的认知、熟悉、试用、使用到忠诚等不同阶段的状态,是用户特征的体现,在确定用户从访问到转化或者流失的流程和行为区别上有一定的参考价值。用户购买是

---

[1] 神策-乔一鸭.常见用户行为分析模型解析(6)——点击分析模型[EB/OL].[2017-08-08].http://www.woshipm.com/data-analysis/745306.html.

[2] 神策-乔一鸭.常见用户行为分析模型解析(3)——漏斗分析模型[EB/OL].[2017-06-21].http://www.woshipm.com/data-analysis/697156.html.

一个纠结反复的过程,每个路径都代表着不一样的动机,对行为路径的分析①可以发现用户最常用的功能和使用路径,从而判断功能是否符合预期并引领用户走向最优路径,其分析结果也常以图示展现。用户行为路径通常以目标事件作为起点或终点,详细查看某个节点事件的流向,将事件的上下游串联起来,通过整体行为找到不同行为间的联系,定位影响转化的主次因素。

准确预测用户行为可以实现在最恰当的时间和场景为用户提供最贴心的服务的目标,提升用户的活跃度,培养用户的忠诚度,扩大用户对广告的贡献值,制订广告的最优匹配策略,将广告价值转化为实际收益,促进广告效果的提升。用户行为驱动是计算广告有别于传统广告的重要特性,用户行为在广告决策中起着举足轻重的作用,使得计算广告的精准定向成为可能。用户行为的跟踪获取更为方便,广告的即时效果能更好地得到衡量,这些都推动着广告发展的标准化。

用户驱动和洞察是计算广告的人性化体现,基于在社会媒体平台上的点击、关注、转发和收藏等网络行为,用户建立起自身的兴趣标签,使广告主拥有了分析用户喜好的能力。特定的标签定向和多维度的聚焦让用户的画像被清晰勾勒和概括出来,通过这些基本的用户特征,我们可以洞察用户的心理需要,引导用户意识到需要解决的问题,创造痛点,诱发用户解决问题的动机,再借由情感使这种内心的满足保持稳定,促使其转化成实际的购买行为。而在用户实施行为的过程中,就要让用户以最少的成本获得最想要的信息内容,以最少的脑力找到最佳的决策方案。用户行为数据为这一目标的实现提供了强有力的支持。智能设备全方位地采集用户的行为数据,甚至一些细微动作数据和难以捕捉的情感数据都得以被量化,用户在真实生活场景里的生活轨迹被复原,最终实现广告内容和用户场景的强关联和实时深度匹配。

用户标签和用户画像是对用户外在的描摹和刻画,用户的心理洞察是对用户内在的感性表达,而用户的行为驱动是对用户整体的量化分析,它们共同构成了用户洞察的基础和内容。用户洞察的主体是具有能动性的人,场景的融入最大程度上减轻了计算广告对用户造成的干扰。基于场景的人性化关怀和洞察,使用户主动参与广告的互动,形成用户与品牌之间的参与式连接,用户主动成为广告的参与者、传播者和分享者。广告的出发点始终是服务用户、创造价值和创造利润,只有深入观察、理解用户的心理和行为,才能将用户变成广告市场的驱动力和购买力。

◇【案例】用户洞察助力今日头条登顶聚合资讯类 App 榜单

二维码

扫描二维码
查看案例详情

本章课后习题

1. 请用自己的语言概括广告主应该如何对用户进行洞察。
2. 请列举两个优秀的用户洞察案例。
3. 用户行为是怎样对计算广告发挥作用的?

---

① 神策-乔一鸭.常见用户行为分析模型解析(4)——用户行为路径分析模型[EB/OL].[2017-06-29]. http://www.woshipm.com/data-analysis/704261.html.

第五章 计算广告内容生产

互联网沟通一切,海量的数据每时每刻都在产生,新的数据正在以前所未有的速度和方式存储下来;芯片制程以及大规模并联计算技术的发展带来了计算机算力的迅猛突破;深度学习算法和加速计算的出现使得数据和算力得到了充分的利用。数据、算力、算法支持下的人工智能技术逐步成熟并改变了整个广告环境。

技术正在取代人,成为广告内容生产的核心。广告产业逐步脱离人的主导,人工智能为广告创意提供了更多的启发,数据和算法正在成为驱动广告运作的核心。人工智能重塑了广告内容生产,可是对于如何重塑我们往往不得而知。但如果将广告智能生产看作一个信息系统,其仍然遵循着最为简单的"输入—处理—输出"逻辑。当广告内容智能生产这个"黑匣子"被解构之后,我们会发现计算广告内容生产具有以下特征:以大数据为底层基础实现用户对接、以智能算法驱动多源异构数据转化、对生活场景进行智能感知与深层触达和以程序化运作实现创意实时动态优化。

一、广告生产的变迁

现代广告教父大卫·奥格威认为,广告内容比内容的表现形式更重要,真正决定消费者实施购买行为的是广告的内容而非形式。[①] 诚然,大卫·奥格威活跃于印刷媒体大众化时期,其广告内容思想滞后于当今的媒介环境,但是广告内容仍是广告诉求表达和与消费者沟通最主要的载体。随着计算广告时代的到来,广告产业愈加智能化,广告内容生产的创意手段、生产流程也发生了革命性的变化。

(一)产业变化:从手工作坊到智能生产平台

代理业务是广告产业最核心的业务。早期的广告产业是一种单向的媒介代理,即向广告主提供媒体版面。其中,人力资本和资金资本的投入是这一时期最主要的产业增值方式。20世纪50年代之后,社会生产力的进一步发展极大地丰富了产品品类,也为广告行业带来新的挑战,单纯的媒介代理已经不能满足市场的需要。广告人认识到应该充分发挥自身的专业性和创造精神,从广告创意和策划的角度为客户提供更加有

---

① 大卫·奥格威.一个广告人的自白[M].林桦,译.北京:中信出版社,2015.

效的服务,广告成为一种充满创造性的智慧产业。① 广告行业的专业知识、长期实践积累的经验以及广告人的创造力成为广告产业发展的核心生产要素。这一时期,广告产业从人力密集型过渡到智慧密集型,但是仍旧没有挣脱"人"的限制,人力资本仍旧是产业增值的主要方式。

信息技术革命以来,计算机和互联网技术、大数据与数据分析技术以及基于算法的人工智能技术在广告行业得到应用,增加了广告产业的技术含量,促进了广告产业从人力资源主导的手工作坊转向技术资源主导的智能生产平台,其实质是广告产业经济范式的转型。②

传统广告的内容生产在流程上大致包括了广告调查、广告市场分析、广告策略拟定、广告创意制作、广告媒体投放、广告效果分析和广告反馈应对等环节。在手工作坊时代,各环节相对独立,由不同的团队负责,工作效果的提高依赖于人力资源的投入,分散而低效。技术主导下智能生产平台的建立,将改变原有的生产运作方式,依托智能平台实现一体化运作。广告智能生产平台以数据为基础,以算法为核心,依托人工智能技术对多源异构数据进行实时获取和快速解读,实现从无意义数据到有价值内容的及时转化,将广告、场景和消费者进行精准匹配。

为适应手工作坊分散化的广告生产流程,传统广告公司往往采用科层制管理结构,划分出与生产流程相匹配的职能部门。金字塔式的组织结构,能够为广告活动提供职能专业化的保证,但是每一项广告活动都是异质且独特的,往往与为了方便管理而形成的科层制不相适应,这种组织管理模式一定是高成本、低效率的。③ 当广告的生产流程能够在智能平台上实现一体化时,原有的科层制管理方式也就没有存在的必要了。取而代之的是依托智能平台形成的组织管理一体化,其以更加灵活高效的方式对广告活动进行组织管理。

从手工作坊向智能生产平台的转型是广告产业经济范式的重构,标志着广告产业从人力资源密集型转变为技术资源密集型。依托数据和算法在智能生产平台上对广告生产流程进行一体化重构,也必将带来更加高效灵活的组织管理模式。

(二) 创意手段:从经验积累到人机协同

互联网、大数据、人工智能不仅重塑了广告的生产流程和组织管理方式,而且改变了广告创意手段。计算广告时代到来,广告创意手段将从人脑思维主导的经验积累转向以算法为核心的人机协同。

在传统广告时代,广告活动依赖广告人的主观能动性和经验的积累。不管是20世纪50年代广告人本位的创意大战,还是20世纪70年代消费者本位的占位与定位,基

---

① 刘悦坦.广告"以人为本"——论20世纪西方广告理论发展的四次转型[J].广告大观(理论版),2007(2):85-90.
② 曾琼,刘振.计算技术与广告产业经济范式的重构[J].现代传播(中国传媒大学学报),2019,41(2):132-137.
③ 曾琼,刘振.计算技术与广告产业经济范式的重构[J].现代传播(中国传媒大学学报),2019,41(2):132-137.

于经验积累的创意始终是驱动广告业务的核心。① 进入互联网时代,用户内容生产(UGC)逐步受到专业广告从业者的重视,成为广告创意的有益补充,但是广告创意仍旧囿于广告人的经验积累。②

人工智能的发展经历了从计算能力主导的计算智能,到专家系统和人工神经网络主导的认知智能,再到深度学习主导的感知智能三个阶段。③ 其依托数据积累、算法和智能硬件,通过机器学习和深度学习,在自然语言处理、情感智能计算和自适应学习领域做出重要突破。④ 人工智能技术已经可以处理广告运作环节中的各种问题。数据和算法的参与使得多源异构数据能够得到快速获取和处理,极大地丰富了创意基础,使得市场洞察更加科学有效,消费者画像更加生动多元。人工智能在自然语言和情感感知、智能推理、深度学习上的不断发展,突破了个人思维的局限性,为广告内容创意提供了大量的个性化解决方案。

2016年,广告公司麦肯在日本任命了世界上第一位人工智能创意总监AI-CD β,并在广告创意领域进行了第一场人机大战,为某口香糖品牌生产广告创意。最终结果虽然是人类险胜,但是这意味着人工智能在广告创意生产领域打破了科技与艺术的边界,将算法与创意结合起来,达到了一个新的高度。

(三)生产流程:从线性生产到核心驱动

传统广告生产流程一般从市场环境调研开始,包括消费者洞察、核心创意确立、创意执行、媒介投放以及最后的效果监测,表现出明显的单向线性特征。线性流程的结束意味着一次广告活动的结束,中间很难有机会进行调整。虽然最后有广告效果监测,但其目的并不是在单次广告活动中进行及时调整,而是对下一个线性流程进行优化,具有明显的滞后性。

随着计算广告时代的到来,传统单向线性广告生产流程已经与现在的媒介背景和市场环境不相适应,广告生产流程从单向线性推进卷曲成围绕数据和算法的核心驱动(见图5-1)。通过对多源异构数据的获取和处理,可以对市场环境和消费者画像进行精准立体洞察。借助机器学习和智能推理,可以批量生成多种创意解决方案。结合自然语言生产和自动化影像生产技术产生与各场景、各平台相适应的内容。依托需求方平台、供货方平台和广告交易平台,进行实时竞价或者非实时竞价,进行广告位程序化购买,实现个性化投放。依托智能感应技术和数据挖掘处理能力对广告效果进行精准评估。与传统广告时代不同,广告生产流程的推进并不完全依赖上一阶段工作任务的完成,而是以数据和算法为核心推力,在生产运作的过程中不断完善。

在计算广告时代,数据和算法在为广告生产的每一个流程进行赋能的过程中,也会获得相应的反馈,以实现在每一个过程和阶段都能够进行实时调整。未来广告人要做

---

① 刘悦坦.广告"以人为本"——论20世纪西方广告理论发展的四次转型[J].广告大观(理论版),2007(2):85-90.

② 臧丽娜.从"用户产生内容"(UGC)拓展在线广告消费者研究的新方法[J].现代传播(中国传媒大学学报),2012,34(10):99-102.

③ 江丰光,熊博龙,张超.我国人工智能如何实现战略突破——基于中美4份人工智能发展报告的比较与解读[J].现代远程教育研究,2020,32(1):3-11.

④ 牟智佳."人工智能+"时代的个性化学习理论重思与开解[J].远程教育杂志,2017,35(3):22-30.

的不是进行广告生产,而是对算法进行调试、对模型进行修正、对输出结果进行筛查①,从而实现广告、场景与消费者的精准匹配。②

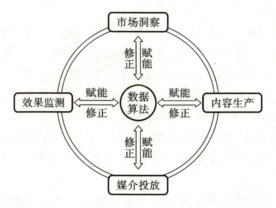

图 5-1　数据和算法驱动的广告生产流程

二、计算广告内容创作的算法逻辑

在计算广告时代,以数据和算法为依托的人工智能技术改变了广告的产业增值方式、创意产出手段和生产推进流程,重构了整个广告行业。作为未来广告内容生产的利器,智能广告创作系统的工作逻辑其实并不复杂,其本质是一种信息系统,基本遵循"输入—处理—输出"的计算逻辑,通过与组织和社会环境进行互动,实现价值的创造。系统主动或被动地获取数据,进而依照智能算法逻辑将数据转化为有价值的信息,并将这些信息以恰当的方式输出到外部环境中。

(一) 数据输入:数据采集与结构化处理

社会环境中可以被获取的数据分为结构化数据(structural data)和非结构化数据(unstructured data)。结构化数据是指已经根据某些定义或者规则进行了标准化组织的数据,可以被智能系统直接处理和应用,也是智能广告创作系统的数据分析基础。它包括目标消费者的人口统计学信息、可数据化的广告效果以及智能设备感知到的用户数据等,一般是直接用于量化处理的数据。

而非结构化数据则是指没有经过标准化组织的数据,不能够直接被系统应用。互联网作为信息交流的工具,积淀了庞大的数据。以文字、语言、影像表现出来的评论、推文、语音、表情、图片等,都属于非结构化数据。非结构化数据难以直接被智能广告创作系统应用,需要经由人工智能技术对其进行标准化组织,使其成为可以直接被处理的结

---

① 姜智彬,戚君秋.学习、生成与反馈:基于动觉智能图式理论的广告智能创作[J].新闻大学,2020(2):1-16+119.

② 刘庆振.计算广告学:大数据时代的广告传播变革——以"互联网+"技术经济范式的视角[J].现代经济探讨,2016(2):87-91.

构化数据。非结构化数据的标准化过程依赖于自然语言理解(natural language understanding,NLU)和机器视觉(machine vision,MV)技术。①

自然语言理解技术是人工智能技术的重要课题,是人工智能自动从外界获取信息的关键。自然语言理解要求计算机能够正确处理人类语言,并据此做出人们期待的正确响应。② 自然语言理解的研究分为书面语言理解和口头语言理解,书面语言相对而言较为规范,易分析,是自然语言理解的基础。而口头语言则需要先进行语音识别,通过信号处理和识别技术让机器人理解人类口述的语言,而后将语音信号转化为文本或命令,即实现声音语言向文字语言的转化。

从计算机处理的角度来看,实现自然语言理解,首先,需要把研究的问题在语言学上加以形式化,使之能够以一定的数学形式,严密而规整地表示出来;其次,将这种严密而规整的数学形式表示为算法,使之在计算上形式化;最后,根据算法编写程序,使之在计算机上加以实现。③ 从语言学的角度来看,自然语言理解还会涉及对语义和语用的分析。对语义的理解,重点在于对符号的含义以及符号和含义之间关系的解读;而对于语用的理解则需要考虑说话的语境和整体的社会环境。自然语言处理是一门交叉学科,自然语言处理技术的提高,得益于语言学的介入,除此之外还涉及认知心理学和逻辑学的相关内容。借助自然语言理解技术,可以将非结构化的书面语言和口头语言数据进行标准化处理,使之能够转化为可以被机器直接量化处理的有意义的信息。处理模型如图5-2所示。

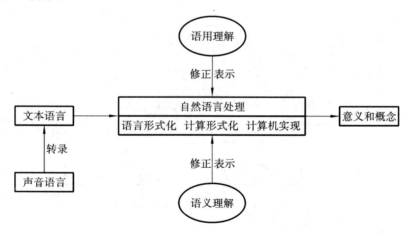

图5-2 自然语言理解的基本模型

计算机视觉技术指利用计算机和影像采集设备来代替人眼,完成对目标的识别、跟踪、监测和理解。④ 机器视觉技术主要包括图像获取、预处理、特征处理、分析判别四个步骤。其通过图像传感器对社会环境中的图像进行感知、采集,包含互联网空间中已经产生的图像以及日常生活中正在发生的图像,进而对图像进行预处理,通过降噪、统一

---

① Paschen J, Kietzmann J, Kietzmann T C. Artificial Intelligence(AI) and Its Implications for Market Knowledge in B2B Marketing[J]. The Journal of Business & Industrial Marketing,2019,34(7):1410-1419.
② 郭艳华,周昌乐.自然语言理解研究综述[J].杭州电子工业学院学报,2000,20(1):58-65.
③ 刘小冬.自然语言理解综述[J].统计与信息论坛,2007,22(2):5-12.
④ 王丹华.计算机视觉技术及其在工业中的运用[J].信息与电脑(理论版),2017(17):54-55.

大小、变换色域等手段使图像初步标准化,而后将图像切割成若干单元进入下一个处理流程。在预处理之后,机器视觉技术通过视觉运算算法对目标对象进行特征提取,把以像素描述的图像转化为形状、运动、纹理等更高级的表达,进而与数据库内容进行匹配判断,建立对象行为模型,实现模式化的表达①,最后借助人工智能运算和深度学习进行分析判别,实现意义的初步解读(如图5-3所示)。

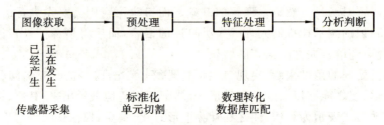

图5-3 机器视觉处理基本模型

在非结构数据的标准化过程中,自然语言处理技术和机器视觉技术分别实现了对语音、文本和影像内容的结构化处理。这使得智能广告创作系统能够从社会环境中自主地获取数据,并为之后的智能处理和内容输出做好数据准备(如图5-4所示)。

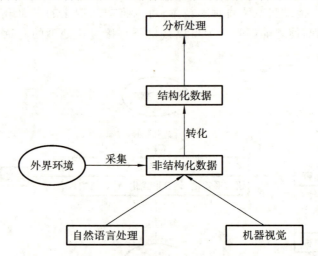

图5-4 数据采集与结构化处理模型

(二) 智能处理:依托机器学习的程序化创意

智能处理是智能广告创作系统的核心功能,通过对已经获取的数据进行处理,可以实现程序化创意的生产。而智能处理的技术核心是机器学习,即通过算法使得机器能够从大量历史数据中学习规律,从而实现对新的样本做智能识别或对未来做预测。②深度学习是机器学习最核心的技术,也是机器自动学习的根本。

深度学习的"深度"指神经网络隐藏层的层数,其发展经历了三个阶段:简单线性前向传播的多层感知机阶段、非线性反向传播的人工神经网络阶段,以及现在的神经网络

---

① 王志良,刘芳,王莉.基于计算机视觉的表情识别技术综述[J].计算机工程,2006,32(11):231-233.
② 余凯,贾磊,陈雨强,等.深度学习的昨天、今天和明天[J].计算机研究与发展,2013,50(9):1799-1804.

进化阶段。①

早期的神经网络较为简单,在功能实现上依赖于人类的决策,需要进行监督式学习,一个算法模型的完善需要经过大量的训练,只能在局部实现最优解。直到2006年Hinton等人提出无监督式逐层学习算法,才在真正意义上实现了自动化的深度学习,即模拟人的大脑进行逐层学习,并把学习到的知识传递给下一层,使得下一层能够得到更高级的表述形式,以实现最终的期望。②

深度学习有助于智能广告创作系统理解文字、语音和图片等数据所表述的意义,并进行多层次的表达和抽取学习。在智能广告创作系统中,深度学习还会向输入端反馈,使得输入端的信息获取和分析处理的指标更加明确,在系统内部实现算法的自优化。

智能广告创作系统在深度学习的过程中还存在元学习(meta learning)、强化学习(reinforcement learning)和迁移学习(transfer learning)三种机制(如表5-1所示)。③

表5-1 深度学习的三种机制

机器学习机制	主要逻辑
元学习	利用过往学过的知识和经验进行自主学习并培养新技能,即不断实现系统的自我优化
强化学习	又称评价学习或再励学习,基于行为主义心理学操作性条件反射理论,即从环境状态到动作映射的学习,以使得动作从环境中获得的奖赏值最大,是一种通过"试错—评价"法来发现最优行为的策略④
迁移学习	通过迁移已有的知识来解决目标领域中仅有少量甚至没有标签的样本数据的学习问题,即运用已有知识对不同但相关领域问题进行求解的一种新的机器学习方法⑤

深度学习技术使得智能广告创作系统能够对输入的数据进行意义阐释和创意生成。元学习使得智能广告创作系统实现自优化,不断提高内容生产的质量。强化学习在不断试验和评估的过程中,会形成最佳算法的路径,提高算法效率和准确度。迁移学习则使得智能广告创作系统能够适应不同的广告需求,应对不同的创意需求场景。机器学习技术使得智能广告创作系统能够实现批量化创意生产,通过自动化的系统优化,逐步提高产出创意的质量和使用范围(如图5-5所示)。

(三)内容生成:基于算法指导的内容生产

智能内容生成,助力智能内容生产,自然语言生成(NLG)能够生成大规模内容,是自然语言处理的一部分,其工作过程与自然语言理解(NLU)相反,是从抽象的概念层

---

① 陶阳明.经典人工智能算法综述[J].软件导刊,2020,19(3):276-280.
② 李海峰,李纯果.深度学习结构和算法比较分析[J].河北大学学报(自然科学版),2012,32(5):538-544.
③ 陶阳明.经典人工智能算法综述[J].软件导刊,2020,19(3):276-280.
④ 高阳,陈世福,陆鑫.强化学习研究综述[J].自动化学报,2004,30(1):86-100.
⑤ 庄福振,罗平,何清,等.迁移学习研究进展[J].软件学报,2015,26(1):26-39.

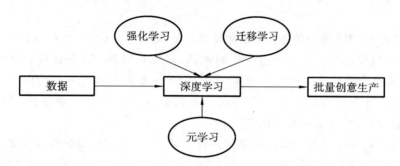

图 5-5　智能广告创作系统智能处理模型

开始,通过选择并执行一定的语义和语法规则来生成文本。① Ehud Reiter 从功能角度将自然语言生成系统划分为内容规划、句子规划和表层生成三个基本模块。②

　　内容规划主要包含内容确定和结构构造,内容确定主要是生成文本表达的内容,而结构构造则是对已经确定的内容进行顺序化和结构化处理,使其更容易被理解和接受。句子规划指对内容规划输出的内容进行优化聚合,使内容逻辑更加清晰,并根据规则添加语法、语义和语用信息,以满足表层生成的需要。③ 而表层生成主要涉及结构实现和语言实现两部分内容,具体来讲,就是将微观规划后的文本描述映射至由文字、标点和结构注解信息组成的表层文本。④ 自然语言生成技术现在已经被广泛应用于机器人写作、广告文案生产等领域,成为智能广告创作不可或缺的一部分。自然语言生成技术多应用于文本内容的生产,可以直接生产广告文案、广告口号等文本类广告,而广告歌曲中的歌词或视频广告中的台词,虽不是直接作为文本类广告出现,但也可以由自然语言生成技术实现。

　　智能图像生成的基础是机器视觉。图像生成与图像识别的逻辑相反,是通过向计算机提供概念描述或算法指令,由计算机自动创建完整的图像。当命令给出之后,人工智能系统会对概念进行解读分析,从素材库中选取相应的素材,在一定美学基础和设计风格的指引下对素材进行重组。

　　智能语音生成的基础是语音识别技术。语音识别技术分为特征提取、模式匹配、参考模式库三个部分,主要用于提取和分析语音信号特征,建立语音模型,并与语言数据库语音进行对比,找到相应的语音模板,为其匹配处理策略,实现人机交互。⑤

　　智能影像生成系统依赖于生成模型(generative model,GM),一般从一个已知分布中随机采样,将样本输入生成模型,然后根据真实分布反馈的信息不断更新自己的参数,经过多次训练,得到一个能够生成与真实数据尽可能一致的模型。⑥ 生成模型可以

---

① 张建华,陈家骏.自然语言生成综述[J].计算机应用研究,2006(8):1-3+13.
② Reiter E, Dale R. Building Applied Natural Language Generation Systems[J]. Natural Language Engineering,1997,3(1):57-87.
③ 郭忠伟.作战文书自动生成理论及方法研究[D].南京:南京理工大学,2003.
④ 张建华,陈家骏.自然语言生成综述[J].计算机应用研究,2006(8):1-3+13.
⑤ 胡郁,袁春杰,王玮.人工智能技术在传媒领域的应用——以智能语音技术为例[J].新闻与写作,2016(11):15-17.
⑥ 淦艳,叶茂,曾凡玉.生成对抗网络及其应用研究综述[J].小型微型计算机系统,2020,41(6):1133-1139.

实现噪音生成图像、文本生成图像、图像到图像转换和交互式操控图像生成,是文本生成、图像生成和语音生成的交叉应用(如图5-6所示)。

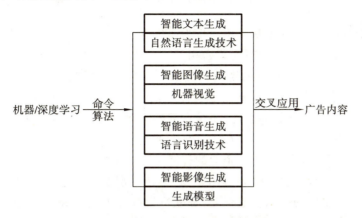

图 5-6 算法指导下的内容生产模型

智能广告创作系统的核心逻辑即通过人工智能算法将社会环境中无意义的数据转化为可以对社会环境产生影响的有价值的信息。我们将智能广告创作系统划分为数据输入、智能处理和内容生成三个部分,但是在智能系统中,三者并不是割裂的。基于深度学习算法的智能处理,不仅对结构化数据进行处理,而且参与数据的结构化过程。智能处理过程中批量生成的广告创意,以算法命令的形式进入内容生成环节,指导并参与内容生成。

三、计算广告内容生产的核心特征

(一)以大数据为底层基础,实现用户对接

19世纪的广告大师约翰·沃纳梅克提出:"我知道我的广告费有一半是浪费的,但很遗憾,我不知道被浪费的是哪一半。"在传统广告时代,广告的内容生产与整体运作都围绕媒体价值展开。① 在这一阶段,广告主主要依据收视率、收听率、发行量等传统广告效果指标对某一媒体的基本价值进行估算与衡量,并围绕媒体所提供的广告时段、版面等信息进行交易,内容生产与投放媒体基本处于割裂状态。由于指标的粗糙和数据的缺乏,广告主难以全面评估媒体的价值,无法知悉广告投放的真实效果②,在内容生产上仍以广告主自身需求为主,讲求集合化的市场概念,缺乏对精准触达与用户匹配的考量。而在互联网时代,新媒体的兴起彻底颠覆了传统媒介格局,个体能动性不断增强,用户价值受到越来越多的关注。因此,广告主不再以媒体价值为中心,而试图直接与用户进行对接,将广告投放指向每个独立个体。那么,要如何提高广告内容的定向精

---

① 倪宁,金韶.大数据时代的精准广告及其传播策略——基于场域理论视角[J].现代传播(中国传媒大学学报),2014,36(2):99-104.
② 易红发.广告业发展趋势:精准化 场景化 融合化[J].新闻战线,2018(5):109-111.

准度与人群覆盖率,实现对用户的个性化投放呢?数据的来源与质量是关键。计算广告正是基于对海量非结构化数据的采集与解码,在多重技术的叠加运用下完成内容生产,对用户实施精准投放。

在大数据时代,海量数据基于用户行为而生,如点击率、到达率、转化率等这些常见而且重要的衡量数据都与用户行为紧密相关。此外,随着智能设备的多元化与普及化,用户在使用这些媒介的同时也会生成相应的个人数据,并被存放至企业的数据库中。无论是微软的小冰与小娜(Cortana)、苹果手机的 Siri、亚马逊的 Echo、脸书的聊天机器人等提供智能语音服务的智能软件,还是百度的小度音箱、喜马拉雅 FM 的"小雅"等智能产品,它们在传播内容的同时也在尝试与人类进行沟通,以了解和掌握消费者的生活习惯与兴趣取向等大数据,从而为企业的智能系统提供具有更高质量的实时数据来源,用以提供更多具有个性化特征的内容,实现"生产—消费—再生产"的良性循环。以谷歌为例,作为全球顶尖的人工智能企业,谷歌每天都要为网民处理百亿次的搜索,而与此同时,这种搜索也是对其系统进行的百亿次数据"喂养"和输送,由此换取大量的行为大数据,为计算广告的内容生产提供素材与源泉。[①]

可以看出,与看重策略制订与创意执行的传统广告相比,计算广告在进行内容生产时更关注数据驱动的意义与价值,希冀通过海量数据的挖掘及处理,从中找出有价值的信息,以实现特定用户的个性化传播。[②] 在这一过程中,消费者已经从大众化、细分化的目标受众变为微分化、个人化的用户,经大数据淘洗所得出的广告对象也不再只是一群具有抽象概念的标准化面孔,而成为一个个丰满、立体的用户形象。[③] 在指向日益明确、清晰的前提下,计算广告在进行内容生产时将根据更丰富、全面的用户个人数据,如人口属性、地理位置、行为数据以及社会关系的定向研究数据等,通过一定技术为用户提供个性化的广告内容,增强其与商品的精准匹配度。这一应用一方面能帮助用户发现对自己有价值的信息,另一方面也让信息能够展现在对它感兴趣的用户面前,提高二者的适配性与效果转化率。

从前端广告对象的确定、广告创意的洞察、广告内容的制作,到后端广告的投放及效果的实时监测与优化,大数据彻底颠覆了传统经验性的广告实践,始终贯穿于计算广告运动的全过程[④],而对数据的记录、存储、处理和应用正是内容生产这一环节的核心。可以说,数据正日益成为广告产业主体的重要资源和核心竞争能力,而计算广告的内容生产也将在大数据的支撑下朝精准化、个性化、定制化的方向不断发展。

(二)以智能算法驱动多源异构数据转化

正如前文所说,在互联网时代,媒介格局的颠覆性改变使用户价值越发凸显,对用户数据进行采集挖掘与解码运用成为广告进行内容生产升级的内在需求。然而,传统

---

① 解学芳.人工智能时代的文化创意产业智能化创新:范式与边界[J].同济大学学报(社会科学版),2019,30(1):42-51.
② 杨扬.计算广告学的理论逻辑与实践路径[J].理论月刊,2018(11):162-167.
③ 刘庆振.计算广告学:大数据时代的广告传播变革——以"互联网+"技术经济范式的视角[J].现代经济探讨,2016(2):87-91.
④ 姚曦,李斐飞.精准·互动——数字传播时代广告公司业务模式的重构[J].新闻大学,2017(1):116-124+152.

的人群分析等手段属于统计范畴,无法对多源异构数据进行有效运用。就传统广告的内容生产流程来说,无论是前期主要靠问卷调查、访谈等小样本数据得出的消费者分析与广告策略,还是后期对广告效果进行的多维评估,广告人的专业技能与从业经验都发挥关键作用,即传统广告的内容生产严重依赖人工的策划和创意发挥。因此,在大数据海量涌现的情况下,新技术亟需被引入广告领域,文本识别、视频分析等人工智能算法的兴起便是对大数据势能的有效释放,也是计算广告进行内容生产的核心和关键。

所谓人工智能,即使用机器代替人类实现认知、识别、分析、决策等功能,其本质是对人的意识与思维的信息过程的模拟①,使机器能够胜任一些通常需要人类智能才能完成的复杂工作。随着互联网的普及与人们对大数据认识的深入,人工智能运用各种算法让机器自主地从大量、无序的数据中挖掘有用的信息进行学习,完成特定的任务,这成为广告升级的新思路。在新技术的应用中,计算广告在进行内容生产时得以对海量数据进行运用:在消费者分析方面,人工智能通过自然语言处理与数据预处理技术,使大量非结构化数据得以被实时获取与有效转化,由此形成对消费者的智能洞察,更好地进行广告策略的智能推理;在具体的内容创作方面,新算法的突破使设计变得更为灵活,在对前期数据进行智能分析后,数据库根据分析转化而成的结果,对主题、风格等要素进行最佳筛选,能快速实现大批量智能作品的成型与输出。②

以近年来全球品牌动向为例,2019 年 7 月,美国金融服务机构摩根大通与 AI 行销公司 Persado 达成协议,于之后 5 年借助该公司的人工智能技术,编写更有效、更吸引顾客的行销文案。其中,摩根大通行销长克里斯汀·勒姆考(Kristin Lemkau)指出,机器学习技术让行销变得更人性化。Persado 的 AI 用人类行销老手不会选择的方式,重新编写了广告文案与头条新闻进行推送,结果显示,Persado 的技术让品牌的广告点击率提高了 450%。而在同一时期,运动品牌 Nike 也宣布收购 AI 技术新创 Celect,将其纳入网站之中,以此转化消费者数据,进行更为精准的广告内容生产与推送。③

可以看出,计算广告的内容生产正逐渐将重心由人转移至优秀算法与机器学习等人工智能技术的运用上,人工的角色也逐渐从流程的参与者转变为流程的管理者,广告人从简单繁杂的工序中抽离,传统的大规模工业生产因而得以向智能生产过渡。④ 如果说社会计算的缘起与大数据的发展是计算广告诞生的重要条件,那么,人工智能算法便是助力大数据发挥势能的核心和关键。正是在该技术的作用下,计算广告在进行内容生产时才得以通过数据与用户完成连接,实现效果转化。

(三)对生活场景进行智能感知与深层触达

技术与数据的结合使广告对象得以被精准细分与挖掘,而要说服用户产生购买行动,还是需要广告创作出能激发用户产生情感共鸣的情景内容。除了精准投放,加大沟通力度的需求也驱使计算广告加强与用户的连接,对消费者生活场景的智能感知与深

---

① 段淳林,任静.智能广告的程序化创意及其 RECM 模式研究[J].新闻大学,2020(2):17-31+119-120.
② 秦雪冰,姜智彬.人工智能驱动下广告公司的业务流程重组[J].当代传播,2019(2):93-96.
③ AI 写的文案没温度?错!摩根大通靠 AI 让广告点击暴增 450%[EB/OL].[2019-08-12].https://www.sohu.com/a/333162117_999948101? qq-pf-to=pcqq.c2c.
④ 刘庆振."互联网+"背景下计算广告技术体系的创新与应用[J].新闻界,2016(2):63-67.

层触达便是计算广告内容生产的又一核心特征。

如美国学者罗伯特·斯考伯和谢尔·伊斯雷尔所说:"互联网将进入新的时代——场景时代。"①在信息环境更替迅速的背景下,场景化内容的生产与供应成为其新的特性。所谓场景化触达,即通过大数据,动态抓取消费场景,与用户个人达成包括地理位置、时间等要素的场景匹配,满足不同场景中用户对广告内容的需求,从而实现在特定的关系场景中向用户提供信息和内容服务,增进用户互动体验。② 以户外媒体为例,2019年12月,中国户外数字媒体运营商新潮传媒举办"智者·思变"2020探索大会,进行了将电梯产品和乘客数字化联网的主题探讨。作为为广告主提供媒介渠道的服务商,新潮传媒近年来一直致力于对其产品进行数字化革新,并与人工智能企业商汤科技合作,利用其视觉分析技术打通界限,将线下场景与线上数据进行连接,对电子屏幕前的受众进行检测分析,根据受众属性、行为特征做广告定向播放,以实现对受众所处场景的智能感知。随着技术应用的不断成熟,场景化的实现也逐渐打破了物理场景与虚拟场景的边界,越来越多地将二者进行结合,形成多维联动的场景化内容。

与此同时,随着智能技术的演变与物联网的迅速发展,媒介融合的趋势不断增强,不同媒介、不同终端之间的界限被打破,形成了融合化竞争和融合化传播的新格局。越来越多如智能手机、智能手表、智能眼镜等具有不同功能的智能设备兴起,极大地拓展了用户感知世界的维度。融合化的屏幕构成了用户与用户、用户与设备、设备与设备之间相互交流的基础设施,用户注意力被不断分散,媒介使用习惯朝多屏化、跨屏化发展。因此,计算广告在谋求实现用户、内容与场景精准匹配的同时,也在不断优化跨屏传播的效果,在内容生产上则体现为针对不同目标用户的媒介使用行为和产品消费需求,结合不同媒介的特性,进行多频次、融合化、个性化的跨屏内容输出,由此拓宽对生活场景进行智能感知的维度,尽可能消除由不同媒介体验带来的割裂感。③

而在广告内容与媒介内容的关系上,计算广告也在进行积极摸索,在敏锐地感知并抓取关键场景的基础上,通过融合化体验实现广告对用户心理的深层触达。一般来说,人们使用媒介往往是出于对其内容的消费与功能的体验,并不会把注意力留给广告。但从本质上讲,无论是内容信息还是广告信息,都是媒介组织向用户传播的信息产品,具有共通性。在用户需求成为传播价值起点的背景下,用户价值和用户体验成为衡量这些信息产品的标准,因此,将具有高度关联性的广告信息与内容信息进行融合,实现内容与广告的统一生产或整体呈现,成为计算广告的又一发展方向。④ 美国影视网站 Netflix 利用人工智能技术对内容进行优化。通过对每日新增的 3000 万次"播放"用户的 400 万次评级、300 万次搜索进行观测与分析,精准掌握受众偏好,使自制剧成为爆款的概率从传统的 20% 提升至 80%。这背后的逻辑正是对用户所处场景的感知与

---

① 罗伯特·斯考伯,谢尔·伊斯雷尔.即将到来的场景时代:大数据、移动设备、社交媒体、传感器、定位系统如何改变商业和生活[M].赵乾坤,周宝曜,译.北京:北京联合出版公司,2014.
② 易红发.广告业发展趋势:精准化 场景化 融合化[J].新闻战线,2018(5):109-111.
③ 刘庆振.计算广告学:大数据时代的广告传播变革——以"互联网+"技术经济范式的视角[J].现代经济探讨,2016(2):87-91.
④ 刘庆振.媒介融合新业态:数字化内容与广告融合发展研究[J].新闻界,2016(10):55-59+72.

触达。①

随着人工智能、云计算、大数据、物联网的深入发展,计算广告的内容生产方式也在新的趋势下发生了巨大变化,但消费者作为其关注的重点,将始终引领内容的变革,对消费场景的智能感知与深层触达也将作为一大思路,助推内容生产朝更适配的方向发展。

(四)以程序化运作实现创意实时动态优化

在宣布收购位于波士顿的人工智慧平台与预测分析公司 Celect 后,Nike 品牌营运长斯普朗克(Eric Sprunk)曾于一次采访中表示:"我们的目标是更大规模地为消费者提供个性化服务,因此,必须预测需求。我们没有 6 个月时间来做这件事,我们只有 30 分钟。"②对于过去依靠主观决策与人工操作的传统广告来说,这种需求可谓天方夜谭,但在媒介、技术环境急速发展的当下,这一需求不再是假想。对计算广告而言,广告创意的实时动态优化便是内容生产的一大核心特征。

媒介融合的不断发展与"互联网+"进程的不断递进使越来越多的个人和组织成为自媒体,越来越多的中小企业也逐渐崛起,成为新一轮的广告客户群体。为了最大程度地满足所有广告主对广告精准投放的需求,实现内容信息的快速有效触达,程序化购买技术应运而生。在大数据与优化算法的支撑下,程序化交易使广告得以在最佳的渠道、最佳的时间,以最佳的方式展现给最合适的用户,全程自动化的操作技术使大规模完成广告实时精准交易成为可能。而创意是广告的核心,内容是创意的关键。从传统的人工决策到现如今靠人工智能算法等技术进行运作,广告在发生内容形态等方面变化的同时,始终保持着对内容生产的关注与敏感度,将其作为核心环节进行改良升级。

为了解决计算广告在程序化购买过程中出现的创意枯竭问题,实现海量用户需求与内容的动态匹配,程序化创意开始兴起。所谓程序化创意,即是由数据和算法驱动,通过对广告创意内容进行智能制作和创意优化,整合互联网创意产业上下游的技术。对计算广告而言,程序化创意是内容生产的核心技术与关键之一,其目的在于用程序化的方式展示创意,将重点定位于从创意到广告展示全过程的程序化,主张用快速迭代的创意代替"大创意"。可以认为,计算广告的内容生产尝试通过自动化、程序化运作的方式,保持对创意的实现与满足。虽然所生成的内容在创意度上可能不及以往的人工操作所表现得那般灵活与独特,在质的水平上无法完全得到保障,但通过用户画像技术与协同过滤算法的帮助,海量创意的柔性化生产得以实现,广告创意与程序化技术也在一定程度上达到了一种趋于平衡的状态。③

其中,受到高度关注的是,在智能技术与大数据的支撑下,广告效果分析从广告活动的后端前置,广告运作不再为时间落差明显的先后阶段,而是形成了"洞察—创作—交互—评估"不断融合、不断循环的闭环机制,从延时转化为实时。即时的数据反馈使效果动态监测成为可能,所投放的广告内容也不再只是一次性产品,而有了实时调整的

---

① 解学芳.人工智能时代的文化创意产业智能化创新:范式与边界[J].同济大学学报(社会科学版),2019,30(1):42-51.

② Nike 大举收购新创公司[EB/OL].[2019-08-08].https://www.sohu.com/a/332436639_662833.

③ 段淳林,任静.智能广告的程序化创意及其 RECM 模式研究[J].新闻大学,2020(2):17-31+119-120.

能力,能在不断优化中获得点击率与转发率的持续提升,进入新一轮的广告产出。① 可以说,广告内容摆脱了一味求稳的状态,而是可以不断进行试错,以筛选出最适配而且最有效的广告策略与内容作品,实现效果的实时智能优化。② 其中,阿里妈妈作为我国电子商务公司阿里巴巴旗下的大数据营销平台,始终致力于综合电商生态系统中的多方因素,对人工智能技术进行优化,以更好地利用阿里巴巴集团海量的交易数据进行转化率预估。

从环节的分离与割裂到形成需求至效果评估的营销闭环,广告决策不断透明化、科学化,广告创意也得以动态生成、实时优化,并呈现更为明显的新技术特性与人性化趋势。

◇【案例】巨量引擎如何推动品牌实现品效合一?

二维码

扫描二维码
查看案例详情

本章课后习题

1. 请用自己的话总结计算广告内容创作的核心特征并加以阐释。
2. 请列举两个自己熟悉的互联网广告场景化内容生产的案例。
3. 计算广告时代,以数据和算法为依托的人工智能技术是如何重构广告行业的?

---

① 段淳林,杨恒.数据、模型与决策:计算广告的发展与流变[J].新闻大学,2018(1):128-136+154.
② 郑新刚.超越与重塑:智能广告的运作机制及行业影响[J].编辑之友,2019(5):74-80.

第六章 计算广告的算法模型与技术应用

一、计算广告的算法模型介绍

随着互联网时代的发展,网络信息量巨大,如何在网络中进行精准的广告投放,实现网络广告的高回报率,已成为信息技术领域的技术难题。计算广告就是在这种条件下兴起的一个子学科,它所要解决的问题是,如何在特定环境中,找出最佳匹配的网络广告。到目前为止,网络广告流行的收益计价模型主要是 CPM、CPC 和 CPA 这三种。在不同的计价模型下,计算广告的匹配算法主要源于三个领域:①基于关键词匹配的信息检索,如 Cosine 相似度算法、OKapi BM25 算法和 Multinomial 统计语言模型;②基于用户点击反馈的机器学习算法,如特征学习模型、分层学习模型等;③在线学习算法,如 Multi-armed bandit、UCB1 算法等。

技术是计算广告的重要部分,而数据是计算广告真正实现的第二基点,将算法模型和用户画像结合,可以实现技术与数据的匹配链接,从而使计算广告效果达到最大化。

(一)计算广告的主要算法模型

1. 基于信息检索

有学者指出,将用户检索信息当作关键字,将广告文本作为已索引的待检索文档,那么广告的匹配计算问题即转化为信息检索问题。

Cosine 相似度算法在文本挖掘中用来比较两个 N 维向量的相似程度。定义用户检索词或网页内容关键词向量 $\boldsymbol{Q}=[q_1,q_2,\cdots,q_n]$ 以及广告关键词向量 $\boldsymbol{D}=[d_1,d_2,\cdots,d_n]$,则可以通过计算 $\boldsymbol{Q}$、$\boldsymbol{D}$ 这两个向量之间的空间相似度来计算用户与广告之间的匹配程度。公式如下:

$$\cos(\boldsymbol{Q},\boldsymbol{D}) = \frac{\boldsymbol{Q}\cdot\boldsymbol{D}}{\|\boldsymbol{Q}\|\cdot\|\boldsymbol{D}\|} \qquad (式6-1)$$

该算法的优点在于实现相对简单,并且在面对不同长度的检索词和广告词时易于规范化。但同时,缺点也很明显,即向量中的关键词并不能区分权重,当向量维数不断增长时,计算性能就会遭遇瓶颈。

OKapi BM25 算法可以对广告匹配进行分值计算。该算法中使用 TF-IDF 值用于加权不同的关键词,并且突出信息区分度较高的关键词,从而提高了检索匹配的精度。

$$\mathrm{BM25}(\boldsymbol{Q},\boldsymbol{D}) = \sum_{w \in Q} \mathrm{IDF}(w) \cdot$$

$$\frac{\mathrm{TF}(w,\boldsymbol{D}) \cdot (k_1+1)}{\mathrm{TF}(w,\boldsymbol{D}) + k_1 \cdot (1-b+b \cdot \frac{|\boldsymbol{D}|}{|\boldsymbol{D}|_{\mathrm{avg}}})} \cdot \quad \text{(式 6-2)}$$

$$\frac{(k_3+1) \cdot \mathrm{TF}(w,\boldsymbol{Q})}{k_3 + \mathrm{TF}(w,\boldsymbol{Q})}$$

$$\mathrm{IDF}(w) = \mathrm{lb}\,\frac{N-n(w)+0.5}{n(w)+0.5} \quad \text{(式 6-3)}$$

其中,$|\boldsymbol{D}|$表示文本的关键词数量;$|\boldsymbol{D}|_{\mathrm{avg}}$则表示所有待检索文本的平均关键词数量;$k_1$、$k_3$ 和 b 为自由参数($k_2=0$),通常取值分别为 2、1000 和 0.75;N 为待检索文本的总数量;$n(w)$表示包含关键词 w 的文本数量。该算法的优点在于它可以对不同的用户检索词分配不同的权重,并且可以提供自由参数进行调优,从而容易实现良好的性能。

自 1998 年以来,基于统计的语言模型已应用于信息检索领域,Ponte 和 Croft 是最早的倡导者。Multinomial 统计语言模型是基于 Claude Shannon 在信息论研究中所提出的字母序列可能的概率分布。其基本原理是,用户检索以及广告文本能够通过某个统计语言模型,根据自然语言在现实中的使用场景生成。那么接下来的问题就变成如何通过语言模型生成,去判断用户与广告之间的相关度。①

如图 6-1 所示,利用 Multinomial 模型计算广告匹配程度算法过程如下。

首先,计算出用户检索和广告文本中概率最高的短语,即 Query params 和 Ads params。

其次,根据 Multinomial 统计语言模型,计算出使用 Query params 能够生成 Ads params 的概率,或者相反,使用 Ads params 能够生成 Query params 的概率。

最后,排序并找出概率最大的一对(Query,Ads)。对于算法的第二步,还可以计算 Query params 和 Ads params 之间的 KL-divergence 值,该值越低,证明两者相关度越高。

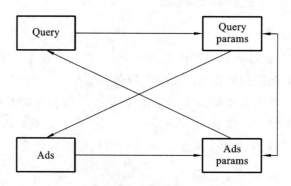

图 6-1 基于 Multinomial 模型的广告匹配

2. 基于机器学习

与信息检索方式不同,基于机器学习的广告匹配计算是通过收集用户点击的反馈(click feedback)进行的。因为在大多数情况下,只有确实吸引了用户点击的广告才能

---

① 郭庆涛,郑滔. 计算广告的匹配算法综述[J]. 计算机工程,2011,37(7):222-224+233.

真正为发布商和广告商带来收益。对于机器学习来说,点击反馈是一种低成本、自动化的学习机制,通常大型的广告网络总是能产生大量的点击数据。[①]

在基于特征的学习模型中,可以定义 q 表示检索词特征向量,a 表示广告词特征向量,Q 表示某次用户检索,A 表示某个广告文本。给出如下基本模型:

$$\Pr(\text{Click}|Q,A) = f(q,a;\theta) \tag{式 6-4}$$

其中,Pr 条件概率表示在 (Q,A) 匹配的条件下发生实际用户点击的概率;模型参数 θ 则需要通过大量特征数据学习得到。

对于内容匹配(content match)来说,基于特征的学习模型容易遇到性能瓶颈,因为页面内容的特征抽取比用户检索更加繁冗。针对页面的内容匹配,可以通过页面聚类的分层学习模型对点击通过率(CTR)直接做出预测估值。其基本思想是将页面、广告文本分别聚簇到某个分级模型的叶子节点,并且其中所有兄弟节点的 CTR 估值是正相关。整个算法分为两个阶段:①使用 IPF 算法对页面、广告做基于 CTR 值的聚类;②为 CTR 稀少事件建模。

3. 在线学习模型

上述算法均有一个共同的特点,即仅基于现有的历史数据提取固有模式并进行预测匹配。这类算法都属于离线模型。然而问题在于,网络检索、广告数量增长极快,并产生许多新的模式,离线算法无法快速反应,这种矛盾催生了基于在线学习模型的新算法。

在线学习模型的基本思想是,不仅能够根据现有模型挑选出检索词与广告进行最佳匹配,并且能够不断更新已有的广告文本库,学习新的模式,从而实现在线广告的精准投放。[②]

Multi-armed bandit 源于赌场里的老虎机(one-armed bandit),不同之处在于,前者有多个扳手。将 Multi-armed bandit 问题与在线广告投放的计算进行类比,每次投放一个广告相当于拉一次扳手,用户的点击率相当于老虎机的回报奖金,至于每次拉哪几个扳手,则是由当前的检索词来决定的。通过不断的学习反馈,最终找出最优的 bandit policy,以实现最佳的 CTR。

Gittins 等人在 1979 年提出一种最优的 bandit policy,基本过程如下:
① 为每个扳手赋予优先级;
② 根据优先级的大小依次拉扳手,并且观察回报;
③ 根据具体的回报,调整扳手的优先级。

该模型永远不会绝对地偏向某个扳手,表现出客观的合理性,该策略学习最终的结果是根据扳手的优先级高低做出广告投放的最佳选择。

(二)用户画像在计算广告中的主要应用价值

1. 公司战略层面

从品牌长期发展的宏观角度出发,用户画像的作用主要体现在它可以帮助企业进

---

① 郭庆涛,郑滔. 计算广告的匹配算法综述[J]. 计算机工程,2011,37(7):222-224+233.
② 郭庆涛,郑滔. 计算广告的匹配算法综述[J]. 计算机工程,2011,37(7):222-224+233.

行精准营销,为企业提供效果评估的重要参考,对提升品牌服务质量有很好的促进作用。同时它在业务经营分析以及市场竞争分析方面发挥重要影响力,影响品牌发展战略的规划与实施。

其中,精准营销是一个品牌最基本的需求,也最能直观体现用户画像的作用。精准营销具有极强的针对性,是企业和用户之间点对点的交互。它不但可以让营销变得更加高效,而且能为品牌节约营销传播成本。如果一个品牌舍弃其自有的精准种子用户,而选择了对其品牌一无所知的营销传播对象,结果就会是以巨大的成本获取新用户,而传播效果如何也将不得而知。

而要做到精准营销,数据是最不可或缺的存在。以数据为基础,建立用户画像,利用标签让系统进行智能分组,获得不同类型的目标用户群,针对每一个群体策划并推送有针对性的营销信息,是实现精准营销最基本的方法,而用户画像是这个流程的基点。

2. 产品本身层面

对于企业产品来说,用户画像的重要价值体现在某一产品从市场调研到成熟期的产品生命周期的所有阶段,包括市场调研、产品研发、产品测试、产品试运营和产品成熟期,每个阶段对用户画像的需求和价值点都不尽相同。

第一阶段是市场调研阶段。在打造一款产品前,品牌可以通过目标用户画像分析来了解目标用户,包括用户行为特征、用户心理需求等,通过开放的第三方数据或者自有数据,将用户标签化,建立用户分级模型,多维度了解目标用户在生理与心理等多方面的需求,以此作为产品设计的重要指导,力求产品准确触达用户痛点,满足用户对产品赋予的期待,从而满足用户的主要需求。

第二阶段是产品研发阶段。厘清品牌产品目标用户的需求和规划,确定品牌产品的目标定位后,产品生命周期便进入实际研发阶段。在这个阶段中,用户画像的重要价值不仅仅体现在理论和需求层面,更体现在帮助顺利研发品牌产品的过程中,通过分析目标用户信息,为产品功能设计、视觉展示设计、交互系统设计等提供重要参考,为产品研发提供更加实用的帮助。

第三阶段是产品测试阶段。产品测试阶段是种子用户培养的起点,是一个产品走向市场的起步阶段。用户画像的意义在于可以帮助品牌选择合适的测试用户,选择合适的测试渠道,帮助品牌维护产品形象和准确定位,也便于品牌对测试用户的维护和建设。精准的用户画像,会在用户筛选、渠道选择、关联关系、用户维护、产品优化等过程中为产品测试带来帮助,提高产品测试的效率,同时优化用户体验,对产品来说也是一种维护和提升。

第四阶段是产品试运营阶段。用户和市场是检验一个品牌产品的最严格和最规范的标准,当一个产品正式投入市场运营后,用户画像的作用将达到一个新的高度。成熟的用户画像可以帮助品牌方不断完善和修正产品定位、优化推广策略和渠道,以及在形成稳定运营规模、积累了可观的流量和数据后,帮助品牌方制订合适的广告投放策略,这些对产品来说很重要,关系到产品完整系统的发展。而用户画像的不断扩充完善,又能不断地进行数据积累和筛选,使用户画像形成自优化循环,帮助产品构建更加精准、更加有效的用户画像体系,对产品体验和产品功能的提升有很大的帮助。

第五阶段是产品成熟期。对于一个处于成熟期的产品,我们需要不断转化它的商业价值和用户价值。用户画像体系的构建能帮助产品实现商业变现,促进目标用户留存与促活,有助于产品的提升。

3. 数据管理层面

数据的不断积累,一方面可以帮助用户画像体系不断优化升级;另一方面,在用户画像数据的基础上,通过关联规则计算,可以实现更优的商业价值转化。

沃尔玛"啤酒和尿布"的故事就是用户画像关联规则分析的典型案例。在一家超市里,有一个有趣的现象:尿布和啤酒竟然摆在一起出售。但是这个奇怪的搭配却使尿布和啤酒的销量均增加了。这是发生在美国沃尔玛连锁超市的真实案例,并一直为商家津津乐道。沃尔玛拥有世界上最大的数据仓库系统,为了准确了解顾客在其门店的购买习惯,沃尔玛对其顾客的购物行为进行"购物篮"分析,以获取消费者行为偏好信息。沃尔玛数据仓库里集中了其各门店的详细原始交易数据,沃尔玛对这些原始交易数据进行分析和挖掘。一个意外的发现是:消费者和尿布一起购买最多的商品竟是啤酒!大量实际调查和分析揭示了隐藏在"尿布与啤酒"现象背后的美国人的一种行为模式:在美国,一些年轻的父亲下班后经常要到超市买婴儿尿布,而他们中有30%～40%的人同时也为自己买一些啤酒。产生这一现象的原因是:美国的妈妈们常叮嘱她们的丈夫下班后为小孩买尿布,而丈夫们在买尿布后又随手带回了他们喜欢的啤酒。从这一案例里,我们可以看到用户数据的积累和分析对品牌影响传播的巨大作用。

相比积累数据,利用数据其实更加困难。品牌所需要的用户画像数据可以从多种渠道获得,包括品牌自有数据、中间方提供的数据以及第三方监测平台数据等。尤其在大数据时代,获取数据的成本和过程都变得更加低廉和便利,这时候往往更需要品牌方有更扎实和高效的数据分析、挖掘、计算的能力。在建立完善的用户画像体系后,针对这一体系进行有针对性的品牌传播,在此过程中再不断积累新的用户数据,不断进行数据清洗和筛选,实现数据更新和提升。数据管理能力和体系对品牌长远的发展规划来说,是最核心的要素,也是品牌方最应该也最需要具备的。

二、计算广告的技术应用

这里主要指的是用户定向技术,包括以下内容。

用户定向即对广告(a)、用户(u)、上下文/情境(c)这三个维度提取有意义的特征(这些特征也被称为标签)的过程。用户定向技术虽然不算是计算广告中最困难的技术,但确实是在线广告,特别是显示广告中最核心的驱动力。一般来说,对于某一种定向技术,我们需要同时关注其效果和量这两方面的指标,并提供覆盖率较高但精准程度有限的标签,以及非常精准但量相对较小的标签,从而有利于市场形成竞争环境。从技术框架的角度看,受众定向标签可以分成用户标签、上下文标签和广告主定制标签三种类型。

第一种是用户标签,即可以表示成 $t(u)$ 形式的标签,或者说是以用户历史行为数据为依据,为用户打上的标签;(行为定向)cookie->(age,gender,category,location)/demographic。

第二种是上下文标签,即可以表示成 $t(c)$ 形式的标签,或者说根据用户当前的访问行为得到的即时标签;(上下文定向)url->channel->domain->topoc。

第三种是定制标签,即可以表示成 $t(a,u)$ 形式的标签,这是一种用户标签,不同之处在于是针对某一特定广告主而言的,因而必须根据广告主的某些属性或数据来加工。如 creative->solution->campaign->advertiser->category。

可以注意到,无论是上下文定向,还是在此基础上的行为定向,都广泛使用了文本分类和主题挖掘技术。而在广告业务中,我们往往要选择那些有监督的主题挖掘方法,将页面内容映射到预先定义好的标签体系上,而不是在无监督的情况下自动聚类产生标签。

受众定向的本质,是将用户在网络上的一些行为表现为可以售卖的人群属性。这同时也揭示了精准广告业务的本质:将原材料,即用户行为数据,加工成标签,再将标签售卖给需要的广告主。而广告在投放过程中已变成了交付这些标签的载体。数据加工本身的重要性足以使其成为互联网广告中相对独立的一项业务。于是,数据加工与交易的产品化和规模化,成为在线广告区别于传统广告的一项重要市场特点。在这样的环境下,数据管理平台这样面向数据收集、加工和交易的产品也应运而生。

(一) 地域定向

企业进行投放推广的地域设置被称为地域定向。通过设置地域定向,企业的推广信息可以在企业主选定的区域内投放展示。假设企业的目标客户只存在于北京、上海和广州这三个城市,则该企业就可设置相应区域进行信息推广。地域定向使广告投放更加精准,极大地节省了推广的费用。

传统的地域定向一般是指到省或城市的级别,其定向效果一般。而精确位置定向则使地域定向达到非常细的粒度,比如可以定向到清华园的主楼附近。这种定向会产生大量新的广告需求,例如咖啡店可以定向到其附近的人群。而在不使用这种定向的情况下,类似咖啡店、小饭馆的广告主无法投放门户广告和搜索引擎广告,它唯一的选择是在路边发广告,而这种广告收益明显比不上定向投放的广告。

(二) 人口属性定向

虽然人口属性定向在效果上未必特别突出,但是由于传统广告的话语体系中大量使用这类标签来表现受众,因此它特别为品牌广告主所熟悉。人口属性的主要标签包含以下几个因素:年龄、性别、受教育程度、收入水平等。值得注意的是,除非有特别的专门数据来源,如实名制社交网络服务(SNS)的注册信息或在线购物的消费记录等,一般情况下,要进行准确的人口属性定向并不容易。

在人口属性数据覆盖率不足的情况下,如果要按照这种定向进行按照千次曝光成本售卖,我们可以用已知人口属性的用户作为训练集,构造分类器对人口属性进行自动标注。一般来说,采用分类器的方法确定人口属性的准确程度有限。在单纯效果类的广告活动中,预测人口属性的必要性不太高,因为预测出来的人口属性也是根据用户其他行为特征得到的,并不能提供额外的信息量。

(三) 频道定向

频道定向是完全按照供应方的内容分类体系将库存按照频道划分,对各频道的流量投送不同的广告。这种定向方式比较适用于那些对距离转化需求比较高的垂直类媒体,如汽车、母婴、购物导航等。对于内容覆盖面比较广的媒体,这种方式取得的效果是有限的。举一个极端的例子,如果我们把某网站的军事频道作为一个定向标签,那么很难找到直接匹配的广告需求。

(四)上下文定向:实时数据

上下文定向是根据网页的具体内容来匹配相关广告。上下文定向的粒度可以是关键词、主题,也可以是根据广告主需求确定的分类。上下文定向的效果在不同类别的内容上有很大的区别,但是这种方式有一个非常大的好处,那就是覆盖率比较高。对大多数广告展示来说,不论对当前访问用户的信息了解有多少,往往都可以根据当前浏览的页面推测用户的即时兴趣,从而推送相关广告。

基于用户当前查询的关键词、浏览的网页、使用的 App 等进行语义分析结果定向,可以被称为"实时访问上下文"。常用的定向属性关键词主要有否定关键词(Google Adsense)、展示 URL(Google Adsense、百度网盟)、页面主题(Google Adsense)、行业分类(百度网盟)。[①]

上下文是为 context 打标签的行为。不打断或不干扰用户的任务,是上下文成立的一个原理性的原因。广告是在用户的理解范围之内的,比如在用户所看的财经网页,广告是电子商务,用户肯定有兴趣,也能理解。如果它的效果好,则比人口属性和地域定向方式要好,但它远远不能与重定向相比。

(五)行为定向:历史数据

行为定向的框架是根据用户的历史访问行为了解用户兴趣,从而推送相关广告。行为定向之所以重要,是因为它提供了一种一般性的思路,使得在互联网上收集到的用户行为数据可以产生变现的价值。因此,行为定向的框架、算法和评价指标,为相关数据加工和数据衍生业务的发展奠定了基础。

用户的下列行为可对行为定向有贡献(按信号强度排序)。

①交易行为(transaction)。对效果广告来说,它是最强的信号,这也就是淘宝直通车为什么能盈利如此之多,因为交易行为数据的价值远高于其他类型。

②购买前的一些行为(pre-transaction)。这种行为存在于需求端。用户进行商品比价、搜索等行为的信号很强。交易行为和购买前行为的信息强度和有效性,在效果广告的语境下,都远高出其他七种类型一个数量级。

③搜索时的广告点击行为(paid search click)。

④普通广告的点击行为(ad click)。广告的点击行为被认为是比较强的信号,因为广告本身不是一个很吸引人的事物,在广告中产生的一个点击,表示用户有明确的目的去了解这个信息。普通广告的点击行为比搜索时的广告点击行为效果要差一些,主要是由于采集普通广告的点击行为时有数据噪声。

⑤搜索时产生的点击(search click)。

---

① 南三方.LBS:3G 时代继短信之后的杀手级业务[EB/OL].[2009-09-28]. https://blog.csdn.net/okfei/article/details/4604077.

⑥搜索(search)。它本身也是一种强信号。

⑦社交网络中的分享(share)。它表示很强的兴趣,但不像搜索那样主动。

⑧页面浏览(page view)。它是网络中的主要行为,在大多数情况下是被动行为。比如用户在新闻网站上浏览,其会挑选一些感兴趣的新闻进行浏览,但门户网站中的新闻却是由网站决定的,并且这种行为离用户需求太远。比如查看关于中国钓鱼岛的新闻这个行为,很难与广告主的需求直接发生关系;再比如,一个用户经常浏览凤凰军事,则可以通过他的行为为他打上军事的标签,但很难找到愿意选择这样的标签的广告主。

⑨广告浏览(ad view)。它在定向运算中是起负影响的,因为一个用户看到相同广告的次数越多,他的疲劳感就越强。如果采用线性模型,这个行为就是一个负系数。

计算行为定向的框架较简单。如图 6-2 所示,$t^{(i)}(u)$ 表示用户 u 在 i 上的标签。先收集用户的原始行为,比如图 6-2 中示例给出的用户的浏览行为 PV,即浏览过什么页面;搜索行为(search),即搜索了哪些关键词;广告点击(ad click)的内容,即点击了哪些广告。然后为每一种行为打标签,即每种原始行为会转化成一组标签。比如 PV 中用户访问过关于中国钓鱼岛的新闻,那么可能会被打上军事和新闻标签。搜索行为,比如用户搜索过京东商城,可能会被打上电商的标签。对于广告点击,因为广告本身就有品类,所以打标签较为容易。用户的标签是将文中各种行为所打的标签加权累加的结果,比如在标签 1 上,PV 的标签值为 2,广告点击的标签值为 1,相加得到用户在标签 1 上的和为 3。实际系统中大多采用这种方法,在理论中会将它解释成相对复杂的过程,比如用 gamma、poisson process 描述,但本质上是类似的。越是信号强的行为,它的数据量往往就越会有限制,比如 transaction 比起 PV 就小若干个数据级,再比如虽然广告点击强度适中,但量非常少,所以这种行为用途不大。

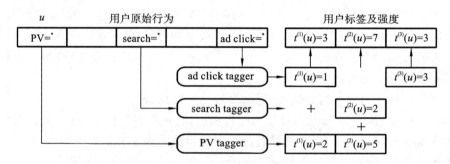

图 6-2 受众定向与行为定向

既然行为定向是一个机器学习的问题,那就需要一个数据评测的方法。

在打标签的过程中,需要设置阈值,比如用户在 T 天只访问过汽车网站一次,就为他打上汽车标签是不合理的。阈值的设置有两方面的原因:一方面,因为标签要存于线上的 KV 数据库,如果不设阈值,数据量会非常大,并且没有必要。另一方面,长尾的行为是有噪声的,加载这些数据可能没有好处。所以是否为一个用户打汽车标签,是由设置的阈值决定的,随着阈值越来越小,被打上汽车标签的人群就越多,而在汽车品类中的效果就越来越差。图 6-3 为 CTR 效果研究图,图中的曲线是符合人的直觉的,这个曲线在评测定向效果方面是有指导意义的。

在图 6-3 中有两个要注意的地方。其一,在到达 100% 的人群时,即阈值为 0 的时候,实际就是没有进行重定向的情况,所以到达 100% 人群的时候它的 CTR 是一个固

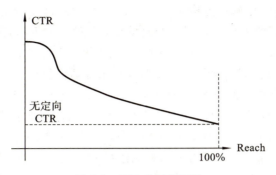

图 6-3　CTR 效果研究图

定值,与所用的模型无关。重定向的目标就是让曲线尽量向上,在工程中,出于数据或是算法的原因,这个曲线不一定是单调减的曲线,可能前面一段低,这是一个很危险的信号。如果阈值较大,效果反而不如到达 100% 人群的时候,那说明这个标签是没有价值的。其二,在数据和算法比较合理时,曲线可能有一个拐点,拐点的物理含义是在拐点之前的是真正属于这个品类的用户,他们的点击率较高,而在拐点之后点击率会迅速下降。知道这个拐点,就可以知晓该品类真正有价值的用户大概有多少,这对 GD(guaranteed delivery)广告中的销售流量是有指导意义的。

(六) 精确位置定向

1. LBS 的概念与发展

人类对导航定位的需求自古有之。20 世纪 90 年代末期,随着移动通信产业的迅猛发展,手机用户数量不断增长,在世界范围内形成了巨大的移动通信市场,产生了不可估量的潜在经济效益。同时,人们对导航定位技术的要求也日益迫切,希望能够出现小终端、高精度、多功能的定位服务,以满足不同领域、不同场合的定位需求。

LBS(location based service)即基于地理位置的信息服务,也被称为位置服务,是指通过电信移动运营商的网络(如 GSM 网络、CDMA 网络)获取移动终端用户的位置信息(经纬度坐标),在地理信息系统(GIS,geographic information system)平台的支持下,为用户提供相应服务的一种增值业务。它是移动通信技术、空间定位技术、地理信息系统技术等多种技术融合发展到特定历史阶段的产物,是现代科学技术和经济社会发展需求的客观要求。LBS 可以通过固定或移动网络发送 GIS 功能和基于位置的信息,在任何时间应用到任何人、任何位置和任何设备上。[①]

虽然 LBS 的概念提出的时间不长,但人们在很早前就应用了 LBS。LBS 起源于美国,源于为军事应用服务的全球定位系统(global positioning system,GPS),随后被应用于测绘和车辆跟踪定位等领域。GPS 民用化催生了以定位为核心的技术的大量应用,20 世纪 90 年代后期,LBS 及其所涉及的技术逐渐引起人们的重视。

从另外一个角度来看,LBS 起源于紧急呼叫服务,导火索是一起绑架凶杀案。1993 年 11 月,一位名叫詹尼弗·库恩的美国女孩遭遇绑架并被杀害,生前她曾寻求帮助,拨通了报警电话 911,但是 911 呼救中心却无法通过手机信号确定她的位置,这将 911 的空间局限性暴露无遗。因此,美国联邦通信委员会在 1996 年推出了一个行政性

---

① 边倩倩,陈文,张和成. 基于地理位置的服务发展现状及趋势探析[J]. 中国高新区,2017(11):149.

命令 E911,要求在全美强制性地构建一个公众安全网络,即无论在任何时间和地点,都能通过无线信号追踪到用户的位置。当时的 E911 有两个版本:第一个版本要求运营商通过本地 PSAP(public safety answering point)进行呼叫权限鉴权,并且获取主叫用户的号码和主叫用户的基站位置;第二个版本要求运营商提供主叫用户所在的位置(精确到 50~300 m 范围的位置信息)。此外,2001 年的 9·11 恐怖袭击事件同样让美国意识到位置服务的重要性。因此,在不断实现 E911 目标的同时,基于位置服务的业务也逐渐在全美开展起来。2006 年,美国完成了全美无线通信网络的升级改造。

此外,随着移动通信技术、网络技术和测绘技术的发展,与位置相关的信息增值服务也逐渐发展为现代地理信息产业的重要组成部分,并逐渐成为其中增长最快的部分之一。位置服务是多种技术融合的产物。1994 年,美国学者 Schilit 第一次提出了位置服务的 3 个目标(3W),即 where——在哪里(空间信息)、who——和谁在一起(社会信息)、what——周围有什么(信息查询),由此构成了 LBS 最基础的内容。[①] 在 E911 命令中,美国对位置服务做出以下定义:①AOA(angle of arrival)指通过两个基站信号范围的交集来获取移动台站(mobile station)的位置;②TDOA(time difference of arrival)指通过一个移动台和多个基站交互的时间差来确定位置;③LS(location signature)指对每个位置区进行标识来获取位置;④利用卫星进行定位。[②]

近年来,我国地理信息产业发展势头极为迅猛。《2017 中国地理信息产业报告》显示,2017 年地理信息产业总规模达到 5180 亿元,从业人数达到 46 万人,而其中基于位置服务的比重相当大,位置服务越来越得到人们的关注和重视,其概念也频频出现在各种报刊、网络和政府文献中,被越来越多地应用到各行各业中。

2. LBS 的关键技术

(1) LBS 定位技术。

基于位置服务的基础是高水平、高效地获取用户位置信息,因此在 LBS 技术中,定位技术是基础和关键。LBS 定位的过程大致分为两步:第一步是测量,第二步是计算。根据测量和计算的实体不同,定位技术分为基于网络的定位技术(反向链路定位)、基于移动终端的定位技术(前向链路定位)和混合定位技术。

在基于网络的定位技术中,位置解算功能由网络实现。[③]

COO(cell of origin)是一种起源于蜂窝小区的定位技术,通过采集移动终端所处的小区识别号(cell-ID)来确定用户的位置。其定位精度取决于终端所在基站小区的半径,与其他定位技术相比,其精度最低,并且不适用于 CDMA 网络,但 COO 技术无需对移动终端和网络进行修改。

AOA(angle of arrival)即到达角定位技术,在两个以上的位置点设置阵列天线,获取终端发射的无线电波信号角度信息,然后通过交汇法预估终端的位置。此方法在障碍物较少的地区可得到较高的定位精度;但在障碍物较多的环境下,会因无线传输存在多径效应而使误差增大,定位精度将大大降低。[④]

---

① 边倩倩,陈文,张和成.基于地理位置的服务发展现状及趋势探析[J].中国高新区,2017(11):149.
② LBS[EB/OL]. https://baike.so.com/doc/936141-989481.html.
③ 王建宇.基于位置服务关键技术的应用研究[J].科技创新与应用,2016(16):87.
④ 杨志宏,张卫争.Wi-Fi 室内精准定位技术的研究与应用[J].移动通信,2017,41(13):50-54+60.

TOA(time of arrival)即基于到达时间的定位技术,通过测出电波从移动台传播到多个基站的传播时间来确定目标移动台的位置。移动台位于以基站为圆心、以移动台到基站的电波传播距离为半径的圆上,在多个基站进行上述半径的计算,则移动台的二维位置坐标可由三个圆的交点确定。TOA要求移动终端和参与定位的基站之间精确同步。[1]

TDOA(time difference of arrival)指通过检测信号到达两个基站的时间差,而不是到达的绝对时间来确定移动台的位置,这意味着降低时间同步要求。采用三个不同的基站可以测到两个TDOA,移动台位于两个TDOA决定的双曲线的焦点上。该定位技术可应用于各种移动通信系统,尤其适用于CDMA系统。TDOA提供的定位精度会比COO好一些,但是它却需要比COO或E-OTD更长的响应时间,大约耗时10秒。TDOA无需对移动终端进行修改,因此可以直接向现存用户提供服务。[2]

E-OTD(enhanced-observed time difference)即增强观测时间差分技术,通过放置位置接收器或参考点实现,每个参考点都有一个精确的定时源。当具有E-OTD功能的手机和位置测量单元接收到来自至少三个基站的信号时,从每个基站到达手机和位置测量单元的时间差将被计算出来,这些差值可以被用来产生几组交叉双曲线,并由此估计出手机的位置。E-OTD方案比其他基于网络的定位技术的定位精度高(50～125 m),但是它的响应速度较慢,往往需要约5秒的响应时间,实现成本昂贵,还需要对网络和手机结构进行修改,并且限制了漫游用户的服务。[3]

AFLT定位技术(高级前向链路三角定位)指在定位操作时,手机通过同时监听多个基站(至少三个)的导频信息,利用码片时延来确定手机到附近基站的距离,最后用三角定位法算出用户的位置。它适用于CDMA网络。高通公司的gpsOne解决方案就是采用A-GPS+AFLT混合定位技术实现的。[4]

信号强度分析定位法即通过测量基站和移动台之间的信号强度,将信号强度转化为距离,来确定移动台的位置。受移动通信的多径干扰以及阴影效应等影响,移动台的信号强度经常变化,因此很少使用这种方法。

基于移动终端的定位技术包括GPS定位技术和A-GPS定位技术。

GPS定位技术即全球定位系统,利用卫星向接收机发送无线信号来确定接收机的位置,采用差分技术可以把精度提高到米级。GPS目前已经能做到在全球范围内实现全天候且实时地为用户连续提供精确的位置、速度和时间的信息。但GPS接收机启动时间长、耗电量大,部分区域不能探测到卫星信号,因而限制了其在LBS中的应用。

A-GPS定位技术的基本思想是建立一个与移动通信网相连的GPS参考网络,参考网络通过跟踪GPS卫星信号并调出GPS导航信号,将这些辅助信息传送给移动台,移动台利用这些辅助信息快速地搜索到有效的GPS卫星,接收到卫星信号后,便可计算出移动台的位置。A-GPS定位精度可以达到5～50 m,是目前定位技术中精度最高的一种技术,适用于多种网络。但A-GPS的致命缺点是在市内繁华地区或者室内,由

---

[1] 咸茂鲜,邓晓斌.移动GIS关键技术研究[J].硅谷,2013(1):69-70.
[2] 魏青,彭睿.定位技术及室内定位方案探讨[J].广东通信技术,2014,34(5):57-63.
[3] 马玉秋,龙承志,沈树群.长距离移动定位技术与室内定位技术[J].数据通信,2004(5):39-41.
[4] 林炜杰.CDMA无线定位技术与组网方案的理论探讨[J].中国新通信,2013(15):2-3.

于建筑物的遮挡可能收不到定位所需的 4 颗卫星的导航信号,从而造成定位失败。

混合定位是定位技术发展的一个方向,它结合了基于终端的定位技术和基于网络的定位技术的优点,使定位更加精准和可靠。把辅助 GPS 定位技术和通用的基于网络的定位技术相结合,将是 LBS 系统中定位技术的主流。

(2) GIS 相关技术。

LBS 的核心是位置与地理信息,两者相辅相成,缺一不可。定位技术解决了移动终端的位置问题,而要提供与位置相关的服务,则必须依赖 GIS 相关技术,如地图匹配、路径规划、移动数据库、电子地图技术等,这些都是实现 LBS 的关键技术。

地图匹配在导航应用中依据定位设备提供的结果,通过与地图上附近道路的匹配,得到更加准确的位置信息。它结合交通道路连通性、单行线等约束条件研究新的地图匹配算法,是实现 LBS 中车载导航的关键技术。

路径规划所要解决的问题是怎样利用现有的道路网拓扑结构进行最短路径的规划,当前的路径规划已经有了一整套体系,但这些方法都没有考虑到 LBS 中移动终端的处理速度与存储容量及无线网络的传输速度等问题,因此需要对这些方法进行改进以适应 LBS 的应用环境。

移动数据库即应用于 LBS 的动态数据库,包括移动目标建模、动态分段、路网拟合等技术。

电子地图技术涉及在 LBS 环境中和地图数据处理有关的地图显示速度、地图存储容量、信息查询速度等问题。

3. 目前 LBS 技术存在的主要问题

LBS 被视为拥有良好市场和发展前景的领域,目前 LBS 已经有了成熟的技术支持并能有效满足大众需求,尤其在美国、韩国、日本等国家,其基于位置服务的业务发展十分迅速。而我国自 2001 年开展基于位置服务的业务以来,发展并不令人满意。其原因涉及很多方面,除了定位精度差、涉及个人隐私保护以及移动定位无法漫游等,还存在以下一些问题。

首先,缺乏产业规划和政策引导。LBS 服务模式进入我国的时间比较短,大多运用移动通信技术,其他行业介入相对滞后,其对产业经济增长的贡献率近几年才初步显现。从宏观层面来讲,政府还没有制定统一的产业发展规划和宏观调控政策,导致 LBS 服务商、导航电子地图制作商、软件商和社会消费群体相互脱节,没有形成强有力的市场运行机制和产业链条,从而造成我国 LBS 发展相对迟缓。[①]

其次,消费者对 LBS 缺乏认识。LBS 是面向社会公众的空间地理信息服务,是移动通信技术、网络技术、测绘技术融合的产物。测绘部门虽然掌控着大量的空间信息资源,但由于对测绘成果开发利用不足以及部分成果涉及保密等问题,产业主管部门对 LBS 的市场引导和培育不够,同时,由于用户对 LBS 不了解,导致 LBS 应用范围不大。用户对 LBS 的认知程度也是 LBS 发展的关键因素。用户对 LBS 缺乏初始体验,从而导致 LBS 发展滞后,这也是 LBS 没有发展起来的一个很重要的原因。

再次,地图资源缺乏。地图是测绘成果的直观表达,是测绘部门履行政府公共服务

---

① 赛迪顾问电子信息产业研究中心. 中国位置信息服务产业发展研究[J]. 现代国企研究,2015(9):16-22.

职能的重要体现。但由于我国正处在加快城镇化发展、建设社会主义新农村的重要阶段,地图更新跟不上经济社会发展的需求。地图资源不丰富,地图信息获取方式陈旧,公众版的电子地图数量少、品种少,导致社会公众对空间信息认知程度低。

最后,市场监管不到位。由于 LBS 涉及多个部门和行业,各部门的垄断性相对较强,产业链长,目前我国还未出台有关 LBS 完善的市场准入政策和相应的质量、技术、服务标准。此外,鉴于市场监管不到位,目前 LBS 领域还存在服务质量不高、标准不统一、地图信息更新不及时、服务内容不规范等问题。

4. LBS 技术在计算广告中的应用

LBS 技术在广告中主要是与精准投放联系在一起的。目前 LBS 移动位置广告是移动广告的一个热点,并受到了线下广告主和移动广告网络的关注。常用的位置广告主要分为以下四类。①位置感知广告:通过实时的动态位置信息,基于用户与目标地点的距离来投放特定或动态的广告。②地理围栏广告:广告主通过用户与目标地点的距离来定向这些群体,比如定向投放给距离线下实体店 1 千米以内的用户。③位置受众数据定向:广告主利用匿名的第三方线下数据,来定向在一定地理范围内活动的用户,这些数据包括用户的线下购买数据、人口特征、心理偏好等。④场所定位:广告主基于位置和时间的受众细分来定向客户。[①]

同时,鉴于 LBS 服务的个性化、精准化特征,广告主能够有效"购买"到最适合的用户,用户能够获得最适合的广告信息。例如,你在"五一"假期去正佳广场(广州)逛街,临近吃午饭的时间,你的手机便能够根据你所处的楼层向你推送附近的餐厅广告信息,并且这几家餐厅可能正好是你最近搜索过的。

(七)相似用户定向

随着计算广告的兴起,从前处于被动接受状态的受众愈加拥有主动权,广告的精确度大大提升,广告效果也愈加可量化、可追踪。由此,广告主也更期望在短时间内有针对性地把特定内容推送给特定的受众。

针对这个普遍要求,如何找到适合广告主品牌定位的某款产品的目标受众群,往往成为某次广告营销活动的起点。为了达成这个任务,目前主要有两类做法。

第一类是直接基于 DMP 的三方数据,通过标签或 LBS 等方式为广告主选取目标受众群,这种做法更多依赖业务人员对业务、产品、市场的了解,但有时候业务经验不一定准确,而且通过标签或者 LBS 筛选出来的人群规模不易控制,需要进行多次反复的尝试,才能确定符合某次投放要求的目标人群数量。

第二类是通过自有数据或他方数据,基于 look-alike 算法选取目标受众群。look-alike 即相似人群扩展,指基于广告主提供的现有用户或设备 ID,通过一定的算法评估模型,找到更多拥有潜在关联性的相似人群的技术。这种做法更多地依赖大数据和机器学习算法,对探索新的业务逻辑,例如某款新产品的市场推广这类并无很多业务经验积累的场景来说比较适用,而且也更符合大数据营销的发展趋势。

look-alike 是辅助业务人员和市场营销人员获取精准目标人群的有力工具,很多提

[①] 李程. 数字技术影响下智能手机广告形态——数字技术对媒介的变革与影响[J]. 新闻研究导刊,2016,7(23):266+277.

供广告 DMP 数据服务的公司都宣称自己有 look-alike 算法技术。有了这种算法，找人群自然能精准许多，而找到了精准人群，后续的转化都不在话下，在这样的逻辑下，look-alike 就成了 DMP 数据服务公司的标配。

1. look-alike 算法的基本流程

基本上所有的互联网公司都有其广告投放平台，这是给广告主投放广告的页面。广告主可以通过广告提交页面提交自己的广告需求，后台会为广告主圈定一部分潜在用户，这个就是 look-alike 的模块。

look-alike 通常会有两种做法。第一种是显性的定位，广告主根据用户的标签直接定位，比如通过年龄、性别、地域这样的标签来直接圈定一部分用户进行投放。此时平台的技术支持就是对后台用户画像的挖掘。这其实是广告主基于对自己产品的理解，圈出目标用户的过程。这种人工定义的方法，可能不够精准，或者可能通过年龄和地域指定的用户量很大，需要做精准筛选。这个时候就需要 look-alike 的第二种做法，即通过一个机器学习的模型来定位广告主的潜在用户。广告主提交一系列客群范围，我们称之为种子客群，以它作为机器学习的正样本。负样本会从非种子客群，或者从平台历史积累的人群中选取，于是 look-alike 问题就转化为一个二分类的模型，正负样本组成学习的样本，有了模型之后，利用模型结构对活跃客群进行打分，最终得到广告主需要的目标人群（如图 6-4 所示）。

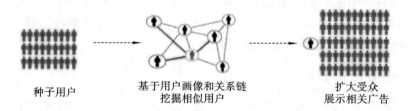

图 6-4 look-alike 算法的用户匹配流程

对于特征和模型算法，不同的公司各有差异，其特征主要取决于公司有哪些数据。在模型算法上，脸书和谷歌对外公布的说法是采用一个预测模型。雅虎发表过若干篇论文，详细介绍过雅虎所尝试过的算法，比如 LR、Linear SVM、GBDT 等。其中，GBDT 的效果比较好。

2. look-alike 在应用上的三大关键点

（1）用来学习的数据维度很关键。

学习的数据维度就是在哪些方面寻找相似的客群，也就是研究目标客群会在哪些方面有一些突出特征的聚集。学习的数据维度包含以下四个层次。

第一个层次是行为结果数据。行为结果数据是已经采取了具体行动的数据，例如购买数据、入资数据等。

第二个层次是行为意向数据。行为意向数据是指倾向于采取某种行为的人群数据，最典型的是搜索引擎的数据。一般来说，消费者在做最终的购买决策之前，往往会通过搜索引擎了解产品周边的一些相关信息，通过相关搜索关键词数据可以定位到一个有强烈购买意向的用户。这也是很多广告主投入较多预算在搜索引擎营销上的原因。但这种数据一般很难从搜索引擎侧获取，购买关键词的成本也越来越高。一般来说，通过行为意向数据来寻找人群，转化率会比较高，因为行为意向人群往往已经到了转化前的关键时刻，此时对意向人群进行营销，效果往往比较明显。但同时广告主也面临一定的风险，因为此时客户可能已被别的竞品在更早的环节施加了影响，转化成本也会相应提高。

第三个层次是行为偏好数据。大多数第三方 DMP 主要通过行为偏好数据来帮助广告主找到潜在的客户，从业务逻辑来说，具有某种偏好或者属于某种类型的人群往往会更倾向于购买某款产品，对于这部分数据的学习也能促成最终的转化。同时，行为偏好数据会保证广告主在潜在客群覆盖规模和精准度之间达到一个很好的平衡。这是广告主普遍选用的一种数据。

第四个层次是行为模式数据。行为模式是指通过分析消费者的行为与时间、空间的关系，以及一系列行为之间的时间和空间序列关系，总结出具有一定一致性意义的行为表现，通过一致性的模式预测相关行为。行为模式数据往往应用于场景营销，但是加工行为模式的数据计算复杂度较高，同时对分析的实时性要求也很高，因此目前还处在探索和优化阶段，实际的应用不多。

上面所介绍的几类数据在营销领域各有其价值，并不能判断孰优孰劣。如果结合具体广告主的需求，理论上都可以达到比较好的效果。

（2）要关注 look-alike 算法是否工程化。

look-alike 算法本身其实并不复杂，但是目前很多 DMP 提供的 look-alike 算法对于广告主来说更像是一个"黑匣子"，将第一方数据输入算法后，通常广告主并不知道算法内部发生了什么，也并没有留有可供业务人员参与的接口，只能等待算法按要求输出指定类型的数据。通常来说，广告主只有在通过线上广告真正触达相关受众群体之后，才能了解机器学习的效果是否符合预期。

这种 look-alike 算法的客户体验是差强人意的，通常判断某家 DMP 是否能在广告营销中为广告主带来价值，比拼的是 look-alike 算法工程化方面的实力，这些实力主要体现在以下四个方面。

首先，算法的学习维度是否可以调节。虽然从理论上来说，look-alike 算法维度增多对提高学习精度是有利的，但是现实生活中人群表现出的一些特征有时候是出于主动选择的结果，有时候是由于客观条件限制导致被动选择的结果（例如某款产品只在部分区域发售），因此对于算法的学习维度需要具备预先手动调节的能力，排除一些不必要的学习维度。

其次，是否可以根据相似度选取最终人群的规模。对于学习输出的人群，与种子人群的相似度越高，就说明越符合要求，但同时规模也越小。一次广告营销所需要触达的人群会根据本次营销的目标不同而有很大的变化。例如对于品效兼顾的营销，人群触达的规模是一个非常重要的指标，而纯粹效果类广告则希望能够触达尽可能精准的目标人群。通过相似度进行灵活的选取，最终确定人群的规模，这对于业务人员来说是一个非常有用的功能。

再次，学习结果是否可设定过滤条件。具体的营销活动会有很多限制，例如某款游戏在 iOS 和 Android 系统上的营销预算不同，因此希望 iOS 目标人群和 Android 目标人群规模符合一定的比例；某些垂直媒体主要做三、四线城市的下沉，希望能够更多选取三、四线城市的人群等。通过灵活的条件筛选，算法可以支持更丰富的应用场景。

最后,是否可以调节一些工程化指标。一些工程化指标对于算法的易用性、可用性具有重要影响,例如现实情况中的数据质量往往不是特别好,用来学习的样本数据维度很多时候是不完整的,甚至有些样本的某些维度是缺失的,这就要求算法能很好地适应这种不完整的数据,同时保证精度不迅速恶化。在现实业务应用场景中,营销业务人员通常不具备专业的数据挖掘背景知识,因此挖掘算法在应用环节不应该设计得过于复杂,如需要业务人员调节某些参数来优化模型的精度等。算法的效率和收敛速度同样非常重要,对于动辄上亿的样本、几百万的特征维度来说,业务场景要求在分钟量级返回计算结果,因此算法的性能和各厂家的计算能力都面临非常大的挑战。

(3) look-alike 算法的应用要依据具体情况而定。

look-alike 可结合聚类算法一起使用。有时候客户提供的种子人群成分是非常复杂的,往往是掺杂了大量子类人群的总和,如果直接拿这些种子人群进行 look-alike 算法操作,则相当于把人群的特征进行了弱化,最终找出来的相似人群特征就会变得不明显。例如某奢侈品牌,他们的一方种子人群中包含两类,一类是非常富有的人群;另外一类是普通的城市打工族。对于这两种人群,必须先通过聚类算法将他们区分开来,再输入 look-alike 算法去扩大。

需要考虑在何种媒体上使用 look-alike 算法。look-alike 算法选出的人群最终是在媒体的流量人群中实现触达的,因此媒体自身流量对最终 look-alike 算法落地的效果影响非常大。为了保证 look-alike 算法落地的效果,选取与广告主自身产品相对匹配的目标媒体以及合适的出价都非常重要。

要根据效果数据优化 look-alike 算法。一旦精准营销活动开始,就可以回收消费者对营销的反馈数据作为正样本,来对 look-alike 算法进行优化。通过 TalkingData 对大量历史投放数据的分析,动态优化 look-alike 算法可以极大提升算法的转化效果:在同样选取相似度 TOP100 万的样本进行精准投放的情况下,每日优化样本库组相比不优化组,在一周的投放周期内,激活率可提升 180% 以上。样本库优化的周期可以根据效果数据回收的量级、媒体的技术支持能力以及 DMP 自身的数据更新周期综合决定,建议每 1—2 日更新目标用户群。

总体而言,look-alike 本身具有高效、精准、规模化的特点。其技术和数据完美组合的产品也正在成为广告主在数字营销中不可忽视的重要助力。

(八) 重定向技术

在当下的数字广告投放过程中,开展媒介计划之前,必须明确品牌所对应的消费者在哪里,了解消费者更容易从哪个渠道获得品牌传递的信息,哪种传播渠道获得的信息更容易被记忆。但这些问题仅仅是实现转化、促成销售的部分条件,如何进一步提高转化率和销售额才是每位广告主最为关心的问题。

在过去的美国市场,其运营技术复杂且成本高,"访客找回广告"长期被大品牌独享。现在,DSP 通过对精准用户投放技术的再升级和消费者购买决策的研究,依托核心技术——重定向(retargeting),可实时记录客户跳出数据的行为,通过二次、三次曝光将流失客户追回,帮助广告主在客户再次到访网站时快速完成辨识、评估、投放,直至达成最终的交易。

因此,许多消费者都有这样的经历:某次访问电商网站 A 时,偶然发现了一件感兴趣的商品，尽管当时没有立即下单，但在日后访问其他网站 B 时不断地看到这件商品的广告，屡屡激起你的消费冲动，最终自己乖乖成了它的"俘虏"。这种广告实际上是使用了重定向的在线广告技术，而这背后也有大数据的影子。

所谓重定向技术，就是一种针对已经浏览过网站的人群再次进行广告营销的方式。它能让用户曾经看过的广告再次展示在其面前，通过这种不断的提醒来强化品牌印象，并最终促成消费行为。一般的网站广告带来的购买转化率都低于 5%，这意味着超过九成的顾客流失了。但实际上，他们中间也很有可能存在潜在消费者，只不过暂时需要更多时间来考虑和对比，一旦时机成熟，就会产生购买决策。重定向技术的价值就在于捕获这些"漏网之鱼"，增强他们的购买意图，将他们重新引回自己的站点里，完成下单消费。在广告需求方平台，广告主投放广告的时候，可利用各种投放策略，如设定区域、设定投放时段、设定 IP 段、重定向等。重定向技术是 DSP 里一种重要的策略。

在市场营销中，主要有以下五种核心的重定向方式。[1]

1. 站点（网址）重定向

在网站上，用户第一次访问时，只有 5% 左右的流量会转化，而那巨大的 95% 的用户怎么办？重定向就是要解决这个问题，其目的是重新捕获那些没有完成转化的 95% 的访问者，将他们带回站点。

使用重定向技术的网站会在脚本中使用 JavaScript 标签。当访问者浏览该网站时，标签就会将一个小型文本文件（cookie）加载到他的浏览器上。只要访问者的浏览器设置允许使用 cookie，且不常清理缓存，被标记过的访问者就会被追踪，随后他所访问的网站将会向他展示重定向的广告。

当被标记的访问者出现在其他站点时，cookie 会告诉重定向供应商这个消息。如果这个站点有可以使用的广告展示位，供应商会对这个广告展示位进行竞价。当出价最高者赢得这个广告展示位之后，一个原站点的广告就会展示给访问者，而这一切都会在页面加载前完成。

针对广告库存的竞价，往往使用实时程序化进行。重定向供应商与出版商有着直接联系，也与广告交易平台和需求方平台合作，并通过他们购买广告库存。

2. 搜索重定向

与站点重定向不同，搜索重定向是用户通过搜索引擎进行关键词搜索后，展示广告会在他接下来登录的站点中展示。站点重定向针对已有的访问者和用户，搜索重定向则是对之前没有访问过站点的互联网用户进行重定向。

搜索重定向主要通过收集整理搜索数据实现重定向。供应商可以为用户的搜索习惯建立档案，并区分哪些用户会对客户公司的产品和服务感兴趣。重定向供应商会和出版商、数据合作伙伴以及第三方搜索引擎合作，以取得搜索意向数据。这些数据可分为三类。

第一类是 primary event 数据或"推荐人"数据。当个人搜索用户通过谷歌、百度、雅虎和必应搜索并登录一个站点后，这些站点会得到用户使用的搜索关键词，从而实现

---

[1] Morketing. 重定向（五）：解密市场营销中五大核心重定向方式！[EB/OL].[2014-09-22]. https://morketing.com/detail/2566.

对用户数据进行抓取。这些站点也会因为帮助抓取数据而得到经济奖励。

第二类是工具栏数据，指抓取那些通过整合工具栏进行搜索的数据。

第三类是低层搜索引擎，指供应商的合作伙伴在通过广告库存赚钱的同时，还会提供搜索查询数据。

剩下的工作与站点重定向类似，即当站点看到搜索引擎导入的流量后，便开始加载cookie，数据就会被匿名储存，然后便可根据访问者的搜索查询数据，定向投放展示广告。

广告平台Chango2013年10月的一份调查显示，搜索重定向被63%的品牌企业和79%的代理商使用。其中88%的调查者表示在随后6个月会提高或维持搜索重定向的预算。

相比对网站访问量的依赖，搜索重定向的卖点在于可以将客户带向网站，更大程度地扩展客户范围。至关重要的是，新客户在搜索的时候，就已经进入了销售环节，广告主们已经了解这些客户对产品存在着浓厚的兴趣。

关键词是搜索重定向高速发展的另一大优势所在。通过具有竞争力的关键词搜索，广告主可以避免高额的点击付费开销，在购买过程的后半段实现重定向既可以得到高的转化率，又可以减少成本。

3. 邮件重定向

邮件重定向是另一种保留用户的途径。它通过对打开过产品邮件的互联网用户进行定向，向他们提供展示广告来刺激消费。

尽管一些人认为邮件多少有些陈旧，但是邮件营销依然是营销策略中很重要的一环，在接触现有客户和发掘潜在客户上，是非常不错的选择。然而如果靠增加邮件的发送频率来使没有订阅的用户产生消费行为，通常会适得其反。此时，重定向就可以对邮件营销做有效补充：重定向通过定位那些打开过邮件并表现出购买兴趣的用户，可以避免大量的随访邮件。

邮件重定向同样基于cookie，标签会被植入邮件签名或邮件的HTML中，用户打开邮件后cookie会加载到用户浏览器。因此，用户就能在随后的上网过程中接收到被定向过的广告。

4. CRM重定向

但是如果客户不打开推销邮件，那么邮件重定向也就毫无意义。针对这样的情况，可使用CRM重定向。企业自身的CRM数据，例如匿名邮件和发件名单，将会被转译为网络段，然后通过cookie和在线受众进行匹配。由于cookie可以被用来追踪，因此可以利用此技术向之前无法接触到的用户提供展示广告。

与搜索重定向相比，CRM重定向往往用于与客户重新构建联系并保留客户，所瞄准的通常是订阅了邮件，但在相当长的时间内没有打开邮件进行阅读的客户。

很多重定向供应商将CRM重定向纳入其服务范畴。MyThings（一家定制程序化广告解决方案供应商，专注于各个平台的重定向业务）的媒体副总裁Laurent Gibb这样介绍CRM重定向：在程序化营销中，最广泛且有价值的数据来源就是第一方数据（CRM数据），它是一个重要的指标，可以将广告主的业务目标整合在一起，现在越来越多的广告主意识到了这一点。

使用 CRM 数据可以让广告主拓展其在线营销活动，CRM 重定向系统将邮件联系人列表制成匹配数据段，然后使用 cookie 对这些数据段进行在线匹配。CRM 是一个非常有效的再接触工具，可以接近那些之前订阅过邮件并表现出购买意向的用户，鼓励他们完成购买。

CRM 重定向变得更加重要的原因也是由于谷歌对 gmail 用户的邮件推送策略进行了修改。过去邮件用户需要点击"显示图片"按钮去查看邮件附带的图片，而现在图片会默认自动显示。用户看到的是图片的缓存版本，来自安全代理服务器而不是之前的图片主机。对于那些使用丰富图片邮件的市场营销者来说，这个改变十分有意义。但是这也使得 gmail 的用户无法被重定向，谷歌在对图片进行缓存处理的时候，只带走了图片的像素，而把 cookie 留了下来，这使得依赖 cookie 的重定向难以奏效。此时 CRM 重定向就有了用武之地。营销者使用广告主的邮件联系人列表可以在网络上找到其客户，标记他们，随后定向投放展示广告，问题也就迎刃而解。

对于这项技术来说，数据分析能力是十分必要的。在将电子邮件列表转制为在线数据段后，其他的数据也可以被添加进去，由此可以使用更精确的数据段定向用户，确保对于每个客户都可以做到独立个性化的展示投放，提高转化效率。

5. 社交重定向

脸书拥有自己的实时广告竞价平台——Facebook Exchange(FBX)。在这个平台上，市场营销者可以从平台外部使用脸书的数据，并可以定向那些正在使用社交网络的用户。通过 FBX 购买脸书的广告库存是唯一对这部分用户进行重定向的方法。供应商可以基于脸书用户的浏览和搜索记录进行重定向，并通过新闻推送或展示栏，将广告展现给用户。

脸书重定向作为一种高效增量营销渠道，可以有效提高受众普及率，目前已经被越来越多的企业所使用。Adroll 对 486 名广告商所做的调查显示，在广告商的所有受众中，平均有 8.3% 的受众是通过网络和脸书重定向得来的。

2013 年 10 月，脸书推出了一款新的广告重定向工具，与 FBX 不同，新工具允许市场营销人员借由追踪软件对脸书用户进行重定向，不仅包括桌面平台，而且包括移动 App。这就意味着通过人口数据统计和地理位置信息，个性化用户将会被更深入精确地重定向。

2013 年年底，推特同样对广告受众定向功能进行了介绍。通过网站的行为数据，公司可以生成受众数据，实现在推特上的重定向。基于此，用户无论是在推特上搜索公司或关键词、浏览网站，还是购买商品，都可以被重定向。

广告受众定向功能可以用来向不同阶层的受众推送推广信息或推广账号，以更好地拓展那些对产品和品牌表现出兴趣、浏览过站点和购买过产品的推特用户。通过使用被称作 cookie 映射的技术，推特重定向供应商可以向推特提供一个公司的细分受众。而这些信息来自网页浏览行为、电子邮件地址和推特账户，无论这些细分用户何时访问推特，都可以被推广信息和推广账号定位。

2015 年，在 D-Future 大会上，AdMaster 的技术副总裁卢亿雷在题为"大数据技术对于数字营销的核心驱动力剖析"的分享中就指出，基于大数据的数字营销就是在最合适的时机及最合适的地点，将最适合的商品推给最适合的人。数字营销主要涉及支持向量机(SVM)、自然语言处理、聚类分析、回归分析、时间序列分析等核心算法，实现了全流量分析和跨屏投放策略。根据 Google Adwords 提供的官方数据，在 30 天内出现 7—10 次横幅广告的转化效果是最佳的。而重定向带来的精准营销能将转化率提高三倍以上。

成立于 2005 年的在线文档服务公司 Nitro 成功运用重定向广告，将销售收入提升了 18%。这个公司位于旧金山，产品既面向 IBM 这样的大品牌，也面向小型商业团队的品牌。过去，访问者通过网站下载他们的 14 天试用版产品后，有相当一部分人最终并没有付费购买。这让负责市场销售的高级主管肖恩·金斯敏斯特（Sean Zinsmeister）感到了压力。为此，他试着申请了 AdRoll 的重定向广告，针对那些下载了试用版却止步于付费阶段的用户强化自身的广告曝光。于是用户的付费转化率提高了，投入产出比也提升了 3.9 倍。

对于预算拮据的创业团队而言，利用 LBS 服务有针对性地对潜在人群投放广告，无疑是最佳选择。比如某一款二次元产品，曾经试过在微信中做推广，反响平平，后来通过市场调研发现 70% 以上的用户活跃在 QQ 群和 QQ 空间（而微信生态下的活跃度不足 15%），于是转为通过广点通投放 QQ 空间广告，单用户激活成本控制在了 1 元以下。

目前，业界对重定向广告存在不同的声音：拥护者认为它促进了收入的增长，反对者则质疑其对用户隐私的泄露风险。因此开发者也在陆续探索除了 cookie 之外的其他追踪方法，试图找到新的平衡点。

三、竞价广告相关技术

（一）搜索广告系统

搜索广告是最早产生的，截至目前依旧是最为重要的竞价广告系统。搜索广告包含两方面的内容：关键词驱动和竞价词触发。搜索广告的优化目标在公式的基础上加以调整，可以用下式来表达：

$$\max_{a_1,\cdots,a_T} \sum_{i=1}^{T} \{\mu(a_i,c_i) \cdot \text{bid}_{\text{cpc}}(a_i)\} \qquad \text{（式 6-5）}$$

这个目标相对简单清晰，对每次展示的各个候选，根据查询估其点击率 μ，并乘以广告主出的点击单价得到 eCPM，再按此排序即可。而在 eCPM 的估计过程中，可根据上下文即用户输入的查询来决策。

搜索广告是竞价广告中最典型的系统之一，它与一般广告网络最主要的区别是上下文信息非常强，用户标签的作用受到很大的限制。搜索广告的检索过程一般都不考虑用户 u 的影响，而上下文信息 c（即查询）又是实时通过用户输入获得，因而离线受众定向的过程基本可以忽略。在这样的应用场景下，搜索广告的系统架构与一般的竞价广告系统架构的主要区别是有没有上下文和用户标签的缓存，但是其检索模块由于存在查询扩展的需求，会比一般的竞价广告系统复杂，并且在排序后的收益优化阶段还需要进行广告放置决策。

搜索广告从用户输入 query 到展示广告，主要流程可以大致分为 query 分析、广告检索、广告排序、点击扣费四个部分。在各种形式的广告中，由于搜索广告有用户表明自己意图的输入，通过对用户输入 query 的分析可以推荐相关性更高的广告。同时搜索广告天生就具有原生广告的特性，因此搜索广告的效果（点击率、转化率等）一般来说是比较好的。

1. query 分析

以电商网站中用户的搜索为例，用户输入的 query 表明了用户的购物意图，因此电商网站会以此分析用户的购物意图，给其推荐符合其购物兴趣的商品。例如，用户在电商网站中输入"斯伯丁篮球"，如果此时返回的广告中都是"李宁篮球""安踏篮球"甚至给出了足球广告，那么点击率肯定不会高；点击率不高，即使广告主对于这个关键词的出价很高，投放广告的平台收入也不会高。

需要分析用户的购物意图，query 分析主要会做以下三件事：①query 文本分析，总的来说就是分词和对词性的标注；②预测 query 对应的三级类目以及每个类目的概率；③品牌识别。

2. 广告检索

广告检索是搜索广告比较重要的环节，主要包括查询重写、归一化和检索。查询重写（query rewrite）是指针对用户输入的一个原始查询串，给出和它相关联的改写串。原因在于用户输入的词不一定会有广告主购买，但是很有可能存在用户输入的词和广告主购买的词很相近的情况。归一化则强调多对一的关系，用户搜索词千变万化，不可能为所有的搜索词建立竞价广告的倒排索引，因此需要把多个意义相近的查询词归一化为同一个。检索主要分为倒排索引和正排索引，其中倒排索引是根据重写后的关键词匹配相应的广告，而正排索引是根据找到的广告去查询广告的详细信息，如推广计划、推广单元、推广创意等。

3. 广告排序

得到初步筛选的广告队列后，还需要进行其他更精细的过滤。广告经过初筛和精筛最终得到的广告备选库，会按照 eCPM 的方式进行排序，即按照广告出价和质量分（质量分反映了广告的质量，一般和广告的点击率、广告的创意、落地页的质量等有关系）的乘积进行排序。排序得到的广告队列会被依次展示到网页或者 App 的各个广告位中。

4. 点击扣费

搜索广告主要利用实时竞价，即广告主们对关键词进行实时出价，而扣费是采用广义第二高价（GSP）的扣费方式，一般都采用 eCPM 的方式进行排序。

eCMP 即期望最大收益，有

$$eCPM = bidprice * eCTR\char`\^ N \qquad (式6\text{-}6)$$

由于搜索广告是按照点击扣费，因此扣费时需将 CPM 转成 CPC：

$$clickprice = bidprice(i) \times [eCTR(i)\char`\^ N / eCTR(i+1)\char`\^ N] \qquad (式6\text{-}7)$$

由于可能有的广告平台会存在移动出价系数以及搜索人群溢价，在计算 bidprice 的时候就需要进行换算，即

$$bidprice = ori\_bidprice \times 移动出价系数 \times (1 + 人群溢价系数) \qquad (式6\text{-}8)$$

式 6-6 中的 N 为价格挤压因子，是一个大于 0 的数，价格挤压因子的作用在于调节出价和点击率在 eCPM 中排序的权重。当 N 趋于 0 时，决定排序的就是出价；而当 N 趋于无穷大时，决定排序的就是 eCTR。当竞价激烈，广告质量不高时，可以考虑提高价格挤压因子，使得高质量的广告可以展现；当竞争不够激烈，想提高广告收入时，可以考虑降低价格挤压因子。

（二）点击率预测

1. 点击率

自从广告与互联网连接，广告的面貌就焕然一新。造成行业巨变的原因，是互联网广告的效果可以被衡量，而其中最常用的衡量标准就是点击率。

"点击率"来自英文 click-through rate 以及 clicks ratio，是指网站页面上某一内容被点击的次数与被显示次数之比，它是一个百分比。它主要用来反映网页上某一内容的受关注程度，以衡量广告吸引人的程度。在网络广告中，点击率是在 HTML 网页上的一条广告打开后被点击的次数百分比。也就是说，如果 10 个人中有 1 个人点击了打开的页面上的一条广告，这条广告的点击率就是 10%；如果该网页被打开了 1000 次，而该网页上某一广告被点击了 10 次，那么该广告的点击率就为 1%。[1]

使用点击率来衡量广告效果是有原因的：分母是某广告的总展示量，广告展示机会是广告主通过竞价获得的，展示机会越多，意味着广告主的出价越高，所以总展示量可以用来表征广告主的广告投入；分子是总点击量，而点击行为代表了用户的注意力，总点击量高说明较多用户渴望进一步了解广告内容。

点击率高，意味着广告主在相同投入的情况下，收获了更多的用户注意力，完美诠释了广告主做广告的初衷，所以点击率常常是广告主和媒体网站用来衡量广告效果的指标。

2. 点击率预估

广告点击率预估是程序化广告交易框架中非常重要的组件。点击率预估是指预测特定用户点击特定广告的概率，主要有两个层次的指标。

一是排序指标。它以 AUC（area under the curve，指 ROC 曲线下的面积）为度量指标，是变现的最基础的指标，决定了是否能把最合适的数值指标呈现给用户。

二是数值指标。它以脸书的 NE（normalized entropy）及 OE（observation over expectation）为主要度量技术，是竞价环节进一步优化的基础，一般 DSP 比较看重这个指标。[2] 如果普遍低估 CTR，出价就会相对保守，就会导致预算花不出去或是花得太慢；如果普遍高估 CTR，出价就会相对激进，从而导致单次点击付费太高。

$$\mathrm{OE} = \frac{\sum_{i=0}^{N} I(\mathrm{user},\mathrm{click},\mathrm{ad},i)}{\sum_{i=0}^{N} \mathrm{pctr}} \qquad\text{（式 6-9）}$$

---

[1] 点击率[EB/OL]. https://baike.so.com/doc/5328724-5563896.html.
[2] 姚伟峰. 程序化广告交易中的点击率预估[EB/OL]. [2015-08-31]. http://www.cnblogs.com/Matrix_Yao/p/4773221.html.

在广告投放中,确保广告点击率预测的准确性十分重要,广告点击率预测直接关系到广告的费用预算。对于广告主而言,每一次广告投放,都具有一定的广告费用预算,不同的广告投放形式所对应的广告预算也不相同。而在广告投放中,如何避免因无效的广告投放造成广告费用的浪费?通常采用CTR预估算法,它通过广告流量的特征、属性,预估点击概率,进而估算出本次流量的合理出价,避免因盲目投放广告而造成广告费用浪费。CTR预估算法主要包括逻辑回归模型(LR)和动态决策模型(GBDT)两种。

各种广告投放形式中的广告投放者的愿望都是提高自己的收益,这就需要提高广告的CTR。对于CTR,我们关注对它的预测,只有对CTR有准确的预测,才能及时地在查询返回页面投放相应顺序的广告。以搜索引擎为例,首先搜索引擎发起用户可能查询的关键词竞拍,然后广告主根据情况竞拍相关关键词。目前主要的付费方式为点击付费(pay per click),若单位点击的付费额记为CPC(cost per click),则搜索引擎的收益(revenue)计算方式为CTR×CPC。[1] 研究显示,用户点击广告的可能性会根据广告的呈现位置而改变,最高可改变90%。[2] 因此,搜索引擎要想获得最大的收益,就需要在靠前位置投放CTR×CPC结果大的广告,并依据相乘的结果对广告在查询返回页面上进行排序。

预测广告的点击率需要考虑广告的内容与用户查询的相关性,可以表示为用户的观察相关性(user-perceived relevance)。这种相关性在信息检索的过程中一般被描述为文本相似性。在点击率预测的过程中,这种相似性通过点击日志进行计算:用户点击一个广告说明用户认为广告与自己的查询相关,即可以通过点击记录计算出用户的观察相关性。许多研究领域用点击日志研究用户的偏好,以提高搜索引擎的排序质量。点击率预测方法框架见图6-5。

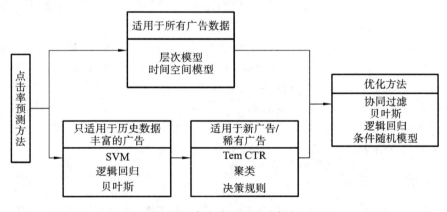

图6-5 点击率预测方法框架

---

[1] 朱志北,李斌,刘学军,等.结合广告相似性网络的搜索广告推荐[J].电子技术应用,2015,41(3):116-119.
[2] 范双燕,王志海,刘海洋.基于改进的FolkRank广告推荐及预测算法[J].软件,2014,35(9):43-48.

第七章　思维方式与动态程序化创意

以智能化为核心的程序化创意是智能广告的典型形态，也体现了智能广告时代创意的智能化、个性化和程序化。程序化创意不仅在数据和算法驱动下实现创意批量化产出，而且能通过实时广告效果反馈对广告创意内容进行调整筛选，实现应对不同场景应用的智能制作和创意优化。程序化创意在创意生产工具化、创意效果可视化、创意内容数据化等方面深刻影响了广告创意生态的发展方向。

一、程序化创意的发展和演进

（一）智能广告的发展

智能广告是以 Web3.0 为平台、以人工智能等技术为支撑的一种新型广告形态。它以数据驱动为基础，以用户需求为中心，利用人工智能技术实现广告内容的智能化生产、传播、互动和反馈，并在算法模型的智能决策和实时优化下，精准匹配用户生活场景、个性化满足消费者生活信息需要的品牌传播活动。

智能广告在用户识别、内容生成、发布方式、广告效果反馈的层面上都形成了智能化趋势：它能够对受众进行智能化的识别，对目标受众进行精确识别；对面向用户的使用互联网媒体的特征习惯等进行推理、判断、归纳、分析，进而布置合理的广告内容及媒介投放形式；进行智能化的检测，从而对广告受众的行为等进行有效的分析，保证其投放效果。智能广告以数据驱动为技术基础，以人工智能为实现工具，其最终目的是满足消费者生活信息需求的个性化满足，是技术驱动下的品牌传播。

（二）智能广告的维度

智能广告的内涵包含六个维度，分别体现在发布主体、受众识别、内容生成、营销组合、发布方式、效果监测的智能化等方面。

1. 广告发布主体的智能化

广告发布主体的智能化体现在生产机器的主客体变化。在智能广告应用层面，生产机器从被遗忘的辅助交流的媒介角色，转变为更加动态、主动的传播主体，被赋予了更高的能动性。

2. 广告受众识别的智能化

智能化广告受众识别需要前期数据作为基础，通过以下途径获得数据。

(1) 基于网络用户使用行为的识别方式。

在网站跟踪方面,结合 IP 和 cookie 的方式追踪和收集用户信息,发现用户的浏览兴趣和使用行为。在用户差异化方面,网络数据、用户数据和业务数据是用户深度信息的来源之一。最后,通过相关的数据过滤、数据预处理、数据综合分析处理等程序,企业主可从数据中获取有价值的分析结果。

(2) 基于页面内容的识别方式。

页面内容识别是基于关键词识别方式的一种演进,它使用智能技术分析页面内容,进而对用户使用习惯做出判断。通过用户浏览过的页面进行内容分析,根据信息主题对页面进行聚类,把用户浏览行为对其兴趣的作用作为聚类结果,得到综合评估模型,以进行后续的受众识别分析。

(3) 基于内容过滤的识别方式。

内容过滤,即通过类型、关键词、标签等表述、分类或评价方式来构建个性化的发现和推荐机制。基于内容过滤,可以很好地发现具有不同个性特征的用户。

(4) 基于协同过滤的识别方式。

协同过滤的原理是为一组兴趣相同的用户推荐他们感兴趣的信息,并交由个人通过合作的机制对推荐的信息做出回应与反馈,作为下一轮内容推荐的信息参考。该识别方式运用了智能技术,也大量借助了网民自身的力量完成推荐任务。

3. 广告内容生成的智能化

广告内容的智能生成依赖算法逻辑、广告策略、广告创意、广告内容四个层面的应用组合。

算法逻辑基于内容的跨媒体分析及检索,通过目标语义的提取及关联分析,挖掘所表达的观点及情感;广告策略则是结合产品情况和消费者洞察结果,采用自然语言分析技术比较不同广告策略的效果;在广告创意层面,需要探索语义深度理解和消费者实时互动情景下广告创意的能力扩散效应,根据广告创意和用户互动触点匹配模型进行广告创意、广告内容生产,凝练并归纳个性化广告内容智能创作算法,制作可供分类使用的大规模广告内容。

4. 广告营销组合的智能化

广告营销需要进行媒介组合的选择,不同的媒介具有不同的受众倾向。常见的媒介类型有消费者使用型媒介、内容语义型媒介、购买转化型媒介等。通过广告投放触点的算法模拟、消费者反馈数据的实时动态监测,智能广告能够更新并重构广告投放媒介的关键指标体系,进而生成最优的广告智能投放策略(如图 7-1 所示)。这是一种更精确、更量化的媒介组合决策思维,规避了由执行人主观意愿带来的决策偏差及失误。

5. 广告发布方式的智能化

智能广告将消费者生活方式作为衡量体系,如购买行为、网络足迹、App 数据、地理信息等,以识别消费者所处的生活场景。同时,基于程序化投放工具与媒介投放关键指标体系的佐证信息,进一步优化广告投放媒介的组合。智能广告结合消费者的生活场景、广告投放的媒介组合,输出具有个性化匹配特征的广告给用户。另外,在推送广告后,根据消费者的观看或评分的反馈数据,机器将自动更新及重构媒介投放的关键指标体系,进行广告投放媒介组合的优化迭代(如图 7-2 所示)。

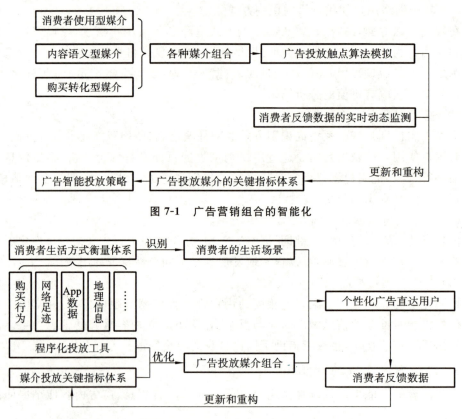

图 7-1　广告营销组合的智能化

图 7-2　广告发布方式的智能化

6．广告效果监测的智能化

智能广告开发者或机器，结合以往相关文献及行业实操经验，评定综合的广告效果指标体系。同时，根据消费者由各端口、各传播形式反馈的实时数据，进行广告投放效果的评估。

（三）广告业务流程的重塑

在传统广告时代，广告主遵循的是合约广告模式，人为因素参与较多。媒介人员经过谈判以购买广告网络，并经由此投放至媒体，或跳过广告网络，直接向媒体谈判、购买、投放，进而获得广告向受众的传播及曝光（如图 7-3 所示）。

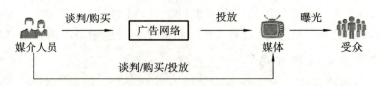

图 7-3　合约广告模式

在计算广告时代，程序化购买成为业务流程的主流。广告主提出广告需求，由数据公司协助进行用户洞察，进而进行程序化购买，通过媒介的广告投放，向消费者传达广告创意。最终在第三方广告公司的效果监测下，完成一套数据导向的广告业务流程（如图 7-4 所示）。

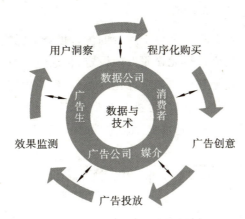

图 7-4　计算广告时代的广告业务流程

在依赖计算机、互联网及大数据的智能广告时代,广告业务流程将如何进一步优化迭代?这有待企业的业务创新发展。

二、程序化创意

(一) 程序化创意发展

程序化创意(programmatic creative,PC)狭义上是指由数据和算法驱动,实现海量创意的批量生产,对广告创意内容进行智能制作和创意优化。一般应用为创意制作工具,即快速制作多个尺寸和要求的广告位素材。广义上的程序化创意一般指与程序化创意相关的所有技术和模式。

程序化创意平台(programmatic creative platform,PCP)是一种规模化、个性化、即时性内容生产的智能化创意表现和制作技术。

从 2012 年开始,广告投放进入智能化阶段,受众定向、实时竞价、程序化购买等技术不断替代传统媒介业务。从 2017 年起,以程序化创意为代表的智能化内容生产方式开始替代传统广告内容生产服务,这标志着广告内容生成智能化的时代来临。

以数据驱动的程序化购买广告的效果主要体现在优化广告到达率、提升曝光数和触达率、点击率等短期效果上,无法满足如构建品牌形象这类中长期的效果需求,甚至会对品牌起副作用。

程序化购买技术只实现了简单的一对一的接触,要实现在不同的时间、不同的地点、不同的场景为不同的用户提供不同的内容,还需要智能化的内容生产技术的支持。

(二) 程序化创意平台

程序化创意过程可分为程序化创意生成和程序化创意优化两大部分,具有自动流程化、与人工创意生产有机结合、多供应链的数据整合、创意动态优化、投放效果反馈评估的特点。

在程序化创意生成阶段，创意来源于后台的优秀创意数据库，在创意大脑及创意人的把关下，运用模板组合规则进行元素属性的设定，再通过创意群组及媒介计划进行广告初始投放。在此之后，便是程序化创意优化的部分，创意内容经过初始投放阶段的试验与调整，最终进行广告的优化投放，再进行此后的广告评估，继续反馈应用于程序化创意生成阶段的模板组合规则与元素属性设定（如图 7-5 所示）。

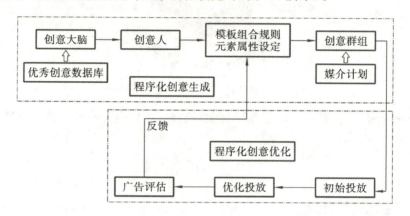

图 7-5　程序化创意平台的内容

（三）程序化创意对广告生态的影响

程序化创意因其对于数据及自动化的强调，将逐渐替代部分广告人员，其对广告生态的影响主要表现为以下三点。

首先，创意生产工具化。程序化创意的应用，简化了广告制作涉及的机械化流程，如减少不同尺寸、要求的广告素材制作的工作量，这样的程序简化将降低部分设计师的价值。

其次，创意效果数据化。程序化创意通过创意降维、数据跟踪等方式对创意元素的效果进行量化和优化，而不是对定向调整、投放策略进行优化，这样的数据导向型操作降低了部分程序化广告优化师的价值。

最后，创意内容数据化。程序化创意通过创意数据洞察消费者心理、提取特性，将降低部分市场洞察人员的传统服务价值。

（四）程序化创意在不同行业的适用性

程序化创意具有创意制作效率、数据洞察、创意内容品质、数据投放效果的评估特质，在不同行业中的应用具有不同的侧重和倾向。

创意制作效率，主要适用于生产销售运营周期较短的行业，如快消品、游戏、电商等行业。数据洞察更被面向消费者的行业所强调，如汽车、地产等，这些行业需要利用数据指导创意输出。创意内容品质应用在同质化竞争激烈的行业中，如旅游、金融等行业。数据投放效果则更为量化绩效的行业所看重，如电商、教育、招聘等行业。

三、程序化创意的业务实现逻辑

(一) 平台架构

程序化创意的平台运作架构分为四大部分,包含创意中心、投放管理、DMP、媒体平台。它们之间的关系如图 7-6 所示。

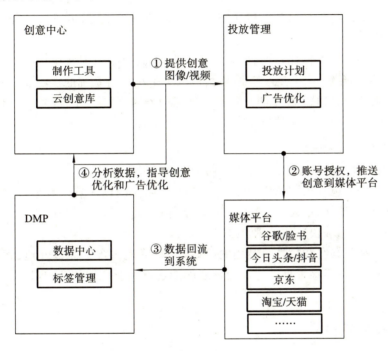

图 7-6 程序化创意的平台运作架构

1. 整体流程

第一步,创意中心产出创意,创意可以包含图像、视频、落地页(landing page)等;其中素材都支持云端直接获取或者本地上传,本地上传还支持多种格式,比如 psd 等。

第二步,同步到投放管理中进行管理,再通过投放 API(应用程序编程接口)推送到第三方平台,系统根据授权和用户选择的渠道进行批量、自动、定时分发。

第三步,在投放过程中自动回传第三方平台数据进入 DMP。

第四步,指导创意制作,经过 DMP 的创意都会被标签化。而基于标签分析,可以得出洞察报告,从而反哺创意制作,指导创意活动的优化策略方案等。

2. 创意管理的功能描述

创意管理主要包括创意项目分类管理、云端创意制作、云创意库等。

项目分类管理指为了贴合实际线下项目的分类和管理,比如我们将某个投放周期作为项目的名称。

云端创意制作需要搭建在线版的图像、视频、落地页制作工具,考虑在线使用界面的交互问题,还需要考虑不同素材导入及导出的性能问题。而一些创意制作工具在很早的时候就已经有布局,且在智能化和制作化方面不断摸索进步。

云创意库是云端素材管理的一种保存方式,可以保证数据的全球共享统一,稳定且安全,方便品牌或者设计师在一个板块快速查看到自己想要的数据,比如整体品牌调性、上一波活动整体数据排行榜等。云创意库还提供快捷的素材检索和链路,比如支持通过标签形式快速找到相应的素材和创意,某个创意关联哪些素材,某个素材又关联了哪些创意等。

3. 投放管理的功能描述

投放管理是链接平台内部创意和第三方平台的重要桥梁,主要包括计划单元的管理以及创意优化。

由于媒体平台的多样化,计划单元管理也很难做到统一;对接中台统一了平台操作方式,将十来种平台统一到二至三种,极大地减少了用户对系统的学习成本。

创意优化部分是通过 API 的方式操作创意的推送、暂停、开启,同时针对不同的平台,支持批量推送、定时推送的机制。

4. DMP 的功能描述

DMP 主要包含数据中心、标签管理两大功能模块。

数据中心主要包含通过 API 或者线下的方式回传的创意效果数据;支持按照多维度归因呈现,比如计划、单元、组合、元件、元素等;支持在线 dashboard 可视化、自定义对照组、自定义指标等快速的处理方式。

标签管理是所有在线数据可利用的基础,标签管理包含了标签管理、标签标注、标签审核等几大模块;标签管理是保证云创意库能进行商业使用的基础,且能助力平台走向自动化、智能化。

(二) 技术手段

1. 业务平台

首先平台前端采用比较前沿的 vue 和 react、MVVM 的技术栈搭建前端界面;性能好且能敏捷地进行开发;响应式与组件化是其优点,在平台部署业务中台过程中做出了很大的贡献;同时基于 JavaScript 的能力,具有许多产品功能,比如在线制作的 psd 解析工具、元件吸附、可视化报表、创意瀑布流等,每个功能组件都可以移植和复用。

后端使用 PHP 语言,并采用最新 thinkPHP5 成熟的 MVC 框架,跨平台实现性能优化;在开发过程中,有大量的优秀框架和组件可供借用,比如采用 swoole 进行异步任务队列管理,配合 MySQL、redis 进行高性能存储查询工作,保证平台的响应速度。

2. 数据处理

平台使用的开源技术有 hadoop、spark 计算平台、kafka 消息系统、redis 缓存技术,实现实时流处理、离线分析平台、推荐系统,使用 elasticsearch、solr 分布式搜索引擎技术进行海量数据检索分析等。

针对用户端的使用场景而言,为了满足快速的查询速度、任意维度的数据查询,可以使用 ES(elasticsearch)组件。

所有的用户数据都是经过对自己平台产生的数据,以及第三方平台回传的数据的综合处理,使用 Kafka 进行数据中转、流量削峰填谷和数据平滑处理。

针对人工和机器产出的数据,以及平台的实时效果数据的核对,可以使用 spark 组件。

3. 算法中台

在长期的积累过程中,所有的智能化都离不开算法,比如图形处理的主体识别,需要调用算法物体主体识别服务。准确的识别结果离不开对算法模型的训练,所以从制作到投放再到数据分析的智能化过程中都有算法的辅助。

①创意制作部分:在图像、视频两大维度部署了大量的算法服务,比如图像类的主图识别、logo 检测、色差计算、元素类别判断、产品数量检测等,视频类的内容分析、智能去水印、视频检索等。

②投放优化部分:创意正交组合推荐、模板新鲜度、创意预估等。

③数据处理部分:自动标签、创意解构、标签预处理等。

在实践过程中,都会遇到时间问题,即一个准确的算法模型需要不断地"喂"入正确的人工标注数据,人工数据需要大量的训机时间投入,模型的调优也会消耗工程师大量的时间;标准的流水线就能减少大量的调优测试时间,提升算法的投入产出比;所以基础建设对于算法中台也极其重要,比如 TensorRT 推断服务、模型推断服务、图片特征提取等基础服务。

(三)原理分析

程序化创意通过创意降维、创意追踪、创意优化三项程序的配合,完成程序化广告的创意输出。

1. 创意降维

创意降维即遵循传统模板化的创意生产逻辑,用技术控制模板中的内容要素。以展示广告中最常见的 banner 为例,通常可以被拆分为 logo、产品、模特、文案、按钮、背景、点缀物七个内容要素。在多样化的素材准备完毕后,便可生成素材之间全排列组合的不同成品版本,且可以适配所有设定好的尺寸(如图 7-7 所示)。

◇【案例】阿里鹿班海报设计

2. 创意追踪

首先是为组成一个完整创意的各部分内容加追踪代码。将创意素材以元素 ID 标签的形式进行定义,针对不同场景的多样化创意,通过元素 ID 配置融入一段代码。

其次是设定构架创意触发规则。当获取了场景代码之后,场景数据符合触发规则,则在广告位上显示该元素组合的内容版本。除了天气和地域,对于其他场景和人群,也能设定构架创意触发规则,以实现为不同场景的相同类别的人,以及为相同场景中的不同类别的人投放不同的广告。

最后是收集创意数据。在为这些创意元素添加监测代码之后,进入投放环节的创意不断有数据回流,每一个元素(背景、文案等)的效果表现都以数据形式展现。

二维码

扫描二维码
查看案例详情

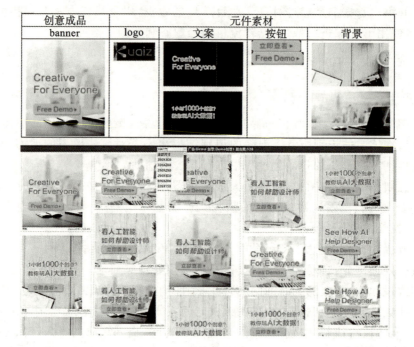

图 7-7 创意降维示例

◇【案例】KuaiPlay 云制作工具

3. 创意优化

在创意降维成各类元素之后,人们就可以给元素打上标签。相同的元素可以打上很多个不同类型的标签。最基本的元素标签有位置、大小、类别、背景纯度等;在此基础之上,有更复杂的元素标签体系,如模特这一元素类别下,还有模特个数、性别、人种、身份等。

将创意元素进行标签化后,可将创意内容转化为算法可以理解的语言,一般来说,标签越多越好,有利于积累创意经验。

将非标准化的创意进行标准化的标签解构后,能够以创意数据管理平台为基础,以标签为分析维度对创意的表现进行分析,让得出的创意经验得到数据的支持。有了之前创意投放铺垫的基础,在创意生产阶段遇到的问题都可以在积累的数据资源中找到准确的答案。

◇【案例】阿里妈妈 AI 文案

四、人工智能与动态程序化创意

如图 7-8 所示,人工智能驱动的广告流程包括如下内容。

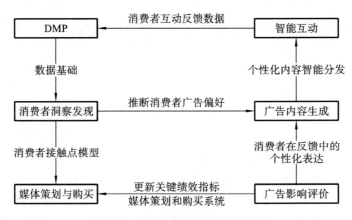

图 7-8 人工智能驱动的广告流程

1. DMP

DMP 将多方分散的数据整合、清洗、管理,从中挖掘、分析用户画像,并筛选出种子用户群体进行拓展与再营销,最终通过人群运算分析广告投放效果。

2. 消费者洞察发现

消费者洞察属于一种社会网络分析技术。以 DMP 的数据基础为支撑,消费者洞察得以获取多个来源的个性化信息,从中推断和综合消费者数字个人资料,分析消费者在各个数字接触点的标签价值,建立与广告相匹配的模型。

3. 广告内容生成

广告内容生成使用自然语言处理和深度学习技术,以研究消费者对创意广告的偏好,并提取广告创作的算法逻辑,如目标语义提取、相关性分析、情感分析、主题分析等。同时基于广告理念和用户接触点模型进行定向广告创意,促使广告内容大规模生成。

4. 智能互动

广告内容生成完毕后,需要将个性化内容智能分发,与受众进行智能互动。该阶段涉及智能人脸识别、语音交互、肢体识别等技术,在物—物互联、人—物互联、物—场景互联层面分别实现广告终端与移动设备互联互动、人脸识别与语音交互、广告内容环境场景变化的理想互动。

5. 媒体策划与购买

智能广告的媒体策划与购买涉及神经网络和深度学习技术,首先需建立广告中消费者的接触点模型,并根据消费者行为模型进行智能模拟,预测广告影响,构建媒体策划和购买的关键绩效指标系统,最终通过程序化购买实现个性化媒体策划和购买。

6. 广告影响评价

在广告影响评价阶段,运用机器学习技术收集实时反馈数据,通过机器学习提取数据特征,更新关键绩效指标、媒体策划和购买系统,再调整目标,重新评估消费者在反馈中的个性化表达,以启动效应策略的智能选择,调整广告内容。

五、动态程序化创意的内容生产机制

(一) 创意管理

动态程序化创意过程不仅仅是技术问题,也是管理问题,管理可以降低技术创新过程中资源配置的不确定性,提高技术创新过程中资源的配置效率。

首先需要回答的问题是,什么是好的内容管理和决策?目前关于人群数据以及触点的数字化管理,数字广告行业已经做得相对精细化,较多的人群策略公司或者全域营销的 MarTech 企业都已经可以通过大数据或者 SaaS 产品较好地帮助广告主进行人群洞察。然而,对于如何更好地围绕"内容"展开精细化营销,还有以下解决方案。

①可以从源头提高制作效率,帮助品牌合理规划资源。
②在创意投放过程中对投放效果进行精细化运营,提高投资回报率。
③经过数据积累,得出针对人群及触点的创意洞察,提升品牌整体内容质量,推动业务发展。
④历史创意数据沉淀,形成品牌自己的创意资产并全面管理,随时激活。

创意管理的核心是建立创意分析体系。仅凭经验形成的创意,可能会在一段时间内有效,但无法复制。建立精细化、标签化的创意管理分析流程,有助于形成科学的创意量化系统,确保品牌长期发展。在品牌迭代创意时,需要同步实现 100% 线上化的创意资产管理,这也替代了传统存储在网盘或散乱存储在各运营方、各团队的分散的创意资产管理。通过建立品牌专属创意标签体系,可以帮助品牌进行结构化分析、存储和调用创意。

借助云创意库,品牌可以管理上万个投放出去的创意和数据,实现不同营销渠道、不同营销场景、不同人群的统一的创意及数据管理,保证品牌调性的统一性。

借助创意数据中心实现分品、渠道、点位数据筛选汇总,并通过多维度实时数据(与各媒体平台打通 API 实时回流数据)呈现,创意管理可以帮助品牌敏捷地完成决策优化。

(二) 创意创作再生产

对于内容的大规模定制,我们或许觉得内容本身就很难做了,怎么实现大规模定制?实际上,运用元素和管理的思维把创意资产再利用,这是很容易实现的。

第一步,可以通过持续积累的上万条创意数据的分析,形成前置创意策略。相比传统的靠直觉去决策内容,有数据支持的创意决策(不同人群、不同产品、不同营销阶段)能带来更好的上线初始效果。

第二步,根据创意策略,用 AI 进行"千人千面"的创意拓展。这一步突破了传统的必须要设计师手动拓展、效率极低且成本高的局限。在将创意降维到元素级的技术基础上,自动重组元素,进行拓展。多样化的创意是实现"千人千面"、做好创意精细化运营的基础。

在视频制作方面,将视频拆解到镜头级,通过物体自动追踪的技术,智能将横版视频转为竖版。此外,还可以直接将竖版视频进行尺寸拓展,以适配各种不同尺寸的开屏及信息流点位。这极大地提高了品牌的制作效率。

相比传统的依赖人力的做法,AI智能制作技术可以节省约50%的制作成本,制作效率提高10倍。

(三)创意推送

目前广告交易市场生态圈主要由SSP、Ad Exchange、DSP、DMP等组成,市场一般是这样交易的:当一个用户访问广告位页面时,SSP端向Ad Exchange发出访问讯号,告知有一个访问请求,Ad Exchange把广告位的具体信息(例如所属站点、最低出价以及用户人群信息)打包发送给各个DSP,DSP端开始对这个广告展现进行竞价,竞价获胜者就能够让自己的广告展现在这个广告位上,进而让用户看到(当然有些DSP有自己的DMP,会再次利用自己的DMP进行用户匹配,挑选合适的广告及价格进行竞价)。

加入PCP(programmatic creative platform,程序化创意平台)提供动态创意内容之后,流程就会变成这样:DSP给Ad Exchange返回竞价响应,同时把相关的广告位页面信息及用户人群信息告知PCP,PCP再根据这些信息匹配一个最适合的创意内容,并通过DSP最终返回给Ad Exchange(同样,PCP也可能会有自己的DMP,会再次利用自己的DMP进行匹配,返回一个更合适的创意)。

以筷子科技为例,为了保证投放的素材能够达到指定的响应及审核规范,一般媒体方需要提供素材上传及查询审核结果接口,实际投放中筷子科技将只会响应审核通过的创意。无论是不是实时请求,流量方都需要提供素材的上传审核接口。

一般有如下三种技术对接方式进行创意推送。

第一种方式是实时请求。当流量方支持实时决定素材且能够满足ADX方相应时间要求时,可以通过实时请求来决定每次曝光使用哪一版素材。筷子科技PCP系统将在实时分析后返回需要曝光的素材ID。

筷子科技提供响应接口,有曝光时,实时请求筷子科技响应接口获取需要曝光的素材ID。同时素材需要加上筷子科技的点击检测,使得筷子科技能够获得点击数据,计算图片权重。

DSP请求筷子科技响应接口时应当带上以下相关信息。

①广告位信息:尺寸、规格、曝光ID、与曝光有关的信息。

②网站信息:当广告位在网站时,提供网站地址、网站名称等信息。

③App信息:当曝光渠道为手机应用时,应该带上手机应用ID、平台、分类等应用信息。

④用户信息:IP地址、user-agent、加密后的MAC地址等。

由于平台信息不同,每个平台需要双方共建实时请求协议。

第二种方式是非实时请求。当机器无法满足媒体的响应时长要求时,筷子科技提供了第二种素材展示方式。通过提前上传素材,筷子科技对已经通过审核的素材设置权重,由DSP方通过权重进行素材选择并曝光。这种方式能够减少在曝光竞价中多系统交互的网络耗时,减少双方的硬件成本。

首先，DSP 提供素材的上传接口，用于素材提前审核。

其次，DSP 提供创意的创建接口，用于系统批量自动创建创意。

再次，DSP 提供创意的查询及更新接口，用于查询和修改创意权重或状态（曝光权重或曝光状态）。

最后，DSP 提供创意表现数据查询接口（曝光、点击、花费和转化等），用于创意的分析、优化和决策。

第三种方式是筷子科技推送至企业广告主的 CMP 内容中心或内容管理平台，再由广告主发起推送。首先，筷子科技智能制作推送创意素材到广告主内容中心。然后，广告主内容中心分发素材到不同的媒体平台进行广告投放。

（四）行为监测

依然以筷子科技为例进行说明。

①媒体平台数据回流到筷子科技平台进行存储。

②筷子科技通过广告账户的授权，以及平台接口获取筷子创意在不同媒体平台的表现数据。

③筷子科技通过分析创意在不同媒体平台的投放效果，对创意进行元素化的优化和拓展。

④通知对接，对在投创意进行开启/暂停（或则调整曝光权重）等操作，对创意进行优化。

◇【案例】动态程序化创意技术赋能品牌数字 ROI 大幅提升

扫描二维码
查看案例详情

◇【案例】动态程序化创意（视频）技术赋能品牌，数字 ROI 大幅提升——海马汽车抖音信息流短视频智能拓展与效果提升

扫描二维码
查看案例详情

本章课后习题

1. 请用自己的语言总结程序化创意的特征并加以阐释。
2. 请列举两个自己熟悉的动态程序化创意的案例。

第八章　计算广告投放语境中的不同主体类型及其策略

一、广告主私域流量池的广告投放

（一）企业自主广告时代的数字化营销

在移动互联网、物联网、云计算、大数据、智能终端等技术的飞速发展和推动下，互联网广告迎来爆炸式增长，营销环境发生了巨大的变化，传统的大众媒介逐步让位于迅速崛起的社会化媒体，广告传播进入自主信息传播时代，企业也随之进入真正意义上的自主广告时代。

与传统广告相比，互联网广告是一种以人群为投放目标、以产品为导向的技术性模式，为广告主带来了一种全新的准确接触目标受众的方法及可能性，计算广告便是大数据落地的一种智能营销方式。在以往的传统媒体时代，企业没有独立的媒介资源，只能把广告业务外包给广告代理公司，进而到达消费者。而新媒体环境下，各式各样的社交平台的涌现及快速发展给广告主带来了直接到达消费者的多种渠道，使广告主拥有了独立的广告传播权。此外，企业还能借助全新的大数据技术进一步定位目标消费者，从而进行个性化广告传播。数据和算法是计算广告的基础，在智能决策与用户画像方面起着重要作用，其重要性推动着企业的数字化转型，并对企业的数字化营销提出了新的要求。

数字化营销是企业利用数字化手段和目标人群进行互动，向其推广品牌或产品信息，从而激发目标人群的购买兴趣，并将购买兴趣转化为企业销售的过程。它既包含所有数字时代的新生工具，又包含在营销战略目的下对这些新生工具的系统性的科学组合运用。

借助数字技术，企业可以跟踪网络用户的数字化足迹，捕捉其个性化需求，并能在毫秒甚至微秒级别的时间内识别用户，进而推送高度个性化的广告，提供更精准的营销和更个性化的营销服务。如利用 DMP，企业可以对客户需求进行深度挖掘，及时分析客户的购买倾向，并采取措施促成其购买行为；利用 RTB，企业可以分析网站用户的兴趣爱好和行为数据，从而有针对性地购买目标用户广告资源。

目标人群是计算广告和企业数字化营销所围绕的中心，如何获得更多的目标客户将是企业未来营销的关键突破口。目前，私域流量是帮助企业更好获得并留存目标客户的一种重要途径。

私域流量池是一个基于信任关系建立起来的封闭流量池,在这个流量池中,品牌可以反复多次、完全免费、随时随地触达自己的用户。从属性上说,私域流量池有四大特征:第一,用户是自己的;第二,可以反复利用;第三,可以免费使用;第四,可以直接触达用户(如图 8-1 所示)。

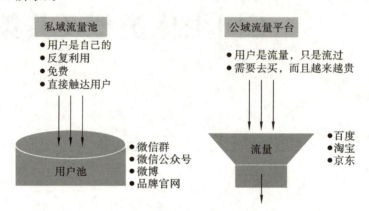

图 8-1　私域流量池与公域流量平台的对比

从一开始的论坛、博客、个人网站、QQ 及社群,到现在的微博、微信等社交媒体,抖音、快手等短视频平台,私域流量一直存在。生活中我们最常见的私域流量池有微博、微信、QQ、品牌官网、App 等。

(二) 私域流量池用户识别

私域流量池是一种闭环打法,好比大江大海中有无数条鱼,但每次去捕捉所耗费的时间、精力等各种成本是非常大的,不如自己建起池塘,将目标客群"圈"起来,企业随时可以触达消费者,将获客成本大大降低。那么如何去找到这些"鱼"呢?品牌应如何识别自己的目标客群呢?

我们首先需要明确一点:这个"池塘"是由一些有着共同兴趣爱好、需求的个体聚集而成,这些个体便是企业的潜在客户或固定客户。企业应聚焦于浏览自己网站、企业公众号或者门店的人群,并借助数据技术采集用户的浏览轨迹、消费行为、地理位置等数据,这些数据能使广告主获得更清晰的用户画像,广告投放也会随之变得越来越精准。

基于此,企业可以根据对用户数据的分析将其分为浏览用户、光顾用户和回购用户。不同用户有着不同的消费习惯,对企业有着不同的意义。有些用户只是浏览企业网站,并没有实际的购买行为;部分用户在品牌媒体上有较高的活跃度,会留言、转发企业的微博或公众号内容,对品牌有一定的好感度;还有一些是已经购买过品牌产品,有可能向深度转化的用户;另外一些就是复购率很高,已经产生一定的品牌忠诚度的用户。根据用户的不同类型,有针对性地进行广告投放,既能解决传统广告投放中的浪费问题,又能最大限度地提升广告投放的价值。

(三) 私域流量池中的广告投放

私域流量的核心是真实的用户关系,这要求广告主与用户建立直接且亲近的联系,对于不同的客群,企业需要采取不同的广告投放策略,为以后长久的用户价值打下基础。在对用户进行分类的基础上，企业可以更有针对性地采取策略，构建"千人千面"的服务模式。对于浏览用户，企业需要投放有吸引力的广告，如优惠、促销、免费等类型的广告，来为用户提供一个尝试产品的机会，从而增加获取新用户的几率。比如厦门苏小糖门店会向用户赠送免费的手绘地图，来进行隐性的品牌植入，于潜移默化中影响用户，还会在门店推出免费试吃，以新颖清新的款式吸引用户前来，提升进店率。对于购买过企业产品的用户，则需要推动他们向深度转化。企业可以向用户投放扫码关注公众号赠送小礼品、办理会员卡能享受优惠等信息进一步留存顾客，如果能够锁定这类消费者并将其转化为忠诚用户，就可以给企业带来长久的用户价值。回购用户一般已经对企业品牌产生了一定的忠诚度，对于这类用户，企业要做的就是在特定的广告投放中不断维系这种强关系，如建立 VIP 福利群，并在群中发布只针对 VIP 顾客的广告信息，如购物优惠、优惠券、新品率先试用特权等。

除了留存老用户，广告主在打造私域流量池的时候还要注意吸引新用户。如今能触达消费者的渠道很多，媒体平台在内容形态、用户群体和互动形式等特征方面不同，与用户互动的效果也会有所差异，广告主应结合不同媒体平台的特征进行广告投放，来聚集和沉淀产品的目标消费人群。如微信关系性较强，广告主可通过公众号推送、投放原生广告等形式来加强品牌建设和沉淀客户；微博开放性的特点更适合广告主进行话题传播、开展互动活动；抖音、快手等短视频平台的精准推送适合广告活动的前期宣传造势及后期产品销售，如直播带货。除了主动引流，广告主也可借助现有的老用户实现流量增值，即利用老用户来投放广告。老用户不仅对品牌和产品有一定的认知度和忠诚度，而且每个人都有自己的人际关系圈，通过老用户将品牌或产品推荐给好友，可以形成一个辐射状的裂变，迅速扩大广告主的私域流量池。

（四）私域流量池运营的优化

1. 技术助力

私域的运营有很大的优化空间，技术也可以成为很好的助力手段。不断更新的技术可以为企业提供更加丰富多元和精准高效的工具和手段，来优化私域流量池运营过程中的广告投放。比如通过使用语音智能技术可以在与客户沟通的过程中，提升用户体验和对话质量。依托海量数据和 AI 训练师的配合，能够打造一个可以为用户提供个性化服务的 AI 语音机器人。目前这一技术已经在教育、电商等领域投入使用，企业的投入产出比能提升 40 倍。技术有些时候可以带给我们惊喜，WiFi 探针、AI、大数据等技术已经深入广告领域，未来可能会有更多的技术被应用到私域流量池的优化中。

2. 构建社群

在获取用户之后，更重要的是让私域流量池"活"起来，而建立社群是激活私域流量池的一个重要手段。小米的社群运营便是一个很好的示范。小米系统 MIUI 发布第一个内测版本的时候，第一批用户只有 100 人，他们会积极向小米提建议或"吐槽"。依靠论坛和这些最早的用户，小米收获了一批狂热的"发烧友"，小米还会举办一年一度的"米粉节"，发展出了数量非常可观的超级用户。

社群在私域流量池的构建中是必不可少的，企业利用微信群、小程序、公众号等手段来激活和维系与用户的关系，不仅能让用户更有参与感，增强用户黏性，而且能够调动个体的社交网络,实现用户的"裂变"。

3. 发挥KOC优势

对于企业来说,这是一个流量焦虑的时代,对于消费者来说,现在是一个信息过载的时代,而KOC(关键意见消费者)便是一个很好的中和点。KOC一方面是有着一定影响力的意见影响者,另一方面也是和普通消费者站在同一战线的用户。KOC具备更加垂直的特点,并且由于其分享大多是体验式的,说服力更强,可以影响人们的消费意愿,进而产生消费势能,如小红书、Bilibili上的旅行、美食、产品攻略,知乎上的行业知识整合,豆瓣上的电影、书籍评价等都是典型的KOC体验式分享内容。企业在构建私域流量池时可以借力使力,通过引入KOC来丰富广告投放形式,提升广告投放效果,进而触达更多的消费者,努力实现双方共同促进、长期合作的共赢局面。

私域流量池的打造可以帮助广告主获得更垂直、黏性更强的获客渠道,通过线上的高效触达实现更有效的后续转化,所以打造优质的私域流量池是广告主在自主广告时代掌握主动权的一种有效路径。但需要注意的是,无论是公域流量还是私域流量,其指向是一致的,私域流量是建立在公域流量平台之上的。如果公域流量平台是大江大河,那么私域流量就是自家门前的池塘,它并不是遗世独立的,而是与整个大平台的生态密切相关。未来的道路上,我们需要的仍然是私域+公域的"组合打法",只有提升公域流量和私域流量的联动转化,才能助力广告主在自主经营之路上走得更远。

二、广告代理跨媒介的投放

近年来,以精准和互动为特征的数字传播依托大数据技术极大地提高了营销传播的效能,媒介从相加迈向相融,新的媒介形态不断被塑造出来。媒介形态的增加,使得人们不得不切换屏幕来满足日常需求或者同时在多种屏幕间流转。美国学者研究发现,近90%的美国人在看电视的同时使用智能手机、平板电脑或笔记本电脑,甚至一些观众在一个小时的电视节目期间在多个屏幕之间切换达27次。[1]

在此背景下,基于媒介形态细分的单一的传统广告媒介或媒介组合策略都已无法支撑起消费者对品牌完整的认知与体验。因此,广告代理在选择广告媒介时,通常会选用多种媒介,以技术、内容、媒介间的协同效应为支撑,对媒介选择和使用进行优化整合,从而使广告传播在特定的语境下,在特定用户和相应广告内容之间实现最佳匹配。

(一) 从媒体组合到跨媒介投放的转变

之前学界常讨论的一个概念是跨媒介传播,它是指信息在不同媒介之间的流布与互动,包括相同信息在不同媒介之间的交叉传播与整合,以及媒介之间合作共生。[2] 它至少包含两层含义:其一是指相同信息在不同媒介之间的交叉传播与整合;其二是指媒

---

[1] Bharadwaj N, Ballings M, Naik P A. Cross-Media Consumption: Insights from Super Bowl Advertising[J]. Journal of Interactive Marketing,2020(50):17-31.

[2] 王雪枫.浅析跨媒介传播的意义[J].语文学刊,2009(24):176-177.

介之间的合作、共生、互动与协调。在跨媒介传播时期，广告业多研究的是媒体组合，在同一时期内运用各种媒体，发布内容基本相同的广告。这种方式相比单一的媒介广告效果要好得多，但由于广告信息的不断重复，久而久之会让受众产生一种抵触心理，甚至会质疑品牌投放大量的资金在广告中，最后为此买单的还是自己。比如"王小卤虎皮凤爪"在Bilibili、小红书等多个媒体平台均借助美食领域的KOL进行产品信息的传播。但不同媒介上传播信息的内容同质化较为严重，相比同类品牌，它的价格也较高，这种营销方式使消费者认为"羊毛出在羊身上"，从而对其广告产生抵触心理。面对消费者能动性、个性化需求的不断提升，简单地探求视觉媒介＋听觉媒介抑或是瞬间媒介＋长效媒介等不同媒介的组合方式已经不能满足消费者需求了。因此广告业界对于跨媒介广告的研究应运而生，以探究满足消费者需求的新模式。在笔者看来，跨媒介广告与跨媒介传播情景下研究的媒体组合有相似之处，但跨媒介投放更像是媒体组合的一种进阶。

广告的跨媒介投放和媒体组合相同的点在于，广告传播信息所使用的不同媒介需要形成协同效应。不同的点在于跨媒介广告在不同的媒介与平台间并非重复投放相同的广告内容，而是利用不同媒介的优势，围绕品牌核心内容，以多种维度去传递品牌故事，充分发挥不同媒介平台的不同属性，形成互补结构，发挥跨媒介的集聚效应，使品牌实现传播效益最大化。综上，跨媒介广告可被定义为利用多种媒介协同营销，但不同媒介平台上投放的广告内容并非是相同的，而是围绕核心文本以多种维度来讲故事。

（二）广告代理选择跨媒介投放的原因

1. 技术支撑：不同媒介平台实现联动，提高投资回报率

在传统媒介投放中，由于数据分析手段、成本等因素的限制，很难发现特定用户，也无法实现特定用户和媒介的匹配。大数据技术的发展，使媒介投放能够精准锁定特定用户，并在锁定用户之后选择合适的媒介进行匹配，这使得广告代理进行跨媒介投放有了实现的可能性。

首先，基于数字技术的消费者分析与洞察，可以准确地找到信息的需求方，精确到个人；其次，数字媒体技术能够以较低成本找到特定用户的媒介接触点，将广告要传递的信息在特定时间准确送达；最后，不同媒介平台间能够进行数据信息共享，这样在多平台上进行用户侧写所得到的数据更为准确，同时跨媒介的推荐也能够提高消费者的购买率。如cookie就是为了辨别用户身份、进行session跟踪储存在用户本地终端上的数据，这些数据能够在不同媒介平台间实现联动。例如，你昨天在淘宝搜索某款商品但仅是浏览并没有下单，今天你打开京东时，会发现首页推荐的正是你昨天搜索的某款商品。这种跨媒介的联动使得消费者能够在不同媒介中多次看到同类商品的推荐，商品在主动创造曝光机会，也通过实时追踪，实现了精确投放，提高投资回报率。

2. 用户行为：使用媒介的用户注意力分散，单一媒介难以覆盖行为轨迹

在数字媒体时代，用户手中掌握着多种智能设备，如手机、平板电脑、笔记本电脑、Kindle等。同一种智能设备上也会下载众多App，人们常需要在不同屏幕或者不同App间流转，由此iPad推出了分屏功能。这种多媒介跨平台的使用，使用户的注意力成为稀缺资源，传统单一媒介进行广告信息投放的形式已经失效，不同媒介有着不同受

众,广告信息在多个平台上进行投放,才有可能增加消费者接触到广告信息的可能性。

此外,单一媒介平台上的用户画像并不全面,无法完整地概括用户的兴趣偏好。在数字营销传播中,媒介购买和投放业务模式采用了精准匹配、一对一追踪的方式,数据来源也不局限于一种媒介平台,既包括消费者线上的行为轨迹,又包括其在线下的消费行为。这种多元的数据进行整合之后,能够将消费者碎片化的行为拼凑出完整的镜像图画,从而为消费者提供更加精确的服务。

3. 广告效果:跨媒介投放的广告效果大于单个媒介广告效果相加之和

希尔德(Hilde A. M. Voorveld)等国外学者的量化研究表明,当消费者在不同的媒介上接触到相关联的广告信息时,第一个广告起"前期编码"的作用,即有了第一个广告的铺垫,第二个广告将更有可能引起受众的注意力与好奇心,从而提高广告记忆度,同时有可能促使消费者主动搜索相关的品牌信息。并且,具有多个媒介来源的广告信息可能更具说服力和可信度,增加了消费者对品牌的好感与购买意愿。而不同媒介上完全相同的广告投放则不会引起消费者的注意,因此广告效果并不理想。① 根据尼拉杰(Neeraj Bharadwaj)等学者对超级碗直播中广告的研究,当多屏切换成为趋势,电视广告与社交媒体评论共同影响了观众对于广告的态度。② 因此,广告代理需要选择这种跨媒介投放广告信息的形式,以提高受众对该品牌的记忆度,增加信息的说服力。

(三) 广告代理进行跨媒介投放的优势与劣势

在广告主与头部媒体自建营销团队、咨询公司也逐渐将业务向广告行业延伸的背景下,以广告代理为主体进行跨媒介投放,必然有自身不可被代替的优势。但与此同时,广告代理公司也需要认清形势,承认在进行广告的跨媒介投放时存在着一定的劣势,这样在探索投放策略时才能找到更完善的投放路径。

广告代理进行跨媒介投放的优势有两点。

第一,广告代理不可被忽略的专业性,是广告投放效果的保障。目前世界广告业中存在的主要形式就是广告代理制,广告主把自己的广告业务委托给广告代理公司去完成,广告代理公司站在客户的角度,有计划、有目的地为客户提供完成广告活动所需的一切服务。③ 广告媒介通过广告公司承揽业务,广告公司处于中间桥梁地位,为广告主和广告媒介提供双向服务。广告代理具有较强的策划、创意、市场调查能力,拥有相应的设备、专业的人才力量,可以提供多元化、专业化服务,而这些都是广告主和广告媒介难以具备的。跨媒介的广告投放要求在合适的时间、合适的地点选择不同的媒介来进行不同广告内容的投放,一方面使不同的广告内容能够传达同一种核心文本,形成品牌声浪,另一方面要求特定广告内容和特定广告受众之间实现最佳匹配。这种极高的要求需要广告代理的专业性作为支撑。

第二,广告代理有利于降低广告经营的成本,促进广告业的协调发展。广告代理公

---

① Voorveld H A M, Neijens P C, Smit E G. Opening the Black Box: Understanding Cross-Media Effects [J]. Journal of Marketing Communications, 2011, 17(2): 69-85.

② Bharadwaj N, Ballings M, Naik P A. Cross-Media Consumption: Insights from Super Bowl Advertising[J]. Journal of Interactive Marketing, 2020(50): 17-31.

③ 伍柏松. 浅议广告代理制[J]. 新闻世界, 2011(5): 167-168.

司由于生产经营的专业化,当面对众多的广告主完成目的各不相同的一系列广告行为时,它可以重复使用一定数量的生产要素,如设备、技术、信息,从而提高广告生产的效率,降低生产成本。[①] 跨媒介投放广告需要进行用户画像,判断媒介投放效果,制作更精良的广告内容,由此可见,制作跨媒介广告的内容需要投入更高的成本。通过广告代理公司这个中介,进行广告信息的投放可以有效地降低成本,因为媒介单位可以通过广告代理公司承揽广告业务,不必直接面对极度分散的广告主,从而极大地减轻了媒介招揽广告业务、应付众多广告业务员的工作烦恼,也不必再承担广告设计制作任务,减轻了媒介单位的人力、物力负担,媒介也不必再对广告主逐个进行信用调查。这使得整个广告业各司其职,互相协作,消除争拉广告的混乱现象。

广告代理进行跨媒介投放的劣势有两点。

第一,数据来源不充分,难以保障效果预估的准确性。在数字营销市场中,广告主掌握着消费者数据、销售情况等第一手核心数据,数字媒体掌握着以投放效果为主的第二方数据,第三方监测机构及相关技术公司掌握着第三方数据资源。[②] 而大部分广告代理公司只有在代理相关广告业务时才有可能从这三方获取相关的部分数据,有些数据关系到广告主间的竞争,对广告代理公司的不信任使广告主往往不会把核心数据交给广告代理公司,甚至广告主开始自建团队,使广告代理公司边缘化或者沦为执行机构。数据来源的不充分为营销方案的合理推导增加了难度,其效果预估的准确性也难以保证。而跨媒介广告需要掌握大量符合标准的用户数据,这能够为后续进行数据分析提供极大的便利,同时广告代理公司能够利用这些数据发现问题,改进广告信息内容或流程。由于把握核心数据的能力缺失,广告代理公司被边缘化的趋势明显。

第二,广告代理自身存在问题使其在竞争中更加脆弱。跨媒介广告的发展不可或缺的是对数字传播平台的运用,对广告人的要求也从原来的拥有特定的专业技能,转变为需要涉猎更广泛的不同领域的内容、了解不同网络平台的特性、知晓目标消费者的喜好。传统的数据收集和市场调查的方法已经不能支撑广告信息系统的运作,广告代理公司也很难在短时间内掌握在各种媒体平台上营销的"新玩法"。此外,一些广告代理公司为争夺广告主的代理权,往往会承诺高于实际水平的关键绩效指标,但最终广告信息投放效果可能难以达成,在这种情况下,数据造假也就成为广告行业内部公开的秘密。CNBC的一则新闻报道表明:调查显示,2017年全球数字广告欺骗金额达到164亿美元,这个数据占2016年数字广告支出的20%。以宝洁为代表的一批全球大型广告主不断减少数字广告投放,并自建广告团队协助广告投放,很大程度上就是为了杜绝广告欺诈的侵害。这些广告代理公司内部存在的种种问题,都使其在竞争中更加脆弱。

(四)广告代理进行跨媒介投放的策略

1. 需要关注跨媒介广告中不同媒介的即时效果和顺序效应

在跨媒介广告的投放中,除了要选择不同的媒介平台,还需要关注应在什么时机投放广告和消费者接触不同媒体广告的顺序,它们都会对广告效果产生重要影响。同时,

---

[①] 曾兰平.作为市场运营机制的广告代理制——浅谈广告代理制的实质[J].怀化学院学报,2005(3):43-46.

[②] 周茂君,沈君茵."去中介"环境下广告代理公司对专业性的重构[J].华中师范大学学报(人文社会科学版),2019,58(3):68-75.

暴露于多种媒体的信息可能会让消费者分心,从而降低消费者处理广告信息的能力,并采用边缘路线处理该信息,这将不利于广告产生长远效果。另外,多重媒介任务下,音频再认的干扰要大于视觉内容再认的干扰,因为在认知过程中,视觉信息一般占主导位置,人们会更加注意视觉信息。① 因此,广告代理在进行跨媒介投放时,要利用好这种即时效果和顺序效应,关注人们观看广告时这些情景因素对广告效果的影响。

蓝色光标数字营销机构给百度做了公益广告《拒绝野味的100个理由》,广告发起的时机是新冠肺炎疫情对人们生活的影响仍未消散。在疫情带来的恐慌情绪之下,人们已经对食用野味深恶痛绝。2020年2月24日,第十三届全国人民代表大会常务委员会第十六次会议通过关于禁止非法野生动物交易的相关决定。百度官方把握住特殊时机,即时发起话题"拒绝野味的100个理由",联合明星、企业、公益组织、KOL等共同发声,打造亿级话题。之后百度各产品、技术也陆续上线"拒绝野味"相关的功能和服务。这场营销活动的成功之处在于:第一,抓住了疫情这个特殊的时机,即时做出反应;第二,在百度对媒介选择的顺序上,百度首先选择微博话题,因为这种微博话题的形式更能够带动用户参与互动,之后百度再上线相关的功能和服务,才能够引起用户的关注。

2. 多方合作共赢,打通信息数据库

广告代理的困境在于无法掌握全部数据,获取数据的时效性和多样性也受到牵制,这使其在跨媒介广告投放中对目标消费者甚至整个市场营销环境缺乏准确的认知。广告主的困境在于专业能力的欠缺,广告主虽然拥有大量的数据,但是这些数据本身并不能成为营销策略,需要广告主本身或者成立的团队具有足够的数据挖掘能力以及数据分析能力。这将花费大量的时间和金钱,相比直接交给广告代理公司来投放广告,这是一笔并不划算的买卖。

按数据获取的来源分类,广告代理公司与众多独立的小型互联网企业同属于开放网络的一部分,它们可以通过相互合作与大型互联网企业竞争。从目前各方每年经营的广告投入来看,广告代理公司仍然掌握着丰富的客户资源,相比广告主成立不久的广告部门仍有较大的优势。而且在互联网时代,用户的需求变化更快,更难以捉摸,单靠企业自身所拥有的资源、人才和能力,很难快速满足用户的个性化需求。因此,广告代理公司可以利用现有的资源,与一些垂直型数字媒体和小型广告公司达成合作,由一家或数家为垂直行业领先品牌服务的大型数字营销公司带领,建立整合广告主和媒体的垂直行业数据库。② 如果在每个垂直细分行业都有一家或数家这类广告代理公司存在,不同媒介平台的用户数据、媒介特性都能够实现互通,广告代理"中介"在第一方数据中的短板就会很快被补上,也能够实现多方利益的共赢。

3. 注重不同媒介广告内容形式的协同效应

在进行广告信息投放时,要考虑不同媒介的特性以及所针对的目标群体,从而有选择地进行广告的投放。同时各个平台上投放的广告内容要能够形成协同合力,这种协

---

① 李凤萍.互联网逻辑下跨媒体广告效果研究的转向[J].现代传播(中国传媒大学学报),2015,37(5):154-155.

② 周茂君,沈君菡."去中介"环境下广告代理公司对专业性的重构[J].华中师范大学学报(人文社会科学版),2019,58(3):68-75.

同不是像媒介组合那样以"听觉媒介＋视觉媒介""长效媒介＋短效媒介"的形式，而是广告内容的一种协同。实证研究发现，当以广告喜爱度、品牌态度、购买倾向为标准衡量广告效果时，同一广告内容在不同媒体形式上投放并未显示效果差异，并且任何一种媒介组合方式的效果都是一样的；而当每种媒体上呈现的广告内容形式不同时（例如互动/非互动内容），将会产生延续性协同效应。也就是说，更多的应该是广告内容形式的协同，而非媒介终端设备的协同。

2018年5月23日是天猫超级品牌日，奥利奥发布黑科技3.0——奥利奥DJ台。从定制包装到音乐盒，再到DJ盒，奥利奥不断刷新创意互动指数，成为电商营销中的一匹黑马，为传统零售商迈向新零售树立了良好的榜样。为了满足年轻人追求个性和猎奇的心理需求，奥利奥通过"数据银行"，对此前音乐盒的消费人群及天猫旗舰店人群进行分析，发现其目标群体与热爱音乐的年轻人高度重合，因此将黑科技与音乐进行组合，推出奥利奥DJ台，同时，得益于产品开发团队对内容质量的极致要求，DJ台内的所有编曲都由专业的编曲老师完成，使用户通过简单的咬饼干和拼副机的动作，就能完成歌曲制作，借此机会将奥利奥与音乐的合作具象化地表现出来，在消费者心目中建立"奥利奥＋音乐"的场景印象。除此之外，在线下渠道，奥利奥DJ台进入校园，超大版的奥利奥DJ台落地校园，打造线下"快闪"，与粉丝进行深度互动。线上，奥利奥利用"数据银行"，将有效数据导入站内，纳入品牌潜在客户群，从而提升焦点图的效能。另外，针对淘宝站内的奥利奥粉丝，官方通过粉丝通的联动，使其在微博上触达品牌视频，实现站内外粉丝通路的闭环，利用全链路传播维护品牌和消费者之间的关系，将淘宝站内和微博的资源打通，刻画消费者网状、立体化、个性化的消费决策链路，为潜在客户群提供品牌触达，强化其品牌认知度。

奥利奥还开启了"虚实结合"行动，消费者可以用实体的奥利奥DJ台，配合线上H5曲谱教程，进行单人模式挑战打分，还可以将自己演奏的音乐分享到朋友圈。这种线上、线下多媒介渠道互通的模式，为消费者提供了全方位立体式体验服务，使得奥利奥品牌跨界音乐领域，使"让饼干来打碟"这一品牌传播事件不仅在社交媒体上成为热议话题，而且在天猫上取得了亮眼的消费转化成绩，开放预售不久就已经售出2.5万份产品。

4. 与用户充分互动，实现跨媒介的裂变传播

进行跨媒介广告信息的投放，想要达成消费者的二次传播、裂变式传播，就要以用户思维设置议题，触发用户表达欲。例如，蓝色光标数字营销机构给vivo手机做的反套路朋友圈广告《帮明星拍照》。这则广告首先在微信朋友圈进行投放，明星在评论区发出邀请"你能帮我拍张照吗"，这种朋友式的询问语气能够让用户主动参与其中，在这则回复中，网友更多的是唱反调的拒绝内容。对于这些回复，vivo意识到这些拒绝的声音并非意味着排斥，而是用户以一种朋友的形式进行的调侃。因此vivo收集趣味回复，以同样年轻的沟通方式与用户进行互动，从微信到微博，传播的媒介不同，但都是以互动性的语句进行内容的呈现，从而激发了网友讨论和参与的热情。再之后，vivo将拒绝给明星拍照的朋友圈评论内容"搬"到虎扑，让网友继续掌握互动的主动权。在不同平台上仿佛连续剧式的情节，激发了更多网友进行主动的创作，从而实现广告信息的裂变式传播。

5. 各种媒介围绕核心文本协同发力，为消费者打造沉浸式的消费场景

在万物皆媒的时代，媒介形式已经演变成生活中的所有"物品"，产品、消费场景本身就可以成为媒介形式。① 在这个意义上，广告不再停留在图文、视频等形式的平面展示阶段，报纸杂志广告、电视广告、网络广告等以媒介形态细分的广告概念也不复存在。广告成为网络社会中人类数字生活的有机部分，成为整合产品、互动、体验、服务、价值实现为一体的创意设计。广告代理可以发挥自己的专业优势，以创意形式去实现广告信息与生存环境的相互融合，这种融合需要围绕品牌的核心主题，但可以利用不同媒介的特点，多维度地传递品牌故事。这种融合并非一定要利用高新科技将消费者完全置于虚拟世界，而是强调通过各种媒介的协同，营造品牌场景的"空间感"。如创意代理商BLACKSMITH为必胜客打造了莫奈睡莲沉浸式餐厅，影像、音乐、灯光、食物形成一场全感官的盛宴，"复活"了莫奈的名画。必胜客推出的新款甜品灵感来自莫奈的作品，门店打造独家橱窗茶座，展现莫奈笔下横跨水面的日本桥。不同媒介相互配合，为消费者营造了具有沉浸感的消费体验。

三、垂直型平台社交投放

垂直型平台有着区别于综合型平台的鲜明特征，它拥有强大的专业性内容，具有很强的互动性、社交性。垂直型平台的广告投放是指广告发布者利用平台为不同行业的广告客户提供针对其特定目标客户群的细分广告服务，让广告的受众能够快捷地获得所需要的商品信息，同时也让商品信息能够精准快速触达受众。垂直型平台的广告投放方式有其自身的模式，社交营销是其突出特点，并通过跨平台联动和打造平台营销闭环来达到更好的广告传播效果，实现平台流量变现，达到盈利目的。

（一）垂直型平台概述

我们说的垂直型平台，一般是与综合型平台相对应的概念。垂直型平台是指将注意力集中在某些特定的领域或某种特定的需求，提供有关这个领域或需求的全部深度信息和相关服务，具有高度专业化和精准性的媒体平台。这类平台大多是建立在对媒体平台细分的基础之上的，按照行业、职业或者圈子建立起专业的平台社交圈，有助于提高交流质量，以满足目标受众获取信息的需求。随着互联网技术和数字技术的不断发展进步，垂直型平台引起越来越多人的关注，比如马蜂窝、豆瓣、知乎、Keep等都属于当前运营较好的垂直型平台。

当下我们的广告产业正处在一个颠覆性的变革时期，互联网时代通用技术体系与广告产业的具体需求相结合，催生了与传统广告模式差异巨大的计算广告新业态②，由此产生了人群定向技术、程序化交易技术、个性化推荐技术等一系列计算广告技术体

---

① 王树良，张耀耀，张玉花.数字媒体时代跨媒介视角下广告与设计的双向融合[J].装饰，2020(7)：28-30.
② 刘庆振."互联网＋"背景下计算广告技术体系的创新与应用[J].新闻界，2016(2)：63-67.

系。在技术的驱动下,广告产业向着行业细分、受众细分的方向不断深化,基于此,垂直型平台异军突起,其精准化、定向化、高触达率的广告效果受到越来越多的广告主的青睐。垂直型平台以其专业性、社交性聚集了一大批具有相同倾向的人群,获得了大量具有某种相同需求的用户数据,这对于广告主来说是一个十分契合的广告受众群体。

(二) 垂直型平台的主要经营方式

垂直型平台的广告投放主要是基于平台自身的数据和流量来进行的,大多数垂直型平台都已经搭建了一套自己的完整广告体系。尤其随着网络技术和数字技术的不断发展,垂直型平台收集数据的能力和运用流量变现的能力有了长足的进步,计算广告在垂直型平台上的应用越来越广泛,对其经营方式也产生了较大的影响。下面以典型垂直型平台知乎为例,来探讨这个运作过程。

1. 与第三方营销公司的广告资源对接

对于中小型广告主来说,在垂直平台上的广告投放,实际上大多是通过第三方营销公司来实现的。以知乎为例,具体的广告投放过程是由第三方营销公司介入,将有广告需求的企业与知乎连接起来,知乎只是提供一个平台,但这个平台内部的运作逻辑却没有那么简单。首先,知乎会记录用户的关注、提问、点赞、感谢、浏览内容、浏览时长、搜索、点击等行为,并结合用户的性别、年龄、职业、收入情况等为用户定性,以此实现针对特定用户的定向投放。用户在知乎的每一个行为,知乎后台都会有备案。这样,通过这种人群定向技术,知乎平台能获得尽可能精准的用户画像,实现广告的精准投放。其次,在投放过程中,由于知乎的广告体系非常完整,不同区域的广告点击率也不同,知乎更多支持的是点击收费模式。用户在知乎平台对广告发生一次点击行为后,在知乎广告客户后台中,相应的费用就会被知乎系统自动扣除。

2. 与品牌广告主的联合营销

对于大型品牌广告主的广告投放,更多的是基于品牌和平台双方资源的整合策划。对于更追求品牌效果、形象格调的大型品牌广告主来说,简单的点击和转化已经不能满足他们的需求,更进一步的品牌效果才是他们更重视的内容。互联网技术的发展,使得营销的大环境在改变,知识型消费者逐渐崛起,随之而来的是消费的升级。但消费的升级并不是传统意义上用户可接受的消费品价格升级,而是消费方式、消费体验以及产品所带来的精神价值的升级,这就给垂直型平台的广告投放带来了新的机遇。计算广告借助技术呈现越发多样的形式,如何才能在平台完成有效的广告投放?这背后需要有一套完整的评估体系,来帮助品牌分析广告传播的效果。在这一基础上,知乎进一步提出了新的评估标准——阅读率(RTR),以追求在平台上实现更好的品牌营销和广告效果。

(三) 垂直型平台的社交营销

社交营销是基于平台社交关系的营销模式,用户参与度高、互动性强,在向消费者传递品牌信息的同时提高转化率,因此备受广告主的青睐,发展前景可观。垂直型平台的社交营销属性十分突出,而且具有与综合型平台相比更加鲜明的特征。

1. "内容+社交"营销

垂直型平台的社交营销是建立在内容营销基础上的社交营销,内容专门化和社交化是垂直型平台的鲜明特征,这种特征也自然而然地体现在其广告投放的过程中。内容营销是指通过提供有价值的内容,吸引用户,从而建立品牌形象,促成最终销售。可以说,专门化的内容是广告主选择垂直型平台进行广告投放时非常重视的一点,专门化的内容使得垂直型平台与综合型平台相比,其平台属性、用户人群等与广告主的需求高度匹配。尤其借助于不断发展的计算广告技术体系,用户定位会更加精准、细化,在广告投放的过程中能够更好地将广告传播落到实处,取得更好的广告效果。

2. 从 KOL 营销到 KOC 营销

社交营销已经成为当前的主流广告营销方式之一,在垂直型平台形成的社交网络中,凝聚了大量对品牌来说十分宝贵的广告营销信息。基于这种互动性和社交性,KOL(key opinion leader,关键意见领袖)营销在垂直型平台上快速崛起,占据着重要地位。KOL 营销输出的内容专业,广告文案经过精细打磨,和粉丝进行沟通互动,曝光较好。这种营销方式将 AISAS 法则和新 4C 法则体现得淋漓尽致,形成了从引发关注、持续传播、加速渗透、激活转化到口碑分享的内容营销闭环。而在流量竞争愈发激烈的当下,KOL 又有了新的发展倾向,出现了 KOC(key opinion consumer,关键意见消费者)的营销概念,KOC 是去中心化的 KOL,把关键意见领袖拆解为关键意见消费者,降低了营销门槛。KOC 营销是真实的表达,内容或文案并不精美,甚至粗糙,但其真实性和互动性更高,可以将曝光实现高转化。但 KOL 与 KOC 并不是界限分明的替代关系,KOL 是头部,KOC 是腰部,聚沙成塔的 KOC 也可以拥有和 KOL 同样的影响力。这两种营销方式都是社交营销的重要内容。

因此,对于大多数垂直型平台来说,对内容进行深度挖掘,加强圈层社交互动,是进行广告投放、实现流量变现的重要方式。我们还是以知乎为例。2020 年母亲节,知乎变身"知妈乎",联名南方黑芝麻跨界玩了一出"谐音梗","知乎出芝麻糊了"的话题成功登上了微博热搜,引起了广泛关注和讨论(见图 8-2)。各位意见领袖纷纷入场,就"知妈乎"进行广泛的意见讨论,众多网友在开心玩谐音梗的同时纷纷晒出自己喝芝麻糊的图片。同时,知乎还在站内推出了结构化的"新手妈妈"搜索结果页,将新手妈妈人群在不同阶段最关注的母婴类内容做了整理,并上线了"亲子分区"和"小蓝书·新手爸妈篇",方便用户发现和消费自己更感兴趣的育儿内容。在这个过程中,内容营销、KOL 营销和 KOC 营销联合活动,完成了一次十分成功的广告投放。

目前,虽然知乎、小红书、Keep 等许多垂直型平台都开展了有付费内容的业务,但其主要收入来源还是广告。垂直型平台的广告投放具有不同于其他平台的特征,广告很多时候也是有用的内容,能帮助用户解决问题。

(四)跨平台联动

垂直型平台虽然有自己的平台数据和流量池,但由于自身特性,与一些头部综合型大平台相比,其横向业务和资源没有那么广泛,因此跨平台联动是其经常采取的广告投放合作方式。通过跨平台的一系列体系化营销动作,可以对不同平台的资源进行整合,还能通过跨平台联动打出一套"组合拳",形成从产品曝光、宣传、触达、"种草"到销售的跨平台营销闭环。

首先,在平台资源整合方面,垂直型平台经常会和其他平台进行资源合作,比如知乎、小红书在进行广告营销时运用腾讯数据是常有的事。尤其是知乎,在 2019 年 8 月

图 8-2 知乎与黑芝麻糊的营销活动展示

12 日,知乎宣布完成 F 轮融资,金额达到 4.34 亿美元。其中值得注意的是,快手与百度首度成为知乎的战略投资方。对于知乎来说,与快手合作是其高效扩充平台短视频内容的方式,与百度合作意味着将带来数亿用户数量。

其次,在具体的广告营销流程中,垂直型平台也经常会和其他平台的商业资源进行联动合作,以达到更好的广告传播效果,实现流量变现。技术的不断发展为这种合作提供了强有力的支撑。比如,知乎在内容中会插入商品链接,用户如果对某件商品感兴趣,可以直接点击链接进入京东或淘宝的商品购买页面,实现从看到广告到商品购买的一整个消费流程。这种跨平台联动式的合作提升了投资回报率,实现了平台之间以及广告主和用户的多方共赢。

(五)垂直型平台的营销闭环

在与其他平台进行跨平台联动、互通资源的同时,许多垂直型平台也在寻求自身的进一步发展。很多垂直型平台在市场定位、用户定位和内容定位方面都在不断深化,不断延伸自己的产业链,试图形成一个完整的营销闭环,提高平台自身流量变现的能力和水平。

比如作为目前国内美妆用户主要聚集社区之一的小红书,拥有活跃的年轻用户群体及较强的内容生产能力。相关统计数据显示:2020 年春节假期前后,小红书日活跃用户数 2100 万,同比增长 35.0%,日均使用时长 32 分钟,同比增长 44.9%。庞大的流量池给小红书平台带来了大量的广告资源,而如何更好地利用这些资源,平台一直以来都在尝试进行探索。小红书最初主要是内容分享社区,但发展到现在,早已不只是一个内容型平台,其在广告营销方面也取得了显著成效。2018 年上半年,小红书推出了旗下的社区电商平台小红书商城,里面汇聚了各类商品,成为引导用户交易的一个网络社区、跨境电商、共享平台、口碑库集合体平台。2019 年 2 月,小红书继续升级组织架构,整合商品采销、仓储物流和客户服务的全流程职能,从组织层面打通了社区和电商两大业务能力,并且自建物流、保税仓优化平台自身的营销闭环。无独有偶,Keep 也在尝试同样的发展路径,在分享健身内容的同时上线了 Keep 商城,为用户提供专业化、一体化的健身消费服务。

垂直型平台拥有一大批具有某种相同需求倾向的用户,形成自身独特的丰富广告资源,是不可忽视的重要营销领域。而随着计算广告技术的不断发展进步,持续赋能营销,垂直型平台的广告投放或将展现新的形式,取得更强大的广告效果。

四、综合型平台的全域投放

前文介绍了垂直型平台,垂直型平台指的是专注于某一领域的平台,而综合型平台则是面向所有类型的用户、涵盖领域广泛的平台。综合型平台的全域投放核心特点是全数据、全媒体、全渠道、全链路。面对庞大的受众群体,海量的用户数据,丰富多样的媒体资源,综合型平台的广告投放需要依托一定的技术手段来完成广告主、媒体资源和目标消费者三者之间的精准匹配。综合型平台的广告投放也区别于垂直型平台借助第三方营销平台的方法,有着综合型大平台特有的广告全域投放策略。

(一) 概述

以 BAT(百度、阿里巴巴、腾讯)为代表的互联网综合型平台,掌握了市场大部分的流量,数据量大而全。它们以数据驱动发展,布局各家的数据生态,拥有完整闭环的广告生态系统,更掌握了庞大的一手用户网络行为数据,建立了稳定、高技术含量的DMP。比如,中国最大的搜索公司百度,积累了海量网民的搜索数据,建立了百度DMP、百度司南等自有广告平台;中国最大的电商平台阿里巴巴掌握了大量用户交易数据,建立了淘宝指数、阿里妈妈,收购了数字营销平台易传媒;中国最大的社交网络公司腾讯,集合社交大数据流量,建立了腾讯社交广告、腾讯广告(原名广点通)等完整的数据服务平台。[①]

"全域"的概念最早来自阿里巴巴开创的全域营销,全域营销是阿里巴巴以数据为驱动、以消费者为中心的营销操作系统,系阿里巴巴商业操作系统的营销组件。全域投放是综合型平台围绕消费者展开全数据、全媒体、全渠道、全链路的全域营销服务中的一环,力图全面渗透消费者的生活圈。

综合型平台的广告投放一定是以数据为核心的,它要使用海量的、全域的、全量的消费者数据进行分析。全媒体和全渠道都是消费者触点的概念。全媒体是消费者和品牌内容接触的触点,而全渠道是消费者和品牌货品接触的触点。全链路是指从消费者有认知开始到交易完成的整个过程。所以全域投放是通过算法技术,让消费者在不同的触点,精准匹配推广信息,使消费者完成从认知到交易的一个行为闭环。

(二) 技术支撑

计算广告与综合型平台结合需要特定的计算广告技术。以下是几种综合型平台广告全域投放的常用技术。

---

① 钟夏泉.大数据与用户画像在计算广告发展中的应用研究[D].广州:华南理工大学,2017.

1. 人群定向技术

人群定向技术通过对用户行为数据的分析和聚类算法"挖掘"具有相似行为特征的人群,并选择适当的媒体将广告投放给他们。具体而言,人群定向可以分为性别定向、地域定向、年龄定向、频道定向、受教育程度定向、收入水平定向、新客推荐定向等较为常规的技术。例如,腾讯已经开发出极具价值的定向能力,基于基础属性、媒体环境、用户环境、用户行为、兴趣爱好、用户状态等一系列数据划分的维度,通过商业兴趣定向、关键词定向、相似人群定向再营销等服务,切实将定向技术应用于人群划分,这就使得广告主可以按照受众类型进行广告投放,使精准投放成为可能。①

2. 程序化交易技术

程序化交易技术能够满足广告主自由选择并掌控流量和出价的需要。程序化交易通过优化算法,可以让广告在最佳的渠道、最佳的时间,以最佳的方式展现给最合适的用户。这个过程是全程自动、实时进行的,可以使综合型平台的广告业务变得简单而高效,摆脱低效、繁杂的人工操作。比如淘宝的直通车,淘宝店家只需要在程序上选择要推荐的宝贝,并设置每日预算上限、默认出价上限、营销场景、是否添加自选关键词等,就可以制订一份智能推广计划,实现智能化托管。

3. 定制化推荐技术

传统投放在大众媒体上的品牌广告难以做到个性化精准匹配,而搜索广告可以为用户量身定做广告内容,用户输入关键词就相当于告诉搜索引擎自己需要什么信息,搜索引擎则通过高效算法向用户推送特定广告。天猫、京东等电商平台,都能够通过分析自身网站上的海量浏览和购买数据,运用数据挖掘算法和消费偏好比较,发现每一个消费者的潜在需求,预测并推荐他们可能感兴趣的商品。②

(三)投放策略

1. 利用平台自有广告投放产品

综合型平台本身掌握了庞大的用户行为数据,和垂直型平台拥有的用户相比,综合型平台的用户数量庞大,他们属于不同的年龄段,来自全国不同的地区,有着丰富多样的产品需求,产生的数据庞大而丰富。综合型平台利用自有数据,通过人群细分,建立自己的广告投放产品,甚至形成了包含多个广告程序化交易系统的产品矩阵,广告主可以根据自己的广告投放需求购买广告资源。比如,阿里巴巴自有的大数据营销平台阿里妈妈,里面汇集了海量的媒体资源。除了淘宝自有的各种广告位资源,比如猜你喜欢、明星店铺、超级推送,还包括许多优质网站、App的广告资源以及分众线下的公共屏资源。无论是大型品牌方,还是小型淘宝店家,都可以在阿里妈妈中自由选择购买广告投放的细分人群和广告位置,使广告投放实现低成本、便捷化、高效化以及精准化。

在2021年10月20日李佳琦直播间"双十一"首波预售中,阿里妈妈与美ONE联手组合全域营销产品,进行精细化的直播间运营。通过风向趋势的人群标签体系,精准锁定目标用户,激活粉丝,提高流量运营效能;超级直播拥有"站外种草—站内引流—直

---

① 刘庆振,赵磊.计算广告学:智能媒体时代的广告研究新思维[M].北京:人民日报出版社,2016.
② 刘庆振,赵磊.计算广告学:智能媒体时代的广告研究新思维[M].北京:人民日报出版社,2016.

播间转化"的完整增量模型,以超强曝光促进人群价值释放;品牌专区全量承接有搜索意向的用户,品牌视觉强化惊喜体验。通过阿里妈妈全域营销产品组合,最大效率地为直播间导流,达到了 2.48 亿的单场观看量。①

2. 线上线下联合发力

相比于垂直型平台,综合型平台的全域投放更注重利用全媒体、全渠道触达受众。线上线下联合发力,就是指广告主的产品或服务不仅通过线上的渠道进行宣传,而且通过线下的宣传来增加消费者对其产品或服务的感知。线上能对客户数据进行精准跟踪,能够定位消费者画像,为线下引流,而线下真切的体验感是线上不能替代的,二者相辅相成,达到一加一大于二的投放效果。

在 2018 年淘宝造物节期间,阿里妈妈就通过线上线下的联合发力,实现了兰蔻影响力和新客转化的双丰收。线上手淘开屏、订单页横幅广告(banner)和手淘扫一扫、官网横幅广告、手淘美妆会场全域触达兰蔻的消费者,更有淘宝人生、清空购物车等互动强力支援。在线下,阿里妈妈联合达摩院通过 AI 技术打造了明星"神秘电话亭",使得消费者得以聆听当红明星的声音,为兰蔻专属的"兰蔻时空驿站"宣传,给兰蔻累积了大量的消费者资产。

3. 借助 IP 流量全域曝光

IP(intellectual property)原意为知识产权,表示个体在社会实践中创造的智力劳动成果的专有权利。近年来随着文化产业的发展和资本的大量进入,IP 也被赋予了广泛的含义。作为一种自带流量的商业符号,其内涵被延伸为适合进行二次或多次改编开发的影视、文学、游戏、动漫等。可以说,IP 已经被延伸为拥有无限可能的内容,所有可以进行多维度开发、跨媒介传播的文化形象或文化产品都可以成为 IP。由于自带流量的属性,IP 逐步成为广告界的"宠儿",全域营销兴起后,借势 IP 无疑也是综合型平台获取流量的常用策略。本书将 IP 分为普适性 IP 和针对性 IP 两种进行介绍。

普适性 IP 就是指以名人、明星为代表的、对各个消费群体普遍具有吸引力和感召力并能够激发粉丝消费行为的 IP。由于这种 IP 并不是专门针对某一个群体的,因此更适合于大众化产品。比如,阿里妈妈在 2019 年"双十一"期间,就通过将大众化产品美的空调与普适性 IP 流量明星联结,实现创新互动,强化品牌"让科技住进生活"的理念,最大化地提升了明星"入淘"的关注热度,引爆了"双十一"的销量。

针对性 IP 则是指以行业专家或是在小众领域具有绝对权威的、能够吸引大量的消费者关注,并使消费者信服自己的观点,或者是产生对产品的喜爱,拥有强大流量的文化产品或文化形象。比如,2019 年"双十一"期间,阿里妈妈通过大数据分析荣耀手机的消费群体,最终选择了年轻人耳熟能详的针对性 IP——X 战警。X 战警是美国漫威漫画旗下的超级英雄团队,受到了许多年轻人的追捧,这一 IP 与荣耀 20 手机进行合作,促进了品牌与粉丝之间的互动,创造了粉丝专属的身份感,最终实现了品牌营销效益的最大化。

综合型平台面向各种类型的用户,拥有丰富优质的广告资源,可以通过自有的数据

---

① 阿里妈妈数字营销. 直播大爆发,2021 年双 11 预售夜他们迎来开门红![EB/OL]. https://mp.weixin.qq.com/s/W_ebCtzoWm94au44qAa86w.

和平台资源实现广告的全域投放。随着计算广告技术的不断进步,综合型平台的全域投放将会更加高效率,更加精准化,会形成一个更加完善且成熟的体系,也会拥有更强大的广告效果。

本章课后习题

1. 你在生活中还看到哪些企业搭建私域流量池的例子?
2. 如何打造沉浸式营销场景?
3. 请尝试阐述垂直型平台广告投放的特征。
4. 请尝试描述阿里妈妈广告投放的流程。

第九章　计算广告与品牌智慧传播

一、AI大数据时代品牌智慧传播的内涵与特征

(一) AI大数据时代品牌智慧传播的内涵

AI大数据时代背景下,传统的品牌传播方式发生了重大变化:大数据技术收集每个个体的网络使用行为信息,通过算法分析处理这些大数据,从而形成精准的用户画像,并在此基础上对用户进行精准化的推荐。可以说,大数据与人工智能技术促使品牌传播由面向大众向面向精准受众转变,品牌传播的作业方式转向了用户本位,实现"千人千面"的传播。与此同时,AI智能支撑的传播效果的即时评估与测量,为品牌传播的决策者提供大量信息,为即时甚至自动调整传播策略奠定了技术条件。由此,品牌依靠AI大数据技术,实现品牌智能传播的时机已然成熟。

但应当注意的是,品牌传播不能完全依赖于数据处理,人在品牌传播中的作用尚不能被取代。当今所产生的庞大信息需要大数据的收集与AI的智能处理,但客观存在的数据孤岛问题仍不能得到有效解决,这影响了数据的全面性和智能处理的精准性。此外,AI智能帮助人们处理特定内容的信息,尚不能解决被处理数据与其他数据之间的关联性问题。在数据的关联性处理和不同渠道的数据获取部分,仍需要人的智慧来发挥作用。同时,基于人工智能算法的广告可能会产生各种伦理风险。正如上海师范大学教授李名亮指出的:"大数据作为广告产业的核心资源与广告运作的基础要素,可能产生数据安全、个人信息保护、数据资源共享保密的平衡、数据造假偏差等信息伦理风险;广告信息化产品存有商业属性不透明、伦理责任主体混沌、广告自动创意缺乏人文沟通能力等伦理问题;而智能广告运作与信息化环境相互影响,表现在对人文伦理与价值观挑战、信息鸿沟的扩大、数据和算法引发歧视和偏见等方面。"[①]因此,AI大数据时代的品牌传播,需要人的智慧与机器智能相结合。我们认为,AI大数据时代的品牌传播不仅是"智能"的,更应该是"智慧"的;也就是说,品牌不仅需要智能化机器带来的"智能",更加需要充满创造性的人脑"智慧"。

"智慧"一词,出自《墨子·尚贤中》:"若此之使治国家,则此使不智慧者治国家也,

---

① 李名亮.智能广告信息伦理风险与核心议题研究[J].新闻与传播评论,2020,73(1):76-84.

国家之乱,既可得而知已。"它指人的聪明才智,是人类所特有的一种高级创造思维能力。同时,一个人智慧的形成建立在知识储备与方法运用的基础之上,大智慧只有通过特殊训练或者实践历练才能够获得。如同人一样,一个卓越的品牌也需要"大智慧",这种"大智慧"建立在智能的传播技术基础上,同时需要"智慧"的传播者与"智慧"的传播战略及策略。人们认为,品牌智慧传播的实现包含两个层面。其一,AI 大数据为品牌的智慧传播提供技术支持。大数据技术为品牌智慧传播的对象提供用户画像,让品牌传播找到精准的对象,而 AI 技术帮助品牌传播进行智能化传播与数据处理。其二,智慧的传播者为品牌智慧传播制订具有竞争力的传播策略,每个品牌都需要根据其目标对象的特征、品牌的个性与价值做出独特的传播策略。因而,我们将 AI 大数据时代的品牌智慧传播定义为:以大数据为基础,对用户进行精准画像,在此基础上,智慧的传播者制订针对目前用户群体精准的、智慧的传播策略,再通过智能传播系统,自动根据用户的需求进行定制化、个性化的传播,并使用人工智能技术与算法促使品牌与目标消费者之间开展即时互动,对传播过程实施智能的动态跟踪,对传播进行即时优化与动态评估,从而实现品牌与用户的深度沟通,进而达成品牌传播的最终目标。

(二) AI 大数据时代品牌智慧传播的特征

1. 品牌智慧传播的精准性

时代的变迁推动品牌传播的核心驱动力发生变化:传统的品牌传播依靠广告、公关创意驱动;而在过去十几年,品牌传播依靠媒介体验刺激受众观感。在 AI 大数据时代,品牌传播的信息依赖算法处理精准推送给每个个体,满足个体不同的信息需求。通过信息搜寻、大数据爬取、机器学习、智能预测等技术,精准描绘用户画像,将合适的信息在最合适的时间、场景推送给最合适的用户,将品牌信息转化为一种服务,降低受众的抗拒程度。智慧品牌传播的精准性还体现在能够精准评估传播效果,并最大程度地预测受众行为:品牌主及时收集受众对品牌信息的反馈等大数据,数据中所包含的庞大信息资源为决策提供可靠的依据。点击率、转化率、停留时间等数据经过数据可视化及时反馈给决策者,提高了决策的有效性。在未来,品牌智慧传播要最大程度地精准预测用户行为、偏好等内容,为品牌智慧传播提供决策依据。另外,品牌智慧传播不但要求对品牌信息进行精准投递,而且注重品牌内容与受众间的适配性,品牌信息主要以文字、图像、音频、视频等方式传播给受众,在受众不同的信息接受场景中,不同形式的信息所起到的效果也不尽相同。高匹配度、高转化率是品牌智慧传播的核心,需要对品牌传播的内容进行精心策划与创意,以期实现品牌与其目标用户的深度智慧沟通。

2. 品牌智慧传播的智能性

随着大数据技术与人工智能技术的发展,品牌主希望自己的品牌信息能够精准触达目标人群,并针对个体的不同喜好,传递不同表现形式的信息内容,降低受众反感,也就是实现"千人千面"的个性化传播。所谓"千人千面",即满足不同受众的特定信息需求,实现"在同一时间,不同的人接收到的品牌信息是不同的"这一目标。这种个性化的传播基于用户的需求,可以说在一定程度上实现了品牌智慧化传播。程序化创意可以有效解决创意思维枯竭问题:将品牌传播的各类元素进行重组,对颜色、结构、文字、形状等进行结构化调整,依靠大数据进行受众画像,使受众接收到最满意的品牌信息,实现品牌传播创意的智能化。AI 智能对大数据所收集的信息进行聚类分析,将用户行为进行非结构化分析,为用户"贴标签",描绘精准的用户画像。随后大数据对用户标签与行为进行相关性分析,寻找用户的个性需求,以精准预测用户的喜好与行为,实现广告与受众之间的智能匹配。品牌智慧传播的效果通过大数据进行量化分析,流量指标、互动指标、转化指标等量化标准全部被纳入分析范围,评估内容变得更加精细,并通过 AI 智能支撑进行相关性分析,提高效果监测的实时性与有效性,瞬时评估传播效果,实现传播效果的智能监测。品牌智慧传播的智能性还体现在利用算法进行高效率的广告投放:程序化购买模式将各类平台的闲置广告位资源进行实时整合与收集,将广告位资源在各类需求方平台中进行匹配与竞价,从而将用户、广告平台方、广告发布方三者联系在一起,高效地实现了广告位资源的利用和以用户为中心的智慧传播。

3. 品牌智慧传播的互动即时性

大数据为品牌与受众的即时互动提供了技术条件:品牌的智能传播提升了即时反馈传播效果,不仅曝光率、点击率、浏览量、下载量等传统指标可以被监测,而且二跳率、停留率、访问时间等互动性用户行为也可以被快速收集,由 AI 进行智能处理,形成传播效果的评估意见。在此基础上,AI 智能快速根据实际情况,结合以往经验做出即时决策,瞬时对品牌传播行为进行改良,即时反馈受众意见,形成品牌与受众的即时互动,在互动中传递品牌信息和价值观,以期在双向沟通中实现受众对品牌的价值认同。例如百度搜索广告、抖音信息流广告、微信朋友圈原生广告等,都是品牌智慧传播即时互动性的生动体现:这类智能广告平台对用户行为数据进行深度挖掘,能够智能评估每一次点击的转化率,在 RTB 平台中进行实时竞价,强化高转化率的广告内容曝光,弱化低转化率的广告内容展示,将优质广告内容的价值最大化,在节省广告位资源的同时,为品牌传播者的下一轮传播策略提供数据依据。在这种场景中,动态的实时优化策略,能够搭建品牌与受众沟通的桥梁,使受众通过最佳的桥梁与品牌深度沟通。

4. 品牌智慧传播的效果最大化

品牌智慧传播实现了传播的精准化,最大程度上吸引最大范围内的受众个体,深度即时互动吸引了一定范围内最多的受众群体,扩大了品牌传播的影响力与知名度。此外,品牌智慧传播的高效率贯穿信息收集、处理、监测、反馈和调整的各个环节,在提升效率的同时,避免了人工处理的滞后性与风险,并且能够深刻洞察受众行为习惯,将机器"理性"的态度与传播者"感性"的思维相结合,实现了效率与效果的最大化。再次,品牌智慧传播以其极佳的沟通效果实现了品牌与受众的深度沟通,品牌信息的高效传递让受众感受到了品牌温度,加上人在其中的智慧支持,建立品牌的沟通渠道,有助于品牌人格化的发展。就品牌的长远发展来看,深入的双向沟通有利于受众形成极佳的品牌认知度和品牌忠诚度。最后,品牌智慧传播借助大数据的技术支持,细化效果评估方式,精准处理所收集的数据并进行相关性分析,使得反馈的效果得到最精准的测量,从而使得品牌传播策略更加透明化、可视化。此外,AI 智能的整体数据抓取也使效果数据的准确性有了显著提升。

二、计算广告与品牌智慧传播的关系

在整合营销传播理论中,广告作为一种重要方式被纳入品牌传播的整体规划中,与公关、新闻、促销等方式结合,形成合力,发出统一的品牌信息。在大数据时代,计算广告和品牌智慧传播是时代进步的必然选择,品牌智慧传播同样承载着品牌与受众深度沟通的任务。作为信息传播的手段,计算广告能够更精准地触达目标人群,提升传播效果,因此计算广告已经成为品牌智慧传播的重要手段。

(一)品牌智慧传播是目标,计算广告是方式与路径

品牌智慧传播是大数据时代客观现实的要求,时代的变迁要求品牌信息以更智能、更智慧的方式进行传播,在满足品牌方信息传播需求的同时,满足受众渴求信息的需要,实现受众、品牌方、平台的多方共赢。

第一,社会化网络带来了规模庞大的数据资源,其强连接性使得用户在交互过程中产生大量的用户数据和网络痕迹,这些数据是把握受众心理、了解受众需求、预测用户喜好和行为的重要资源。品牌方需要依靠数据为决策提供依据。在大数据时代,人工处理海量数据极不现实,而品牌智慧传播将数据高效利用,指导品牌传播实践活动,实现了品牌即时反馈受众需求的目标。

第二,大数据依靠用户的个人属性和社交属性,为用户"贴标签",精准描绘用户画像,使人际圈层相连,进而形成更有意义的价值圈层;另外,社会化网络为用户对社会事件的讨论提供了网络平台,受众在参与和交流过程中逐渐形成社群意见,凝聚群体情感,无形的群体情感是各类数据相关联的关键所在,需要品牌的人格化特征释放情感。

第三,在大数据时代,品牌传播已经摆脱了人力叠加的工作模式。依托更为先进的技术,大数据可以实时监测社会评价,实现了品牌知名度、美誉度、忠诚度的实时反馈:在品牌传播活动之前,品牌调研更加精准,为决策者和AI智能处理提供决策依据,进而制订更为完善的品牌传播策略;在品牌传播过程中,大数据实现了效果的实时监测、智能反馈用户意见、自动调整传播策略,使得品牌传播更加智能化、即时化;在品牌传播结束后,大数据能够精准评估传播效果,并通过相关性分析准确评判传播策略,理性提出解决方案,指导未来决策。

广告作为品牌传播的重要方式,承担着向受众传递产品、品牌信息的重要任务。同样,计算广告作为品牌智慧传播的手段,在品牌智慧传播精准投递产品信息、瞬时调整决策规划等方面提供了支持。

从驱动力来看,不同于传统广告以创意或媒介技术驱动广告活动的运营,计算广告以数据为基础、以算法为手段,实现了技术驱动品牌信息传播活动,跳出以往广告活动的感性因素,将广告活动提升为一种理性化的信息活动,借助AI智能的驱动,实现了品牌资源的最优化利用。计算广告的核心驱动力实质上是品牌智能传播的延展。宏观来看,大数据技术能够深度挖掘消费者的行为及消费信息,并对这些信息进行高效即时处理,以满足消费者的个性化需求;长远来看,品牌的人情温度与影响力会逐渐增强。

良好的品牌经济支撑为品牌探索更加深入的传播模式奠定基础,为企业的长远发展助力。

从目的来看,计算广告以高互动性、高融入性的方式精准投放广告产品,减少无效传播,受众不再将广告看作生硬推广的信息形式,而是逐渐将其视为能够解决其信息需求的产品或服务。此外,计算广告以原生广告、信息流广告的形式出现,将广告内容融入场景之中,降低了受众的抵触心理,实现了产品、品牌信息的送达,最终为品牌的高效、智慧传播服务。当今社会的信息化水平不断提高,人们对智能设备的依赖程度越来越高,受众的媒介素养也相应提高,这意味着品牌方要将传播资源向新媒介倾斜。对于社会中的广大消费者来说,大数据时代所造成的信息冗余现象十分严重,受众需要最有效的信息满足自身的信息需求,精准投放成为大势所趋。计算广告依靠算法,对消费者的相关数据进行分析,总结消费者的需求,确定消费者的消费能力,从而使对消费者用户画像的描绘更加精准,所分析的结果也更加客观,产出的结果更加有效。

从特征来看,计算广告所具有的实时优化、智能创造、互动匹配、效果可测等优点,能够服务于品牌智慧传播的方方面面,作为品牌智慧传播的一种形式,计算广告是品牌智慧传播的生动体现。大数据时代背景下,品牌智慧传播所体现的价值观发生了深刻的转变。其以用户为中心的特征不变,但对用户需求的深层次挖掘与刺激是品牌智慧传播的新特征:收集与社会大众消费行为有关的信息,并进行智能预测,从而预测消费者可能做出的消费行为。大数据所收集的相关信息,为广告产品进行精准的定位,满足特定受众的实际需求,降低受众对广告信息的反感,从而提升计算广告的实际效果。

(二) 计算广告是实现品牌智慧传播的基础与条件

1. 计算广告将品牌信息精准推送给用户,实现品牌信息的高效传递

技术在广告诞生之初就是广告发展的重要驱动力之一,但是直到如今的大数据时代,技术才被放到如此关键的位置。原先的广告产出流程中也有技术发挥作用,但是更多的是依靠创意等人工思维进行广告活动的运作,整个广告产业的聚焦点是创意、策划与媒介,技术一直处于附属的地位。而如今,在计算广告中,网络用户在网络中的各类行为,都会被大数据截取并进行非结构化分析,成为商家重要的信息资源。通过大数据的非结构化分析,人们对受众的归类告别了以往人口统计学的受众划分,而是将其贴上生动的"标签",将受众以个性特点归类。换言之,就是根据人口统计学的划分标准,如位置、年龄、性别等因素,挖掘用户的个性需求与行为习惯,并基于此形成用户独特的数据结构。对于品牌智慧传播而言,实现其目的的最重要的方式就是精准营销,将最合适的信息在最合适的时间、地点进行推送,最终满足用户的个性需求,形成深度沟通,这也是大数据时代计算广告的目的。在现实生活中,传统媒体和大部分企业都没能做到细分目标受众,其品牌所传递的信息并没能满足用户的真正需求,因此,品牌智慧传播中的信息精准送达,是品牌传播成功的关键。

2. 程序化创意实现需求动态匹配,使受众最大程度地接收品牌信息

随着科学技术的演进,品牌与受众之间的距离越来越近,越来越多的受众信息被大数据捕捉,形成数据与信息的积累,品牌方对受众的洞察越来越精准,同样对受众的划分越来越细致,可以说,品牌传播正在从大范围的粗放式传播业态,向集约式精准化传

播形式演进,并且已经取得了显著的效果。品牌智慧传播之所以能够实现与用户高效、即时互动,很大的原因在于程序化创意所节约的大量时间与带来的无限创意,实现了创意产品的规模化生产。常规的创意团队遵循着调研、创意、后期、甄选等一系列流程,围绕一个创意只能产生几个作品。这种创意生成方式不仅效率低,而且可能会由于创意质量的原因遭到用户的"冷落",不能满足大数据时代高效产出、高质输出的创意需求。而程序化创意基于各种广告要素排列组合,在 AI 智能的自动调整中,极短时间内能够产出成千上万的广告作品。此外,针对在不同平台的广告投放的不同要求,程序化创意可以结合平台广告规格等其他要求,裂变式地产出创意成品,不仅有效地摆脱了传统广告产品内容单一、思维枯竭的窘境,而且实现了原生广告跨媒体、跨平台传播的要求,大大提高了传播效率。

3. 传播效果实时监测,精准了解受众反馈,拓展了传播的业务流程

品牌智慧传播要想实现传播效果的实时监测,离不开人工智能技术的支撑。人工智能为品牌传播插上了智能的翅膀,它能实时感知、采集、监控经济过程中产生的大量数据,并通过机器学习和优秀算法实现智能分析和决策优化,从而使传统的大规模工业生产向智能生产和个性化定制转变。段淳林、杨恒在《数据、模型与决策:计算广告的发展与流变》中指出,基于算法的计算广告的效果分析从广告活动的后端前置,不仅能做到进行即时的广告效果数据反馈,而且能利用历史数据进行广告投放前的效果预测。即时的数据反馈使广告投放有了实时调整的能力,广告计划在不断优化中获得点击率与转发率的持续提升,进入下一轮广告活动中,形成完整的营销闭环,实现了广告产业链的自动化。例如,网易云音乐中的每日音乐推荐内容,就是基于用户的收听习惯,进行针对性分析,得出用户的音乐喜好,从而针对不同的听众推送他们喜爱的歌曲。传统的广告产品在投放后整体流程就已经结束,而互联网广告对广告的传播效果进行定量数据的收集,以期通过定量数据判断广告的传播效果,但并不支持即时的消费转化。其深层次原因在于受众在引起注意、激发兴趣、产生互动、购买行为的阶段中有较长的时间跨度,其品牌声誉提升、产品销量增加与广告效果的关系不易测量。在互联网环境中,消费者到达品牌互动界面的时间极短,只需要轻轻点击即可进入品牌的相应信息页面,这为大数据评判广告的传播效果提供了条件,实现了传播效果的实时监测,精准了解受众信息需求,拓展了品牌智慧传播的业务流程。

三、计算广告驱动品牌智慧传播的发展

2008 年,雅虎时任副总裁 Andrei Broder 提出了计算广告的概念,次年 11 月,Andrei Broder 在香港再次推广了他的概念。在提出概念的同时,Andrei Broder 提出了计算广告需要解决的核心问题:在特定场景的特定用户与合适的广告间找到最佳匹配(find the best match between a given user in a given context and a suitable advertisement)。通过以上内容,我们了解到计算广告实际上就是在解决智能匹配的问题。在大数据技术基础上,由于智能匹配的存在,计算广告才能区别于传统广告,最大限度地精准描绘用户画像,提升传播效果,从而为品牌智慧传播服务。

（一）算法是 AI 时代品牌智慧传播的基础

品牌传播作为一项信息传播与交互活动，在传受双方之间会产生大量的数据，海量、非结构化数据的整合和分析，对于人力来说是重大的挑战。而依靠算法进行数据的智能处理，使得短时间内对庞大信息进行结构化处理成为可能。算法在品牌智慧传播中的应用范围极广，它作用于品牌智慧传播的各个领域：从机器深度学习，到用户画像的描绘，再到信息的精准传播和受众行为的智能预测等。算法的应用，是品牌智慧传播全过程的技术支撑，它覆盖精准投放、程序化决策、效果反馈和实时监控的全过程。可以说，算法是品牌智慧传播的技术基础，没有算法，品牌智慧传播就无从谈起。算法在品牌智慧传播中的应用范围极广，在人群定向技术、程序化交易技术、个性化推荐技术中都发挥了极为重要的作用。

1. 人群定向技术

传统媒体时代，品牌方只能通过购买版面、时段等方式，对同质化的大众进行相同内容的品牌信息投放。而随着媒体的数字化发展，媒体或广告信息平台可以通过技术手段对受众进行拆分和聚类，为品牌传播者依照所划分的受众特征进行针对性的信息投放提供了技术支撑。这种技术算法通过对数据的特征进行精细化分析，运用聚类算法挖掘出具有相似行为特征和消费特征的人群，并为他们"贴"上标签，将合适的广告或品牌信息投放给他们，从而极大地降低广告投放的成本，提升广告投放的效果。具体而言，人群定向技术可以分为多种细分技术，例如性别定向、教育程度定向等，经过算法的复杂计算，将各类细分定向技术结合，分析每个个体的不同现实情况，再将每个个体进行受众聚类分析，针对性地投放品牌信息与广告内容。

近年来，随着大数据技术的飞速发展，基于用户过往数据的积累与分析，进行相关性分析的定向技术受到越来越多人的追捧。另外，手机定位技术和人群定向技术的结合也是十分热门的方向，这种技术能够精确定位人群，受到了商城、餐馆等中小型服务企业的青睐。

2. 程序化交易技术

由于定向广告与大范围的全媒体广告投放的深入发展，广告交易程序越来越复杂与多变，交易的实际步骤也越来越向机器自动交易倾斜。这种情况催生了能够进行自动、实时交易的程序化自动交易体系。一方面，程序化交易对算法提出了更高的要求，程序化自动交易体系需要搭建更高层次的交易平台，要求相关人员在广告、传播、效果监测、人员等管理方面有着更深层次的理解与把控，需要相应的实际能力与技术水平的支撑。另一方面，程序化交易使得广告的投放达到了以前无法比拟的精准程度。此外，程序化交易的全过程都是全自动、实时进行的，摆脱了人工的主观犹豫与路径依赖，使得决策更加客观，传播更加高效。

在各种各样的程序化交易技术中，实时竞价模式受到了品牌传播者的青睐，这种模式真正实现了品牌传播者购买每一个精准需求的愿望：当用户打开某一个程序，需求方平台就可以根据以往此用户的行为分析他对哪类产品广告感兴趣，随后便将最合适的产品广告展示在其面前。由此可见，算法在其中扮演了至关重要的角色，它改变了原有的平台与品牌主的关系，将广告产品直接纳入广告推送线之中，推动了整个广告行业向智能化、自动化的方向发展。

3. 个性化推荐技术

个性化推荐技术是品牌智慧传播实现精准营销的重要技术,它极大地压缩了广告与销售之间的距离,甚至在未来实现广告即销售的目标。与以上技术相似的是,个性化推荐技术同样是提供给用户个性化的信息,从而满足信息收取方的信息需求。这一技术帮助受众发现对自己有价值的信息,挖掘甚至激发受众对此类产品或服务的需求。它被应用于各类广告平台中,向用户推荐某件商品的基本信息,若想提升销量,就必须充分研究用户的历史行为与兴趣偏好,结合大数据的技术支持,广泛收集受众信息,形成自己的数据库,而这正是个性化推荐技术主要解决的问题。

(二)计算广告的智能匹配是实现品牌智慧传播的核心要素

与传统品牌传播活动不同的是,品牌智慧传播要实现品牌与个体的交流,就必须抛弃传统品牌传播活动满足大众或分众精神需求的模式,而使传播活动中所传递的品牌信息、理念精准触达每一个精神独立的个体。因此,智能匹配是品牌智慧传播需要解决的核心问题。

品牌传播者可以通过技术手段对用户流量及受众进行拆分,使针对性的品牌信息投放成为可能。这种做法是通过对用户行为数据进行聚类分析,挖掘用户之间的潜在联系,找出行为特征相似的人群并为他们"贴"上标签,在此基础上针对性地投放广告,从而在节省传播资源的同时,有效提升品牌传播效果。此外,品牌传播者还可以通过个性化推荐技术,实现品牌信息与受众的精准匹配。个性化推荐技术使品牌传播的信息最终成为一种产品或服务,这种产品或服务一方面满足了受众的信息需求,帮助受众了解自己的兴趣与价值所在,另一方面将品牌信息精准展现到已经对其感兴趣的用户面前,提升了传播效率。品牌智慧传播需要解决的问题是品牌与用户的深度沟通,这要求其必须充分研究受众的历史行为和兴趣偏好,最终实现用户需求的智能预测。

(三)计算广告效果智能实时监测是实现品牌智慧传播的关键

品牌智慧传播若想达成传播目标,就必须实现品牌传播效果的准确评估与测量。在大数据时代,AI 智能可对传播活动的方方面面进行实时监测,并依靠数据即时调整决策,传播效果的实时监测将第一手数据及时呈现在决策者面前,为其后续的决策调整提供数据支撑。此种决策流程能大大提高决策效率,受众的反馈在第一时间得到关注,有利于品牌与受众的深度沟通,促进受众对品牌的价值认同。由此可见,传播效果的智能、实时监测在其中发挥了重要作用:它所产生的实时反馈是决策调整的依据,整个决策调整活动根据实时反馈来进行。

随着深度学习(deep learning)在计算机视觉、语音识别和自然语言处理三大领域取得巨大成功,其在探索特征间高阶隐含信息的能力也被应用到了 CTR 预测中。例如,华为诺亚方舟实验室提出的典型的 DeepFM 算法是不需要人工的特征工程,通过深度神经网络(DNN)的强大非线性拟合能力,可以同时学习低阶和高阶的组合特征。为了捕捉用户的不同兴趣,阿里巴巴提出的深度兴趣网络(deep interest network, DIN),利用用户与某个广告相关的历史行为学习用户兴趣,并且用户兴趣所对应的表征向量会因广告的变化而变化。为了解决 DIN 无法获取用户兴趣动态变化信息的问题,阿里巴巴随后又提出了深度兴趣进化网络(deep interest evolution network, DIEN)。该网络密切关注了电商场景中兴趣演化的过程,其中的兴趣抽取层和兴趣进化层,不仅找到了用户的兴趣,而且抓住了用户兴趣的演变过程。随后技术人员可以利用循环神经网络(recurrent neural network,RNN)抓出变化的序列,从而达到更精准的CTR预估效果。不难看出,CTR算法的演变过程逐渐拟合到符合人类本身的认知高度。为了实现更好的用户体验,个性化推荐之后会达到一个前所未有的高度。

◇【案例】阿里妈妈＋百事可乐:"把乐带回家"

扫描二维码
查看案例详情

◇【案例】反家暴运动——LOOK AT ME

扫描二维码
查看案例详情

本章课后习题

1. 请简要概括 AI 大数据时代品牌智慧传播的内涵与特征。
2. 请结合品牌实例,谈谈计算广告与智慧传播之间的关系。
3. 请简要概括计算广告的定义,并谈谈计算广告与传统广告的主要区别。
4. 请结合书中案例"反家暴运动——LOOK AT ME",谈谈计算广告如何助力当代社会公益广告实现品效合一的有效传播。
5. 请列举几个书中案例之外的运用计算广告实现智慧传播的品牌传播案例,并简要分析。

第十章 人工智能与计算广告的前沿问题

技术作为影响广告运作流程变迁的重要因素,在加速回报定律的作用下,正在彰显着以指数级速度增长的力量。人工智能是模拟人类智能,实现机器智能的颠覆性技术,2017年我国《政府工作报告》和党的十九大报告都提要出加快人工智能的技术研发和产业应用。广告行业应用人工智能的技术探索始于2012年,2016年开始尝试商业化运用。2017年"双十一"期间,阿里智能实验室研发的"鲁班"系统制作并投放4亿张"千人千面"的海报,标志着人工智能已经开始重构广告运作的部分流程,并实现了商业化运作。人工智能广告是计算广告发展的新阶段,本章围绕人工智能应用下的广告定义变迁、广告流程重构和广告产业转型三个方面,探讨人工智能与计算广告的前沿问题。

一、人工智能应用下的广告定义的变迁

技术的迭代更新催生产业模式的变革与产业核心竞争力的转移。从行业发展角度来看,数字技术突飞猛进,数字化革命愈加深入,逐渐渗透和牵动整个广告行业,广告的运作方式也随媒介技术的革新而不断发展。随着智能化时代的来临,探究智能时代的广告定义,对丰富广告理论和指导广告实践,具有重要的时代意义。

(一)技术逻辑驱动下广告定义的演变

互联网媒体和社交媒体爆炸式增长,使得广告代理公司的行业格局天翻地覆,彻底改变了大众媒体黄金时期奠定的行业通则。本部分内容以传统媒体技术阶段和网络媒体技术阶段为分界,分析广告定义的演变,为研究人工智能技术下的广告定义奠定基础。

1. 传统媒体技术下的广告定义

现代广告诞生于工业时期的传统媒体,大众传播以消除生产者和消费者之间的信息不对称为目的,广告作为其主要手段以专业化的形式登上历史舞台。梳理1960年美国市场营销学会(AMA)对广告的解释,直至2002年理查兹(Richards)和库伦(Curran)对广告的定义,可以发现,传统媒体技术时期经典广告的定义是由确认的赞助者,通过大众媒介来劝服和影响受众的非人际传播活动。这个阶段广告定义的要素是确认的来源、付费、大众媒体、非人际传播、说服、产品和服务。

2. 网络媒体技术下的广告定义

互联网技术在20世纪末和21世纪初实现了高速发展,搜索引擎以及新媒体的出现已不再局限于大众媒介的定义范围。数字时代广告的传播手段和传播环境发生了巨大变化。陈刚教授引入了"生活者"的概念,提出广告是由一个可确定的来源,通过生产和发布有沟通力的内容,与生活者进行交流互动,意图使生活者发生认知、情感和行为改变的传播活动。① 2016年,美国广告学会主办的期刊《广告学刊》(Journal of Advertising)发起了关于广告学未来定义的专题讨论。这场讨论使"品牌发起"这一理念被更多的人接受,同时媒体与品牌相关的传播效应得到了人们的关注,人们倡导减少对于大众媒体的依赖,强调媒体形式的多元化,重点关注品牌影响力以及消费者对于品牌的反应。学者顾明毅、姜智彬、李海容总结行业发展趋势,于2018年提出了广告新定义——品牌主动介入用户媒介行为,或品牌相关的用户媒介行为,意图产生联结与互动。② 在这个定义中,用户媒介行为成为广告的中心,品牌主动介入用户的媒介行为,从用户的角度出发,注重用户的品牌反应。这个阶段广告定义的要素包括以下三个方面。

第一,用户媒介行为,而不是媒体组织,成为定义的中心。这个定义以用户为中心,而不是以传播者为中心。用户媒介行为基于用户媒介化生活的行为习惯和需求场景。而"媒体"字眼从定义中退出,意味着充分容纳付费媒体(paid media)、自有媒体(owned media)和赢得媒体(earned media)的空间与价值,传统媒体已经成为背景性内容,无需特定提出;"付费"字眼也让出了核心位置,自有媒体和赢得媒体在社交媒体时代已经获得充分关注。

第二,全程从用户角度出发,而不是从品牌角度出发。从消费者和用户角度看,用户生成内容(UGC)、口碑传播、评论已经构成品牌传播效果声量。因此无需"可识别的来源","品牌相关"即可构成对用户的广告效应。意见领袖(KOL)和用户自我表达时产生"品牌相关"的溢出效应也是广告。品牌主期望获取媒体曝光的广告效应,因为这意味着行业承认。品牌主并不总处于主动发起的位置,"品牌相关"即是被动状态下的多方发起。品牌主如果发现"品牌相关",可以"坐享其成",也可以追加介入,如后端付费、礼品赞助和品牌再植入等。

第三,用户的品牌反应,指的是广告说服这种单向效果的比例显著下降,而用户主动媒体行为与互动媒体行为成为主流,包括用户主动的品牌发起与搜索、用户社交品牌评议、用户媒体行为涉及品牌等。品牌只有贴近用户媒体行为渠道,参与用户媒体自组织的联结与互动,才能生成用户参与创造的丰富的品牌效应。与之对应,品牌的媒体投入至少出现三种不同的新形式:品牌的自有媒体建设积极响应用户主动的品牌发起与搜索;品牌的赢得媒体源自用户社交媒体评论;品牌介入用户社交媒体行为交互。

(二)人工智能媒体技术下的广告定义

"人工智能"一词由计算机专家约翰·麦卡锡于1956年在达特茅斯会议上提出,是人工智能正式诞生的标志。图灵测试为人工智能的产生奠定了理论基础,计算机和互

---

① 陈刚,沈虹,马澈,等.创意传播管理:数字时代的营销革命[M].北京:机械工业出版社,2012.
② 顾明毅,姜智彬,李海荣.百年广告定义研究辨析[J].现代传播,2018,40(4):122-129.

联网的产生则为人工智能的产生和发展提供了物质基础。

1. 人工智能的发展阶段

人工智能的发展可以分为三个阶段。第一阶段是 1956 年至 1979 年。约翰·麦卡锡在达特茅斯会议上提出"人工智能"的概念,标志着 AI 的诞生。随后 1957 年罗森布拉特(F. Rosenblatt)设计制作了"感知机",它是一种多层的神经网络,把人工神经网络从理论研究转移到了现实应用。纽厄尔和西蒙则开发了第一个可以工作的人工智能程序——Logic Theorist,并且计算机也应用于数学和自然语言领域,人工智能由此进入第一个发展高潮。但由于数据量不足和计算机性能不足等原因,人工智能无法得到很好的应用,导致其前景被看衰。

第二阶段是 1980 年至 1999 年。1980 年,卡内基梅隆大学设计了 XCON 专家系统,该系统每年为公司节省 4000 万美元的费用。此外,1997 年,IBM 公司的超级计算机深蓝(Deep Blue)战胜了国际象棋冠军,人工智能产业再次得到社会关注。但是,随着人工智能计算机 DARPA 的失败,政府缩减人工智能投入预算,人工智能产业的发展再次跌入谷底。

第三阶段是 2000 年至今。大数据技术的发展以及计算机性能的提升克服了人工智能前期遇到的困难,并推动了深度学习的发展。2006 年,Hinton 在神经网络的深度学习领域取得突破。随后 DNN 和 CNN 也在语音和图像识别上获得了突破,尤其是 2016 年 Deepmind 团队的 AlphaGo 运用深度学习算法战胜了围棋冠军,使得人工智能重新得到关注,并且各国都积极推动人工智能的研究与发展。

2. 人工智能的分类与应用

人工智能可以分为三类:弱人工智能、强人工智能和超人工智能。弱人工智能和强人工智能由哲学家塞尔于 20 世纪 80 年代提出。弱人工智能指的是通过技术手段模拟人或动物的智能,其目的是解决特定领域的问题,本身不具有真正的智能或自主意识。强人工智能与人类心灵等同,具有在各方面都能与人类比肩的能力,能够进行思考、计划、解决问题、抽象思维、理解复杂理念、快速学习和从经验中学习等各种类人操作,与人类能力已无差别,甚至还能超过人类。牛津哲学家、知名人工智能思想家 Nick Bostrom 认为超人工智能指的是其在几乎所有领域都比人类聪明,包括科学、创新、通识和社交技能等。

目前人工智能主要应用于模式识别、专家系统、机器翻译、智能控制、深度学习五个主要领域。模式识别主要包含文字图像识别和语音识别;专家系统是一种智能计算机程序系统,能够利用人类专家的知识和解决问题的方法来处理该领域的问题;机器翻译是利用计算机将一种自然语言(源语言)转换为另一种自然语言(目标语言)的过程;智能控制则是驱动智能机器自主地实现其目标的过程,是由美籍华裔科学家傅京孙于 1965 年首先提出;深度学习源自对人工神经网络的研究,是实现人工智能的必经路径,由 Hinton 等人于 2006 年提出,目标是让机器能够像人一样具有分析学习能力,能够识别文字、图像和声音等数据。

3. 人工智能广告的定义

人工智能技术应用于广告运作的消费者洞察、广告创作、广告投放和广告效果调查等环节,对广告运作流程和广告产业结构产生了深远的影响。人工智能时代的广告运作侧重于广告发起的基础而不是广告来源,侧重于技术工具的运用而不是广告传播渠道。探究智能广告的定义,仍然要考虑其传播的目的与性质。人工智能广告的定义是:人工智能广告是以数据驱动为基础,利用人工智能技术实现广告内容的耦合生产、精准投放与互动反馈,从而满足消费者个性化生活信息需求的品牌传播活动。

(三) 人工智能广告定义的要素分析

人工智能广告定义的要素可以从技术基础、实现工具、最终目的和本质属性四个层面进行分析。

1. 人工智能广告的技术基础

人工智能广告的技术基础是大数据。大数据是在获取、存储、管理、分析方面远远超出了传统数据库软件工具能力范围的数据集合,具有规模海量、流转快速、类型多样以及价值密度低等特征。大数据时代的到来,正在驱动广告行业发生颠覆性变革。用户在线的媒介使用被数字化为多元异构的数据流,用户的数据特征被细化为不同类别的用户标签,进而构成了用户数字画像的基础。媒体接收用户的在线访问请求,数据开始逆向流动,广告发布者对用户的访问请求做出响应,在形成广告信息流的同时,广告营销人员以及 DSP 优化师还会针对投放效果及时调整投放策略。这种用户需求的反向传递使信息分发有了更加明确的指向性,能够实现消费者类别的精准定位、消费者需求的精准预判、广告内容的精准投放以及效果反馈的精准应对。依靠数据建模技术,人工智能广告在不断更新消费者行为轨迹分析的同时,还会尝试不同的推送组合,持续优化市场应对策略。数据驱动下的程序化广告不但解决了数据难以规模化的问题,更突破了传统广告投放的广撒网模式,兼顾"精准触达"与"广而告之"。

2. 人工智能广告的实现工具

人工智能广告的实现工具是人工智能技术。人工智能技术是在无生命体或类生命体上实现人类智力的技术体系。随着人工智能技术体系在广告领域的应用,广告的智能化程度不断加强。

第一,基于智能生成技术实现广告内容创作的人机耦合。在广告内容创作环节,依靠人力完成创意构想和创意输出的传统模式,在应对需求大量、更迭迅速且品类繁多的互联网广告市场时具有明显的劣势。电商平台凭借资金和经验优势,在广告内容智能创作方面率先取得了突破。京东 AI 研究院研发的"莎士比亚"人工智能文案生成系统,能根据用户输入的关键词进行自动扩展,筛选出最优的候选词序列方案和自适应学习方案,利用大量的数据训练 seq2seq 模型,通过不断优化和迭代,完成模型构建和升级,之后利用智能生成技术进行大规模个性化广告内容创作。同时,研究人员在前期对算法进行调试,在中期对模型进行修正,在后期对输出结果进行合法性筛查,将人与机器的优势相结合,贯穿于内容生成的全流程,充分挖掘和发挥了 AI 的价值与优势。

第二,基于特征建模技术实现广告内容的精准投放。人工智能广告的精准投放以用户访问需求为运作起点,以消费者数字画像为投放依据,在准确识别消费者数字生活场景的基础上,将广告内容在最合适的时间以最合适的方式推送给消费者,实现了从基于媒介的投放转变为基于人的投放。在构建消费者数字画像、提高 CTR 预判准确性的基础上,利用聚类分析和关联分析等算法,基于特征建模技术在无监督状态下归纳出区别于传统观念的人群划分标准,并分析这些新类别之间存在的关联,从多个视角对不同的消费者市场截面进行剖析,使广告投放更加精准有效,同时兼顾消费者的个性化需求,从而达到"千人千面"的传播效果。

第三,基于深度学习技术建立双向互动的反馈机制。人工智能广告在与消费者进行互动反馈时,利用神经网络和深度学习等机器学习技术,对多源(PC端、移动端、视频设备等不同来源)异构(图像、声音、文字、数字等不同表达形式)的消费者实时反馈数据进行抽取与融合,并根据不同的指标(流量指标、互动指标、转化指标等)对反馈效果进行实时评估,更新和优化数据模型。相对于先投放后反馈的传统模式,人工智能广告的互动反馈应用于实际运作的全过程,与消费者洞察、内容创作、精准投放紧密结合并相辅相成,极大地促进了全链路运行效率的提升。

3. 人工智能广告的最终目的

人工智能广告的最终目的是促进品牌与消费者之间的价值共创。在信息技术进步以及潮流、娱乐等众多因素的共同作用下,消费者的信息需求越来越个性化。在消费者个性化需求洞察和满足方面,机器学习技术正在取得突破。机器学习分为有监督学习、无监督学习以及强化学习三种类型。有监督学习是指利用决策树、随机森林以及支持向量机等方法,观察和分析用户的行为属性,对用户的消费做出可能性预判;无监督学习能够发现更多的群体类别,利用神经网络技术学习用户的行为模式,将数据模型化,将模型人格化;强化学习可以不断掌握用户的个性特征。在准确预判消费者个性化需求的基础上,人工智能广告能够推送基于消费者个性的定制内容,从而促进品牌与消费者之间的价值共创。这是智能广告的目的,更是智能广告的初衷。

4. 人工智能广告的本质属性

人工智能广告的本质属性是品牌传播。品牌传播是连接品牌与消费者的桥梁,品牌信息在传播中得以沟通,品牌资产、品牌忠诚、品牌认同等在传播中得以实现。智能广告是技术驱动下的品牌传播,能够推动品牌传播迈向精准化、差异化和体验化。洞察层面的数字化将市场细分能力提升到新高度,智能技术的应用进一步拉近品牌与用户之间的时空距离,削弱信息传递的介质干扰,建立一种无论在消费层面还是情感层面都具有超越性的"强连接"。在精确传递品牌意图的同时,贯穿于广告智能运作的效果监测和互动反馈能够实现沟通效果的可视化,使品牌传播可控、可调、可衡量。程序化、智能化的运作机制极大地突破了传统模式下的媒介成本限制,为小微品牌提供了传播平台,为消费市场带来了更多的可能性。

二、人工智能应用下的广告流程重构

人工智能驱动的广告创作和智能投放是近几年出现的新的广告运作方式,智能技术解决了海量广告创作的人力成本和时效问题,也为广告智能投放提供了技术支撑。人工智能重构广告运作流程是现实也是趋势,这种重构深入消费者洞察、广告内容创作、广告投放与广告应对等环节并深刻地改写其运作逻辑。随着智能技术的日益成熟和加快应用,亟需探讨人工智能在广告运作流程中的具体应用领域及其带来的巨大变化。

传统的广告运作流程,一般表现为广告调查、广告市场分析、广告策略、广告创意制作、广告媒体组合、广告媒体投放、广告效果分析和广告反馈应对等环节。人工智能技术的运用,重构了传统广告的运作流程:社会网络技术将广告调查和广告市场分析重构成消费者智能洞察环节,自然语言处理技术将广告策略和广告表现重构成广告智能创作环节,深度学习技术将广告媒体组合和广告发布重构成广告智能投放环节,机器学习技术将广告效果和广告反馈重构成广告智能应对环节。

人工智能对广告运作流程的重构,在形式上是系统性重构,在内涵上是颠覆性重构。人工智能从形式上解构了传统广告运作流程,形成消费者智能洞察、广告智能创作、广告智能投放和广告智能应对的新型流程;在内涵上,人工智能构建了基于消费者全景画像的大规模个性化广告创作、全覆盖精准化广告投放和主动型策略化广告应对的新型算法模型。

(一)消费者智能洞察

消费者智能洞察,指的是利用社会网络分析技术,挖掘多端异构的消费者市场大数据,构建数字化的消费者生活方式衡量体系,进行消费者数字画像,从而智能化地分析并预测消费者真实准确的消费需求。

人工智能技术有助于深入挖掘消费者的网络生活方式、行为轨迹、个性特征等信息,廓清多源海量数据环境中消费者行为分析的脉络,分析消费者对不同数字触点的标签价值,构建多端数据来源环境下消费者的社会网络,采用社会网络深度分析技术构建基于多端数据挖掘的消费者洞察方法,建立广告目标、广告产品和消费者数据的匹配模型,清晰锁定个体目标消费者。

(二)广告智能创作

广告智能创作,指的是针对精准的消费者画像,通过自然语言处理和深度学习等技术,根据用户需求对文字、图形等创意元素进行智能创意组合,制作"千人千面"乃至"一人千面"的个性化广告。

人工智能技术通过目标语义提取和关联分析、基于内容的跨媒体分析和检索、观点和情感挖掘等关键技术提炼广告内容智能创作的算法逻辑。人工智能技术结合产品情况和消费者洞察结果,采用自然语言分析技术比较不同广告策略的效果,进而提炼出有效的广告策略;探索语义深度理解和消费者实时互动情景下广告创意的能力扩散效应,根据广告创意和用户互动触点匹配模型进行广告创意;凝练归纳个性化广告内容智能创作算法,制作可供分类使用的大规模广告内容。

(三)广告智能投放

广告智能投放,指的是对照数字化的消费者生活方式衡量体系,准确识别消费者的生活场景,运用程序化投放工具优化广告投放媒体组合,将个性化广告内容进行直达用户的广告投放。

人工智能技术可以整合消费者的购买行为、网络足迹、App 数据、地理信息等大数据,采用神经网络和深度学习方法,研发消费者行为渠道指标系统。通过跟踪消费者主动行为模式的智能推理运算,测量媒介投放效果。通过研究内容语义型媒介、消费者使用型媒介和购买转化型媒介的不同组合,对广告投放触点进行算法模拟,同时依据实时动态调整的消费者反馈数据,更新并重构广告投放媒介的关键指标体系,生成新的消费者参与互动、"千人千面"的广告智能投放策略。

(四)广告智能应对

广告智能应对,指的是通过广告投放实时监测相应的广告效果数据,获得准确和及时的广告反馈,并借助机器学习技术,根据不同的反馈主动做出相应的实时应对,及时优化广告效果。

人工智能技术可以根据多源(来自PC、移动端、视频设备等不同来源)异构(图像、声音、文字、数字等不同表达形式)的消费者实时反馈数据,采用机器学习方法(层次聚类、神经网络、主成分分析等方法)抽取并融合数据特征;结合行业经验和相关文献分析,采取综合指标体系测评广告投放效果,并精炼消费者个性化应对策略的规则表达;最后,采用强化学习和知识图谱方法,根据抽取的消费者反馈的数据特征,智能选择消费者个性化主动应对策略。

三、人工智能应用下的广告产业转型

随着互联网技术、大数据技术、人工智能技术的赋能,智能技术的应用成为广告产业转型的重要动因,广告产业正向智能化的方向转型。如何实现广告产业的智能化转型成为当前学界和业界关注的前沿问题。笔者从压力、状态和回应三个维度分析广告产业的智能化转型。

(一)广告产业智能化转型的压力分析

压力是产业转型的诱因,产业环境的变化、产业组织的竞争力下降等都是促使产业走向转型升级的根本因素。广告产业智能化转型的压力主要指智能技术所引发的一系列变革压力,具体表现为技术驱动、媒介升级和市场需求转变。

1. 技术驱动

技术的创新和演变是推动产业发展的主要驱动力。随着中国社会由"互联网+"时代转向"人工智能+"时代,医疗、交通、教育等产业都成为人工智能技术应用的重要场景。广告产业也不例外。能自动生成创意的阿里"鹿班"系统、京东"莎士比亚"系统以及占广告支出总额过半的程序化购买广告,都离不开智能技术的驱动。这种驱动包含四个环节。第一,消费者洞察环节。传统广告大多以品牌主为出发点,强调品牌主的控制性与强迫性,消费者只是被动接受的同一化个体。但人工智能技术赋能后,消费者变成具有能动性和差异性的主导个体。基于数据挖掘、机器学习等技术对消费者画像进行全面分析,可以明确消费者对于广告的真实需求。第二,广告创意制作环节。以往的广告创意制作全靠广告从业人员的"头脑风暴"。现在,基于自然语言处理、图像识别等技术，智能机器可以实现创意模板化自动拼接、创意词包扩展等功能。第三，广告精准投放环节。过去依赖于人工排期的大规模投放已经不适用于当下媒体资源多样化、碎片化的场景。当下依靠程序化购买中的智能竞价、自动投放，可以实现对品牌主预算、广告平台媒介双方资源的最大化利用。第四，广告效果监测环节。传统广告效果的监测方式主要是事后采访、问卷调查等小范围的表层态度调查，难以明确用户后续行为，难以量化转化效果，更无法同步进行优化。而当下通过cookie、用户网页日志、眼动仪、热力图等能够轻松了解广告转化率、广告可见性，追踪用户后续点击、购买等行为，并针对监测结果进行创意、出价等实时优化行为。

2. 媒介升级

如果说技术是广告产业转型的主要驱动力，媒介升级则是广告产业转型的充分条件。因为媒介是广告信息传播内容的载体，所以媒介升级会引发广告产业的转型。首先，在传统媒体时代，广告展示形式单一，仅限于文字、图片、视频的制作。过去以4A公司为主的广告产业和大品牌主强调创意为王，大多进行大规模、同一化的大众传播媒体投放，因此广告产业运作以创意制作为主，具有预算多且集中、周期较长的特点。其次，进入互联网时代以后，基于PC端的数字展示广告开始出现，规模化、周期长的广告运作已经不能满足激增的流量资源和消费者群体。尤其当下的移动互联网时代，社会化媒体广告备受品牌主青睐，因此广告产业运作更重视消费者互动、依靠购买个性化的目标群体进行差异化投放。最后，随着数据传输高速率、低延迟的5G技术的应用，万物互联的智能时代成为可能，家居用品、智能穿戴设备等都将成为广告投放终端，大数据传输也为广告富媒体的多元展现方式提供了更多的可能。媒介不断交互融合发展，愈发多样化的媒介形式带给广告更多的展示位置资源，广告表现形态愈发丰富，广告产业的运作也势必随着媒介的升级而进一步转型。

3. 市场需求转变

市场需求的转变是广告产业转型的根本原因。广告作为品牌主与消费者沟通的桥梁，其目的是将消费者的注意力引流给品牌主。因此，市场环境、品牌主和消费者需求转变对于广告产业智能化转型的影响尤为重要。

首先是广告产业市场大环境的改变。根据CTR媒介智讯发布的《2019上半年中国广告市场回顾》，2019年上半年中国广告市场整体下滑8.8%，传统媒体广告预算下滑尤其严重，电视和广播媒体花费分别同比下滑12.4%和9.7%。正如前文提到的，媒介的升级已导致广告投放媒介选择的转向，也必然会导致广告产业转型。其次是广告主需求的转变。数据显示，2019年，只有33%的广告主计划增加预算，达十年内新低，品牌主预算整体下降。在此情况下，品牌主在数字广告上的投入远高于传统广告。相较于难以测量的品牌广告，更多品牌主注重投资回报率，愈发倾向"看得见"的效果广告，这给低迷的广告产业转型指明了方向。例如，程序化购买的平台能够清晰地看到消耗成本、TA浓度、转化率等关键指标，以确保品牌主明确了解广告预算的去处。再次是消费者态度的转变。这也是促进广告产业转型的重要因素。2019年底，我国手机网民规模达到6.2亿，大部分消费者的注意力正快速转向移动智能设备，手机从最开始的基本通信工具，逐步转变为集信息流、游戏、支付、交通为一体的融合终端。消费者的注意力随着手机App的丰富逐渐碎片化，广告展示方式的增多也让消费者对于广告大多持排斥态度。以上广告市场需求的转变，促使广告产业转型。投放广告需在极短时间内以原生化、精准化的方式触达消费者，并以可量化、高效化的方式告知品牌主广告效果。

（二）广告产业智能化转型的状态分析

状态分析是对广告产业智能化转型的现状进行分析，只有认清当下的优劣势，才有下一步的转型方向。在技术驱动、媒介升级和市场需求转变的压力之下，广告产业已经初步进入智能化转型阶段，呈现产业价值链长尾发展态势，同时遇到了产业组织服务同质化严重、产业安全漏洞有待改善、产业创新型人才缺乏等问题。

1. 智能广告产业价值链长尾发展

传统广告产业价值链以品牌主、广告代理、媒体平台为主，而随着智能化转型的推进，越来越多的技术公司、互联网公司、数据分析公司进入广告产业链中，广告代理制受到冲击，广告主体边界扩充，智能广告产业价值链呈现长尾发展的态势。一系列以智能技术、大数据管理技术为主的新兴创业公司进入广告产业链，例如秒针系统、AdMaster、热云数据等监测分析公司，智子云、TalkingData 等数据管理型公司，悠易互通、品友互动等全领域智能营销的程序化广告采购公司。不少大型互联网公司、媒介平台也纷纷开设智能广告部门，如字节跳动商业化部门主营巨量引擎广告投放平台，腾讯推出广点通程序化广告购买平台，广告由原先单一的促销目的，转变成为公司商业化发展的重要环节。智能广告产业链向前拓展到消费者洞察、市场环境分析环节，向后拓展到效果优化、数据存储管理、算法技术支持等环节。因此，广告产业逐渐由原来的知识密集、创意密集向技术密集转型。

2. 智能广告产业组织服务同质化严重

由于智能技术的赋能，广告产业链纵向延长，提供广告服务的公司日益增多，产业边界日益模糊。这就导致当下广告市场上所能提供的服务内容日渐趋同，广告产业内部同质化严重。市场竞争仍然存在关系、手段、回扣提成等低层级手段，许多公司缺乏专属核心竞争力。传统广告公司为适应广告市场环境的变化，必然走向智能化转型，但由于面临传统观念变革、内部组织架构重组等难题，尤其是技术难题，难以短时间内凝聚差异化的核心力量以提供高质量的广告服务。而小型地方广告公司、初创公司进入智能广告产业，由于资金难题、媒体资源难题，也难以与大型广告公司、媒介平台竞争，客户资源、经验能力的匮乏导致其只能提供简单的代理服务和较低水平、小规模的广告制作服务等。而新兴广告技术公司虽然声称拥有独家智能广告技术，但大多只是算法的细微差异，或基础数据资源的不同，在提供智能广告服务过程中，并没有形成差异化竞争。

3. 智能广告产业安全漏洞有待改善

虽然人工智能技术发展迅猛，各个领域也都应用人工智能技术对现有产业环节进行改造，但是由于广告产业正处于智能化转型的初级阶段，智能技术应用仍然存在着很多安全漏洞。

第一，消费者智能洞察中的隐私侵犯问题。智能化广告以全方位的消费者数据为出发点，消费者画像的智能描绘在很大程度上提升了广告的精准度及转化率。但是这一系列基于消费者人口属性、网络使用行为等的数据带来的隐私侵犯问题同样严重。很多企业和机构通过非法获取并交易消费者个人信息、偏好习惯数据来获得高额的利润。近两年,多款 App 因过度收集用户个人信息、未经用户同意收集使用用户个人信息等问题被中国互联网协会点名批评。

第二,广告创意智能制作中的算法偏见问题。由于广告投放需求的急速增长,仅靠人力"头脑风暴"制作广告已经不能满足品牌主的要求。智能创意制作基于海量的用户和商品数据,通过机器学习和自然语言处理等算法,针对消费者个体生成个性化内容。但是算法依旧是人类创造的工具,样本数据是人类提供的,程序代码是人类编写的。因此无论是样本资料的深度学习,还是生成算法的程序结构,大都会带着人类的偏见(如企业机构的利益和权力关系),从而呈现人为设置的特定内容。并且,当下业界对于创意的智能化创作也还处于初级模板化阶段,并未实现全自动化和智能化。

第三,智能广告投放中的品牌安全问题。基于算法自动进行广告位选择的投放机制,节约了广告投放中的人力资源成本,提高了投放效率。但是由于存在技术黑箱,品牌主进行投放的时候存在因缺乏管理而造成的品牌安全问题。不恰当的投放位置、投放时间易造成品牌主声誉受损,甚至触犯广告法律。

第四,广告效果监测中的虚假呈现问题。智能技术的应用给广告流量造假提供了巨大的空间,如利用机器人点击等制造虚假数据,来满足广告主预期目标,以及为消耗品牌主的广告费用,进行虚假竞价以抬升广告位费用等,类似作弊现象对于品牌主信任度以及整个智能广告产业生态产生了不良影响。

4. 智能广告产业创新型人力资源短缺

人力资源是产业发展的根本性资源,长时间以来,传统广告产业一直以文字、创意为中心。无论是广告公司,还是品牌主的广告从业人员,大多为文科背景。而面对人工智能在广告产业的全方位应用,人力资源的需求也有所转变,因此广告产业智能化转型过程中出现了基础职能转型、技术人才缺乏的现象。首先,传统的广告岗位数量下降,职能发生转变。基础文案创作、图片设计等简单性、重复性工作已能被智能广告机器人取代,但是创意方向的岗位对于综合性、高水平的创新型人才需求量增大。传统的广告排期、客户对接等工作岗位进一步向集媒介策略、优化分析的整合型方向转变。其次,新兴技术岗位需求增多。在广告产业智能化转型的过程中,技术人员需求量急剧增加,兼具技术知识和广告知识的综合型人才更为缺乏。计算机专业的程序开发、基础架构人员,数学、统计专业的数据分析人员、数据管理人员、监测审核人员等都成为重要的创新型人才。

(三)广告产业智能化转型的回应分析

回应是指针对当下广告产业智能化转型的优劣势,广告相关主体必须在产业技术、产业数据、产业生态以及产业治理等方面采取不同的响应策略,以确保广告产业跟上人工智能时代的步伐,从而构建良性循环的广告产业环境。

1. 智能广告产业技术优化

第一,战略合作打破技术鸿沟。技术是广告产业转型的主要驱动力,也是广告产业智能化转型的基本工具。因此要应对广告产业的智能化转型,首先应完善相关技术在广告产业的应用。一方面，需要打破智能广告产业内部公司之间的技术鸿沟。智能广告产业所覆盖的公司范围广泛，其对于技术的应用情况参差不齐，大小型公司之间存在明显的技术鸿沟。大型公司可通过与其他公司开展战略合作的方式扩充服务覆盖面，了解多样化的技术，而小型公司则可以通过互相合作，建立智能广告产业园区来保证技术资源的互相配合。另一方面，需要打破技术能力与实际产品之间的鸿沟。人工智能技术在广告产业的很多应用停留在试验阶段，要真正应用于广告市场，还有很多因素的干扰，如法律限制、资金问题、消费者的接受度等。因此要推动智能技术在广告产业的广泛应用，应从法律、市场、消费者等多方全面入手，认清人工智能的真正价值所在，并为其制订相应的运作规定。

第二，人机协同优化技术伦理。中国目前处于智能广告产业的初级阶段，技术应用尚未成熟，相关智能广告技术公司、数据公司在应用算法、用户数据等方面或多或少存在算法偏见、隐私侵犯、广告欺诈等行为。为保证人工智能技术在广告产业应用的基本信誉度，应进一步加强人机协同操作，优化技术伦理的相关问题。例如，在广告洞察阶段，应采用基于"生活方式推荐"进行全方位推荐的算法；在广告创意制作阶段，应加强"广告人"的作用，弥补人工智能缺乏创造力、想象力的缺陷；在广告投放阶段，应改进实时竞价的方式，加入反作弊识别程序，保证广告投放内容、形式、平台的安全性等。

2. 智能广告产业数据优化

第一，5G技术打破数据壁垒。数据是广告产业智能化转型的基础。但是现在广告产业中各平台、各公司之间的数据壁垒较为严重。为实现数据互通，智能广告产业内各个公司应加强开放平台的建设，共建数据管理分析平台，通过数据共享实现品牌主、平台方、消费者的多方共赢。尤其当下5G技术的应用，为大数据的传输、线上线下跨屏识别、智能万物互联互通提供了基本保障，也为真正实现"千人千面"的广告创意形式、实时竞价的数据处理，以及更全面的场景体验营销提供了数据传输速度的保证。

第二，区块链加强数据安全。数据安全是消费者、品牌主最关心的问题之一，数据治理过程既包括存量数据的整理，也包括增量数据的管理。要对原有数据实现规范管理，同时做到对新增数据的获取行不逾矩。区块链的去中心化和加密措施能够很好地保证用户和品牌主的数据安全，实现数据脱敏和数据加密，减少数据泄密和隐私侵犯等情况的发生。

3. 智能广告产业生态优化

第一，完善产业整体结构，打造核心竞争力。产业生态是整个广告产业智能化转型的大环境，构建良好的产业生态可以为广告产业的智能化转型提供更好、更快发展的土壤。面对智能化转型，传统的广告公司、媒介平台应迅速更新原有的组织部门架构，改变传统广告的营销观念，利用长时间积累的运作经验和媒体资源，积极向以智能广告为中心的数据型、技术型企业转型。而初创公司在跟随智能化浪潮创业的时候，应在保证提供基础广告服务的同时，强化自身核心竞争力。例如，智能广告数据公司加强数据管理与分析能力，实现实时监测、实时优化；智能广告技术公司强化运作流程的基础架构，基于云技术给更多的中小公司提供技术支持；智能广告创意公司在应用人工智能技术对创意制作进行优化的同时，应重视广告创意人员的想象力和策划输出能力。

第二，优化产业组织人才结构，培养综合型人才。人才是广告产业运作的最基本单位,也是广告公司最核心的资源之一。由于广告学科的文科性质,在智能化转型时难免遇到新兴技术人才缺乏、传统从业人员适应难度大等问题。为解决这些难题,一方面,各大高校的广告专业应意识到培养"广告＋技术"综合型人才的重要性,强化跨学科培养,与计算机、数学、统计学等学科进行联合培养,确保为智能广告产业提供符合需要的人力资源。同时,高校也应强化"学界＋业界"的交流互动,引入智能广告的业界人士进校讲学,讲解优秀案例,进行模拟项目操作。另一方面,广告产业应优化内部人才结构,在引进技术人员的同时,注重传统人才的转型培养,进行"新兴技术人员＋传统广告从业者"的合作工作模式,提供智能广告相关的培训课程,优化智能广告产业组织内部的人才结构。

4. 智能广告产业治理优化

第一,加强智能广告法律法规建设。产业治理是广告产业智能化转型成功的顶层保证。有效的产业治理将为智能广告产业的运作起到有益的指导作用。智能广告产业是新兴的产业,为保证产业生态的良好运行,亟需更新智能广告相关法律法规。原有《广告法》《互联网广告管理暂行办法》未对人工智能广告做出明确规定。相关政府机构应加强有关人工智能技术伦理、数据安全治理、消费者隐私保护等方面的法律法规建设,维护品牌主、消费者的根本利益。同时,随着智能技术的应用,智能广告产业的实时性、海量性对于广告审核监管力度的要求进一步提高,智能广告产业需要更为精准、高效、有利的监管手段来进行实时监测、审核、管理,以确保品牌安全和消费者利益不受威胁。

第二,强化智能广告产业内部自律。所谓"没有规矩,不成方圆",虽然智能广告是广告产业的新生形态,但同样需要建立明确的行业运行规范。智能广告的多元主体,包括品牌方、广告媒体以及广告代理商,应该主动承担维护智能广告行业秩序的责任,加强行业自律,自觉遵守相关法律法规和道德准则。广告公司应建立明确的规章制度、工作规范条例,进行相关从业人员的培训。尤其大型广告公司和媒体平台应发挥领头人作用,带头打击欺诈广告、虚假流量等作弊行为,形成智能广告产业的良性竞争,确保智能广告产业有序健康地发展。

◇【案例】京东发布智能内容创作平台

二维码
扫描二维码
查看案例详情

本章课后习题

1. 网络媒体技术下的广告定义及其要素是什么?
2. 人工智能广告的定义及其要素是什么?
3. 人工智能重构下的广告流程及其内涵是什么?
4. 从回应维度分析广告产业的智能化转型。

第十一章 计算广告的伦理与法律规范

一、计算广告的伦理

计算广告因其精准化、定制化的优势特点,有利于广告主和从业者提高广告的效用及效率,有助于消费者更为便捷地获取贴合自身需求的资讯与服务,但同时它也会造成一些新的伦理问题和伦理风险,如隐私侵犯、算法歧视、数据造假、数据孤岛、信息茧房、流量劫持等。如果不对这些问题和风险加以治理与防范,广告主、从业者和消费者之间的信任将遭到破坏,效用和效率更无从谈起;消费者将置身于充满虚假、偏见的资讯中;行业的发展与技术的创新将受到重创;个人安全甚至国家安全都可能受到威胁。

本章内容分为两部分:第一部分内容通过案例介绍上述伦理问题与风险的具体表象,以及其可能带来的更深层危害;第二部分内容则探讨其治理难点,尝试建立防范与治理体系。笔者期望作为从业人员的读者可以从中得到借鉴与启发,避免企业和品牌陷入负面舆论,规避高额罚款与失去信任的风险。作为消费者,可以从中了解如何更好地保护自身的权益与信息安全。最后,笔者期望无论是从业者还是消费者,都可以通过本章的内容知悉如果没有规范与治理,计算广告可能给社会带来的巨大危害,了解自己在规范治理中的角色和作用,提升计算广告伦理素质,是生存在当今科技洪流中的每个人的责任。

(一)计算广告的伦理问题和伦理风险

1. 隐私侵犯

"精准化""定制化"是计算广告的核心优势,而这个核心优势是基于对消费者个人信息的收集与处理。因此,随着大数据和计算广告的快速发展,个人隐私和隐私权的保护面临着巨大的挑战。

有研究者通过分析 2004 年 4 月至 2016 年 11 月国内外规模最大的 200 个数据泄露案例发现:大数据时代的到来,加剧了数据泄露与隐私侵犯。[①]

---

① Wang Min, Jiang Zuosu. The Defining Approaches and Practical Paradox of Sensitive Data: An Investigation of Data Protection Laws in 92 Countries and Regions and 200 Data Breaches in the World[J]. International Journal of Communication, 2017(11):3286-3305.

什么是隐私？一般而言，隐私是指个人不愿为他人所知晓和干预的私人生活。①然而，如果要追溯隐私这个定义确切的起源与内涵，却没有人能说得清楚，因为隐私的内涵是随着时间、地域、文化而变化的。正如Nissenbaum所言，隐私的定义是流动的，依情境而定。②

1890年，萨缪尔·D.沃伦(Samuel D. Warren)和路易斯·D.布兰代斯(Louis D. Brandeis)在《哈佛法律评论》(Harward Law Review)上共同发表了《论隐私权》(The Right to Privacy)，通常被认为是隐私首次被确认为一项权利。在这篇文章里，隐私权被界定为不受干涉或免于侵害的独处的权利。③这篇文章的缘起是新闻媒体对沃伦夫人举办的一次家庭聚会进行了报道，其中一些内容涉及沃伦夫人的私生活。基于此，文章中的隐私权主张的重点在于个人应该享有不受新闻媒体干扰和侵犯的权利。④

随着大数据时代的到来和计算广告的兴起，隐私主体身份数据化，"数据权"作为一种重要的隐私权，拓展了隐私权的内涵。2012年，阿施温(Ashwin)和杰罗姆(Jerome)提出"大隐私"(big privacy)概念，大隐私即在大数据应用过程中对个人数据的保护。

计算广告涉及大量个人数据的收集、使用、交易、储存、公开等多个环节，可以说几乎在每一个环节中都存在侵犯隐私的风险和失范现象。

(1) 存在于个人数据收集中的隐私侵犯。

cookie机制是跟踪、标识用户身份，在网络环境下投放定向广告的重要技术之一。广告网络往往通过在其他域名的网站上种植第三方cookie跟踪用户和投放广告，对于第三方cookie，浏览器一般都有严格的限制，比如Safari浏览器的默认设置一般都是阻止第三方cookie，所以只要用户没有改变这项设置，就会阻止第三方cookie的追踪。但是作为全球最大的搜索引擎公司，谷歌仍然利用了Safari默认设置的一个漏洞，放置了临时cookie，由于这个漏洞，Safari会对谷歌公司用于定向广告的cookie打开大门。2012年，美国联邦贸易委员会(FTC)对谷歌处以2250万美元的罚款，并要求谷歌撤回所有的追踪cookie。⑤

类似的情况在中国也存在。2013年3月15日，中央电视台在一年一度的3·15晚会上曝光了易传媒、上海传漾、悠易互通、品友互动、网易等多家网络广告公司存在利用浏览器cookie数据跟踪用户的情况。

不仅仅是网络公司，智能家电生产商也被曝出在用户不知情的情况下收集个人数据的丑闻。2017年2月，美国的智能电视生产商Vizio在并没有征得用户同意的情况下，通过其智能产品收集用户信息，其中包括用户收看了哪些内容，以及来自有线电视、宽带、机顶盒、无线广播、DVD和流媒体等设备的数据。FTC对其处以220万美元的罚款，并要求Vizio删除其在2016年3月前收集到的所有数据，除此之外，Vizio还必须

---

① 王利明，杨立新. 人格权与新闻侵权[M]. 北京：中国方正出版社，1995.
② Nissenbaum H. Privacy in Context: Technology, Policy, and the Integrity of Social Life [M]. Stanford, CA: Stanford University Press, 2010.
③ 路易斯·D.布兰代斯，等. 隐私权[M]. 宦盛奎，译. 北京：北京大学出版社，2014.
④ 汪靖. 不被洞察的权利——互联网精准广告与消费者隐私保护研究[M]. 上海：复旦大学出版社，2016.
⑤ 汪靖. 不被洞察的权利——互联网精准广告与消费者隐私保护研究[M]. 上海：复旦大学出版社，2016.

向用户突出显示其数据收集和隐私政策,并制订计划以确保其合作伙伴遵守这些政策。①

(2) 存在于个人数据使用中的隐私侵犯。

首先,个人数据的合并使用,会带来更大的隐私侵犯风险。DoubleClick 是美国的一家网络广告公司,拥有庞大的网络匿名数据库。1999 年,DoubleClick 收购了 Abacus Direct 公司,Abacus Direct 则拥有全美最大的实名型购物资料库,DoubleClick 本打算把自有数据库与 Abacus Direct 的资料库合并。2000 年,电子隐私信息中心(EPIC)向 FTC 提出投诉,投诉理由是:当 DoubleClick 使用匿名资料库时,会为消费者带来方便,同时对消费者隐私侵犯的风险较低;若与实名资料库合并,对消费者的精确识别会显著增加对消费者的隐私侵害。FTC 接到投诉后开展调查,公众舆论反应强烈,投资者大肆抛售 DoubleClick 的股票,最终合并计划停止。这个案例给计算广告和隐私权之间划定了一个基本界限:对用户的监控保持匿名性。②

2007 年,DoubleClick 被谷歌收购,再次引发舆论对两家公司在用户数据整合使用方面的担忧,隐私保护组织认为谷歌若把 DoubleClick 的数据和自有巨量数据库整合,将掌握比任何其他公司都多的用户数据,可以精准确定用户身份。因为谷歌除了拥有用户的搜索数据之外,还拥有用户在谷歌日历上的计划、谷歌地图上的地址、gmail 上的电子邮件和通讯录,而 DoubleClick 则拥有用户在其他网站上的访问数据。舆论的担忧不无道理,正如瓦瑟士·特罗姆(Richard Wasserstrom)在 1978 年所指出的,如果将数据库的信息集合在一起,就可能形成"关于我如何生活以及我一直做些什么事情的生动描述,……与我能够从自己的记忆中得到的东西相比,这种描述令人难以置信地显得更详细、更精确、更全面"。③ 最终,谷歌声明其数据整合仅仅针对无法确定用户身份的数据,而不会整合能够确定用户身份的数据。FTC 最终通过了这项合并案,并且声明,这件并购案中的隐私相关议题不止发生在单起并购案上,而是整个网络广告市场存在的普遍现象。不过 FTC 仍然在之后提交了一份隐私原则供在线广告从业者自律。这份原则包括:每个收集用户资料的网站都应该明确告诉消费者它们依据消费者的行为提供特定广告,同时也应该让消费者选择自己的网络行为能否被收集;任何收集消费者资料的从业者都该严格管控这些数据并且仅能在法律限制的时间内保留;在改变隐私权政策时,应该取得消费者的同意;从业者仅能将所收集的资料作为广告所用。④ 其中涉及的告知-同意原则、安全原则、有限信息保留原则、有限信息使用原则也为日后正式法规的制定与完善奠定了基础。这个案例从侧面也反映出,随着互联网巨头的不断整合,精确识别用户身份和多种行为的成本越来越低,隐私侵犯风险也相应越来越高,

---

① 你看电视时 电视也看你:Vizio 因收集用户数据被罚 220 万美元[EB/OL].[2017-02-07]. http://dy.163.com/v2/article/detail/CCLQ36VJ0511B176.html.

② 汪靖. 不被洞察的权利——互联网精准广告与消费者隐私保护研究[M]. 上海:复旦大学出版社,2016.

③ Reiman J H. Driving to the Panopticon: A Philosophical Exploration of the Risks to Privacy Posed by the Highway Technology of Future[J]. Santa Clara High Technology Law Journal,1995,11(1):27-44.

④ Online Behavioral Advertising: Moving the Discussion forward to Possible Self-Regulatory Principles [EB/OL]. https://www.ftc.gov/sites/default/files/documents/public_statements/online-behavioral-advertising-moving-discussion-forward-possible-self-regulatory-principles/p859900stmt.pdf.

这已经成为计算广告生态中的普遍现象。

在数据使用过程中,还有的企业对用户隐瞒数据用途。2018年,社交媒体巨头脸书和剑桥分析公司(Cambridge Analytica)被英国的《观察家报》和《卫报》以及美国的《纽约时报》报道了滥用用户数据的丑闻。事情开始于2014年,脸书上架了一款号称"心理学家用于做研究的App",每个用户做完这个测试,就可以得到5美元。而在做测试之前,用户必须授权App开发者获取自己在脸书上的资料以及相关的好友信息,这些信息包括用户本人和用户好友动态更新、私信、点赞了哪些内容,等等。当时有2.7万名脸书用户下载了这个应用,剑桥分析公司在三个月内就获得了超过5000万条用户信息。[1] 脸书在当时已经监测到了剑桥分析公司大量获取用户资料的异常动向,却没有采取任何措施。这些信息被剑桥分析公司分析后用于精准推送政治广告,这对美国总统竞选产生了影响,而用户对自己的信息被泄露和后续使用情况毫不知情。这桩丑闻曝光后,脸书声誉受挫,网友发起大规模的删除脸书运动,两天内脸书市值缩水370亿美元[2],并被FTC判处约50亿美元罚款[3],剑桥分析公司及其英国母公司"SCL选举"都宣布停止运营,并将进入破产程序。[4]

除此之外,还有的企业并没有告知用户数据在使用过程中可能导致的隐私泄露风险。2019年,苹果、亚马逊、谷歌、微软等领头科技公司纷纷被爆出关于采用人类员工或第三方承包商获取用户录音的新闻,而这些录音中可能包含私人医疗信息、性行为以及商业机密等。[5] 虽然这些录音的获取据称是为了更好地了解用户的需求,改善其语音服务产品,而在其隐私政策中也获得了用户的同意,但是用户对于大公司在使用录音信息时会采取员工人工听取、第三方承包商的人工听取方式却毫不知情。新闻爆出后,这四大科技公司面临着监管部门的深入调查,并且纷纷更新了自己的隐私政策。[6]

(3) 存在于个人数据交易中的隐私侵犯。

在个人数据交易过程中,数据究竟属于企业还是个人,一直都是大数据时代隐私保护法律难以界定的一个问题。对于公司而言,为了获取这些数据,它们付出了技术开发和各种服务的成本;可对于个人来说,数据里仍然包括属于其身份、行为和隐私的信息。2000年,Toysmart公司申请破产保护。在破产程序中,Toysmart公司想出售自己拥有的消费者信息。根据美国破产法,这些信息是可以用于清算的合法财产,但是在公司的隐私政策中,Toysmart曾经对用户承诺永远不与第三方共享消费者信息。为此FTC起诉了Toysmart公司。最终FTC与Toysmart达成了和解,条件是Toysmart只

---

[1] 何蔚.窃"脸书"数据操纵选举 剑桥分析扮演什么角色[EB/OL].[2018-03-24]. http://news.sina.com.cn/c/2018-03-24/doc-ifyspuas1745453.shtml.

[2] 中国日报网.脸书5000万用户信息泄露[EB/OL].[2018-03-24]. http://www.xinhuanet.com/world/2018-03/24/c_129836684.htm.

[3] 王博雅琪.脸书将被罚款50亿美元创纪录 批评者不满:惩罚太轻[EB/OL].[2017-07-14]. http://news.163.com/19/0714/04/EK164AP40001899N.html.

[4] 张家伟.深陷脸书数据丑闻,"剑桥分析"公司倒闭[EB/OL].[2018-05-03]. http://www.xinhuanet.com/fortune/2018-05/03/c_1122776912.htm.

[5] 南博一,浦一新.苹果员工爆料:Siri录音会被人工监听,内容涉各类隐私[EB/OL].[2019-07-29]. https://www.thepaper.cn/newsDetail_forward_4032138.

[6] 承天蒙.微软更新隐私条款:承认会人工审核Skype的语音录音[EB/OL].[2019-08-15]. https://www.thepaper.cn/newsDetail_forward_4167676.

能将消费者个人信息和整个网站打包出售,而不能把消费者个人信息单独出售;而且只能出售给和 Toysmart 处于相关市场并从事类似行业的经营者;买家也必须遵守 Toysmart 之前制订的隐私声明,如果要改变信息收集和使用方式,必须事先征得消费者的同意。① 这也给之后的相似案例提供了一些可以参考的原则:不允许单独出售个人信息,必须把消费者个人信息和整个网站打包出售给类似行业的经营者;同时,为了限定信息交易的目的和属性,确保信息和其他技术或硬件设备一样作为资产的属性,信息交易的目的是运用信息更有效地经营企业,而不是获取他人隐私信息;买家也必须遵守卖家的隐私声明,这是告知-同意原则和安全保障的原则的规定。

另外一些数据交易则完全是游走于法律之外的。2018 年 7 月,山东临沂警方公布成功破获特大倒卖公民个人信息案,查获公民信息数据 4000GB,数百亿条,信息包括用户手机号、上网基站代码、URL 等 40 余项,涉及 11 家公司,其中还包括新三板上市公司——数据堂。数据堂在整个案件中处于交易链条的中间段,据警方介绍,数据堂在卖数据给当事人时,对数据经过了清洗和标准化处理,主要内容为手机号、地区和偏好,最终用途主要为精准营销。这一步骤本身是符合规定的,但数据堂的数据购买自济南北商经贸有限公司,而该公司的数据则购自联通一家合作商的两名"内鬼"员工。信息涉及全国 15 个省市联通机主的上网数据和偏好,包括手机号、姓名、上网数据、浏览网址等未脱敏数据。购买不符合国家规定的数据,这一步骤则是非法的。数据堂公司工作人员获悉警方调查其下游合作商金时公司时,迅速通知相关人员删除和销毁大量数据,表明该工作人员明了其数据交易流程中涉嫌违法操作。②

(4) 存在于个人数据存储中的隐私侵犯。

1998 年,西班牙《先锋报》在西班牙劳动和社会事务部的指令下,在其纸质报刊上刊登了一则强制拍卖的公告。公告涉及一名西班牙籍男子冈萨雷斯(Mario Costeja Gonzalez)的名字及属于他的财产,之后同样的公告出现网络电子版中。11 年后,冈萨雷斯认为公告内容已经不再是相关的信息,继续留存在网上,会对其声誉造成损害,因此要求《先锋报》移除这则信息。《先锋报》回复称,刊登这则公告是受劳动和社会事务部的指令,将其移除并不合适。冈萨雷斯随后联系了谷歌公司,要求谷歌将指向该公告的链接移除,并向西班牙信息保护机构投诉。西班牙信息保护机构驳回了冈萨雷斯针对《先锋报》的请求,但受理了冈萨雷斯针对谷歌的请求,并裁决谷歌败诉。这个案件最后被提交到欧洲法院,欧洲法院同样判处谷歌败诉。欧洲法院认为搜索引擎公司需要对它所提供的链接所指向的网页中包含的由第三方生成且与信息主体相关的信息负责,当搜索结果显示的内容不完整、不必要或随着时间的推移不再相关时,就产生了移除搜索结果链接的理由。③ 这个案例引发人们关于隐私是否有"被遗忘权"的讨论,这并不是"被遗忘权"概念的第一次提出,却是首次以欧盟最高法院裁定的方式,成为网络公司保护用户隐私的义务之一。

---

① 汪靖. 不被洞察的权利——互联网精准广告与消费者隐私保护研究[M]. 上海:复旦大学出版社,2016.

② 张瑶,闻雨. "数据堂"内鬼盗取信息 特大侵犯个人信息专案起底[EB/OL]. [2018-07-25]. http://zjnews.china.com.cn/yuanchuan/2018-07-25/143020.html.

③ Streitfeld D. European Court Lets Users Erase Records on Web[N]. The New York Times,2014-05-13.

(5) 存在于个人数据公开中的隐私侵犯。

在个人数据公开中的隐私侵犯,有些是网络公司的无心之失,有些却是有意为之。2006 年,美国在线(AOL)公布了 658000 位美国人的搜索记录,并鼓励科学家或研究者使用数据研究。在数据公开的过程中,美国在线也试图对记录进行匿名化的处理,公布的搜索记录并未与 IP 地址或用户名字完全对应,只是用随机分配的数字添加了编号。尽管初心是好的,但是这种方法并不能阻止研究者通过对搜索数据的分析追溯到特定的个人,《纽约时报》的记者就成功地找到了他想找到的对象。还有一些敏感信息也出现在数据中,比如"精神病药物"等。① 这个案例表明,技术的不平衡,即保护隐私技术的发展落后于数据挖掘技术的发展,也是导致隐私风险的重要原因之一。

2007 年,脸书的错误是过度追求运营效益,忽视对用户的保护和告知。当时脸书首次引入了动态新闻功能,让用户登陆账户时,可以看见动态新闻,包括朋友的最新动态以及一些广告。动态新闻功能开放时,许多用户无法控制自己发布的信息,他们的信息会作为最新动态被迫向他们的朋友公开。这个功能在一开始就遭到了 70 万用户的抗议,脸书最终不得不向公众道歉,并设置新的隐私政策。同一年,脸书还引入了灯塔广告系统,用户只要在加入了灯塔广告计划的第三方网站上购物,购物消息就会出现在其脸书好友的信息流中。如,一位 Overstock 用户购买了一只订婚戒指,本来想给女友一个惊喜,不想却被灯塔广告系统在脸书上公布了出来。② 灯塔广告系统启动后,并没有允许用户在全球范围内退出,也并没有得到用户共享购物信息的明确同意。这项计划再次受到广泛抗议,两年后这项计划逐渐搁浅。

2018 年,谷歌在其官方博客中公布,曾发现 Google+(谷歌的一个社交服务项目,于 2019 年关闭)的一个应用程序界面存在漏洞,外部开发者可能利用此漏洞获得 Google+用户的个人信息及其好友的公开信息。这个漏洞其实在 2015 年就开始出现,虽然没有明确证据显示用户数据被第三方应用程序滥用,但是这个漏洞的存在,相当于把超过 50 万 Google+用户的个人资料公开暴露在 438 个应用程序中。其后谷歌宣布了一系列用户隐私的保护政策,并决定逐步关闭消费者版本的 Google+。③

2. 算法歧视

以大数据挖掘与计算为技术基础、自动化决策为重要特征的计算广告,在其可能导致算法歧视方面,引发了越来越多的关注和担心。④

什么是算法歧视? 英文中,discrimination(歧视)的词根来源于拉丁文的 distinguishing(区别),因此,区别对待是歧视的基本内涵。具体而言,歧视是指以敌对的态度有区别地待人,区别对待的依据仅仅因为他们所属的群体,而不是其个人德行。歧视最初主要和种族主义相关联,如今歧视的内涵有了更广义的范围,除了种族,还包

---

① 汪靖. 不被洞察的权利——互联网精准广告与消费者隐私保护研究[M]. 上海:复旦大学出版社,2016.

② 谁对你了如指掌? 在网上隐私和精准广告之间寻找平衡[EB/OL]. [2007-12-19]. http://www.knowledgeatwharton.com.cn/article/1497/.

③ 蔡鼎,谢陶,郭鑫. 谷歌 50 万用户隐私数据泄露 消费者版 Google+将关闭[EB/OL]. [2018-10-10]. https://tech.sina.com.cn/i/2018-10-10/doc-ihkvrhpt4162879.shtml.

④ Miller C C. When Algorithms Discriminate[N]. The New York Times,2015-07-10.

括民族、性别、年龄、残障、性取向、宗教等。①

算法运用有限、抽象、有效并且符合规律的复合控制结构,在一定的规则条件下完成特定的目的。② 使用算法技术导致的歧视就被称为算法歧视。

计算广告中的算法歧视主要包括以下几种。

(1) 种族歧视。

2013年,哈佛大学教授Latanya Sweeney在谷歌搜索引擎中做了一个简单的人名搜索测试,她发现如果搜索"Leroy""Kareem""Keisha"这样的黑人常用的名字时,会得到写着"被逮捕了?"的广告推送,广告中通常会带着一条可以查询犯罪记录的网站链接;而如果搜索"Brad""Luke""Katie"这样的白人常用的名字时,则没有这样的广告出现,只会得到一些通常所见的联系详情。Latanya Sweeney教授认为,就算这样的搜索结果可能是由概率不超过1%的巧合造成的,仍然可以推定这些广告中含有歧视。谷歌否认了在其广告推送中存在种族偏见。谷歌的发言人称他们已经制定了相关的政策防范其广告对某个组织、个人或群体提出有针对性的主张,认为造成这样的搜索结果可能是因为广告商在投放时决定使用哪些关键词能触发广告。但这可能还有其他原因,比如用户的使用习惯,比如用户对出现基于黑人名字而推送的广告点击得更多。由于用户点击得越多,越会提高同类广告的推送频次,从而维持了黑人犯罪的刻板印象。③

(2) 价格歧视。

价格歧视是指商家在向不同的消费者提供相同等级、相同质量的商品或服务时,基于消费者的购买意愿与支付能力,实行不同的收费标准或价格政策。企业实施价格歧视的目的就是尽量榨取消费者的剩余价值,即消费者愿意为一种商品支付的最高价格减去实际支付的价格。成功实施价格歧视需要三个条件:第一,企业必须有定价话语权,处于强势支配地位;第二,企业必须了解不同消费者的支付意愿,从而针对他们设置不同的价格;第三,企业必须有能力防止消费者"倒买倒卖"。④ 在过去,价格歧视比较难以实现,是因为第二、第三个条件难以满足,而如今,掌握算法权力的企业能够计算出消费者的支付意愿,而消费者却并不能掌握其他消费者足够的信息去实施"倒买倒卖",因此算法为价格歧视的成功实现提供了技术条件。根据2018年3月《北京青年报》的报道,一位旅客经常通过旅行网站预订某酒店房间,每晚价格通常在380至400元。淡季的某日,该旅客通过自己的账号查到该酒店价格为380元,但通过其朋友的账号查询,显示价格仅为300元。⑤ 2015年,美国好事达保险公司(Allstate)也被曝光通过计算客户在购买保险前是否会去别处比价而开出针对性定价,而且这种针对性定价浮动

---

① Žliobaitė I. Measuring Discrimination in Algorithmic Decision Making[J]. Data Mining and Knowledge Discovery,2017(31):1060-1089.

② Hill R K. What an Algorithm Is[J]. Philosophy & Technology,2016(29):35-59.

③ Harvard Study:Google Search of Black Names Leads to Increase in Arrest Record,Criminal History Ads[EB/OL].[2013-02-05]. https://atlantadailyworld.com/2013/02/05/harvard-study-google-search-of-black-names-leads-to-increase-in-arrest-record-criminal-history-ads/.

④ 阿里尔·扎拉奇,莫里斯·E.斯图克.算法的陷阱:超级平台、算法垄断与场景欺骗[M].余潇,译.北京:中信出版社,2018.

⑤ 温婧.用大数据"杀熟",电商的套路都在这了[EB/OL].[2018-03-19]. http://news.hangzhou.com.cn/gnxw/content/2018-03/19/content_6824326.htm.

的空间下到标准费率的 10%,上至标准费率的 800%。①

(3) 性别歧视。

卡内基梅隆大学的研究人员利用 AdFisher 软件模拟普通用户浏览求职网站,再统计由谷歌推送"年薪 20 万美元以上的职位"这一广告,在其他参数相同的情况下,女性用户收到广告的次数为 318 次,而男性用户收到广告的次数则是 1852 次。② Anja Lambrecht 等人的研究也发现,女性被推送科技、工程、数学相关的招聘广告的比例远远小于男性。③

(4) 年龄歧视。

ProPublica 的新闻团队采用自己购买广告的方式调查脸书上的广告,他们发现在 2016 年,脸书允许广告商排除特定种族、年龄的受众。2017 年,ProPublica 再次通过购买广告的方式调查,发现脸书仍然很快就批准了把年长求职者排除在外的广告。这个话题引发了社会的讨论与争议。脸书及其支持者认为允许雇主按照年龄筛选求职者对于雇主和求职者双方都有利,无论是对于雇主的招聘,还是对于用户的求职,都提高了效率,然而作为年长的求职者,当发现自己因为年龄太大以至于连招聘广告推送都看不到时,很难在心理上不产生被歧视的感受。旧金山联邦法院的律师也认为允许雇主按照年龄筛选求职者表明了脸书关心的是什么,并且指出,在年龄限制歧视中,确实存在巨大的利益。④ 这个案例触碰到了计算广告的深层之痛——快速精准地到达目标人群,提高广告商投放效率,减少对非目标消费群体的骚扰,作为计算广告的核心优势,真的在任何情境中都是绝对优势吗?或者说都是有利于广告商和消费者的吗?还是在某些特定情境中,它仅仅是有利于广告商,而对于消费者,虽然没有骚扰但带来了更多的困扰?

算法歧视的深层次危害有以下两点。

其一,引发信任危机,减缓技术创新步伐。在《北京青年报》第一次报道了上述案例中某旅行网站价格歧视的新闻后,迅速引发了广泛的共鸣和讨论,许多网友纷纷爆料,各行业都出现了"中枪"企业。2019 年,某用户表示在携程 App 购买海航飞机票的首次搜索过程中,总价格为 17548 元,准备支付时发现没有选报销凭证,于是退回加选报销凭证,再次支付时却显示没有票了,等到重新搜索时,票价就变成了 18987 元,比之前高出 1439 元。随后,该用户在海航官网上查询价格,同样的行程不但有票,而且更加便宜,仅为 16890 元。这次事件再次引发波澜,在后续报道中,携程明确回应,造成这种情况的原因是程序故障,而非价格歧视。根据《北京青年报》记者的调查采访和实验验证,

---

① Consumer Federation of America. Report Finds Auto Insurers Charge Higher Premiums in African American Zip Codes[EB/OL]. [2015-11-24]. http://consumerfed.org/cfanewupdate-11242015.

② Miller C C. When Algorithms Discriminate[N]. The New York Times, 2015-07-10.

③ Lambrecht A, Tucker C. Algorithmic Bias? An Empirical Study into Apparent Gender-Based Discrimination in the Display of STEM Career Ads[EB/OL]. [2016-10-15]. http://ssrn.com/abstract=2852260.

④ Tobin A, Merrill J B. 精准投放被指歧视?脸书移除 5000 个广告设置选项背后[EB/OL]. [2018-09-13]. https://new.qq.com/omn/20180913/20180913A0ILVL.html.

也证实了携程并没有价格歧视,但是许多消费者仍然宁可信其有。① 这表现出在失衡的权力关系下,消费者对商家及算法技术的不信任。当这种不信任的裂痕扩大和加深时,技术创新的价值得不到释放,则会延缓技术创新的步伐。

其二,固化、加深、扩大人类社会中的歧视,甚至会加剧社会分裂。算法是由人类开发的,也是由人类使用的,因此会反映人类开发者和使用者的偏见,而且可能会把这些偏见以更加固化的形式继续沉淀于人类的社会生活之中。比如案例中的谷歌不断重复类似含有种族偏见的推送模式时,越来越多的人会接触到这样的暗示,越来越多的人会从接触走向接收,进而遇到黑人名字就习惯性联想起他/她是否曾经犯罪,那么这种歧视就被模式化了。经过模式化的歧视更容易被传播,更容易被沉淀,更难以被破除。即使不是由人类开发,而是由人工智能开发的偏见也可能会加深、扩大歧视。人工智能通过机器学习来开发算法,而机器学习赖以学习的历史数据可能就是包含重大偏见的,那么经由学习后的人工智能将在算法中持续保留偏见,并且让偏见更加顽固。对于个人而言,消除歧视不仅仅是为了争取正当的利益,而且是为了在做决策时更加理性,考虑更加充分、全面、准确,减少因偏见导致的决策错误。对于社会而言,消除歧视,公正分配,则是为了弥合社会的裂痕,达成更有效的人际融合。

虽然价格歧视的表现与其他类型的歧视似乎略有不同,价格歧视更多地以消费者的某一类行为,而不是以某一群体作为区别对待的依据,它既不针对穷人,也不针对女性或有色人种,但极端失控的价格歧视最终也将把社会发展引入歧途。试想,能够实施价格歧视的商家多为已经有技术实力和数据基础的商家,在行业中即使不是龙头,也多属于第一梯队,他们实施价格歧视主要为了实现两个目标:一是以低价吸引属于对手的消费者,稳住摇摆的消费者;二是以高价攫取忠诚消费者的最大剩余。这样的竞争策略会击垮那些不具备技术实力和数据基础的商家,抬高行业的门槛,妨碍市场的竞争机制,形成行业垄断,导致行业中更加严重的权力失衡,巨头商家更加强势,消费者越发弱势。拥有巨大权力的商家可能会更加放任自己的市场力量,他们会根据自己的利益需求,区别性地对待消费群体,最终制造新的不平等和社会分裂。

3. 数据造假

在计算广告的世界中,数据是石油般的基础"能源"。计算广告要靠数据驱动,数据也就成为业界各方主体争夺的关键资源。而数据的重要性反而催生了数据造假的现象。根据《国内数字营销伦理乱象探因与治理研究——基于数字营销从业精英的访谈》,数据造假是受访数字营销精英提及率最高的伦理失范问题。②

数据造假的问题无论是在中国还是在世界范围内都已经成为不容忽视的问题。在中国,2018 年 3 月,秒针系统发布的广告监测数据显示,2017 年中国数字广告异常流量整体占比达到 30.5%;在美国,宝洁全球首席品牌官 Marc Pritchard 在 2017 年第十届金投赏国际创意节上的演讲中提到,在一个不透明的媒体供应链中,我们的广告投入存在极大浪费,以及虚假流量、广告欺诈的情况。在美国 2000 亿美元的数字广告市场中,

---

① 温婧.携程为何又被质疑"大数据杀熟"?[EB/OL].[2019-03-12]. http://society.people.com.cn/n1/2019/0312/c1008-30970551.html.
② 胡振宇.国内数字营销伦理乱象探因与治理研究——基于数字营销从业精英的访谈[J].当代传播,2018(5):80-84.

只有25%的资金真正触达消费者。世界广告主联合会(WFA)披露的数据也显示,若不采取措施,2025年虚假广告花费将高达500亿美元,仅次于毒品交易金额,成为世界第二大非法营收。①

目前计算广告领域内的数据造假主要体现为三种:第一种是流量数据造假,具体指点击量、阅读量、点赞量、转发量、下载量等作为用户行为指标的流量数据造假;第二种是内容数据造假,具体指删除不符合自己利益的负面内容如差评等,假造符合自己利益的正面内容如好评等,搬运、抄袭竞争对手的内容如文章、评论等;第三种是数据指标造假,这种造假通过制造数据指标的歧义,误导数据使用者和消费者对指标含义的理解,这种造假方式更为隐蔽。

计算广告中的数据造假包括以下三种。

(1) 流量数据造假。

首先来看自媒体的流量数据造假。2016年9月,微信曾有过一次内部统计接口升级,屏蔽了一些刷单工具,不少浏览量轻松达到10万+的公众号,在那一夜文章浏览量数据显示只有平时的十分之一甚至更低②,这直观地反映出很多自媒体数据的"含水量"。2017年,艾媒咨询针对营运类微信公众号行业刷量行为进行调查,发现86.2%的微信公众号运营者曾有过刷量行为。③ 国外自媒体的数据造假情况也同样严重,反欺诈公司Sway Ops分析了一天中Instagram上标记为"赞助"或"广告"的帖子,发现这些帖子中超过50%的用户参与行为都是虚假的,只有18%的帖子评论是由真人发布的。《纽约时报》在推特上设置了一个实验账号,花了225美元,给账号涨了2.5万粉丝。④

再来看看流量明星的数据造假。2016年,直播火爆时,一位流量主播爆料,他的直播间5个月内产生了400多万元的打赏流水,但只有5万是真的,其余都是经纪公司"刷"的。⑤ 2018年8月曝光的明星流量数据造假事件更是引起了轩然大波。8月2日,某明星在微博上发布个人歌曲,转发量破亿,而同年上半年全国微博用户才3亿多,这就意味着每3个微博用户就有1个转发了这首歌,这么高的转发数量震惊了全网,讽刺的是,这个事件中,"一亿转发"的知名度远远高于这首歌的知名度。2019年6月,给明星流量"刷量"的星援App被查后,一众流量明星的数据迅速缩水,其中该明星的微博转发量和评论量从100万+跌至20万左右。⑥

除此之外,还有App产品的下载量造假。根据研究公司Machine长达6个月对超

---

① 李珂. 500亿美元的互联网广告,30%是虚假流量!透明供应链如何破解数字广告困局?[EB/OL]. [2018-04-24]. http://dy.163.com/v2/article/detail/DG529B9R0518I9TE.html.

② 刘雨静,牙韩翔. 国王的新衣:自媒体流量造假乱象[EB/OL]. [2019-01-07]. https://tech.sina.com.cn/roll/2019-01-07/doc-ihqfskcn4743345.shtml.

③ 许晴,钱一彬. 人民日报解码自媒体:流量造假400元可买10万僵尸粉[EB/OL]. [2018-08-30]. http://finance.sina.com.cn/chanjing/cyxw/2018-08-30/doc-ihiixyeu1152844.shtml.

④ Scott S,王金喜. 人有多大胆,流量多高产:互联网世界中的花式数据造假秀[EB/OL]. [2019-04-09]. https://36kr.com/p/5192721.

⑤ 邓海建. 媒体刊文批直播"刷流水":来点雷霆治理,发现一起关停一家[EB/OL]. [2019-08-07]. https://www.thepaper.cn/newsDetail_forward_4100529.

⑥ 王广燕. 刷量APP被查,数据大跳崖:明星流量水分何时能挤干?[EB/OL]. [2019-06-29]. https://www.thepaper.cn/newsDetail_forward_3799073.

过 2750 万个游戏 App 的分析,发现有 36% 的游戏 App 存在虚假安装。① 另一家研究公司 Adjust 对 17 天内发生的 4 亿次 App 安装流量样本进行了分析,发现支付给虚假安装 App 的"假用户"的营销费用预计高达 170 万美元。②。App 产品的下载量造假,很大一部分是通过手机信息模拟器操作的。运行手机信息模拟器可以修改手机参数。当一部下载运行过一个 App 的手机被修改了参数之后,可以再一次下载运行同一个 App,并且会被识别成一个新的手机、一次新的下载和安装。当大量使用手机信息模拟器的手机同时循环下载某个 App 时,就可以虚增巨大的下载量及安装量。

流量数据造假的成本非常低,而收益却非常高。有人发现,在国内,10 元可以买 200 个赞,20 元可以买 500 个赞,300 元就能增加 1 万名粉丝。

前文中提到的星援 App③,"在不到一年时间里非法获利将近 800 万元"④。在国外,根据《纽约时报》用 225 美元购买 2.5 万名粉丝推算,购买 10 万粉丝只需要 900 美元,而广告主如果和一个拥有 10 万粉丝的自媒体合作,则需支付 2000 美元。⑤

(2)内容数据造假。

2018 年 7 月,社区型网络平台小红书在官方微博指责大众点评批量建立虚假账号,抄袭了用户在小红书中发布的原创内容,且抄袭的数量达到百万条。小红书用户"詹小猪 Coco"6 月 6 日为庆祝小红书创立纪念日发布视频,这个视频被搬到大众点评后,文案改成了"祝点评生日快乐",尽管当天并不是大众点评的"生日",而且在视频中用户说的仍然是小红书。大众点评之后回应称,这次的违规转载出现在新上线试运营的推荐栏目,已第一时间完成所有内容排查与清理下线,并将通过技术手段确保该类问题不再出现。⑥

2018 年 10 月 20 日,一篇名为《估值 175 亿的旅游独角兽,是一座僵尸和水军构成的鬼城?》的文章披露在线旅游网站马蜂窝存在内容抄袭。这篇文章引用了乎睿数据团队的数据分析结果,称在马蜂窝上发现了 7454 个抄袭账号,这些抄袭账号平均每个人从携程、艺龙、美团、Agoda、Yelp 上抄袭或搬运了数千条点评,合计抄袭 572 万条餐饮点评、1221 万条酒店点评,占马蜂窝所有点评总数的 85%。⑦ 马蜂窝对此的回应是直接起诉深圳市乎睿数据有限公司、丁子荃名誉侵权案,这场起诉已获立案,但立案后再无任何后续报道,结果至今不得而知。

类似这样从其他网站或 App 上抓取点评数据主要靠爬虫技术,从其他平台抓取数

---

① 游戏葡萄. App 虚假安装猖獗泛滥,手游行业或成首要目标[EB/OL]. [2018-09-18]. http://dy.163.com/v2/article/detail/DS15OUEB05268BP2.html.
② Scott S,王金喜. 人有多大胆,流量多高产:互联网世界中的花式数据造假秀[EB/OL]. [2019-04-09]. https://36kr.com/p/5192721.
③ 马少珍. 流量造假现象分析[J]. 新闻研究导刊,2019,10(3):92.
④ 鲁畅. 蔡徐坤微博 1 亿转发量推手"星援"被查,半年吸金 800 万[EB/OL]. [2019-06-11]. http://www.xinhuanet.com/fortune/2019-06/11/c_1210155551.htm.
⑤ Scott S,王金喜. 人有多大胆,流量多高产:互联网世界中的花式数据造假秀[EB/OL]. [2019-04-09]. https://36kr.com/p/5192721.
⑥ 姜珊珊. 互联网行业数据造假 现实比想象的更严重[EB/OL]. [2018-11-06]. https://news.sina.com.cn/sf/news/fzrd/2018-11-06/doc-ihmutuea7512452.shtml.
⑦ 黎明. 马蜂窝开始清理抄袭数据,正义揭发背后却疑点重重[EB/OL]. [2018-10-23]. https://baijiahao.baidu.com/s?id=1615083451806313730&wfr=spider&for=pc.

据就可以做到,技术门槛很低,一般用人工＋机器就可以实现大量内容的抄袭和搬运。除此之外,还有另一种变相的,且更隐蔽、更难以界定的抄袭,叫做"洗稿"。洗稿是指对原创内容进行删减、篡改,达到改变文章、音频或视频形式,却让内容"似曾相识"的效果。比如用同义词替换文章中的原词,改变句式的结构,改变段落的结构和次序,变文字为图片或表格,或者把图片、表格转换成文字,转录音频、视频然后剪辑、拼凑等。洗稿的最大作用就是能够快速实现大量稿件的生成。洗稿和原创,类似机器大批量生产和靠人手工制作,对于靠内容变现的新媒体,就相当于极大地降低了生产和时间成本。在专门的洗稿网站,可以根据关键词搜索想要的素材,以及相关的爆款文章,选择好之后点击"一键伪原创",几秒钟就可以生成一篇"洗"好的文章。洗稿的价格多为 100 字 1 元钱,或者 1000 字 30 元,有一些专门洗稿的团队,一天可以为一个客户提交 100 多篇文章。或者客户可以购买一个洗稿软件,使用一年的费用是 198 元,一年之内不限使用次数。①

(3) 数据指标造假。

数据指标造假并不是直接造假数据,而是数据指标不清楚、有歧义。比如某个视频网站宣称,某部电视剧的观看次数是 10 亿,那么首先,这个观看次数是对 1 个账号计 1 次,还是会累计 1 个账号的重复观看呢？如果对 1 个账号计 1 次,那么这个观看次数可以表现出电视剧受到普遍欢迎的程度,如果可以累计 1 个账号的重复观看,那有可能是这部电视剧没有受到普遍欢迎,而是在一部分群体里受到狂热追捧,这两种结果对于广告商来说是要采取不同投放策略的。另外,"观看"是指观看一部完整的电视剧,还是说只要随便点开一集,观看一秒钟都算观看了？如果是后者,那对数据的解释就有很多种可能性了,有可能是这部电视剧确实受欢迎,还有可能是这部电视剧虎头蛇尾,前面几集很受欢迎,但后面让观众大失所望,还有可能是这部剧只是宣传工作做得好,或者演员很受欢迎,但是内容不行,很多观众点开随便看看,这都被计算。抑或是这部剧的集数多,多数剧只有 30 集,这部剧有 70 集,所以观看次数比别人多。这些含义不明的指标很可能导致广告商对投放的误判,甚至可能会误导电视剧行业的发展方向,如果长剧的数据更好看,整个行业都会倾向于拍长剧,这不仅会造成电视剧类型单一,甚至可能大量浪费行业资源。

一个更为具体的案例是脸书。脸书中有一个被称为"每日活跃用户"的指标,只要用户每天在脸书上花费的时间超过一分钟,那么他就是脸书的"活跃用户",而且这一分钟不必是连续的 60 秒。这个指标被用在脸书的观看类产品上,比如视频等。一个用户如果用一分钟看一个视频,他算是一个每日活跃用户。一个用户如果看了 60 个视频,看每个视频的时间不超过 1 秒钟,他也算是一个每日活跃用户。② 如果一个广告商或者投资人认为每日活跃用户越多,就意味着脸书的观看类产品越受欢迎,那么他就掉入了这个指标设置的陷阱。因为有一种可能是,很多用户打开了脸书的视频,结果每一个视频都没办法吸引他看完一秒钟,在这种情境下,这个指标不仅不能说明脸书的视频受

---

① 高磊,韩文旸.网络"洗稿"成产业链:几秒炮制爆款文章 月入十万[EB/OL].[2018-08-29]. https://baijiahao.baidu.com/s?id=1610102458279842386 & wfr=spider & for=pc.

② Scott S,王金喜.人有多大胆,流量多高产:互联网世界中的花式数据造假秀[EB/OL].[2019-04-09]https://36kr.com/p/5192721.

欢迎,反而恰恰说明脸书的视频消耗了用户的耐心。

数据造假的深层次危害主要体现为对广告行业和对社会诚信的伤害。

计算广告诞生的初衷就是让广告主的钱花得更精准、更值得,而数据造假则是完全反其道而行之,假的点击量、转发量、点赞量、下载量和有歧义的数据指标都会影响广告主和广告商的投放决策,投放失灵甚至失误会促使广告主和广告商重新考量对新媒体的价值判断,负面的影响最终会波及整条产业链。实际上,广告主和广告公司对数据的真实性已经存有极大的疑虑,比如广告行业从业者李先生认为,"那些推出的付费数据产品,其实是伪大数据的产品,用那个数据产品可以有限地去查询一些数据,但不能真正用这个东西去做广告"。还有很多业界受访者对数据造假现象持有明显的悲观态度,"好多数据都可以编造,让广告主相信这是一份值得信服的、有权威的数据很难","不得不说新媒体投放猫腻太多,又不易监测,乙方刷数据的情况目前普遍存在且无法避免。仔细研究大数据行业,就会发现市面上说自己能做 DSP 的大部分都是骗人的,即便是向专业的大数据公司购买数据也会出现数据有效性低的情况"。[1] 由此来看,数据造假中被浪费掉的不仅仅是广告主和广告商的资金,还有整个行业的资源;被伤害的也不仅仅是行业的经营效率,还有行业的声誉和形象。

广告行业是商业社会运营链条中重要的一环,广告行业的商业信用产生动摇,更深层的影响是会动摇整个商业社会的信用。任何一种数据造假的负面影响都不是偶发的、单一层面的,而是持续性的、叠加性的、系统性的。由一个假的数据,推出一个错误的假设,再由这个错误的假设,加上更多的假数据,推出另外一个错误的假设,社会的运营就会建立在一个由虚假数据和错误假设搭建的错误系统上,而这样的负面影响是广泛而深远的。正如郑也夫在《信任论》中所说,商业世界的系统数据造假行为,至少在正义、信任和效率这三大价值要素上,对特定社会的伦理秩序造成了直接的冲击。有时候,需要一代甚至两代人花费时间,或者发起一场重新定义的文化战争,才能抵消这些行为的长期负面影响。[2]

4. 数据孤岛

数据孤岛是对数据割据的形象化概括——数据与数据之间像是一个个孤零零的岛屿,彼此之间山海相隔。数据孤岛在早期主要被用来形容企业内部形成的信息孤立现象,后来被用于不同行业和领域之中,比如政治治理、医疗健康等。[3] 多位学者或从业人员都对数据孤岛给出过自己的定义,比如赵伟在《封建的 BAT》中提出数据孤岛是因为技术差距和遗留问题等形成的数据分散与无法集中共联的现象。[4] 叶明、王岩在《人工智能时代数据孤岛破解法律制度研究》中提出数据孤岛是指数据被分割、储存在不同的主体或部门中,成为一个个单独的数据集,无法实现互联互通、相互分享和整合利

---

[1] 马二伟,俞倩.大数据时代中国广告公司的现实困境与转型路径——基于广告从业人员的深度访谈分析[J].新闻与传播评论,2019,72(1):80-90.
[2] 郑也夫.信任论[M].北京:中国广播电视出版社,2006.
[3] 周茂君,潘宁.赋权与重构:区块链技术对数据孤岛的破解[J].新闻与传播评论,2018,71(5):58-67.
[4] 赵伟.封建的 BAT[J].董事会,2014(8):106.

用。① 秒针系统首席营销官赵洁,则将数据孤岛定义为同一用户在不同终端设备上的数据孤立状态。② 这些定义都肯定了数据孤岛的核心内涵是数据的割据、离散、无法联通。

上述定义中不同的是对数据孤岛形成原因的阐释,归纳起来有两种:一种是技术原因,比如由于跨屏追踪与分析技术不足导致用户在不同终端设备上的数据孤立状态;另一种则是更深层次的原因,即不同利益主体的利益博弈导致数据处于孤立状态。

大部分用户追踪与分析技术依靠 cookie 来定义用户。一个 cookie 中有一串唯一的数字,这串数字就是访问者的 ID。用户追踪和分析工具可以通过对这串 ID 数字排重,即看看有多少条重复的 ID 数字,来判断这些访问行为是否来自同一个访问者。但是较为早期的用户追踪和分析工具无法在不同的终端设备中进行排重计算,因为即使是同一个用户,在使用不同的终端设备时,cookie 中的 ID 数字也是不同的。现在很多技术,比如升级为 Universal Analytics 的谷歌分析技术就支持跨屏幕、跨设备,国内很多数据营销公司也能实现这一技术,主要是这一技术摆脱了依赖 cookie 定义和分析用户数据,通过使用用户登陆账号来定义和分析用户数据。然而,新的问题来了。不同的 App、网站、平台并不一定会公开、共享用户的账号和数据,比如微信和淘宝就不会共享用户的账号和行为数据,也没有互相开放接口,用户使用微信的时候,是无法直接打开淘宝的网页的,这就涉及形成数据孤岛的更为深层次的原因,即不同利益主体之间的博弈。

解决数据孤岛的难点在一些情境下并不是技术问题,而是面对多方利益主体,如何取得利益平衡。作为企业,数据是其资产,也是其经营优势,企业的利益需求是最大程度上占有数据资产,优化数据竞争优势,获取最大的数据受益,因此企业之间的利益之争是解决数据孤岛的难点之一。第二个难点是企业和用户之间的利益冲突。用户作为数据生产者,让渡出个人信息和行为数据,希望获取的利益之一是至少带来生活上的便利。除此之外,用户还有保护自身隐私安全的需求,而这一需求可能与消除数据孤岛相冲突,比如在前文曾介绍的案例,谷歌收购 DoubleClick 后,想要整合 DoubleClick 的数据,但是引发了舆论对用户隐私安全的担忧,谷歌只得声明不会整合能够确定用户身份的数据。

数据孤岛的危害有以下两点。

其一,消解数据价值,不利于计算广告产业的发展。由于人类本身就具有自我身份的多重性、价值观念的复杂性、行为的多变性,传统广告时代对消费者的研究洞察常常因为数据量过小而饱受"样本是否具有代表性""结果是否有准确性"的质疑,大数据时代的到来为解决这个问题带来了巨大的希望,计算广告的精准性在很大程度上依赖于大数据,然而,数据孤岛降低了大数据的价值。在一个个割裂的数据中集中抓取数据,降低了消费者画像的准确性。悠易互通的首席执行官周文彪就认为数据孤岛是程序化购买的发展瓶颈,他指出,今天的数据主要掌握在 BAT(百度、阿里巴巴、腾讯)手上,电

---

① 叶明,王岩.人工智能时代数据孤岛破解法律制度研究[J].大连理工大学学报(社会科学版),2019,40(5):69-77.

② 周茂君,潘宁.赋权与重构:区块链技术对数据孤岛的破解[J].新闻与传播评论,2018,71(5):58-67.

信运营商也掌握了很多数据,但是数据的开放性、流动性没有达到相应程度。这对于程序化购买会有一定的限制作用。[①]

其二,容易导致算法偏见,阻碍社会创新步伐。以人工智能为例,各行各业的人工智能创新都依赖于巨量数据的标记,数据孤岛缩减数据样本规模,导致数据数量有限、不全面等问题出现。正如前文所述,使用有限且不全面的数据训练人工智能,会导致偏见的产生,长期以往不利于人工智能的发展及其在各行业的创新应用。

除了限制人工智能技术的发展之外,数据孤岛还可能导致社会多个行业的创新和创业热情下降。比如菜鸟和顺丰的数据之战就对淘宝多位商家产生了很大的负面影响。国家邮政局在其发文《关于近期快递服务消费的提示》中也提到了,由于菜鸟和顺丰关闭互通数据接口,樱桃、荔枝、杨梅、芒果等生鲜农产品寄递业务会受到影响,希望双方企业高层讲证据、顾大局,不能因为企业间的纠纷产生严重的社会影响和负面效应。[②]

5. 信息茧房

早在1997年出版的《数字化生存》一书中,作者尼葛洛庞帝就预言了完全个人化的报纸——"the daily me"(我的日报)将会出现。[③] 之后哈佛大学教授凯斯·R.桑斯坦在《信息乌托邦》中引用"the daily me"这个概念,来形容互联网用户在海量信息中以个人喜好选择有兴趣的信息,并且忽视甚至排斥自己不感兴趣的内容,长期以往形成了信息茧房。这是信息茧房概念首次被提出。[④]

凯斯·R.桑斯坦在其提出的信息茧房概念里阐述了形成信息茧房的两层原因。第一层原因是人类的心理机制,即人类依据个人喜好选择信息,即动机。第二层原因是技术的推动以及人类对技术的使用方式,即在大数据时代信息内容爆炸的情况下,人们在有限的精力和时间里必然需要过滤、选择信息,人类可以使用搜索工具搜索自己感兴趣的信息,或者使用RSS工具为自己定制信息,而随着算法技术的发展,人类甚至不需要自己筛选和定制信息,算法能够根据个人的兴趣习惯和社会特征,向用户推送他感兴趣的内容,这在极大程度上推动了信息茧房的迅速形成。所以根据凯斯·R.桑斯坦这个概念,一方面,信息茧房形成的根本原因是受到人类的心理机制或者说认知偏好的影响,另一方面,技术则发挥了重要的作用。

(1)对信息茧房的争议。

前文涉及的几个概念——隐私侵犯、算法偏见、数据造假、数据孤岛,在社会讨论中被广泛认为是明确存在的伦理问题。而对于信息茧房,目前称之为伦理风险似乎更为合适,因为关于信息茧房是否存在这个问题,学界和业界均仍有争议。

《到底有没有信息茧房?》这篇文章的作者认为并没有信息茧房,并且提出了三点理由。第一,算法是基于用户兴趣推荐,兴趣并不一定影响观念,比如算法只能知道你对

[①] 万木春,胡振宇.数字营销再造——"互联网+"与"+互联网"浪潮中的企业营销新思维[M].北京:机械工业出版社,2016.

[②] 王晓然,陈韵哲.国家邮政局连夜介入顺丰菜鸟之争:要顾大局[EB/OL].[2017-06-02].http://tech.163.com/17/0602/07/CLTK83MU00097U7R.html.

[③] 尼古拉·尼葛洛庞帝.数字化生存[M].胡泳,范海燕,译.海口:海南出版社,1997.

[④] 凯斯·R.桑斯坦.信息乌托邦:众人如何生产知识[M].毕竞悦,译.北京:法律出版社,2008.

美国大选感兴趣,但并不知道你是支持共和党候选人还是支持民主党候选人,因此算法不一定会促进观念固化和偏见形成。第二,人是有主动性的,用户会订阅某些内容,也会取消订阅;会关注某个公众号,也会取消关注。第三,极化观念的形成需要封闭的信息环境,互联网时代很难有全封闭的信息环境。① 《我们真的生活在"信息茧房"中吗?》的作者肯定了"信息偏食"是存在的,并且自古有之,但是认为信息偏食并不一定能造成信息茧房,提出的理由也如同上述三点。② 一些学者,如 F. J. Zuiderveen Borgesius,通过实证研究,也认为目前缺乏足够的证据表明个性化算法会造成"过滤气泡"或信息茧房。③

而另一些学者的研究则肯定了信息茧房的存在。比如彭晓晓以微博作为研究对象,通过实证研究,发现不同组别用户的微博社会关系网络中明显存在区分性,不同组别用户在微博内容表达上也存在区分性,而且符合各自的组别划分属性,因此她认为信息茧房效应是存在的;但同时也指出,信息茧房的结构具有复杂性,用户仍然可能接触到多样化的信息内容,而不是一旦进入信息茧房中就再无突破的可能。④ 在国外,麻省理工大学的学者 Sagit Bar-Gill 等人采取实验法,构建了一个虚拟在线搜索环境,研究用户搜索观看 TED 视频的行为,他们认为高社交程度、重复先前相似内容的年轻阅读者容易陷入信息茧房。⑤

我们从上述不同的观点中,可以看出对信息茧房之所以存有争议,主要是因为信息茧房的形成需要经过一段较长的时间,而在这段时间中,可能促进或破坏信息茧房形成的因素具有多样性、多变性与复杂性,比如个人年龄的增长、生活情境的变化、主动性的自我调节、社交关系网络的变化、兴趣点的迁移等都会影响信息茧房的形成和持续,因此对信息茧房进行量化考察和明确判定是非常困难的。认为信息茧房存在的学者侧重于研究在一定条件下、一定时期内的信息茧房存在的可能性和影响因素。认为信息茧房不存在的学者基于促成信息茧房的形成因素复杂多变、难以稳定得出结论,他们的重点实则在于强调信息茧房形成的条件非常复杂,算法并不是导致信息茧房形成的唯一重要因素,但是并没有否认在特定条件下信息茧房形成的可能性,比如在相对封闭的信息流通情境下,对于自主性较弱的人是容易形成信息茧房的。综上所述,虽然对信息茧房仍有争议,但学界、业界比较一致的观点是,信息茧房在一定条件下、一定时期内可能形成并造成负面影响,信息茧房仍然是一种需要防范的重要伦理风险。

(2)信息茧房的危害。

对于信息茧房的危害,凯斯·R. 桑斯坦指出,信息茧房会导致回音室效应,即个人

---

① ItTalks. 到底有没有信息茧房?[EB/OL].[2017-09-27]. http://www. sohu. com/a/195111013_239273.

② 刺猬公社. 我们真的生活在"信息茧房"中吗?[EB/OL].[2019-06-11]. https://36kr. com/p/5214199.

③ Zuiderveen Borgesius F J, Trilling D, Moeller J, et al. Should We Worry about Filter Bubbles?[J]. Internet Policy Review, 2016, 5(1):1-16.

④ 彭晓晓. 信息时代下的认知茧房:广告业界与学界的"信息茧房"探析[D]. 杭州:浙江大学,2014.

⑤ Bar-Gill S, Gandal N. Online Exploration When Search Topic and Popularity Ranking Are Decoupled: Insights on Echo Chambers[EB/OL].[2017-08-14]. https://papers. ssrn. com/sol3/papers. cfm?abstract_id=3017442.

喜欢的事物、同意的观点会得到激励，就如同不停地听到自己重复的"回音"，而如果他们只听到自己的"回音"，听不到新的声音，则可能固化、深化社会偏见，形成对自由的潜在威胁。① 之后，众多学者陆续分析并阐述了信息茧房的危害，认为其主要表现在三个层面。

在个体层面，美国学者 Kathryn Jemison 和 Joseph Capela 在《回音室效应：拉什·林博和保守主义媒体的建设》中指出，在回音室效应中，观点相近的声音会被不断重复、强化，因此个体会对这个观点越来越深信不疑，从而导致个人观点的极端化。②

在群体层面，国内学者喻国明等提出，个体封闭将导致群体极化，即在群体层面形成极端化的观点："照此推理，'回音室效应'会导致人们成为认知上的'井底之蛙'，误把'私域'（某圈层）的事物和观点等同于'公域'（全社会）的事物域观点，进而形成'刻板成见'并在圈层以外的意见与观点对冲时或感到迷惑茫然，如同见到无法理喻的'外星人'，或走向认知上的极端和表达上的极化，成为群体化事件的温床。"③

在社会层面，群体极化最终将造成公众理性批判的缺失，削弱社会黏性，深化社会分裂。④

6. 流量劫持

流量是大数据时代衡量商业变现价值的重要指标，在流量上动手脚的方法除了数据造假之外，还有一种就是流量劫持。如果说数据造假是把无变成有，流量劫持就是把别人的变成自己的。流量劫持的本质是不正当地利用技术手段使得本应该属于他人的网络流量被迫流入特定的对象。⑤

流量劫持的表象日趋隐蔽化、复杂化，主要表现在以下几个方面。

（1）强行劫持用户访问其他网站。

2014年，一家提供网址导航服务的网站2345.com发现，用户在登录2345.com的时候，会自动跳转到另外一个导航网站——5w.com，于是向上海警方报案。2014年11月，两名作案者向警方自首，承认从2013年底到2014年10月，他们租赁了多台服务器，使用恶意代码修改网络用户路由器的DNS(domain name system)设置，强行劫持2345.com的用户访问5w.com，他们通过向5w.com网站的所有者出售流量，在不到一年的时间内获取了75.47万元的收入，两名作案者中一人为大学生，另外一人为高中生。

这个案例最终被上海市浦东法院认定为刑事犯罪，这也是中国首次把流量劫持认定为刑事犯罪，法院认为二人已经构成破坏计算机信息系统罪，均应处以五年以上有期徒刑，但考量二人的自首情节，最终判处两人缓刑。⑥

---

① 凯斯·R.桑斯坦.信息乌托邦：众人如何生产知识[M].毕竞悦，译.北京：法律出版社，2008.
② 许志源，唐维庸.2016美国大选所透射的"过滤气泡"现象与启示[J].传媒，2017(16)：54-56.
③ 喻国明，曲慧."信息茧房"的误读与算法推送的必要——兼论内容分发中社会伦理困境的解决之道[J].新疆师范大学学报（哲学社会科学版），2020，41(1)：127-133.
④ 胡婉婷."信息茧房"对网络公共领域建构的破坏[J].青年记者，2016(15)：26-27.
⑤ 钱海玲，张军强.流量劫持不正当竞争行为的司法规制[J].法律适用·司法案例，2018(22)：95-106.
⑥ 陈伊萍，王治国.流量劫持首次被认定为犯罪：两年前百度曾为此起诉360[EB/OL].[2015-11-10]. https://www.thepaper.cn/newsDetail_forward_1395021.

(2) 强行篡改他人网页内容为自己牟利。

2017年,2345.com的拥有者起诉了金山毒霸的开发和运营商,原因是从2014年开始,金山毒霸软件在安装、运行和卸载环节,利用不同的技术手段,擅自把用户在浏览器中设定的2345.com网址导航主页篡改为毒霸网址大全。比如用户在点击金山毒霸软件"垃圾清理"中的"一键清理"功能,或者点击"一键云查杀""版本升级""浏览器保护"任意一种操作后,其在IE浏览器中设置为主页的2345.com网址导航,都会自动被篡改为毒霸网址大全,而如果用户使用的是猎豹和搜狗浏览器,却不会出现上述的篡改结果。而且用户在安装金山毒霸的过程中,一般会弹出一个"设置毒霸导航为浏览器主页"的选项,但是无论用户默认勾选还是去除勾选"设置毒霸导航为浏览器主页"选项,原先设定的2345.com网址导航主页均会被篡改为毒霸网址大全。除此之外,金山毒霸软件在运作过程中,会弹出"开启安全网址导航,防止误入恶意网站"弹窗,利用用户担心误入恶意网站的心理,诱导用户点击"一键开启",只要用户点击了这个操作,金山毒霸便会将2345.com网址导航主页篡改为毒霸网址大全。

上海市浦东法院在一审判决中,认定金山毒霸利用其作为安全软件的属性和消费者对其安全防护功能的信任,直接侵害了用户的知情权、选择权,以及2345.com拥有者的合法权益和商誉,构成了不正当竞争,判处金山毒霸方赔偿300万元人民币。①

(3) 秘密劫持用户cookie,操纵用户账号。

瑞智华胜公司是一家在新三板挂牌上市的公司。这家公司从2014年开始与电信、移动、联通、铁通、广电等运营商签订合同,向各运营商提供精准营销广告投放系统的开发维护服务,因而获得了各运营商服务器的远程登录权限。在服务过程中,瑞智华胜公司将恶意程序放在运营商内部的服务器上,从中劫持各大运营商用户的cookie数据,在用户不知情的情况下登录用户账号,操控用户账户加粉、刷量、加群,进行恶意弹窗推广等,其旗下一家公司一年的营收就超过了3000万元。而遭到劫持的用户会发现自己的微博账号经常会关注陌生的账号,或者给自己从没看过的内容点赞、留言、转发,QQ会添加陌生的好友和群,手机也会收到垃圾广告弹窗、短信;而且即使取消关注、点赞、删除留言、转发、退出群之后,上述账号被操纵的情况依然会发生。②

(4) 通过误导、诱导用户的方式把流量引入特定对象。

搜狗公司经营搜狗输入法和搜狗搜索引擎。2015年12月,搜狗公司推出的安卓版搜狗手机输入法开始提供"搜索候选词"服务,"搜索候选词"排列在输入法界面的"输入候选词"上方,用户点击搜索候选词可以直接跳转进入搜狗搜索结果页面。比如用户本来打算使用百度来搜索一个关键词,由于用户使用的是搜狗输入法,它在使用搜狗输入法打出关键词时,搜狗输入法弹出了搜索候选词的界面。用户有可能觉得直接点击搜索候选词更加方便,又或者因为搜索候选词界面覆盖了百度的搜索框,还有可能是用户以为搜索候选词功能是百度的新功能,因此选择了点击搜狗的搜索候选词,于是这一位用户就被搜狗拦截了。

---

① 陈伊萍,田思倩.一键查杀后主页竟变了,金山毒霸因不正当竞争被判赔300万[EB/OL].[2017-08-10]. https://www.thepaper.cn/newsDetail_forward_1759165.

② 丁国辉.上市公司窃取30亿条用户数据:竞标运营商广告服务获取流量[EB/OL].[2018-08-20]. https://www.thepaper.cn/newsDetail_forward_2361893.

同样经营搜索引擎的几家公司——奇虎360、百度、动景和神马联合把搜狗公司告上法庭。几家原告公司认为,如果用户打开百度或奇虎360的网页、动景的UC浏览器顶部搜索栏时,就表明用户已经选择了搜索引擎服务,而搜狗公司的搜索候选词会使用户混淆服务来源。

2019年6月,北京海淀区法院宣判,法院虽然认可了搜狗的技术创新,但仍认为,搜狗公司没有添加与搜索经营者相关的明显标识,通过搜索候选词将用户引导至同样没有明显标识的搜索结果页面,劫持了本属于原告的搜索用户,影响了用户选择的方式,应缴纳3000万元人民币的罚款。搜狗公司则对这个结果表示遗憾,表示将会继续上诉。①

从上述案例中可以看出,随着流量红利的日趋下降,获取流量的成本越来越高,争夺流量的竞争也愈加激烈,劫持流量的技术手段和方式随之日益增多:从以计算机及网络硬件为劫持对象,到以计算机及网络为劫持媒介,再到混淆用户认知、诱导、误导用户行为,隐蔽性越来越强,复杂性也越来越高。

流量劫持的危害主要表现在以下三个方面。

其一是对用户的伤害。从上述案例中可以看出,流量劫持侵犯了用户的知情权和选择权。更为严重的情节是劫持者在劫持流量的同时可能窃取用户的隐私,比如瑞智华胜的案例,这就会进一步侵犯用户的隐私安全、财产安全和人身安全。

其二是对计算广告行业的伤害。劫持流量投放网络广告会导致用户对计算广告的反感和厌恶,降低社会对计算广告的信任。2015年,腾讯、奇虎360、小米科技、新浪微博、美团大众点评、今日头条等互联网公司共同发表《六公司关于抵制流量劫持等违法行为的联合声明》,有业内人士解读这份声明针对的就是运营商,认为运营商作为重要的渠道提供者,应该对流量劫持的监管和打击负起责任。在这次事件中,出现了一个有意思的小插曲,一个微博网友在查看这份声明的时候,突然收到了某电信运营商的弹出式广告,这个小插曲像段子一样在网络上流传,网友纷纷惊叹运营商的"精准投放"能力"逆天"。② 其实没有任何证据表明这则弹出广告和流量劫持有关系,放在其他情境之下可能就是普通的弹出式广告,但是在这个情境中却被网友解读出了反讽的意味,表明网友因流量劫持已经对运营商的弹出式广告产生了负面的情绪。

其三是激化恶性竞争,伤害商业生态。在现代商业环境中,流量作为商业变现的重要价值指标,本身就具有资产的属性。因此劫持流量,在一定程度上相当于侵占了其他公司的资产,阻碍了其他公司的经营。随着流量红利消失,流量劫持的成本远远低于通过正当手段获取流量的成本,如果不加强对流量劫持的打击和处罚,使用流量劫持的公司会击垮正当获取流量的公司,或者倒逼原本正当获取流量的公司不得不采取流量劫持的手段应对竞争,从而导致"劣币驱逐良币"的恶性竞争局面。长此以往,行业创新也将无以为继,并严重破坏商业生态。

(二) 计算广告的伦理治理

应对计算广告的伦理问题和风险,需要多元参与、多层设计、共同治理的体系化方

---

① 陈宇曦.搜狗回应"涉流量劫持被判赔2000万":结果遗憾,将上诉[EB/OL].[2019-06-28]. https://www.thepaper.cn/newsDetail_forward_3791972.
② 吴俊宇.6公司抵制流量劫持:虽有私心但依旧有利行业[J].通讯世界,2016(1):8.

案,主要有以下两方面的原因。

第一,计算广告伦理治理的目标并不是解决单个问题及降低某种风险,而是优化整个产业生态。从前文所述的计算广告伦理问题及风险可以看出,任何一种计算广告伦理问题及风险,都不是偶发的、单一的,而是并发的、相互依存的。比如数据孤岛容易导致算法歧视;再比如瑞智华胜的案例,这家公司不仅劫持供应商的流量,而且对这些流量数据进行了清洗和分析,得到了用户账号,这就涉及对用户的隐私侵犯,在用户不知情的情况下使用用户账号刷单、点赞、转发、关注,又涉及对广告商、投资商的数据造假。因此在治理实践中,我们不能仅仅针对某一种现象,或者某一个问题,而是需要把整个产业生态和产业价值链纳入考量,系统性、层次性、结构性地设计体系化的治理方案。

第二,计算广告伦理治理的难点在于常常涉及异质性的利益主体和多元化的价值关切。比如在治理中,就无法割裂或单独考量隐私侵犯和数据孤岛这两个伦理问题。正如案例所阐述的,当企业通过并购方式合并数据源时,存在防范数据孤岛和保护个人数据隐私的两难情境。合并数据源固然可以打通数据壁垒,提高数据运用价值,但是也有确认个人身份数据、侵犯个人数据隐私的风险。如何平衡不同利益主体、取舍不同价值关切,需要不同的利益主体参与多元共治。

下文中,我们将因循上述思路,阐释在多元共治的产业生态体系中,每一个主体角色及其承担的功能作用。

1. 政府监管

不同于企业或公众,政府负责整个国家的运行和管理。政府不能只考虑眼前的或仅与自身有关的事情,政府的着眼点是国家发展的需要、国际竞争的需要。除此之外,政府还需要考虑一套技术体系的发展,或者一套政策体系的推出,对经济、税收、文化以及国家安全会有什么样的影响。

政府监管对计算广告的伦理治理主要从以下三个方面发挥作用。

第一,根据国家发展需要,制定符合大局利益的产业发展战略规划,发挥宏观层面的价值导向作用,引导、调适计算广告伦理治理中的价值取向。在面对计算广告的伦理困境时,不同国家和地区,根据自己的文化背景和发展需要有不同的价值取向,比如欧洲,在个人信息数据开发与保护政策上,更偏向对个人数据和隐私的保护,制定了全球最严格的个人数据保护条例,而美国则更偏向于个人信息数据的开发与运用。我国也有依循自身国情和发展需要的价值取向,这需要政府在顶层设计层面发挥作用。另外,在不同主体利益发生冲突时,政府需要站在大局利益层面调停冲突,调适不同主体的利益。比如在数据孤岛问题中,菜鸟和顺丰因利益冲突互相封锁数据,不仅对大量商家、消费者都产生了负面影响,而且可能危及地方农业。在这种较为极端的、突发的、负面影响相当大的、波及范围非常广的重大事件中,政府出面可以稳定局面,遏制灾难性的影响持续扩大。

第二,制定、完善专门的法律法规,为数据技术的发展及其在各产业领域的应用奠定规范化、制度化的基础,明确各利益主体的责任、权利、义务,为权益受到侵害的企业和个人提供法律救济机制。比如我国的《广告法》《互联网广告管理暂行办法》《信息安全技术个人信息安全规范》等法律规范,为计算广告行业发展提供了必要的制度化管理基础。但目前面对新技术的快速发展,新现象、新问题的急速涌现,相关法律仍有待完善。以算法型价格歧视为例,《价格法》对"大数据杀熟"无能为力,因为"大数据杀熟"不构成《价格法》中的价格欺诈,也谈不上侵犯消费者的自主选择权;至于《价格法》中禁止的价格歧视只适用于经营者对经营者的歧视,而不适用于经营者对消费者的歧视;而《反垄断法》中所禁止的价格歧视,其构成条件之一是经营者必须具有市场支配地位,如果实施"大数据杀熟"的企业不具有市场支配地位,并且针对的仅仅是消费者,现有法律则对其完全无可奈何。①

第三,组织开展集中、专项整治活动,有利于遏制严重的伦理失范趋势,打击重大的伦理失范行为,站在整个产业生态和价值链的高度整顿伦理秩序,肃清伦理风气。比如,国家版权局联合国家互联网信息办公室、工业和信息化部、公安部共同启动"剑网2018"专项行动,首次提出将重点打击自媒体通过洗稿方式抄袭、剽窃、篡改、删减原创作品的侵权行为,并规范搜索引擎、浏览器、应用商店、微博、微信等涉及的网络转载行为,对全行业整顿数据造假有良好的规制作用和示范效应。

虽然政府监管能发挥重要作用,但是单靠政府监管无法一蹴而就地解决所有问题。一方面是因为当下的数据技术发展与应用远远快于法律的制定,正如斯皮内洛所说的,法律在本质上是反应性的,法律与法规很少能预见问题或可能的不平等,而是对已经出现的问题做出反应,通常,反应的方法是极为缓慢的。② 因此很多新问题、新风险可能会处于一个法律之光还未遍及的灰色地带。另一方面是因为寻求法律救助者的诉讼成本远远高于违法者的违法成本。以算法歧视为例,如果算法对劳动者造成了就业歧视,我国劳动者提起就业歧视诉讼,必须证明用人单位直接实施了法律禁止的歧视行为,而由于算法的隐蔽性、复杂性、模糊性,对于个体劳动者来说举证是非常困难的。再比如,数据造假问题中,如果原创作者发现自己的内容被抄袭、搬运,通过法律手段来维权,过程十分漫长,而一篇网络红文的热度持续时间则非常短。正如版权服务机构"维权骑士"负责人陈敛所说,在互联网时代,不用说一周,就是三天,其实热度就已经过了,(抄袭者)该挣得的收益和流量都已经挣到了。③ 在数据劫持问题上,奇虎360法务部高级法务顾问也有过类似表达,手机流量劫持有很强的隐蔽性,无论是从经营者的角度,还是从消费者的角度,被劫持行为的辨识度并不高。而从诉讼的角度来说,诉讼时间一般较长,到真正的判决生效,可能一两年就过去了。但是,相应的手机端产品的寿命却很短,游戏的寿命可能为几个月或半年,其他软件的寿命可能会更长一点,劫持如果做得特别快,能够在很短时间内改变竞争产品和竞争格局,这个对企业来讲损害很大。④ 因此,在治理过程中,还需要依靠其他参与者的力量。

2. 行业规范

行业性组织体系指由同行业中,不同经营单位、教学、研究机构以及其他相关团体共同自愿形成的非营利性的社会组织体系,比如中国广告协会。行业性组织体系具有联结政府管理机构、企业、学界和媒体的平台身份和中介角色。

---

① 王秋瑞."大数据杀熟"似乎犯了众怒,但真的违法吗?[EB/OL].[2019-03-14].https://www.thepaper.cn/newsDetail_forward_3132993.

② 理查德·A.斯皮内洛.世纪道德:信息技术的伦理方面[M].刘钢,译.北京:中央编译出版社,1999.

③ 高磊,韩文旸.网络"洗稿"成产业链:几秒炮制爆款文章,月入上万[EB/OL].[2018-08-29].https://www.thepaper.cn/newsDetail_forward_2390463.

④ 陈卓.手机流量被劫持成消费者和业界"痛点",专家为企业指点迷津[EB/OL].[2018-04-02].https://www.thepaper.cn/newsDetail_forward_2055095.

行业规范主要发挥以下三个方面的作用。

第一,在行业层面制定公约,在解决新型互联网争议、补充法律法规等方面具有重要价值。正如前文所述,面对快速发展的新技术、快速涌现的新问题,法律法规可能无法立即跟进,或者在一些概念、界定上模糊或不确定。行业公约则相当于一个行业内的普遍认知,有利于引起司法的重视,也有利于明确司法裁定考量,推动立法的进程。比如,针对数据造假中的洗稿现象,就有学者建议,由行业协会发起"反洗稿联盟",邀请业界、学界联合制定洗稿的常识性认定方式①,接下来再逐步促进对洗稿的法律性认定。

第二,在行业层面能够组织、敦促建立评估、问责体系,成立第三方信用评价、验证机构。以算法歧视为例,要解决算法黑箱模糊性、隐蔽性和复杂性的问题,除了事后的补救和惩戒措施之外,还需要建立事前的问责机制。算法设计者、开发者、拥有者需要披露算法的目标、应用情境、训练和使用数据集源头等,而增加算法的透明度涉及企业的商业机密,这就需要一个具有权威性的第三方成为问责和评估机构。行业协会具有联结政府管理机构、企业、学界和媒体的平台身份和中介角色,非常适合组织、敦促建立第三方问责和评估机制及验证机构。再比如,在数据造假案例中,很多企业都以"一言堂"的形式公布用户数据,缺少独立第三方机构对其进行评价与审核,行业发展亟待第三方信用评价和验证机构的成立。2014年以来,中国广告协会互动网络分会在互联网广告标准领域开展了一系列工作,《中国互联网定向广告用户信息保护行业框架标准》和《中国移动互联网广告标准》的发布和实施都对互联网广告的规范化发展起到了一定的支持作用。2016年8月,中国媒体评估委员会(CMAC)成立,这也是提高数字广告领域各参与方服务和流程标准化和规范化水平,减少广告流量欺诈和数据造假对广告市场造成损害的重要举措之一。

第三,在行业层面能够推动专业伦理建设,有利于推动从业者的个人自律。专业伦理是专业团队针对其专业特性研究发展出来的道德价值观与行为规范。专业伦理规范的主要目的,即在协助专业人员遇到两难问题时,有保持立场的准则,并明确社会责任。同时,专业伦理规范也可以使本专业得到保障,不至于因为从业者个人的不道德行为损害专业地位。②

3. 舆论监督

舆论监督是指党和人民通过媒介对社会进行检查和督促。舆论是社会评价和社会心理的集中体现。它具有人民性、开放性、广泛性,在计算广告的行业生态中代表公众的一方。

第一,舆论监督能够平衡由数据鸿沟和技术鸿沟导致的不平等权力格局。当代数据和人工智能技术日新月异,由这些技术做出的决策或导致的行为结果很难被审查或质询,比如在人们受到算法歧视后,其实很难获得有效的救济,甚至都不一定会发现自己被算法"算计"了。就本质而言,技术正逐步演变为一种权力。技术的掌握者、数据的拥有者的权力和公民个人的权利之间出现了严重的不平衡。舆论因其代表公众的角

---

① 张洁.国家首次提出打击洗稿!洗稿之痛,到底痛在哪里?[EB/OL].[2018-07-16].https://36kr.com/p/5143510.

② 胡振宇.国内数字营销伦理乱象探因与治理——基于数字营销从业精英的访谈[J].当代传播,2018(5):80-84.

色,对平衡权力格局、抑制技术权力有重要作用。

第二,舆论反映社会心理和社会评价,因此舆论监督有利于提升企业和个人违规违法的社会成本。正如前文所说,很多违规或违法行为的成本远远低于收益。比如数据流量造假,根据《纽约时报》的实验,造假的收益是造假成本的200%以上;再比如,在前文提及的一个流量劫持案例中,一个大学生和一个高中生在不到一年的时间里通过数据劫持获取75.47万元的收入。而舆论监督有利于提升违规或违法的社会成本,比如对个人制造同侪压力、降低个人自尊,对企业削弱社会声誉、减少资本投资意愿、影响股票价格。

第三,舆论监督虽然不具有强制性,但有助于辅助、督促企业建立自律规范。根据自我决定论对自律形成的理论,在外在规制完全内化成内在规制之前,需要一些与认同相关的酬赏惩罚来促进自律的形成。① 对于企业来说,强制性的法规就是外在规制,违反了强制性的法规更多的是对经济方面或权力方面的惩处;舆论监督对企业在经济方面当然也有影响,但同时关系到社会是否接受企业的身份,是否认同企业的价值,是否认可企业的品牌。比如脸书被舆论指责以歧视的方式投放目标广告后,脸书提出了对广告定位系统进行的5项重大改革。② 如果没有舆论监督,期待所有公司完全自发性守法是不现实的。

舆论监督包括以下三种方式。

第一种是媒体监督。以美国的新媒体ProPublica为例,ProPublica通过搭建算法,调查亚马逊(Amazon)的定价体系,他们发现亚马逊给用户优先推荐的是自有品牌产品,而不是性价比最高的产品。ProPublica还调查了脸书上的广告,他们发现在2016年,脸书允许广告商排除特定种族、年龄的受众,比如允许房地产广告商专门投放给"犹太人仇恨者",或者防止老年人看到招聘广告。这则报道引起了轰动性的效果,后来脸书声明他们建立了一个系统拒绝歧视性广告,取消了像"犹太人仇恨者"这样的标签,并承诺将更好地监控广告目标类别。ProPublica被Fast Company形容为科技巨头最怕的组织。③ 有了像ProPublica这样的媒体,企业才能从"宣称自己不作恶"到"不敢作恶"。

第二种是公众监督。比如在隐私侵犯案例中,欧盟首次以最高法院裁定的方式,把"被遗忘权"纳入网络公司保护用户隐私的义务之一,这起因于西班牙籍男子冈萨雷斯向西班牙信息保护机构投诉,要求谷歌公司移除11年前涉及自己财产拍卖的报道链接。由此可见公众监督有助于促进立法。再比如,在数据劫持案例中,警方对上市公司瑞智华胜的关注和侦查,就始于收到多例来自个人和企业的相似报案,因此公众监督还有助于促进司法监管。还有一个例子是在算法歧视领域中,2017年5月,美国一位房主把二手房销售网站Zillow告上法庭,这位房主认为该网站使用的自动估价算法严重低估了其房产价值,造成其二手房几年内无法以合理价格出售。法院要求Zillow公司

---

① Ryan R M, Deci E L. Self-determination Theory and the Facilitation of Intrinsic Motivation, Social Development, and Well-being[J]. American Psychologist, 2000, 55(1): 68-78.
② 谭婧. 连广告都瞧不起人?脸书公司从管理到算法,整改歧视性广告[EB/OL]. [2019-08-03]. https://t.cj.sina.com.cn/articles/view/3276786337/c34fcaa100100dqmm?from=tech&subch=internet.
③ Schwab K. ProPublica为什么是Facebook、Amazon等科技巨头最怕的新闻媒体?[EB/OL]. [2018-02-17]. http://www.sohu.com/a/223071019_114778.

对算法进行解释,并且强调算法决策的过程是要能被有效解释的。① 这个案例则展现了把向用户解释算法纳入算法拥有者的义务,可以防止算法拥有者滥用其技术优势和信息优势,从而抑制算法权力。

第三种是发挥市场机制,让同行企业之间互相监督。比如,国内知名数据研究机构艾瑞咨询曾联合美柚 App 发布《2017 年中国女性生活形态研究报告》,就被大姨妈 App 质疑可能弄虚作假。大姨妈和美柚都是女性经期及健康管理 App。报告显示,美柚的月度总有效使用时长占据所有经期管理类 App 的 95%,这也意味着,大姨妈等其他经期管理 App 的阅读有效使用时长加起来还不到 5%,这被大姨妈指责为"收钱说瞎话"。② 再比如,在数据劫持案例中,奇虎 360、百度、动景和神马联合把搜狗公司告上法庭,引发了公众和法律界对诱导性的数据劫持的关注。

4. 企业自律

企业是推动产业发展和技术创新的重要动力,很多科技的创新都是基于企业自身生存、发展、竞争需求而出现的。过于强硬且紧绷的他律,可能会遏制企业的创新和技术的发展,而企业自律有助于平衡国家权力和企业能动性之间的关系。

第一,计算广告产业中,企业因经营发展的需要而收集、使用数据及数据技术,这些数据和技术本就属于企业自治范畴。他律的干预是为了防止对数据和技术的滥用,而过度的他律干预则可能侵入企业自治的范畴,干涉企业经营自由。因此从这个角度说,国家公权在行使他律时应该保持克制的态度,同时积极引导、辅导,使企业形成自律机制。

第二,政府和法院在相关的数据、技术以及知识和应用层面上也存在缺陷和不足。法规监管总是落后于实践,因此自律在这个层面上也可以一定程度上弥补法律的不足之处。比如 2017 年 11 月,由华为、小米、oppo、vivo、腾讯、阿里巴巴、百度、奇虎 360 等在内的首批 16 家企业共同签署的《移动智能终端应用软件分发服务自律公约》,就被法律专家认为对相关法律概念的界定与司法判定有重要的价值。③

第三,企业自律有助于提升文化凝聚力,提高组织经营的效率。学者胡振宇对国内数字营销从业人员进行访谈,很多从业者都主动提及和强调了对数字营销专业性的重视,他们看重自己的专业能否得到市场价值的认可和来自社会的尊重,他们对企业建立理性的自律规范和专业标准怀有期望。④ 企业如果建立自己的自律规范和专业标准,能够提升内部员工对自身专业形象的认同,也能够提升社会对员工的专业尊重,从而有助于提升文化凝聚力,提高组织经营的效率。

第四,企业自律有助于提升企业自身的社会声誉,增强社会认可和信任。比如,日本为促进企业建立保护个人数据隐私方面的自律机制,运作了一个名为 P-Mark 的制度。如果企业对个人数据的处理方式及技术,经过评价被认定符合日本工业标准的相

---

① 郑智航,徐昭曦.大数据时代算法歧视的法律规制与司法审查——以美国法律实践为例[J].比较法研究,2019(4):111-122.
② 王林,张均斌.数据造假成"套路"最终受伤的是谁[N].中国青年报,2018-11-06.
③ 陈卓.手机流量被劫持成消费者和业界"痛点",专家为企业指点迷津[EB/OL].[2018-04-02]. https://www.thepaper.cn/newsDetail_forward_2055095.
④ 胡振宇.国内数字营销伦理乱象探因与治理研究——基于数字营销从业精英的访谈[J].当代传播,2018(5):80-84.

关要求,企业将会获得一个 P-Mark 的认证标识,这个标志可以在企业的经营活动中使用。公众可根据这个标识判断企业对个人数据隐私的保护是否符合标准,因此对于提升公众的信任和认同有重要的作用。为了取得这项认证,很多企业都建立了相关的自律规范和专业标准。①

5. 个人修养

计算广告产业生态中的每一个主体,无论是政府、企业、媒体、教学研究单位、其他非营利性团体,还是公众,都是由个人组成的,无论是政府监管、行业规范、舆论监督还是企业自律,都需要具有相关知识、能力、道德修养的人才。因此可以说,个人修养是伦理治理体系的内在保障,个人修养决定了伦理治理体系运作的有效性。数据及数据技术的开发者、使用者、管理者、研究者、决策者都应具备数据和技术相关的知识、能力、意识。

以算法歧视为例,根据前文算法歧视案例可以看出,算法是人类大脑的延伸,算法歧视的本质是人类根深蒂固的偏见。因此正如麦肯锡的报告中指出的,关于机器学习,最危险的特性是不需要人类持续的干预。如果把使用算法看作打理花园,会让算法运作得更好。② 换言之,缓解、消除算法歧视问题离不开个人的努力,每个位置角色都需要掌握一定的知识,具备一定的规范意识。算法科学家必须具备防范歧视的意识,在构建数据样本时就把样本的偏差最小化,在算法中嵌入预防歧视和歧视产生的应对机制;算法使用者则需要了解算法的缺点,避免提出无效问题,或者提出导致算法歧视的问题;算法决策者和监管者则要懂得何时使用算法,何时不应该使用算法,他们还要能够理解算法监测报告,挑战算法假设。

在隐私侵犯问题中,用户要提高防范隐私侵犯问题的意识,防止拥有数据和技术权力的企业巨头有恃无恐地侵犯处于弱势的个人的隐私。根据调查,对于自己上网的数据被互联网平台用作大数据分析和广告投放这一情况,43.57%的网络用户表示"完全不知道",38.60%的网络用户表示"好像听说过",仅有 17.84%的网络用户表示"明确知道"。可见就目前而言,我国网络用户在企业发布的相关隐私条款中即使勾选了"同意"选项,对于隐私权利的认知和保护意识也十分缺乏。③

正是基于提升公众修养的重要性和急迫性,各国都在公众教育上做出了部署。2016 年,美国总统办公室发布重要报告《为人工智能的未来做好准备》,建议全体美国公民准备接受人工智能教育,建议对 AI 从业者进行道德教育和技术培训。2017 年,我国在《新一代人工智能发展规划》中,也提出鼓励实施全民智能教育项目,在中小学阶段设置人工智能相关课程,逐步推广编程教育,建设人工智能学科等。

6. 技术防范

计算广告的伦理治理是要防范人对技术的误用和滥用,技术本身也可以在其中发

---

① 范姜真媺.他律与自律共构之个人资料保护法制——以日本有关民间法制为主[J].东吴法律学报,2009,21(1):163-200.

② Baer T, Kamalnath V. Controlling Machine-Learning Algorithms and Their Biases[EB/OL].[2017-11-10]. https://www.mckinsey.com/business-functions/risk/our-insights/controlling-machine-learning-algorithms-and-their-biases.

③ 李明文,柏茹慧.原生广告伦理问题及其解决路径——基于消费者感知的实证分析[J].中南民族大学学报(人文社会科学版),2019,39(1):175-180.

挥重要作用。

比如在算法歧视领域,2018年5月,脸书公司推出了Fairness Flow技术,如果算法根据一个人的种族、性别或年龄对其做出不公平的判断,会自动发出警告;同年9月,谷歌推出了What-If工具,它具有偏见监测功能;同年10月,IBM公司推出了一套基于云端的全自动化套件——AI Fairness 360,它能够帮助用户了解AI系统如何制定决策并提供调整建议——例如算法调节或者数据平衡,从而缓解偏见的影响。①

再比如,在数据造假问题上,区块链技术可以通过记录分布式账本解决数据可信度的问题,也能从根源上杜绝数据造假。以BitTeaser为例,它是一个基于区块链的广告系统。这个广告系统的广告投放效果不是以IP来计算的,而是以观看者和点击者的数字身份来验证,区块链的技术特性让黑客和水军公司很难像批量生产假IP一样伪造数字身份。②

在数据孤岛问题上,区块链技术被认为有巨大的应用前景。传统的数据生态系统中,大量的用户数据存储在各大运营商的一个个大型数据服务器中。区块链可以把用户赋权作为突破口,通过区块链中分布式计算存储、加密算法、共识机制和点对点传输等核心技术来平衡各参与主体之间的权责和利益关系,重构数据市场主体的相互关系。目前已经投入实际应用的个人数据区块链平台有公信宝打造的GXChain、京东万象和网易星球。③ 在这样的平台上,数据生产者、使用者、拥有者可以实现三方共治数据账本。使用者可以在使用数据时获得用户同意授权,按照数据受益的一定比例与用户分成;用户可以通过密钥来对个人数据进行保护与授权,并辅之数字签名和"时间戳"来确保数据真实且不可篡改,这样一来,合理的分配机制和安全保障有助于提升不同利益主体之间的信任度和共享意愿,从而破解数据孤岛问题。

本章从两个部分阐释了计算广告的伦理课题。第一个部分总结了计算广告面临的六大伦理问题与伦理风险:隐私侵犯、算法歧视、数据造假、数据孤岛、信息茧房、流量劫持。在总结这些伦理问题与伦理风险的过程中,厘清了一些更为基本的、具体的概念,比如隐私、歧视、算法、流量等,也针对每一个伦理问题与伦理风险,尽可能详实地梳理阐述了相关的典型案例,通过对案例的剖析,力图在读者面前,清晰、有脉络地呈现这些伦理问题与伦理风险的形成原因,以及它们对个人生活和社会发展可能造成的深远影响。

第二部分则提出对计算广告伦理问题与伦理风险的治理。首先分析了计算广告伦理问题与风险的两个深层性质:一方面,计算广告的伦理问题与伦理风险并不是偶发性的、单一性的,而是并发性的、系统性的;另一方面,计算广告伦理涉及多方异质化的利益主体和多元化的价值关切。针对计算广告伦理问题与伦理风险的这两种性质,继而提出了多元参与、多层设计、共同治理的体系化方案,参与主体和治理方式主要包括政府监管、行业规范、舆论监督、企业自律、个人修养和技术防范。

在广告的发展进程中,计算广告无疑是一个具有重大开创意义的节点,它的确可以

---

① Kyle Wiggers.算法偏见就怪数据集?MIT纠偏算法自动识别"弱势群体"[EB/OL].[2019-01-28]. https://www.jiqizhixin.com/articles/2019-01-28-11.
② 晏子盈.从数据角度看广告业的媒介地位[J].新媒体研究,2018,4(20):112-113.
③ 周茂君,潘宁.赋权与重构:区块链技术对数据孤岛的破解[J].新闻与传播评论,2018,71(5):58-67.

提高广告行为和商业运营的效率,也可以为人们的消费及生活的其他方面带来便利。很多企业和个人因看到计算广告带来的巨大发展机会,而以极大的热情拥抱、学习这项新技术,这本身当然没有问题。但同时值得警醒的是,计算广告带来的伦理问题与伦理风险也不应该被忽视。社会中的每一个个体,包括相关的管理者、设计者、使用者、决策者等,在计算广告的生态体系中要承担自己角色的治理责任与义务,这样才能让我们每一个人真正受惠于新技术和新时代。

◇【案例】菜鸟与顺丰:从数据分享到数据封锁

二维码

扫描二维码
查看案例详情

二、计算广告的法律规范

《互联网广告法律问题研究》一书曾指出,媒介网络化、信息数字化、传播全球化造就了多元化的复杂广告媒介环境。互联网广告的新技术不断翻新,从早期的展示广告到程序化购买广告,再到信息流广告,新形式层出不穷,创意愈加丰富。立法始终落后于互联网广告的发展,法律稳定性与互联网广告快速发展之间的矛盾日趋深化。①

计算广告日益兴起的同时,也随之出现了一系列的新现象与新问题,如何在法律规范的框架下顺利完成计算广告业务,成为人们关注的重点。尽管法律会滞后于技术的发展,但我们仍要不断尝试探索制定新的广告规制,因为只有保证计算广告业务流程的合法性与规范性,才能促进广告业的健康发展,才能保护消费者的合法权益,进而维护我国数字经济有序发展。

笔者在此通过探讨国内外相关法律和行政法规的立法理念、规范内容、法律责任及法规执行机制等,结合我国计算广告行业发展的实践经验,试提出构建我国计算广告的相关立法思路与立法重点。这既有利于完善我国相关法律建设,促进数字经济发展,也有助于提升我国参与制定国际数字经济活动规制的影响力。

(一)国内外相关法律法规

众所周知,广告信息传播活动可以促进国家的社会经济发展,各国往往运用法律方式对此进行监管调控。近年来,随着大数据、云计算、人工智能、物联网等新技术的发展,数据信息的收集、存储、流动等成为社会公共服务及商业服务的重要基础资源。各个国家和地区纷纷通过法律、行政法规等规范性文件及相关条文对以数据和技术为支撑的互联网广告信息传播活动进行直接或间接的控制和管理。以个人信息数据的法规管理为例,《法治政府蓝皮书:中国法治政府发展报告(2018)》指出:截至 2018 年,全球近 120 个国家和独立的司法管辖区已采用全面的数据保护或隐私法律来保护个人数据,另有近 40 个国家和司法管辖区有待批准此类法案或倡议。据不完全统计,截至

---

① 刘双舟,杨乐.互联网广告法律问题研究[M].北京:中国政法大学出版社,2019.

2017年8月,世界上拥有个人信息保护法的国家(地区)近90个。①

学者刘庆振、赵磊指出,计算广告的技术和数据驱动特征使得广告业务流程的各个环节和细节已经进行精确的量化,但是客观的量化数据结果尚未和主观的质化价值判断完美结合在一起发挥效果;广告跨屏传播、全媒体传播的需求已经推进产业进行了大量的尝试,但是整体统一的广告生产机制和评价指标体系尚未建立,因而也就无法形成一个良性循环的计算广告生态系统。② 国内外现有法律和行政法规尚未直接出现"计算广告"这一名词概念,但不少法规条文已经对计算广告活动中可能存在的虚假广告、数据垄断、信息泄露、用户隐私、不正当竞争等违法行为进行了约束。本部分内容就是基于此,从国内和国外两方面对相关法律和行政法规进行归纳总结。

1. 国内相关法律与行政法规

广告法律和行政法规既是行业健康运作的保障,又是法治社会的必然要求。早在2000年,国务院就颁布了《互联网信息服务管理办法》,这体现了国家对网络信息传播管理的重视。2015年修订后的《广告法》明确将互联网广告纳入其调整范围。2016年9月1日正式施行的《互联网广告管理暂行办法》是对《广告法》的细化,积极回应了我国互联网广告行业发展创新中出现的新现象和新问题。2017年6月1日起施行的《网络安全法》是我国第一部全面规范网络空间安全管理方面问题的基础性法律,保障互联网在法治轨道上健康运行。2019年1月1日起实施的《电子商务法》,非常重视对消费者保护的规范,对电商评价、广告推送、网络安全、个人信息保护等问题都做了专门规定。此外,《电信和互联网用户个人信息保护规定》《互联网信息搜索服务管理规定》《信息安全技术个人信息安全规范》《儿童个人信息网络保护规定》等行政法规也都对互联网信息数据的管理和运用进行了约束。

当前以数据和技术为基础的计算广告业蓬勃发展,我国已经制定出台了一系列配套的法律规范制度,形成了以《广告法》为核心,以《互联网广告管理暂行办法》等法规条文为支撑的互联网广告法律规制体系。整体而言,在我国,广告规制的约束力依然有限,多以"通知""规定""办法""意见"等方式发布,法律效力比较低。③ 此外,由于法律稳定性的要求,法律往往滞后于技术的发展,这就要求在具体广告行业的监督管理中,不能只是单一依据《广告法》,而必须依据广告法律规范体系,有效指导实践,促进广告行业的健康发展。下面我们将列举几种主要法律和行政法规进行介绍。

(1)《广告法》。

《广告法》是一部规范广告内容及广告活动的法律④,于1994年10月27日第八届全国人民代表大会常务委员会第十次会议通过,自1995年2月1日起施行。《广告法》实施二十多年来,广告业发生巨变,立法部门通过向社会公开征求意见,新版《广告法》历经三次修订审议,于2015年4月24日由第十二届全国人民代表大会常务委员会第十四次会议表决通过,自2015年9月1日起施行。此后2018年10月26日第十三届

---

① 王融,余春芳.迷雾中的新航向——2018年数据保护政策年度观察[EB/OL].[2018-12-29]. https://mp.weixin.qq.com/s/aeFpnROZTEmPNCTvWMp_hw.
② 刘庆振,赵磊.计算广告学:智能媒体时代的广告研究新思维[M].北京:人民日报出版社,2017.
③ 孟茹,查灿长.新媒体广告规制研究[M].南京:南京大学出版社,2018.
④ 陈绚.广告伦理与法规[M].北京:中国人民大学出版社,2015.

全国人民代表大会常务委员会第六次会议根据《关于修改〈中华人民共和国野生动物保护法〉等十五部法律的决定》再次对其进行修正,自公布之日起施行。

新版《广告法》包括总则、广告内容准则、广告行为规范、监督管理、法律责任、附则六个章节。与旧法相比,新版《广告法》对"广告"定义更加明确,其第2条提出:"在中华人民共和国境内,商品经营者或者服务提供者通过一定媒介和形式直接或者间接地介绍自己所推销的商品或者服务的商业广告活动,适用本法。"这就可以将竞价排名等互联网广告信息传播活动纳入其中。

此外,新版《广告法》对互联网广告信息传播活动的行为规范也加以界定。如第44条规定:"利用互联网从事广告活动,适用本法的各项规定。利用互联网发布、发送广告,不得影响用户正常使用网络。在互联网页面以弹出等形式发布的广告,应当显著标明关闭标志,确保一键关闭。"这一调整既顺应了互联网已成为广告强势载体的趋势,又确保了用户网络的正常使用,保护了消费者的权益。

新版《广告法》中还提出了"互联网信息服务提供者"这一概念并建立相应的规范制度。如第45条规定:"公共场所的管理者或者电信业务经营者、互联网信息服务提供者对其明知或者应知的利用其场所或者信息传输、发布平台发送、发布违法广告的,应当予以制止。"这明确了"互联网信息服务提供者"的"第三方平台"角色,设定了其法定义务,指出互联网信息服务提供者与互联网广告发布者需要根据具体广告活动实践进行依法界定。

(2)《互联网广告管理暂行办法》。

2016年7月4日,国家工商行政管理总局令第87号公布了《互联网广告管理暂行办法》,该办法自2016年9月1日起施行。《互联网广告管理暂行办法》共29条,主要对互联网广告的立法目的、互联网广告概念界定和类型、互联网广告行业自律、特殊类广告发布规则、互联网广告的可识别性、广告合同、互联网广告各个主体的法定责任和义务、程序化购买广告、互联网广告活动中的禁止性条款、管辖及罚则等做出全面规定。《互联网广告管理暂行办法》是对2015年修订的《广告法》的细化,也是对我国互联网广告行业发展诸多创新的积极回应,体现了促进产业健康发展和消费者权益保护的平衡,是首部全面规范互联网广告行为的部门规章,对未来有深远意义。[①]

与2015年修订的《广告法》第14条一致,《互联网广告管理暂行办法》要求互联网广告应当具有可识别性,能够使消费者辨明其为广告。其第7条规定:"付费搜索广告应当与自然搜索结果明显区分。"按照此规定要求,付费搜索广告(竞价排名广告)应具有可识别性,需要显著标明"广告"字样,避免误导消费者。

点击率是指网站页面上广告被点击的次数与被显示次数之比,可以反映广告内容的被关注情况,点击率越高,说明广告曝光次数越多。因此点击率已成为互联网广告中衡量广告效果并进行核算计费的标准,是计算广告中的一项重要指标。不少网站平台为了增加点击率,会使用欺骗的方式诱导用户点击广告内容,或者通过电子邮件发送广告链接,这些行为侵犯了用户的权益,也不利于计算广告行业的规范发展。《互联网广告管理暂行办法》第8条规定,"不得以欺骗方式诱使用户点击广告内容。未经允许,不得在用户发送的电子邮件中附加广告或者广告链接"。

---

① 刘双舟,杨乐.互联网广告法律问题研究[M].北京:中国政法大学出版社,2019.

《互联网广告管理暂行办法》还明确了广告主为互联网广告信息活动的第一责任人,规定了互联网广告活动中广告主的主要法律责任。其第10条规定:"互联网广告主应当对广告内容的真实性负责。广告主发布互联网广告需具备的主体身份、行政许可、引证内容等证明文件,应当真实、合法、有效。广告主可以通过自设网站或者拥有合法使用权的互联网媒介自行发布广告,也可以委托互联网广告经营者、广告发布者发布广告。"

《互联网广告管理暂行办法》首次将"程序化购买广告"的概念纳入我国的法律体系中,明确了这种互联网广告投放形式的合法性,同时对广告程序化购买流程中参与各方的定义、法律地位以及法律责任等内容进行了清晰的界定。如第13条规定:"互联网广告可以以程序化购买广告的方式,通过广告需求方平台、媒介方平台以及广告信息交换平台等所提供的信息整合、数据分析等服务进行有针对性的发布。通过程序化购买广告方式发布的互联网广告,广告需求方平台经营者应当清晰标明广告来源。"要求标记广告来源的目的是清晰界定广告发布的主体,明确是哪一个需求方平台提供的广告,方便后续承担相应法律责任。

该办法对程序化购买涉及的主体,即广告需求方平台、媒介方平台、广告信息交换平台也进行了清晰界定。其第14条规定:"广告需求方平台是指整合广告主需求,为广告主提供发布服务的广告主服务平台。广告需求方平台的经营者是互联网广告发布者、广告经营者。媒介方平台是指整合媒介方资源,为媒介所有者或者管理者提供程序化的广告分配和筛选的媒介服务平台。广告信息交换平台是提供数据交换、分析匹配、交易结算等服务的数据处理平台。"

此外,其第15条规定:"广告需求方平台经营者、媒介方平台经营者、广告信息交换平台经营者以及媒介方平台的成员,在订立互联网广告合同时,应当查验合同相对方的主体身份证明文件、真实名称、地址和有效联系方式等信息,建立登记档案并定期核实更新。媒介方平台经营者、广告信息交换平台经营者以及媒介方平台成员,对其明知或者应知的违法广告,应当采取删除、屏蔽、断开链接等技术措施和管理措施,予以制止。"即需求方平台经营者、媒介方平台经营者、广告信息交换平台经营者在程序化购买广告活动中应依法订立书面的要式合同。在程序化购买广告活动中应当建立相应的管理制度,对广告主和广告内容进行事先审核,查验相关证明文件,核对广告发布信息内容及主体身份;媒介方平台和广告信息交换平台对其明知或应知的违法广告,应当采取删除、屏蔽、断开链接等技术措施和管理措施,予以制止,阻止该广告的继续传播。

《互联网广告管理暂行办法》在一定程度上解决了一些互联网广告的特殊性问题,统一了互联网广告的定义和范围,明确了互联网广告发布者的认定,划分了程序化购买广告中各主体的权利和义务,确立了互联网广告的执法管辖,界定了互联网广告活动中的违法行为及法律责任。

该办法第16条规定:互联网广告活动中不得有下列行为:"提供或者利用应用程序、硬件等对他人正当经营的广告采取拦截、过滤、覆盖、快进等限制措施";"利用网络通路、网络设备、应用程序等破坏正常广告数据传输,篡改或者遮挡他人正当经营的广告,擅自加载广告";"利用虚假的统计数据、传播效果或者互联网媒介价值,诱导错误报价,谋取不正当利益或者损害他人利益"。

同时,第26条规定有下列情形之一的,责令改正,处一万元以上三万元以下的罚款:"广告需求方平台经营者违反本办法第十三条第二款规定,通过程序化购买方式发布的广告未标明来源的";"媒介方平台经营者、广告信息交换平台经营者以及媒介方平台成员,违反本办法第十五条第一款、第二款规定,未履行相关义务的"。

(3)《电子商务法》。

《电子商务法》于2018年8月31日第十三届全国人民代表大会常务委员会第五次会议通过,自2019年1月1日起施行。《电子商务法》有效保障了电子商务各方主体合法权益,对规范电子商务行为、维护市场秩序、促进电商行业持续健康发展发挥了重要作用。

《电子商务法》规定电子商务经营者应当保障网络信息的真实性,电子商务经营者对电子商务中的虚假宣传承担相应的法律责任。其第17条规定:"电子商务经营者应当全面、真实、准确、及时地披露商品或者服务信息,保障消费者的知情权和选择权。电子商务经营者不得以虚构交易、编造用户评价等方式进行虚假或者引人误解的商业宣传,欺骗、误导消费者。"其第85条规定:"实施虚假或者引人误解的商业宣传等不正当竞争行为,滥用市场支配地位,或者实施侵犯知识产权、侵害消费者权益等行为的,依照有关法律的规定处罚。"

此外还规定了电子商务中的广告必须可识别,竞价排名的电商产品或服务的搜索结果也应标明为"广告",避免误导消费者。其第40条规定:"电子商务平台经营者应当根据商品或者服务的价格、销售、信用等以多种方式向消费者显示商品或者服务的搜索结果;对于竞价排名的商品或者服务,应当显著标明'广告'。"

《电子商条法》参考大数据挖掘的原理,规定电子商务经营者根据消费者的兴趣爱好、消费习惯等特征向其提供商品或者服务的搜索结果的,应当同时向该消费者提供不针对其个人特征的选项,尊重和平等保护消费者合法权益。其第18条规定:"电子商务经营者向消费者发送广告的,应当遵守《中华人民共和国广告法》的有关规定。"这就避免了精准营销对消费者带来的侵扰,保护消费者权益。

《电子商务法》还规范了电子商务行为中对用户个人数据的收集、保存、运用与删除的方式,对用户个人隐私和商业秘密加以法律保护。其第23条规定:"电子商务经营者收集、使用其用户的个人信息,应当遵守法律、行政法规有关个人信息保护的规定。"其第24条规定:"电子商务经营者应当明示用户信息查询、更正、删除以及用户注销的方式、程序,不得对用户信息查询、更正、删除以及用户注销设置不合理条件。电子商务经营者收到用户信息查询或者更正、删除的申请的,应当在核实身份后及时提供查询或者更正、删除用户信息。用户注销的,电子商务经营者应当立即删除该用户的信息;依照法律、行政法规的规定或者双方约定保存的,依照其规定。"其第25条规定:"有关主管部门依照法律、行政法规的规定要求电子商务经营者提供有关电子商务数据信息的,电子商务经营者应当提供。有关主管部门应当采取必要措施保护电子商户经营者提供的数据信息的安全,并对其中的个人信息、隐私和商业秘密严格保密,不得泄露、出售或者非法向他人提供。"其第87条规定:"依法负有电子商务监督管理职责的部门的工作人员,玩忽职守、滥用职权、徇私舞弊,或者泄露、出售或者非法向他人提供在履行职责中所知悉的个人信息、隐私和商业秘密的,依法追究法律责任。"

程序化交易的产生使在线广告市场可以综合利用需求方和供给方的数据来完成更加精准的广告投放。这样的便利性也是一把双刃剑,在数据得到更加充分利用的同时,实时竞价中供给方和需求方对于数据安全性的顾虑和诉求必须加以考虑。① 这就要求电子商务经营者在行动中需要对商业秘密进行严格保密，不得进行数据信息的违法泄露、出售等。

电子商务系统中的评价制度对消费者进行商品或服务的购买起参考作用，对信用评价规则的规范也必须公开透明。《电子商务法》第 39 条规定："电子商务平台经营者应当建立健全信用评价制度，公示信用评价规则，为消费者提供对平台内销售的商品或者提供的服务进行评价的途径。电子商务平台经营者不得删除消费者对其平台内销售的商品或者提供的服务的评价。"其第 72 条规定："国家支持依法设立的信用评价机构开展电子商务信用评价，向社会提供电子商务信用评价服务。"

(4)《网络安全法》。

《网络安全法》由第十二届全国人民代表大会常务委员会第二十四次会议于 2016 年 11 月 7 日通过，自 2017 年 6 月 1 日起施行。它延续了 2012 年全国人民代表大会常务委员会《关于加强网络信息保护的决定》并进行了扩展。网络安全是指通过采取必要的技术措施，防范对网络的攻击、侵入、干扰、破坏和非法使用以及意外事故等状况，使网络处于稳定可靠运行的状态，以及保障网络数据的完整性、保密性、可用性的能力。

计算广告以大量的网络数据为基础，通过挖掘大数据进行消费者人群分析，这些数据可能来自用户在网络中的用户注册信息及行为数据信息，也可能来自用户的线下行为。计算广告中的精准营销就是通过对用户数据进行收集分析，这一过程应受到法律的规范制约。

首先，《网络安全法》第 18 条规定指出："国家鼓励开发网络数据安全保护和利用技术，促进公共数据资源开放，推动技术创新和经济社会发展。"由于在我国程序化购买广告的市场环境中，很多互联网企业同时布局多个平台，例如，百度、阿里巴巴和腾讯等都是拥有大量互联网媒体资源的企业，这就导致在互联网广告行业中有些既是"裁判者"（广告信息交换平台），又是"运动员"（广告需求方平台），有可能会出现违背公平原则的局面。② 国家鼓励公共数据共享，也有利于打破行业垄断，维护数字经济有序发展。

其次，《网络安全法》第 9 条规定："网络运营者开展经营和服务活动，必须遵守法律、行政法规，尊重社会公德，遵守商业道德，诚实信用，履行网络安全保护义务，接受政府和社会的监督，承担社会责任。"这要求网络运营者在开展经营和服务活动时遵守法律规范和商业伦理道德，承担相应社会责任。

最后，《网络安全法》中多项条文与网络信息安全相关。

其第 23 条规定："网络产品、服务具有收集用户信息功能的，其提供者应当向用户明示并取得同意；涉及用户个人信息的，还应当遵守本法和有关法律、行政法规关于个人信息保护的规定。"

其第 40 条规定："网络运营者应当对其收集的用户信息严格保密，并建立健全用户信息保护制度。"

其第 41 条规定："网络运营者收集、使用个人信息，应当遵循合法、正当、必要的原则，公开收集、使用规则，明示收集、使用信息的目的、方式和范围，并经被收集者同意。

---

① 刘鹏，王超. 计算广告：互联网商业变现的市场与技术[M]. 北京：人民邮电出版社，2015.
② 刘双舟，杨乐. 互联网广告法律问题研究[M]. 北京：中国政法大学出版社，2019.

网络运营者不得收集与其提供的服务无关的个人信息,不得违反法律、行政法规的规定和双方的约定收集、使用个人信息,并应当依照法律、行政法规的规定和与用户的约定,处理其保存的个人信息。"

其第 42 条规定:"网络运营者不得泄露、篡改、毁损其收集的个人信息;未经被收集者同意,不得向他人提供个人信息。但是,经过处理无法识别特定个人且不能复原的除外。网络运营者应当采取技术措施和其他必要措施,确保其收集的个人信息安全,防止信息泄露、毁损、丢失。在发生或者可能发生个人信息泄露、毁损、丢失的情况时,应当立即采取补救措施,按照规定及时告知用户并向有关主管部门报告。"

其第 43 条规定:"个人发现网络运营者违反法律、行政法规的规定或者双方的约定收集、使用其个人信息的,有权要求网络运营者删除其个人信息;发现网络运营者收集、存储的其个人信息有错误的,有权要求网络运营者予以更正。网络运营者应当采取措施予以删除或者更正。"

其第 44 条规定:"任何个人和组织不得窃取或者以其他非法方式获取个人信息,不得非法出售或者非法向他人提供个人信息。"

网络运营者在收集、使用个人信息时应当遵循合法、正当、必要的原则,公开收集、使用规则,明示收集、使用信息的目的、方式和范围,并经被收集者同意。以程序化购买为例,需求方平台作为网络运营者之一,应当严格遵守上述规定,在对用户个人信息收集、管理、使用等方面,需求方平台应当建立网络信息安全保护制度,严格处理相关信息。

(5)我国其他相关法规。

除了上述法律法规和行政规定外,近年来我国在《统计法》《档案法》《国家安全法》《著作权法》《反不正当竞争法》等一系列法律中也规定了一些与网络信息活动有密切关系的内容。① 此外还相继颁布了一些与互联网信息数据相关的立法或规定,如《网络生态治理规定(征求意见稿)》《互联网信息服务管理办法》《互联网信息搜索服务管理规定》《互联网数字广告基础标准》等。其中,2000 年公布、2011 年修订的《互联网信息服务管理办法》界定了"互联网信息服务"的概念,指出其主要是指通过互联网向上网用户提供信息的服务活动。《侵权责任法》第 36 条也规定:"网络用户、网络服务提供者利用网络侵害他人民事权益的,应当承担侵权责任。"国家互联网信息办公室于 2016 年发布《互联网信息搜索服务管理规定》,其第 11 条规定:"互联网信息搜索服务提供者提供付费搜索信息服务,应当依法查验客户有关资质,明确付费搜索信息页面比例上限,醒目区分自然搜索结果与付费搜索信息,对付费搜索信息逐条加注显著标识。"这与前文所述《互联网广告管理暂行办法》中的第 7 条内容一致。

2018 年 8 月 29 日,中国消费者协会发布的《App 个人信息泄露情况调查报告》显示,个人信息泄露总体情况比较严重,遇到过个人信息泄露情况的人数占比为 85.2%。② 当前,中国有近 40 部法律、30 部行政法规以及 200 余部规章的规定直接涉及对个人数据的保护,并有以《身份证法》《护照法》等为代表的多部间接立法调整个人

---

① 孟茹,查灿长.新媒体广告规制研究[M].南京:南京大学出版社,2018.
② 广西新青年.中国消费者协会:《APP 个人信息泄露情况调查报告》[EB/OL].[2018-09-02].http://www.sohu.com/a/251503286_100017648.

数据的保障工作,①例如《电信和互联网用户个人信息保护规定》《信息安全技术个人信息安全规范》《儿童个人信息网络保护规定》《个人信息出境安全评估办法(征求意见稿)》《数据安全管理办法(征求意见稿)》等。这些法律法规条文为保护个人信息隐私提供了法律规制的依据,以平衡网络公司的经济利益与网络用户对隐私的诉求两者之间的关系。

《信息网络传播权保护条例》《广告发布登记管理规定》《大众传播媒介广告发布审查规定》为广告发布提供了相应的法律依据。

特殊商品是指一些属于国家实行特殊管理的产品,在互联网广告宣传中,相关部门也出台了具体的规定,例如《互联网药品信息服务管理暂行规定》《保健食品广告审查暂行规定》《开展互联网金融广告及以投资理财名义从事金融活动风险专项整治工作实施方案》等。

各地区政府部门也颁布了相应的地方法规,例如《北京市工商行政管理局关于对网络广告经营资格进行规范的通告》《北京市网络广告管理暂行办法》《浙江省网络广告登记管理暂行办法》《贵州省大数据安全保障条例》《上海市公共数据开放暂行办法》等。这些法规规章的颁布,初步建立了我国互联网广告信息传播的基本立法体系,促进良好的计算广告规制环境的形成。

此外,我国港澳台地区也颁布了相关法案法规。香港于1996年制定《个人(资料)隐私条例》,并于1996年12月20日正式实施。2006年,香港对该条例进行了全方位审阅,并启动咨询程序修订案例,于2012年形成《个人资料(私隐)(修订)条例》。澳门特别行政区于2005年制定《个人资料保护法》,2006年2月正式生效。它的颁布标志着澳门特别行政区已进入一个具有专门个人数据保护制度的阶段。② 澳门特别行政区2019年12月22日正式实施《网络安全法》,建立及规范了澳门的网络安全体系,填补了相关法律制度的空白。台湾地区"个人资料保护法"于2012年10月1日正式施行。此外,为能有效规范新兴形态的计算机犯罪,台湾地区在"刑法"明确规定妨害计算机使用罪的相关条文。③ 行政方面,由台湾经济事务主管部门推动了"台湾个人资料保护与管理制度"(Taiwan Personal Information Protection and Administration System,TPIPAS)和"数据隐私保护标章"(Data Privacy Protection Mark,DP Mark)等,旨在协助台湾企业在开展电子商务业务时对个人资料加以保护,以降低法律风险,提升企业信誉。

2. 国外相关法律与行政法规

以美国和欧盟为代表的西方互联网信息发展强国近年来出台了一系列的相关法律法规。有学者指出,欧盟与美国个人信息保护法律路径不同,两种模式的差异是客观的,也是明显的。国内不少人认为欧盟国家不重视大数据发展,美国不保护个人隐私,人为制造了隐私保护与创新不可兼得的两难局面。其实大数据发展与个人信息保护的平衡是这个时代的最大挑战之一,欧盟与美国分别面临各自的问题,都难言找到了完美

---

① 李帅."共享经济"时代个人信息数据权的应用与保障[J].东南法学,2018(1):83-98.
② 杨崇蔚.澳门特别行政区直销实践中的个人资料保护[J].中国法学:英文版,2013(1):133-141.
③ 张玮心.台湾地区维护互联网安全的法律与思考[J].网络法律评论,2016(2):201-218.

的解决方案,后发国家最重要的是从欧美的经验与教训中探索个人数据治理的成功之道。① 其他国家也都在积极探索数据的有效治理模式,在数字经济时代,越早实现数据的有效治理,就越早掌握信息全球化的主动权和话语权。后文将介绍不同国家和地区的相关法律法规,以助力我国相关法律制度的研究。

(1) 欧盟相关法律规制。

欧盟选择了严格统一的综合立法模式,与美国相比,采取了更为严格也更为主动的立法方式对个人隐私权加以保护。欧盟目前拥有全球标杆性立法《通用数据保护条例》(或翻译为《一般数据保护条例》,General Data Protection Regulation,GDPR),GDPR于2016年4月由欧盟议会投票通过,用来取代欧盟议会1995年发布的《数据保护指令》(Data Protection Directive,DPD)。该法规完全更新了欧盟成员国以及任何与欧盟各国进行交易或拥有欧盟成员国公民数据的公司安全处理个人数据以及保证个人数据自由流动的规定,已于2018年5月25日正式生效,且在所有欧盟成员国统一实施生效。

GDPR对个人数据的概念做了明确规定。个人数据是指一个被识别或可识别的自然人(数据主体)的任何信息。一个可识别的自然人,是指通过姓名、身份证号码、位置数据、在线身份识别码这类标识,或通过针对该自然人的一个或多个身体、生理、遗传、心理、经济、文化或社会身份等要素,能够直接或间接地被识别。② 个人敏感数据包括种族或民族出身,政治观点,宗教/哲学信仰,工会成员身份,涉及健康、性生活或性取向的数据,基因数据,经处理可识别特定个人的生物识别数据等。

GDPR适用范围很广,任何收集、传输、保留或者处理欧盟成员国个人信息的机构组织均受其约束。GDPR对基于大数据分析的自动化决策(包括数据画像)采取了谨慎的态度,这也是对"千人千面"的精准营销可能造成的数据过度收集和滥用及算法不透明可能造成的大数据歧视等前沿现实问题的立法回应。③ GDPR在第二章第5条中明确了处理个人数据的通用原则:

①以合法、公正、透明的方式处理,即合法性、公平性和透明性原则。

②为特定的、明确的、合法的目的收集,不符合以上目的不得以一定的方式进一步处理,即目的限制原则。

③充分、相关,及个人数据处理目的之必要为限度进行处理,即数据最小化原则。

④准确、必要、及时;以个人数据处理目的为限,应采取一切合理步骤确保不准确的个人数据被及时地处理、删除或修正,即准确性原则。

⑤允许以数据主体可识别的形式保存数据的时间不得超过数据处理目的之必要,即存储限制原则。

⑥以确保个人数据适度安全的方式处理,包括使用适当的技术性或组织性措施以防止未经授权、非法的处理、意外遗失、灭失或损毁,即完整性和保密性原则。

---

① 周汉华.探索激励相容的个人数据治理之道——中国个人信息保护法的立法方向[J].法学研究,2018,40(2):3-23.
② 京东法律研究院.欧盟数据宪章:《一般数据保护条例》GDPR评述及实务指引[M].北京:法律出版社,2018.
③ 京东法律研究院.欧盟数据宪章:《一般数据保护条例》GDPR评述及实务指引[M].北京:法律出版社,2018.

⑦控制者应该负责,即问责制原则。①

此外,GDPR 在第三章明确了数据主体的权利。具体包括数据主体对个人数据拥有数据访问权和知情权、删除权(被遗忘权)、限制处理权(免受自动化决策权)和数据携带权四大权利。其中,数据访问权是指用户有权了解数据控制者对其数据的具体使用情况。被遗忘权是指用户有权要求数据控制者删除已经收集的个人数据。限制处理权是指用户有权禁止数据控制者将信息用于特定用途,如用于营销或者将数据透露给第三方。数据携带权是指用户想离开某平台时可以带走其在该平台产生的个人数据,如收藏列表、播放单等。

GDPR 要求数据控制者必须以明确得到数据主体同意为基础,在征求同意的条文中,数据控制者需要明确说明数据主体的信息会被收集,以及这些信息是如何被存储和使用的。要严格避免使用个人可识别信息(personal identifiable information,PII),这些个人可识别信息主要包括个人身份证号、社会保险账号、电话号码、电子邮件地址、家庭住址等。数据主体有权要求数据控制者所在系统停止跟踪和使用自己的行为数据。就计算广告而言,数据主体拥有拒绝个性化定向广告的权利。对数据控制者和处理者而言,不应长期保留和使用数据主体的行为数据,对数据主体行为数据的保存应有留存时间的限制,过期数据若与业务无直接关系,应不再存储。另外,数据控制者在技术处理上还需要注意对数据权限的严格分配和最小数据访问的原则,限制数据访问权。

GDPR 还规定了数据控制者与数据处理者的义务,具体包括设置数据保护官(data protection officer,DPO)、文档化管理、数据保护影响评估、事先咨询机制、数据泄露报告机制、数据安全保障措施等。

关于监管机构,GDPR 要求其应当具备完全的独立性,成立了欧洲数据保护委员会。在进行行政罚款时,GDPR 规定的罚款金额相对较大,惩罚力度强。对于一般性的违法,罚款上限是 1000 万欧元,或者在承诺的情况下,最高为上一个财政年度全球全年营业收入的 2%(两者中取数额大者);对于严重的违法,罚款上限是 2000 万欧元,或者在承诺的情况下,最高为上一个财政年度全球全年营业收入的 4%(两者中取数额大者)。2018 年,英国航空因 50 万用户信息泄露,被 GDPR 开出生效以来的最高金额罚单,达 2.3 亿美元(约合人民币 15.8 亿元),约占英国航空当年收入的 1.5%。万豪集团也因泄露了 3.4 亿条酒店住店记录,被处以 1.23 亿美元的罚款。

除 GDPR 以外,为了提高欧盟数据保护的整体水平,欧盟委员会还通过了《网络安全法案》,以及《欧盟 Cookie 指令》《在线隐私指令》的修订草案等。而欧盟各成员国除需遵守 GDPR 外,各国政府也纷纷出台了相关法律法规,例如法国《信息社会法案》(2006 年通过),其对垃圾邮件和信息的规制是为了保证人们的"安宁权"。2019 年 7 月,法国通过了征收数字税的法案,于 2020 年 4 月开征数字服务税,这是全球首部数字税法。德国联邦议院通过《联邦数据保护法》,在世界上率先采取对公共机构和私人机构统一规制的模式,要求公共机构和私人机构都必须保护个人数据。

尽管不少人认为欧盟国家不重视大数据发展,并将制定个人信息保护法与阻碍创

---

① 京东法律研究院.欧盟数据宪章:《一般数据保护条例》(GDPR)评述及实务指引[M].北京:法律出版社,2018.

新(欧盟模式)画上等号①,我们仍需要看到欧盟个人数据法律框架的前瞻性,以 GDPR 为代表的欧盟数据保护相关法律为网络数据提供了一套有效且条理分明的数据保护法律框架。我国在未来的个人信息保护立法时,可以借鉴 GDPR 规制范围的例外条款制度,在保护境内数据主体合法权益的同时,从我国大数据产业发展实际出发,为数据的开发利用开辟可能的路径并预留充足的空间。②

(2)美国相关法律规制。

美国在世界上最早建立了网络传播的法律规制,形成了初步框架和鲜明特点,对全球网络传播管理规制的构建产生了重大影响。③ 美国目前在联邦层面尚未有统一的数据保护立法,与欧盟相比,美国更加注重行业自律和信息流通。

美国广告业的主要监管机关包括美国联邦贸易委员会(Federal Trade Commission,FTC)、美国联邦通信委员会(Federal Communications Commission,FCC)和美国食品药品监督管理局(Food and Drug Administration,FDA)等。

美国联邦贸易委员会是美国最具权威性的数据监管机构,《联邦贸易委员会法》及其后续修订案是美国广告规制的核心法律。消费者保护是美国联邦贸易委员会网络广告监管的出发点和落脚点。④ 例如,2003 年美国《反垃圾邮件法》生效,针对商业电子邮件,从垃圾邮件的概念界定到违法行为处罚都进行了详细的规定。2009 年美国联邦贸易委员会新修订的《广告代言与荐证指引》(Guides Concerning the Use of Endorsements and Testimonials in Advertising)明确了博客、论坛等消费者自主媒体应向受众披露代言人与广告主之间的实质关系,保护消费者的知情权。《儿童在线隐私保护法》(Children's Online Privacy Protection Act)规定网站在收集 13 岁以下儿童的个人信息前必须得到其父母的同意,并允许家长保留将来阻止其使用的权利,且必须说明所要收集的内容以及将如何处理这些信息。2019 年初,短视频应用抖音国际版 TikTok 因违反美国《儿童在线隐私保护法》,非法收集儿童数据,被处以罚款。

美国联邦通信委员会更侧重于内容监管。进入互联网时代,联邦通信委员会关注的重点更加集中于避免儿童接触网上不良信息、保护网上隐私和个人信息等方面,加强了对包含不良信息的网络广告和基于违规信息收集所实施的网络精准广告的监督。⑤ 例如,2016 年发布网络服务隐私新规则,要求互联网服务提供商(internet service provider,简称 ISP)使用和分享敏感信息时,必须获得用户明确的"选择性加入"同意。其中敏感信息包括确切的地理位置信息、财产信息、健康信息、子女信息、社保账号、网页浏览记录、软件使用记录和通信内容。具体来说,ISP 须向用户持续发出明确通知,告知收集的信息内容、信息使用方式、信息分享对象,以及用户如何更改隐私偏好设置等;ISP 须采取合理的安全措施,并予以指导,如安装用户验证工具;ISP 须向用户和执法机构报告数据泄露事件等。

---

① 周汉华.探索激励相容的个人数据治理之道——中国个人信息保护法的立法方向[J].法学研究,2018,40(2):3-23.
② 京东法律研究院.欧盟数据宪章:《一般数据保护条例》(GDPR)评述及实务指引[M].北京:法律出版社,2018.
③ 孟茹,查灿长.新媒体广告规制研究[M].南京:南京大学出版社,2018.
④ 周辉.美国网络广告的法律治理[J].环球法律评论,2017,39(5):142-161.
⑤ 周辉.美国网络广告的法律治理[J].环球法律评论,2017,39(5):142-161.

美国食品药品监督管理局隶属于美国卫生与公共服务部,广告业务监管主要涉及食品、药品、化妆品、烟草等产品标识及包装方面的广告内容。例如,《食品安全现代化法案》要求加强对已上市药品或医疗器械超标签使用的广告监管等。《确定上市前后期和批准后临床研究中安全性数据的收集范围》,则对数据收集的安全性进行了规范和约束。

在美国,许多行业领域都有行业性法律,例如金融数据领域有《公平信用报告法》(Fair Credit Reporting Act,FCRA)、健康医疗数据领域有《健康保险携带和责任法案》(Health Insurance Portability and Accountability Act,HIPAA)、儿童数据领域有《儿童在线隐私保护法》(Children's Online Privacy Protection Act,COPPA)、教育数据领域有《家庭教育权利与隐私法案》(Family Educational Rights and Privacy Act,FERPA)、消费者数据领域有侵权法和合同法等,其中《消费者隐私权法案》(Consumer Privacy Bill of Rights,CPBR)的立法理念和保护内容体现了美国政府应对大数据时代隐私保护问题的意识。

另外,自律在美国广告治理中一直扮演着重要角色。① 美国知名行业协会纷纷提出了个人信息保护立法的框架。网络广告促进会(Network Advertising Initiative,NAI)、美国数字广告联盟(Digital Advertising Alliance,DAA)等广告自律组织都采用选择退出机制(即 Opt-out 机制)来规制精准广告中的个人信息利用。② 具体而言,就是当用户进入选择退出机制时,选择退出,那么网络运营商就不能再出于精准广告目的收集和使用其个人信息。尽管行业自律缺乏强制力和执行力,自律范围也有一定的局限性,但通过行业及企业的自律,在一定程度上可以防止法律的滞后性,避免制约数字经济的发展。

最后,在美国,除联邦法案外,各州立法机构也纷纷出台地方性法规。例如,2002年,明尼苏达州通过立法保护网络用户隐私,规定互联网公司出于促销目的向他人披露任何个人信息之前,必须征得消费者同意。③ 美国加州《消费者隐私保护法》(California Consumer Privacy Act,CCPA)对个人数据的定义则包括直接或间接地识别、关系到、描述、能够相关联或可合理地关联特定消费者或家庭的信息,将生物信息、教育信息等纳入其中。④《阻止黑客入侵并改善电子数据安全法案》(SHIELD Act)则于 2019 年在纽约州议会获得通过。

美国的广告监管属于典型的"综合+行业"监管模式。美国联邦贸易委员会是美国广告治理中的综合性监管机关,处于最首要的地位,行使一般管辖权。美国联邦通信委员会、美国食品药品监督管理局等其他部门在各自领域内,也积极履行广告治理职责。美国网络广告的行业自律监管是其广告自律监管的一部分。行业自律监管虽然直接约束力有限,但是其发布的监管建议可以施加舆论压力,将案件移送美国联邦贸易委员会

---

① 凯斯·桑斯坦.网络共和国:网络社会中的民主问题[M].黄维明,译.上海:上海人民出版社,2003.
② 黄晓林,李妍.鱼与熊掌兼得——精准广告下的"Opt-out"机制[J].信息安全与通信保密,2017(5):37-48.
③ 张妍妍.美国的商业言论自由[D].济南:山东大学,2012.
④ 中国政法大学法治政府研究院.法治政府蓝皮书:中国法治政府发展报告(2018)[M].北京:社会科学文献出版社,2019.

或其他监管部门,也会得到优先处理,在网络广告治理实践中发挥了重要作用。① 从个人信息保护的发展趋势看,美国以行业自律为主的个人信息保护机制显然无法适应全球个人信息保护的趋势。欧美两种模式体现了两种不同模式下欧盟与美国数据产业中不同利益之间的博弈,其他国家可以借鉴。

(3) 日本、韩国相关法律规制。

亚洲的日本、韩国等国家逐渐完善本国的个人信息保护体系,近年来也制定或修订了新的个人信息保护法,形成了比较成熟的个人信息保护法律框架。

日本《个人信息保护法》(Personal Information Protection Act, PIPA)修订版于2017年全面生效。在该法案的修正中,体现了对产业发展的关注,将"个人信息"界定为能够识别特定个人或者含有个人识别符号的信息。日本《个人信息保护法》(2017)实际上采用了类似 Opt-out 的规则,一定程度上方便了个人信息处理业者收集、使用用户个人信息的行为。其意义是默认了收集、使用个人信息的正当性,适应了高度信息通信社会的特点——收集、使用个人信息是一种日常的、普遍的情况。② 日本既参考了欧盟 GDPR 的立法模式,也采纳了美国的个人信息保护规制。

韩国于2016年先后修订了《信息通信网络利用和信息保护促进法》(Act on the Promotion of Information & Communications Network Utilization and Information Protection)和《个人信息保护法》(Personal Information Protection Act),在《个人信息保护法》中除界定了"个人信息""信息处理""信息主体""个人信息处理者"等概念外,在第5条中专门指出了国家的责任与义务,这就使韩国对个人信息保护管理机制具备了由民间和官方共同参与完成的独特性。

(4) 其他国家相关法律规制。

新加坡是较早公开宣布对互联网进行管制的国家,该国于1996年就颁布了《互联网行为准则》。新加坡个人资料保护委员会(Person Data Protection Commission, PDPC)在2012年发布了《个人数据保护法》。2017年7月,新加坡个人资料保护委员会又发布了《关于数字经济中管理个人资料的方式的公开咨询函》(Public Consultation for Approaches to Managing Personal Data in the Digital Economy),2019年9月,新修订的《个人资料保护条例》正式生效,新加坡个人资料保护委员会鼓励商家和从业者按其商业模式和营运需求,选择采用其他方式来识别消费者,比如采用电子政府密码应用服务,以避免过度收集消费者的其他个人资料。③ 此外,2019年5月,新加坡国会还通过了《防止网络虚假信息和网络操纵法案》,应对网络时代的假消息。

印度于2017年11月底由电子信息技术部发布了以 GDPR 为参考蓝本的《印度数据保护框架白皮书》;④2018年颁布了《个人数据保护法(草案)》,为加强对个人数据的保护提供了法律依据;2019年2月发布了《国家电子商务政策草案》,提出了关于数据保护和网上交易的严格规范。

---

① 周辉.美国网络广告的法律治理[J].环球法律评论,2017,39(5):142-161.
② 方曷.解读:日本个人信息保护法(2017)[EB/OL].[2019-06-25]. https://mp.weixin.qq.com/s/li2SmWc0ulSTUnKSeKhXnA.
③ 新加坡实施新个人资料保护条例[EB/OL].[2019-09-03]. http://www.cac.gov.cn/2019-09/03/c_1124953116.htm.
④ 印度:政府发布数据保护框架白皮书[J].电子知识产权,2017(12):1.

  横跨欧亚的俄罗斯,截至2017年9月,《个人资料法》先后历经19次修改,引入了许多欧盟最为前沿的制度。① 通过《俄罗斯联邦关于信息、信息技术和信息保护法》修正案提出数据本地化存储等数据管理规制。2019年5月,总统普京签署了《主权网络法》,其核心是要求所有本国互联网服务提供商,都通过由俄罗斯监管机构Roskomnadzor的特殊服务器来管理路由流量。

  此外,澳大利亚《消费者数据权利法》、巴西《通用数据保护法》等都是各国在保护个人信息方面的法律构建。各国政府通过了旨在以限制数据的使用和限制网站使用的在线跟踪技术来保护消费者隐私的法律。概言之,在国家数据安全的驱动下,各国在保护个人信息方面的思路是相对一致的,特别是随着信息化社会的到来,加强个人信息法律保护已经成为世界各国的共识。②

(二) 计算广告的立法思路与立法重点

  法律是社会控制的重要工具,制定法律的目的在于通过法律的调整,建立一种符合社会公共利益的社会规范体系。广告法规是广告管理机关依法开展广告管理活动和行使管理职权的依据。我们可以依据广告法律法规打击违法广告行为,保护合法广告行为,为广告业的发展创造条件,从而促使广告业沿着健康的方向发展,虚假、违法广告的出现,危害国家的经济发展,扰乱社会经济秩序,损害消费者的合法权益。而防止和制止违法广告行为,依据广告管理法规制裁广告违法行为,就维护了社会经济秩序,保护了国家和消费者的利益。③

  互联网大数据是一种重要的资产,《中国互联网络发展状况统计报告》显示,截至2020年12月,我国网民规模达9.89亿。中国作为互联网用户数量最多的国家,拥有大量的数据资产,开发利用这种资产的过程必须遵守数据安全和信息保护相关的法律规定。无论是受众定向还是数据交易,都需要谨慎地考虑对行为数据的使用是否会泄露用户的隐私,同时也要考虑拥有数据的利益方,特别是广告主,是否在广告市场中被平台或者竞争对手获得和利用了自己的关键商业数据。④ 有学者认为,人工智能可以帮助营销者不断接近真正的需求:利用数据、计算力、算法构成的"数算力",实现营销智能化。⑤ 伴随人工智能技术的发展和智能营销时代的到来,计算广告的相关立法思路就是满足保障用户权益、避免恶性竞争、鼓励创新创意的需求。

  1. 立法思路

  (1) 核心目标:维护社会公共利益,保障商业信息流动。

  商业(广告)信息的自由流动是中国内部及外部市场发展的基础,是与货物自由流动这一社会基础需要相辅相成的。⑥ 广告法制中对商业信息自由流动的保障,是市场

---

① 张建文.俄罗斯个人资料法研究[J].重庆大学学报(社会科学版),2018(2):132-153.
② 京东法律研究院.欧盟数据宪章:《一般数据保护条例》(GDPR)评述及实务指引[M].北京:法律出版社,2018.
③ 陈绚.广告道德与法律规范教程[M].2版.北京:中国人民大学出版社,2010.
④ 刘鹏,王超.计算广告:互联网商业变现的市场与技术[M].2版.北京:人民邮电出版社,2019.
⑤ 刘珊,黄升民.人工智能:营销传播"数算力"时代的到来[J].现代传播:中国传媒大学学报,2019,41(1):7-15.
⑥ 陈绚.广告伦理与法规[M].北京:中国人民大学出版社,2015.

经济环境和经济规律运行下提出的促进企业公平竞争和商业信息自由传播的需求,有利于促进数字经济发展。制定计算广告相关法律法规时,应当以维护社会公共利益、保障商业信息流动为核心目标,既承载着促进数字经济健康发展的作用,也承担着一定的社会治理功能。

数据计算技术有力推动着社会经济的发展,推动着各类产业的转型升级,也加速推进着广告产业从人力密集型向技术密集型的新的产业经济范式的转换,整体重塑了现代广告业。① 计算广告在进行相关立法时应贯彻落实全国网络安全和信息化工作会议精神,认真落实《国家信息化发展战略纲要》和《"十三五"国家信息化规划》,立足建设现代化经济体系、推进高质量发展、深化供给侧结构性改革、推动国家治理体系和治理能力现代化,加快推动信息化发展。面对不断涌现的共享经济、社交电商、微商等新业态、新模式,以及计算广告中的搜索排名、实时竞价、目标人群定向、个性化推荐、程序化交易等不断更新的新技术、新应用,国家积极鼓励发展新业态,创新商业模式,促进新技术的研发和推广使用,推进互联网商务诚信体系建设,推动数据共享,营造有利于广告业创新发展的市场环境。

广告作为一种社会性活动,在广告传播过程中会产生各种各样的社会关系。广告在发挥信息传递、服务社会及服务人民信息需求中起到了中介的作用。此外,广告商业宣传中所体现的文化、精神、价值、道德等对现实生活产生了潜移默化的影响。计算广告活动必须在法制的框架内进行,以法律的形式巩固产业经济发展的成果。

首先,在数字时代,用户在网络服务中的行为和交易都会留下痕迹,企业通过技术可以收集大量的个人信息数据,而这些信息数据恰恰是计算广告运行的基础。计算广告的法律规制应充分考虑用户个人隐私权利的保护、数据所有权的归属、数据信息的真实性等内容,以解决隐私侵犯、数据孤岛、流量造假等问题;其次,计算广告在运用智能算法寻找用户兴趣与广告主需求的连接点,间接实现用户与场景的匹配时,相关法律法规的制定应确保广告运作程序的规范执行,加强广告监督管理,对违法广告加以界定并进行处罚,以维护数字经济秩序;② 最后,计算广告对精神文明建设也发挥着重要作用,计算广告的管理规制要体现人本主义精神,以维护社会公共利益。

(2)核心理念:注重保护消费者权益,并平衡多方利益。

相较于传统的广告市场,计算广告中涉及的利益各方更加多元化和复杂化。互联网平台公司既是数据的收集者、提供者,也是数据的使用者;既是广告的发布者,也是广告客户的代理方。消费者作为数据的提供者,一方面是互联网平台的数据来源,另一方面又是计算广告的最终接受者。消费者在广告市场中处于不利地位,互联网公司的技术优势使消费者更加处于弱势地位。为了能够更好地保护消费者,应当坚持"适度倾斜"的立法原则。但不能因为消费者的弱势地位,就给予过度保护,而应该考虑到广告行业各方的利益,让多方利益处于动态平衡状态下,这样才能更好地促进广告市场的发展。

确保消费者的权益,是立法的起点。维克托·迈尔-舍恩伯格等在《大数据时代:生

---

① 曾琼,刘振.计算技术与广告产业经济范式的重构[J].现代传播:中国传媒大学学报,2019,41(2):132-137.
② 段淳林,杨恒.数据、模型与决策:计算广告的发展与流变[J].新闻大学,2018(1):128-136+154.

活、工作与思维的大变革》一书中指出,在大数据时代,隐私受到的威胁将进一步加深,如果在隐私和预测方面对大数据管理不当,或者出现数据分析错误,其导致的不良后果会比定制化的在线广告要严重得多。[①] 平衡商业信息传播者与接受者的利益,保护消费者权利,成为计算广告立法的重要目的。制定计算广告相关法律法规,可以考虑对计算广告相关利益各方进行专门规定,拓展监管范围,覆盖行业所有的利益相关主体,对损害消费者利益的行为,明确具体的法律责任。

(3) 核心原则:遵循科学理论与行业经验相结合。

立法要基于我国当前广告业发展的实际经验及市场需求。当前,大数据与大数据计算技术,不仅被用来解决广告的精准投放问题,而且被用来解决基于即时数据分析与处理的广告效果的跟踪监测与广告投放策略的动态调整问题,还被用来解决包括精准投放在内的广告程序化交易问题,甚至还被尝试用来解决基于各类复杂算法的策划创意等智能化内容生产的问题。[②] 计算广告并未动摇传统广告学的基本研究框架,广告学中的相关研究理论体系仍然可以应用于当前的计算广告应用,但作为一种新的广告学研究范式、一种新的广告学研究的方法体系,[③]计算广告拥有新的运行方法和手段。

在进行计算广告相关立法时,既要遵循法学、经济学、广告学等相关学科的理论体系,又必须结合行业的实践经验,这样才能结合实际经验及监管工作的具体做法,凝练创新,形成法律规制文件。当前,移动互联网技术不仅革新了媒介的信息生产及呈现方式,而且改变了用户的信息接收方式与解读方式。转型是当前业界、学界、教育界共同的主题。[④] 同样,广告专业学界与业界也共同面对着以数据和算法技术引发的产业变革。囿于背景及经验,来自学界与业界的研究者的态度倾向、判断标准、分析角度各有不同,面对计算广告这一新型发展模式,在进行规制监管时要打通双方的职业壁垒,通力合作,共同推进计算广告法律法规的构建。

(4) 核心策略:从我国国情出发,借鉴国外有益经验。

如前文所述,很多国家密切关注互联网信息发展,相继出台了适应本国发展需要的互联网信息相关法律条款。要顺应当前全球智能营销传播发展的趋势,我们既要学习欧盟,严格地对个人数据信息进行把控,又要考虑到行业的发展趋势,借鉴美国的规制方案,找到在个性化结果和用户隐私之间技术性的平衡。在制定法律条例时,要兼顾用户权益与产业经济发展。

在参考国外法制建设经验的同时,更要结合我国的行业实践,提出相应的法律规制条例。深入贯彻网络安全观,将现行有效的基本制度、特殊管理政策及保障措施法治化,在计算广告具体执行方面,明确公民、法人和其他组织对数据的依法使用和保护。

巩固和完善我国业已形成的一套既与国际接轨又符合中国国情的互联网信息管理制度。这些制度为计算广告立法提供了相关法律保障,同时积极响应时代发展的要求,

---

① 维克托·迈尔-舍恩伯格,肯尼思·库克耶.大数据时代:生活、工作与思维的大变革[M].周涛,等译.杭州:浙江人民出版社,2013.
② 曾琼.突破与重构:大数据时代的计算广告学研究[J].湖南师范大学社会科学学报,2019(5):150-156.
③ 曾琼.突破与重构:大数据时代的计算广告学研究[J].湖南师范大学社会科学学报,2019(5):150-156.
④ 蒲平.转型:传媒业界、学界、教育界的共同主题[J].新闻记者,2019(2):51-55.

深刻分析技术进步对法治的需求,明确通过相关法律来确保广告行业健康发展的目标,提炼出立法工作的基本原则以指导立法工作。

(5) 核心架构:设计管辖制度,协调处理与其他法律的关系。

在进行计算广告立法时,还要注意处理好与其他相关法律的关系,例如互联网信息相关法律、消费者权益保护相关法律等。数据是保障网络安全的核心和基础,要遵循新法优于旧法的公认法理。当不同法律法规措辞相冲突的时候,应当以新法为准。例如,对"数据"的定义,不同法律法规的相关表述有一定的出入,那么就应当遵循新法优先适用的原则。

关于广告法律效力及广告法规具体执行的问题,国家管理机关依据相应法律法规,对广告活动进行全程监督、检查、控制、指导。从结构上看,应当继续采用多层次广告规范,以《广告法》为主要依据,地方性法规、行政法规等起辅佐作用,进行补充完善。在具体执行方面,除了加大对违法广告主、广告经营者和广告发布者的惩处力度,在执法部门间,还需要建立行政处罚、民事责任与刑事责任之间的有机协调,建立工商部门、工信部门、公安机关之间的联动监管合作机制。①

2. 立法重点

本部分主要就计算广告领域中具体的执行问题,即操作层面的问题,提出相关立法建议。相关立法要尊重计算广告特性及发展规律,在此基础上努力维护消费者的正当权益,维护行业内的公平竞争。

(1) 明确计算广告的主体及运作机制。

从法律高度对广告活动中广告的发布标准、广告活动主体资格、广告活动竞争规则予以规范,符合国家、社会公共利益和广大消费者的利益。② 明确广告主和广告平台之间的法律责任,是厘清计算广告法律关系的第一步。根据我国现行有关互联网的法律规定,计算广告的主体包含广告主、广告经营者、广告发布者,以及程序化购买模式中的各类平台、广告代言人、互联网信息服务提供者等。以广告投放流程为例,在传统的广告主—代理—媒体关系中增加了交易市场、需求方平台、数据管理平台、供应方平台、品牌安全机构、程序化创意服务商等多元角色。计算广告具有系统性、复杂性、隐蔽性的特点,因此在进行主体界定时,需要具体问题具体分析,这也为统一立法带来一定的难度。

以信息流广告、个性化定向广告等计算广告为例,在数据加工与交易的过程中,基于用户数据分析及挖掘形成个性化推荐广告,通过获取消费者浏览、搜索、加入购物车等购物阶段的具体行为数据,利用推荐技术向消费者展示相关商品的广告页面。广告系统中涉及的广告主、第三方平台、广告运营公司应如何确立广告主体及责任认定,成为计算广告立法的重点。以程序化购买中的数据管理平台为例,其涵盖数据管理、数据提供和数据交易等功能,数据管理平台在收集、使用和交易互联网数据时应遵循合法、正当、必要的原则,建立网络信息安全保护制度,对所收集的数据进行严格的保护。而第三方平台要在具体广告活动中加以区别,需要区分互联网广告的发布者和互联网信息服务的提供者。

---

① 陈绚.广告伦理与法规[M].北京:中国人民大学出版社,2015.
② 陈绚.广告道德与法律规范教程[M].2版.北京:中国人民大学出版社,2010.

当前,大数据、云计算、机器学习等技术已经极大地提升了情境、广告和用户匹配的精准度。但在这一流程中难免出现一些问题,具体的计算广告实操中也亟待法律规范的约束。程序化购买是计算广告中的一个关键环节。计算广告的立法应建立在对计算广告运作机制了解的基础上,广告系统根据用户的购买行为及个性化购物兴趣,结合产品库存,推荐相关产品,这样的广告就会获得较高的点击率和转化率。在立法时,既要考虑用户数据的安全,也要对广告主的商业数据进行保护,以确保数据安全。例如,抖音多闪共享微信用户信息的违规行为,就需要通过合理的数据管理规制以维护各方的利益。

(2) 完善数据保护管理规制和算法透明机制。

当背景信息充分,而这些信息又较为稀疏时,隐私问题面临的挑战会变得更大。而在互联网广告、推荐等为代表的个性化系统相关的数据交易中,这种风险会更大。[①] 数据是计算广告的重要资产,在开发利用这一资产的过程中,必须遵守数据安全和信息保护相关的法律规定。广告系统本身产生的数据,并不能满足需求,也不足以进行有效的用户画像,还需要用户搜索、购物、应用列表等更有价值的数据资产。生产用户兴趣标签,以及对用户数据的收集和使用,都要求在立法时制定相应标准,以防泄露用户隐私。在立法中,应严格规定避免使用个人可辨识信息,用户有权要求系统停止跟踪和使用自己的行为数据,不应长期保留和使用用户行为数据,在技术上还需要特别注意权限的严格分配和最小数据访问等。

技术黑箱[②]的存在使得计算机算法具体如何进行数据收集、处理、分析成为隐蔽的信息,我们只能接受数据处理后的结果。为避免出现数据作弊、流量劫持等技术问题,我们在立法时应考虑在进行数据保护的前提下,对技术黑箱等技术问题进行规制,国家在立法鼓励数据共享的同时,要探索可行性的算法透明机制,对检验大数据分析的过程及结论的可靠性做到有法可依,促进行业的健康发展。

(3) 构建政府主导、各方共同参与的计算广告监管制度。

构建政府为主导、相关各方共同参与监管管理的制度。通过法律、地方性法规、行政法规等规范性文件及相关条文对计算广告行为活动进行直接控制,这种直接控制以强制手段为后盾,要求计算广告传播行为的主体严格遵守法律规范,把法律规范中的理想秩序转化为现实的法律秩序,从而保证广告的合法性,促进广告业的健康发展,保护消费者的合法权益,维护社会经济秩序。

强化工商行政管理机关及有关部门对广告市场监管的职责职权,完善广告管理部门的权责规定,创新管理体制。此外,计算广告立法时要积极推动行业规范及企业平台自律,充分发挥互联网时代新媒体的特点,开通互联网举报、投诉等平台,将社会监督、民众监督和舆论监督作为有效方式,对违反现行广告法律法规的违法行为予以处罚。

建立一个完善的计算广告活动运行机制,需要通过完善和修订当前的立法,转变监管思路。在立法时,要以维护社会公共利益、保障商业信息流动为核心目标,以注重保护消费者权利、坚持平衡多方利益为核心理念,以遵循科学理论与行业经验相结合为核心原则,以从我国国情出发、借鉴国外有益经验为核心策略,以设计管辖制度、协调处理

---

① 刘鹏,王超.计算广告:互联网商业变现的市场与技术[M].2版.北京:人民邮电出版社,2019.
② 韩军徽,李正风.计算社会科学的方法论挑战[J].自然辩证法研究,2018,34(4):14-19.

与其他法律的关系为核心构架。立法在微观层面要考虑个人的信息安全,即消费者权益;在中观层面,要考虑行业的发展,促进行业的合理竞争,避免出现不正当竞争,保障数字经济健康发展;在宏观层面,要坚持和完善中国特色社会主义制度,推进国家治理体系和治理能力现代化。

在进行计算广告立法时,要明确计算广告的定义,从计算广告的技术维度深入了解其运作流程,并从流程和技术入手,提出新的法律治理思路。具体而言,要构建有效的投诉与纠纷解决机制,确立广告主体,规范主体责任认定,增强消费者自身的维权意识,促进消费者权益的保护,完善广告管理部门的权责规定。创新规制体制需要法律规范的约束,计算广告要在法律范围内活动,自觉遵守各项法律法规,正确而有效地处理广告效益、社会效益、文化效益之间的关系。

◇【案例】欧盟组织指控谷歌违反欧盟《一般数据保护条例》

本章课后习题

1. 计算广告的伦理失范现象有哪些?有何危害?如何治理?
2. 请列举自己亲身经历的伦理失范案例,并结合本章内容加以分析。
3. 请分别列举国内外的计算广告违法案例,并结合本章内容加以分析。

二维码

扫描二维码
查看案例详情

第十二章　计算广告的应用案例

计算广告的核心问题是找到特定用户在特定环境和适当广告之间的最佳匹配。[①] 随着大数据和人工智能等技术的普及和不断发展,以数据和算法为依托的计算广告已经悄然融入我们生活的方方面面,为整个营销传播行业带来了全新的活力,重构了广告运作的流程。从广告主层面看,计算广告以数据、技术和算法为依托,为广告主决策提供参考;从媒体层面看,计算广告可聚合媒体流量,并通过实时竞价等方式售卖给需求方;从用户层面看,计算广告为目标对象推送有信息价值的广告并产生互动。[②] 本章以百度、腾讯、阿里巴巴、巨量引擎为例,分析计算广告应用案例,为计算广告的实践和发展提供参考和借鉴。

一、百度助力汽车行业全链 AI 营销

(一) N.E.X.T.百度全链 AI 营销介绍

作为全球领先的人工智能公司,百度也是 AI 营销的先行者和定义者,其整合了旗下百度搜索、好看视频、百家号、百度百科等产品的营销能力以及人脸识别、AR、语音合成等人工智能技术,于 2019 年 10 月 30 日发布了 N.E.X.T.百度全链 AI 营销。基于 AI 和大数据技术,N.E.X.T.百度全链 AI 营销以消费者运营为核心,实现了需求激发池(new entry pool)、沟通体验池(experience pool)、品牌资产池(equity pool)的全面贯通,并提供整合的营销工作台,为广告主提供更多营销机会,帮助企业从用户需求起点出发,最终落脚决策终点,实现对用户施加深层影响的目的,提升品牌影响力。[③]

具体而言,百度针对汽车行业的全链路营销路线包括如下几点。

一是实现客户核心目的。车企的核心目的即获得优质的强力曝光,最终落脚于销售额的提升。百度针对车企各产品线的新车发布活动,可以借助首发计划、Co-branding 纵横计划、大事件(奥运招商、活动冠名、车展、购车节等),实现线上、线下优质曝光,激发用户关注,为下一阶段的营销做铺垫。

[①] 吕尚彬,郑新刚.计算广告的兴起背景、运作机理和演进轨迹[J].山东社会科学,2019(11):164-169.
[②] 温进浪,张剑.探析计算广告出现带来的行业变化[J].新闻潮,2020(5):40-42.
[③] 段淳林,杨恒.数据、模型与决策:计算广告的发展与流变[J].新闻大学,2018(1):128-136+154.

二是触达用户全面体验。利用百度大数据工具观星盘平台(全链 AI 营销数据平台)的人群数据标签,譬如年龄、性别、身份、购物习惯、性格特征等,百度全链路营销可实现精准触达目标用户的目的。同时以 AI 技术为基础,进行广告营销形式的创新,用户购车前不再局限于试驾了解,在提高用户兴趣的同时,给予用户丰富的营销体验;与之对应的是建立长期的原生内容,达到潜移默化的效果,让用户一边看,一边体验汽车传递的细节及价值。

三是注重客户运营整合。近年来,百度一直在构建"搜索+信息流"模式,一方面,根据用户搜索的内容直接推荐,另一方面,根据用户喜好的大数据进行智能推荐,从而在内容上更契合用户喜好,在效率上更进一步。在不断改善该营销体系的同时,百度还注重后端的提效。具体地讲,百度将"CPC+小程序/智能营销页"作为工具为后端赋能,进一步优化服务端处理业务逻辑,从而高效智能地获得更多低成本、高质量的销售线索。值得注意的是,在私域运营部分,用户已经对产品产生了兴趣,有意愿进一步了解,所以,进行用户积累,管理好其预期,并建立最简单、直接的转化路径尤为重要。百度全链路营销注重在品牌专区和百家号里沉淀用户,且最终由小程序来承接流量积累并使其成为用户数据资产,在日后不断唤醒和影响品牌用户。

(二)汽车行业营销背景

第一,消费者不具备强烈的品牌倾向。汽车是典型的大宗消费品,其销售成果受消费者收入水平差异的影响较大,在这个过程中,用户的决策路径并不是简单的直线型,而是迂回、复杂且漫长的,用户在决策过程中犹豫、徘徊、思考。百度广告观数据表明:84.9%的汽车购车用户平均要经历 6~9 个月的决策时间。在这个时间里,42%的购车人总是改变主意[1],同时,在各个决策环节都并非一次性单向流转,比如在口碑和体验环节,消费者如果发现新品牌,可能会重新返回到品牌选择阶段。显然,在这种决策背景下,汽车营销有充分的空间去适时地影响潜在消费者。

第二,汽车营销缺乏完整的体系。车市长时间保持一个固定的消费结构,但是汽车市场的竞争正在逐渐增大,而一般情况下,消费者对于汽车品牌的了解较少且认知有差异。[2] 在近年车市并未扩容的困境下,车企更注重投资回报率,营销也更趋于理性。面对汽车用户,车企营销应更为谨慎、精耕。汽车营销目前亟需解决的问题是如何洞察并有效影响处于不同决策阶段的用户,在积极触达目标用户,给予用户优质品牌体验的同时,还能帮助实现销售转化。因此汽车营销亟需整合全链路进行 AI 营销。

(三)营销目标

作为汽车用户决策至关重要的平台,百度在 2020 年全面整合平台上汽车相关的资源,增补平台上的汽车数据和链路,更好地进行全链 AI 营销。例如,针对红旗 H9 上市,N.E.X.T.百度全链 AI 营销旨在聚合消费者对于新品发布的多方关注行为,吸引全平台用户(包括潜在用户、行业用户及核心用户),使其在营销过程中体验产品、内容、

---

[1] 百度广告观.2020 百度营销攻略——汽车 N.E.X.T. 全链 AI 营销(上)[EB/OL].[2020-01-06]. https://mp.weixin.qq.com/s/9X7I0qR6-LSvfbqzDh2KGg.

[2] 赵作伟.新形势下汽车营销的创新思路探析[J].商讯,2020(21):183+185.

品牌,全方位提升用户体验,达到沉淀品牌内容、培育激活粉丝、线索留资等目标,同时激活生态流量,落脚品牌产品,助力车企抢占用户意愿,实现全链路整合营销升级,释放品牌影响力。

红旗 H9 是红旗 H 系列新时代 C+级豪华旗舰轿车,标志着红旗在品牌创新、产品创新和技术创新方面都进入了崭新的时代。红旗 H9 于 2020 年 8 月 23 日正式上市,上市当天百度指数提升 600%,指数飙升到约 76 万。[1] 激发用户关注热潮的重要驱动力之一是依据 N.E.X.T. 百度全链 AI 营销构架制订的红旗营销策略为红旗品牌造势。百度全链 AI 营销策略包括如下内容。

一是多渠道触达不同类型的消费者,激发用户关注。百度 App 通过开屏广告全屏视频的方式带给用户沉浸式体验,展现红旗 H9 产品形象、豪华调性以及"一步一时代"的大气品牌主张,达到强曝光的目的,激发消费者潜在需求,吸引用户关注。百度推出的汽车资讯 App"有驾"聚合约 4000 万汽车行业用户,头部广告位及运营容器广告位双重突出红旗 H9 上市信息,激发垂直行业用户需求,吸引汽车行业爱好者关注。主动搜索"一汽红旗"相关品牌词的品牌关注用户触发红旗 H9 上市倒计时品牌专区,吸引核心用户关注红旗 H9 上市的后续消息,为品牌上市造势。上市前,百度通过三重激发为品牌聚合优质用户圈层,激发用户需求,为红旗 H9 上市蓄力,上市前达到了 2.3 亿的日活跃用户。

二是以用户数据为基础,提升用户体验。针对更喜欢通过搜索相关的车型大类进行产品认知并建立产品偏好的浅层认知型用户,百度为其设置"国产车""轿车"等通用词,搜索后可触发用户行为属性落地卡片;针对有明确的搜索目标,并浏览产品信息的意向认知型用户,百度为其设置"红旗 H9""一汽红旗""红旗汽车"等产品词,搜索后触发市场宣传的商业行为属性卡片。百度通过形成不同的信息聚合卡片,同时触发红旗 H9 全屏彩蛋,7 秒钟的沉浸式体验形成强大的视觉冲击,快速建立目标需求人群对红旗 H9 的产品偏好。在内容体验方面,百度 App、好看视频 App 多端联合助力红旗 H9 上市直播,百度产品矩阵分布在不同的赛道,同时背后有不同的用户,通过在不同 App 之间互推互联,为红旗 H9 直播扩大用户总数,起到 1+1>2 的效果。在品牌体验方面,红旗 H9 上市后上线红旗品牌专区,无线端红旗内容独占三屏,为新车上市后带来的新增用户提供了更丰富的品牌体验,内容包含品牌头像图、车型介绍、百科背书、产品资源、视频介绍,为用户提供了从认知到认可最后到认购转化的一站式覆盖和全链路品牌体验。上市中,百度为用户带来差异化体验,媒体矩阵直播覆盖海量网民,聚拢用户流量,丰富产品体验。上市后,百度覆盖核心搜索词触发的移动端流量,促进转化。

三是提升品牌影响力,沉淀品牌资产。红旗 H9 上市的品牌直播、图文等品牌内容资产沉淀,智能再触达目标用户,起到延续热度的作用。私域粉丝是重要的品牌资产,全链路 AI 营销打造品牌私域流量,为品牌赋能。一汽红旗百家号通过品牌阵地运营及转化粉丝,是品牌后续运营和营销的基础。用户可在全域全链营销的任意环境触发预约试驾,填写个人资料,完成转化。上市后,百度全链路营销为红旗 H9 发展增量用户,运营存量用户,为后续营销打基础。

---

[1] 百度广告观.红旗 H9 上市 X 百度 N.E.X.T.全链营销,释放品牌超级影响力[EB/OL].[2020-09-02]. https://mp.weixin.qq.com/s/ktlvjgsjeqyFopXiBNIo6A.

总的来说,2020 年百度通过全面发力汽车资源整合,深度满足用户学车、看车、试车、买车、用车、养车、卖车多种诉求。同时,整合百度搜索、百度百科、百度知道等产品矩阵,布局搜索端(有驾官网)、资讯端(有驾百家号)、App(有驾 App)、频道运营(汽车频道)、小程序(有驾小程序),真正为百度汽车营销打出精彩的"组合拳"。百度全链 AI 营销,在策略制订、创意输出、内容媒体投放、效果评估、优化投放路径等每一个环节,完整地结合了车企当前的营销目的、产品资源串联以及流量生态构建,解决其营销难题,帮助车企沉淀、唤醒、激活用户,最终实现销量的提升。① 而百度全链营销生态体系中还有更多针对汽车行业事件营销、口碑舆论营销、促销集客营销等汽车全生命周期营销模式,从跨屏联动、内容分发到 oCPC 智能搜索、小程序及百家号私域运营等,也会助力汽车行业车企实现互联网模式下与目标用户的高效沟通,实现汽车营销的变革。

二、腾讯全链路数字化营销:打破数据孤岛,驱动广告提效

(一) 全链路数字化营销的必要性

如今,智能广告数字化程度日益提高。数据,连同内容和创意,成为数字营销推广的基础,过去数据只是广告效果的衡量标准,而今天,很多广告的全流程投放都与数据有关,这是智能化数字营销趋势使然。数字化营销利用数字传播渠道,通过最先进的技术,精简过程和环节,以最有效、最省钱的手段,来谋求新市场的开拓和消费者的挖掘,及时、精准并节省成本地与消费者高效沟通②,达到满足广告主追求有效曝光,实现从曝光到最终转化的全链路上与消费者和客户的深度互动,优化营销手段,监测营销效果,达到最佳营销的目的。

在腾讯向产业互联网进军的过程中,腾讯广告已成为腾讯的商业服务中台。基于过去几年里的能力整合与升级,腾讯广告已经建立起完整的全链路数字化营销链条。③全链路营销可以理解为更高效的整合营销,它将以往的整合更有机地推动起来,系统化地提出了全链路数字化营销四大连接模型,即品牌心智连接、交易转化连接、私域用户连接和体验创新连接,其通过能力与产品的开放共享,使各行业能够快速对接腾讯广告的商业服务中台,一站式构建适用于自身商业需求的全链路数字化营销体系,从消费者第一次接触广告触点开始,关注其购买转化的整个链条,以应对当下与未来的商业变局,使企业在今后的营销竞争中,能够占据先机,立于不败之地。

---

① 张萌.疫情后汽车市场何去何从?百度全链 AI 营销教你三步走[EB/OL].[2020-04-14]. http://www.chexun.com/2020-04-14/111036157.html.
② 宋星.半小时读懂腾讯数据智库(TDC)——宋星的半小时读懂系列[EB/OL].[2019-06-12]. http://www.chinawebanalytics.cn/30-minutes-to-learn-tencent-tdc/.
③ 徐琦,赵子忠.中国智能媒体生态结构、应用创新与关键趋势[J].新闻与写作,2020(8):51-58.

（二）全链路数字化营销的四大连接模型

一是品牌心智连接。腾讯广告通过内容、社交及整合的投放工具，使得内容与消费者更好地产生共鸣，并实现高效、低成本的触达。腾讯旗下业务广泛，包括影视、体育、电竞、游戏、音乐、文学、动漫等丰富的内容场景，腾讯广告基于统一的投放端和数据账号体系，对内容营销场景做了全方位整合，让内容与消费者更好地产生共鸣，推动消费者参与场景的构建。同时，品牌可借助腾讯域内流量与域外流量的整合，实现全场景下数据、流量、场景、形式的高效匹配，提升品牌信息与用户连接的效率和效果，建立长期心智共鸣。这个过程不仅可以获取更多的流量，而且成本更低，触达更有效。

二是交易转化连接。具体来说，在数据维度，腾讯广告可整合平台数据与广告主后端数据洞察能力，共建从浅层次的曝光、点击浏览到深层次转化的更精准的模型；[1]而后，品牌可选择在普通广告的基础上叠加商品特征，以广告数据叠加结构化的商品数据，实现"千人千面"的个性化触达，提升转化率。在转化链路上，基于腾讯生态的丰富流量和场景，可选择构建以小程序为核心的独有转化链路等多种链路布局，高效承接公域流量，同时为私域引流，使私域流量和后链路管理做得更好，品牌和用户间的沟通更有温度，让广告不断贴近交易，服务于广告主的投入产出和利润。通过数据、商品、链路三方面的不断提升[2]，可以实现整个交易从流量到转化、从交易闭环到数据留存的良性循环。

三是私域用户连接。除了"千人千面"的智能推送、交易链路适配的多样化，私域用户的连接也很重要。2020年第一季度，微信日活跃用户已超过4亿的小程序生态，为品牌带来可全渠道连接、全生命周期运营的私域电商体系，通过调动微信生态内的多个触点，在交易的同时为品牌沉淀私域用户池。数据显示，小程序电商与平台电商的消费者重合度仅18%，对品牌来说，小程序正在成为扩大用户触达和交易场景的重要选择。品牌可基于小程序生态和社交私域生态的特点，选择多样化的品牌营销范式，例如基于流量唤起临时对话，为企业微信或公众号蓄粉，在不同维度带来不同类型用户的增长；而品牌之间的差异、服务与售后的差异，可通过内容建设进行有温度的品牌教育、知识普及和产品推荐。基于数据平台、商品库信息和流量触点，腾讯广告可形成"千人千面"的触达与召回等。这在确保前链路更高效的广告触达的同时，让后链路运营更具效率，从用户留存开始到之后形成私域用户的连接。

四是体验创新连接。伴随企业微信、小程序、数据中台等流量触点和数字化交易工具的进化，传统线下服务正在加速线上化并实现效率提升。具体来说，企业微信、小程序直播等数字化后链路的创新服务和工具，结合前端的流量和投放端的不断升级、商品库的不断优化，能够使销售终端的整体服务能力在流量的承载基础上效率提升9~10倍，提升客户资源的利用效率，展示品牌的差异化，并在提高沟通效率的基础上，为用户带来更优质的体验，有利于提高用户忠诚度。

---

[1] 段淳林,宋成.用户需求、算法推荐与场景匹配：智能广告的理论逻辑与实践思考[J].现代传播（中国传媒大学学报），2020,42(8)：119-128.

[2] 索象营销传播集团.揭秘索象全链路营销方法论：三大原则、四大连接[EB/OL].[2020-09-08]. http://www.zjbert.com/show-30-853-1.html.

百年运动时尚品牌 FILA(斐乐)于 1911 年在意大利被创建,100 多年来,作为高端运动时尚品牌,FILA 始终以年轻化的姿态攻略市场,展示自己时尚、经典、性感的品牌形象。在营销层面上,其近年来积极搭建公众号、小程序商城等场景,打下坚实的私域运营基础。然而,有限的私域流量不足以进一步拉动 GMV(成交总额),其借助腾讯有数搭建"高潜人群挖掘—广告长效追踪—生意分析再营销"链路,在精细化管理小程序商城数据的基础上,有效盘活私域数据资产,不断提升广告投放效果。

在挖掘高潜人群方面,FILA 基于腾讯有数对其品牌小程序商城私域流量数据大、类型丰富的洞察,在腾讯流量上利用小程序数据进行营销拓展,老客激活和新客发掘齐头并进。一方面,FILA 针对已有用户进行二次营销,启用腾讯有数一方数据挖掘和场景提取功能,勾勒当前小程序人群画像,借助微信流量将付费用户转化为忠实用户,争取召回流失用户;另一方面,FILA 重点着力于寻找公域中的高潜力用户,具体方式是将对老客的洞察传递至 lookalike 拓展一方数据,借助腾讯流量寻找并触达。最终,对比常规投放,FILA 通过腾讯有数联动一方数据的尝试,将投资回报率(ROI)成功提升约 1.46 倍[①],全链路数字营销初有成效。

在广告长效追踪方面,FILA 借助腾讯有数的多级 ROI 归因模型,获得多时间维度营销分析及多广告路径效果归因服务,从而科学衡量各阶段、各触点广告效果,综合评估广告价值,打造长效营销方案。在时间方面,腾讯有数可覆盖即时 ROI(当天)、短效 ROI(14 天内)、长效 ROI(90 天内)等多重维度,衡量广告引流人群后续节点的持续触达和产出;在广告路径方面,腾讯有数可支持多触点营销 ROI 追踪,打通直购、加粉、视频观看、直播引流、企业微信咨询等多链路,指导广告投放链路玩法,更好地衡量广告效果。借助腾讯有数的广告长效追踪服务,FILA 可对各渠道在不同时间内的投放表现进行综合考察,不断优化营销方案,有针对性地整合更多公域流量,实现高匹配度受众的长期可持续触达及转化。以 2020 年 6 月为例,FILA 通过数据跟踪发现,广告带来的 30 天长效 ROI 比即时 ROI 高出 2.3 倍,这对营销策略的实施与制订带来重要影响。[②]

在生意分析再营销方面,FILA 借助腾讯有数的"生意看板",更直观全面地了解品牌私域的人货场数据及趋势:在用户资产分析方面,腾讯有数可一目了然地展现品牌当前用户在引入、成长、成熟、休眠、流失各阶段的分布状况,助力 FILA 针对不同阶段的用户制订有针对性的运营管理策略;在商品分析方面,腾讯有数帮助品牌搭建转化漏斗模型,并支持查看各单品的访问、下单、加购、成交等情况,方便品牌对各级转化流程进行评估及优化,提高转化率;在场景经营分析方面,腾讯有数为品牌提供渠道分析、直播看板、公众号看板等工具,帮助 FILA 了解品牌私域运营真实状况及公域引流状况,掌握消费者行为偏好及决策规律。

通过腾讯有数制订的全链路数字营销策略,FILA 能够更精细化地把控私域运营现状,寻找与用户产生共鸣的机会,通过对私域粉丝的持续精细化运营,吸引新客,巩固老客,召回流失客户,提高成单率。在此基础上,FILA 围绕沉淀下来的消费者数据实

---

① 腾讯广告.数字营销驱动广告提效,有数助 FILA 打造社交电商"后浪"[EB/OL].[2020-07-09]. https://mp.weixin.qq.com/s/Btj1MD8a6Ne6Xr8aCkS8pw.

② 腾讯广告.数字营销驱动广告提效,有数助 FILA 打造社交电商"后浪"[EB/OL].[2020-07-09]. https://mp.weixin.qq.com/s/Btj1MD8a6Ne6Xr8aCkS8pw.

行一方数据模型训练,广告投放效率大大提升。数据显示,FILA×腾讯有数"虫洞"实验一周内,FILA 广告拿量效率提升 1.5 倍,ROI 提升 1.23 倍,而通过广告引流来的客户,数据又进一步沉淀在腾讯有数及品牌自有平台,形成 FILA 自己的消费者资产,推动数据价值最大化。①

总而言之,作为腾讯全域经营数据分析和消费者资产管理平台,腾讯有数聚焦以数据创造价值,致力于通过全触点、全链路数据融合,帮助品牌更加清晰地了解自身在腾讯生态内的经营状况,反哺方案优化,沉淀品牌消费者资产,构建真正品效合一的数字营销闭环。而在数字化营销趋势下,腾讯通过全面整合平台的各项能力,更有效地释放腾讯广告的商业服务中台价值。结合投放、策略、数据及行业垂直的产品释能,腾讯广告得以促进数据驱动下的营销全链路提效。

三、阿里巴巴全域数智化营销:助力企业增长更简单有效

2019 年,国家统计局相关数据显示,中国正在成为全球最大的单一消费市场,随着消费者需求的升级和数字化营销的不断发展,消费升级和内容下沉成为营销关注的重点,这需要不断推进消费生态全链路数智化转型。而阿里巴巴作为国内市值最高的互联网公司,拥有横纵融合的生态,其通过数智化五部曲模型,赋能产业全链路价值重构解析②:基础设施云化,让自己的系统能够承载像"双十一""双十二"这样的大型购物节的需求;触点数字化,通过智能手机为每一个消费者提供便利,获得数据③;业务在线化,在数字化营销中,企业可随时了解并分析业务在线的情况,根据业务当前是什么状态,进行业务运营;运营的数据化,建立全面、丰富的数据中台,通过数据科学规律地制订、调整营销策略和执行方案;最后是决策智能化,管理、营销、投放的决策可简单地通过手机实现。④

阿里巴巴商业操作系统输出阿里巴巴整个数字经济体的服务,从实践来看,数智化营销带来新的增长空间,带来了新客、新品、新城、新场景。一是新客,品牌商基于消费者资产分层、精细化运营,推动线上线下跨渠道、跨端会员打通,实现全域会员招募、全域会员积分、全域会员权益统一管理,实现更加精准的消费者触达、拉新、转化和忠诚度计划,拓展品牌线上线下新客。二是新品,品牌商建立基于数据驱动的 C2B 新品创新模式,包括数字化新品创新、数字化渠道发布、数字化营销创新,实现产品创新链路上从

---

① 腾讯广告.数字营销驱动广告提效,有数助 FILA 打造社交电商"后浪"[EB/OL].[2020-07-09]. https://mp.weixin.qq.com/s/Btj1MD8a6Ne6Xr8aCkS8pw.
② 阿里研究院.阿里云刘松:数字新基建如何推动消费升级和产业升级[EB/OL].[2020-09-11]. https://mp.weixin.qq.com/s/MyxZx0FXXDNtk-KYC8-XOw.
③ 曾琼,刘振.计算技术与广告产业经济范式的重构[J].现代传播(中国传媒大学学报),2019,41(2):132-137.
④ 马二伟.数据驱动下广告产业的智能化发展[J].现代传播(中国传媒大学学报),2020(5):138-143.

零到一的突破,孵化出一系列专供中国市场的新品,并取得显著的业务增长。① 三是新城,品牌商基于数据驱动的消费者人群分析、产品分析、行业分析、结果预测等,更好地抓取营销痛点,开拓新的营销渠道和营销市场。四是新场景,基于人和货的精准运营,可以持续创新和优化新的消费场景、拓展消费空间。品牌商可以通过阿里巴巴营销和渠道矩阵实现业务下沉,优化销售策略,同时可以通过人货场的精准匹配,创造新场景。

基于 20 年的技术和商业创新,阿里巴巴不断发展符合市场趋势的营销方式,甚至走在前沿驱动其他行业、企业不断发展数智化营销。数智化营销需要成熟的智能营销平台,下文主要对阿里巴巴创新业务事业群智能营销平台、鹿班智能设计平台和犀牛智造平台进行分析,同时结合企业案例展示其营销效果。

(一) 阿里巴巴创新业务事业群智能营销平台

阿里巴巴创新业务事业群智能营销平台依托阿里巴巴集团全链路数据技术及旗下多场景媒体流量、平台资源(资讯、视频、音乐、搜索等)和内容优势,构建全场景智能营销生态模式,打造贯穿整个用户需求场景的多样化广告产品矩阵,发挥平台技术与场景优势②,配合合作品牌,为其提供完整的智能营销链条和解决方案,让营销变得更加简单有效。而对于中小企业来说,其最常使用的线上营销方式为搜索推广,智能营销平台针对搜索信息流推广优化体系的"出价"及"创意+落地页"两大核心要素,打造 oCPC+搜索星云样式+锦帆建站三大能力,为中小企业广告主降低成本,实现产品销量增长。oCPC 进行智能出价,是为了提高转化率而推出的智能营销推广方式。其功能为智能实时预估每一次点击的转化率并基于竞争环境智能出价,强化高转化率流量的获取,弱化低转化率流量的展现。基于 CPC 的付费模式,实际帮助中小企业广告主控制转化成本,提升投放效率。搜索星云样式,是为了提升广告物料的创意丰富度与吸睛度,进而提升用户点击率。通过使用搜索星云样式,中小企业广告主可以按照普通、高级、附加创意进行广告物料撰写和投放,系统将其打散为组件,结合 AI 模型优选能力,进行重新拼接组合,快速丰富线上创意,保证创意新鲜度。搜索星云样式在 2020 年 4 月完成上新,增加了 20 多个整卡样式,并通过组件化能力实现一万多种样式组合,满足不同行业推广产品服务的差异化诉求,实现广告展现的"亿人亿面"。杭州创绿家环保科技有限公司通过 UC 神马搜索精准锁定浙江、上海、江苏及全国其他省市,将 25 岁至 49 岁的人群作为重点投放对象,同时使用搜索星云样式,配合样式高展工具,使整体 CTR 提升至 8%,转化成本降低 40%。创意能够吸引用户点击,而落地页面与创意素材的高关联度能保持对用户的强吸引力,促成转化。锦帆建站是智能营销平台推出的免费落地页制作工具,提供一体化建站和投放服务,能够在 3 分钟内完成推广页面快速制作,分行业打造功能多样、内容丰富的落地页,落地页面能极速打开。营销组件丰富,满足客户不同的转化需求。更值得一提的是,锦帆建站支持全链路数据监控,涵盖重点指标、数据趋势、站点排行、转化漏斗等详细数据,并支持各类组件的转化数据查询。精

---

① 阿里研究院.企业数智化转型的五大核心理念[EB/OL].[2020-04-01]. https://mp.weixin.qq.com/s/RuxRNS8aYxpEUSUHOGmgGg.

② 阿里巴巴创新事业群智能营销平台.智能营销平台亮相 IAI,为电商营销提效[EB/OL].[2020-09-09]. https://mp.weixin.qq.com/s/UDQNZ7KtzCqE-tKwzKSkyw.

锐教育选择使用搜索星云样式＋锦帆建站后,点击率、行为率、表单提交率都高出50%,并且,转化成本降低60%,能够有效保持账户稳定。①

智能营销平台针对搜索信息流推广进行数智化营销过程,锦帆建站与oCPC对接,轻松实现成本优化,而搜索星云样式创意为推广加成,提升曝光量,三者组合达成1＋1＋1＞3的转化效果,实现了为广大中小企业赋能的效果,助力品牌营销转型,突显了数智化营销的重要性和必要性,这也将是阿里巴巴未来一段时间不断发展、推进的营销策略。

(二) 鹿班智能设计平台

鹿班智能设计平台是阿里巴巴推出的一款基于人工智能的广告设计工具。此平台通过人工智能算法和大量数据训练机器学习设计,可以帮助广告主更好地设计产品宣传广告图片,降低了广告设计的门槛。在此平台上,就算使用者不懂设计,也能做出精美的图片,适合电商用户制作广告图片。

在功能上,鹿班智能设计平台包括智能生成、创作助手、智能排版、设计拓展等几大功能,可帮助企业快速、批量、自动化地进行图片设计。智能生成功能可以让入门用户生成想要的海报,输入品牌商标、风格、行业后即可输出,非常快捷。创作助手功能可以实现设计师创建自己的主题,输入自己创作的系列作品,使其成为系统新的效果风格的目的。智能排版是把图片素材、文案、品牌商标、尺寸等数据输入后,平台帮助用户进行最合理的排版设计,自动生成一个完整的海报。设计拓展是设计生成后,可以自动更改图片的尺寸,省去了设计师处理这些琐碎细节的心力。

鹿班智能设计平台一秒钟能做8000次设计,2019年11月11日当天,鹿班完成10亿次海报设计,实现了强营销导向的广告资源位的设计"千人千面"的效果,这不仅减轻了设计师的压力,而且对商家的需求做出及时而准确的反馈。这一平台的出现,也更好地支撑了大型购物节海量的设计需求,保证了所有人统一规范地设计,为购物节的顺利进行保驾护航。

(三) 犀牛智造平台

2016年,马云在杭州云栖大会上首次提出"五新战略":新零售、新制造、新金融、新技术、新能源。2020年9月16日,作为阿里巴巴"五新战略"中"新制造"的落地,犀牛智造的亮相备受瞩目。2017年,这个专门为中小企业服务的数字化智能化制造平台,在服装行业进行试点,曾保密运行。② 之所以以服装行业作为切入点,犀牛智造CEO伍学刚指出:一是服装行业在中国已经有3万亿的销售规模,是消费品行业中前三大垂直行业之一;二是服装行业的痛点够深,由于服装的时尚属性,产品的生命周期极短,又受潮流、天气等诸多因素影响,传统的以产定销的商业模式造成巨大的浪费,尤其是中小企业,面临着严重的库存难题;三是对阿里巴巴来讲,服装类目是最大的垂直销售类

---

① 阿里巴巴创新事业群智能营销平台.UC搜索信息流推广三剑客,助力中小企业降本提效[EB/OL].[2020-09-11]. https://mp.weixin.qq.com/s/VG2cVCi74uz6NfB74NXdzQ.

② 阿里研究院.阿里新制造一号工程落地,权威专家解读"新"意[EB/OL].[2020-09-16]. https://mp.weixin.qq.com/s/zzK8P_hNkMUPu55Ko_UvDA.

目,平台销量过万亿,阿里巴巴有机会运用平台的数字化技术进行消费洞察,帮助中小商家精准开发、精准设计。①

犀牛智造运用阿里巴巴的云计算、IoT、人工智能技术,为工厂赋予"智慧大脑",连通消费趋势洞察、销售预测和弹性生产,构建云、端、智、造融合的新制造体系,从而让中国服装制造业实现智能化、个性化、定制化的升级。犀牛智造实现了定制服装批量化生产。通过几年的运行,犀牛智造在需求端打通淘宝和天猫,为品牌商提供精准销售预测,首次让按需生产可规模化实施;在供给端,通过柔性制造系统,犀牛智造可实现100件起订,7天交货,未来将实现5分钟生产2000件不同衣服的目标。相较于其他工厂,犀牛智造能够缩短75%的交货时间,降低30%的库存,甚至减少50%的用水量。高度数字化的犀牛智造,能够承接更多个性化、小规模的订单,同时又可以保持低成本和高效率。在试点运营的几年时间里,犀牛智造已累计为200位淘宝天猫商家、主播、时尚达人等提供生产服务。犀牛智造是阿里"新制造"的落地,Fano Studios 品牌创始人对阿里巴巴"新制造"的效率和产品品质给予高度评价,指出"新制造"工厂能提供数字洞察上的支持,可以提前预测流行的面料、颜色和款式,而其他工厂只能依靠商家自己的经验来下单。后台数据显示,Fano Studios 牛仔品类成交额整体提升了5倍,并成为品牌的主营类目。② 借助犀牛智造,在数据驱动下,商家可以制订可靠有效的营销策略,并在营销过程中不断对其进行优化。

从智能制造的角度来看,犀牛智造最有价值的地方,就是把服装工业的工艺、技术、经验、知识全部数字化或软件化,而且变成可以实现边际成本逐步下降的复制模式。大量的中小企业迫切需要数字化改造,但一些中小企业家不敢或不会进行数字化改造,而阿里巴巴搭建数字化基础设施,降低了中小企业数字化改造的难度和成本。

总体而言,在国内经济进入新的增长拐点、企业预算有限和要求更高的营销转化的背景下,阿里巴巴不断地建立、更新、优化自己的数智化营销支持手段,通过全域数智化营销,助力企业降本增效,提升投资回报率,使得营销在数据的驱动下更科学、更直接。

四、巨量引擎:智能营销,激发增长效能

在粗放式发展的流量红利期过后,存量成为营销新战场。在移动互联网时代,垂直化、碎片化、场景化、互动化成为有效触达用户的破题关键,而依托先进人工智能技术的整合营销工具和搭建高效的广告全链路运营模式则是当下广告主抢夺极其有限的目标用户注意力的应时之需,是移动营销时代抢占先机、巩固市场竞争力的重要支柱。智能营销背景下的用户是多维度可量化和描述的个体,因而也是各个领域细分的垂类受众,并对应着移动化碎片化的多元场景。因此,如何更好地理解用户、描绘用户,挖掘潜在

---

① 吴雨欣.阿里犀牛智造背后:为何以服装业为切入点?未来如何发展?[EB/OL].[2020-09-19]. https://mp.weixin.qq.com/s/hxQ5GxaFV0QL_GAaeTV9MA.
② 林京,王潇宵.藏了三年!阿里巴巴新制造"一号工程"犀牛智造正式亮相[EB/OL].[2020-09-16]. https://mp.weixin.qq.com/s/G1F1sh3g37_X5OxDTziYIw.

目标受众,适时、适当、适量地提高广告投放性价比,驱动营销效果的转化率有效增长,成为营销服务的探索目标,以期实现"品效协同"的最终追求。

巨量引擎作为综合的数字化营销服务平台,整合了其所属的字节跳动旗下包括今日头条、西瓜视频、抖音、轻颜相机、激萌(相机)Faceu、懂车帝、穿山甲等多元产品的营销能力,汇聚质量高、覆盖面广的多元用户,依托庞大的数据生态体系,致力于渗透用户的日常接触和互联网应用场景,联结多维立体的信息触点,借助人工智能大数据分析技术和日臻完善的效果营销体系,助力全链路合作伙伴的企业增长与发展。对广告主而言,提效控本是必然要求,为此巨量引擎主要通过战略和战术上的规划塑造了以下优势:首先,以海量高精度数据作为深度洞察和融合转化的坚实基础;其次,在操作上探索广告投放人机协同模式,减轻传统广告优化师大量机械重复的任务负担;再次,打造开放平台,联合开发者、内容创作者、服务合作伙伴等内外部资源打造共生体系,实现互利共赢;最后,深耕垂直行业特性,提供更具有针对性的定制化解决方案。

具体而言,巨量引擎通过构筑广告投放全流程闭环,形成了令广告主更轻松的营销体系,从目标确定、平台流量择优、高效内容生产、智能投放和实时优化、最终实现转化闭环等几个方面着手,打通全链路环节中的关键节点,实现对不同阶段目标客户的挖掘和覆盖。在场景匹配方面,巨量引擎效果营销体系能够针对四大常见的广告场景(线上、线下、互动、商品)的推广目的,为广告主灵活配置资源,优选最适合的广告位,实现目标用户定向触达,智能化定制产品营销方案。在内容生产方面,由数据和算法驱动的程序化创意,譬如移动拍摄工具易拍,一站式支持版权音乐和特效模板,有效降低广告主视频广告制作门槛;创意工具图灵和即视,可在线提供丰富的模板,将简易图片转化成精美视频。在广告投放方面,巨量引擎有三大投放方式:第一种是个性化投放,定向锁定目标人群;第二种是人机协同投放,结合智能算法和人工动态调整的优势;第三种是投放实验室全托管式,实现全自动智能提效。在最终转化达成环节,巨量引擎通过多维预估模型达成多样性目标,例如 App 下载量、线索获取以反哺前端投放、商品转化和订单全流程管理,等等。

巨量引擎搭建的效果营销闭环链路整合了字节跳动内外部资源,包括旗下穿山甲、广告交易平台的流量整合、动态商品广告、Marketing API 的技术对接,打造生态共同体,实现从战略到战术上的通力合作和高效转化。旗下的穿山甲是国内知名的媒体聚合视频化广告平台,依托巨量引擎平台的庞大数据资源规模和产品研发、运营、留存等通用化底层能力,构筑起产品矩阵、生态保障、技术能力、投放模型四大核心优势。其中,程序化创意是该应用产品的核心竞争力之一,开屏广告则是品效兼具的一种投放形式,在服务策略上采用精细化运营,发挥定制化增长价值。下文将以穿山甲为例,分析其应用计算广告的具体策略与执行措施。

(一) 程序化创意[①]

技术演进为移动互联网时代的营销带来了新变革,人工智能支撑下的程序化创意颠覆了传统人工创意产出的过程,也为实现"千人千面"投放效果提供了实现路径。在

---

① 段淳林,任静.智能广告的程序化创意及其 RECM 模式研究[J].新闻大学,2020(2):17-31+119-120.

传统创意产出过程中,工作人员需要通过多次重复测试广告展示元素的组合搭配,以求得更优方案,而在此期间,需要投入相当多的人力和财力成本。① 在此背景下,穿山甲的程序化创意工具为减少广告投放优化师的低价值工作、推动构建一站式闭环模式、促进广告价值高效转化带来了有效的解决方案。它能够在数据底层支撑和算法技术的驱动下,以用户个体为中心,灵活编排产品信息、文案、图片等广告素材,根据用户数据库中画像和聚类标签特征、当前所处场景和情境信息,基于智能算法的判断进行叉乘组合,实现动态的创意呈现,达成精准定制化、高灵活度、高相关性、高转化率的广告投放和营销优化目标。

在总时长有限的情况下,单向静态传播的广告形式效果不尽如人意,为提升用户卷入度,促进行为转化,互动性成为广告设计升级的重点。因此在产品形式上,穿山甲打造 Rubeex 一站式互动广告平台,功能体系涵盖投前、投中、投后的全链路,包括创意制作、创意测试、数据分析、优化诊断、灵感发掘等功能和环节。Rubeex 能缓解以往互动广告制作周期长、成本高的问题,生产周期从 1 个月缩短到最快 1 天内就可完成,并获得全方位的创意数据分析、优化诊断。因此,借助穿山甲,广告主只需一步上传广告素材,便可通过程序自动构建创意组合策略和实时优化调整创意状态,有效减少广告主创建和管理创意的人力成本,降低营销门槛,同时穿山甲可以智能测试及筛选优质广告素材,制订最佳创意方案。利用程序化创意技术,将传统线下的人工经验导向创意生产流程,融合到线上一体化闭环生产链路中,转变为经验与智能算法协同导向的创意生产,构建高效的内容生产闭环。

(二) 开屏广告

当前,移动互联网流量成本持续走高,已经从"量"的争斗进入"质"的竞争。广告主纷纷开始探求新的高质流量拓展渠道,品效合一正在成为时代诉求。穿山甲开屏广告整合了巨量引擎旗下优质产品矩阵资源,数据显示,截至 2020 年 9 月,平台日均广告请求量达到 630 亿,日均广告展示量也已经突破了 110 亿,覆盖独立日活设备超过了 7 亿,是聚合了移动流量的头部入口。②

开屏广告是指在 App 启动加载时用户所接触到的广告信息。以抖音为例,常见的形式有 3 秒钟的图像、3~5 秒钟的 Gif 或者视频。③ 央视市场研究股份有限公司发布的《2019 中国广告主营销趋势调查报告》显示,开屏广告是继公众号软文广告、信息流广告之后,第三受广告主偏爱的广告。④ 从用户信息接收的角度来看,根据美国心理学家洛钦斯提出的"首因效应",即人们往往会对第一眼看见的事物留下深刻的印象,开屏广告作为 App 入口,是用户日常进行媒体接触的必经途径,对于 App 的用户,可以实现

---

① 百度营销研究院.信息流创意优化何去何从?程序化创意带你领略黑科技[EB/OL].[2019-01-26]. https://www.sohu.com/a/289445534_657811.

② 穿山甲服务平台.穿山甲品牌升级,全新定位"全球开发者成长平台"![EB/OL].[2020-09-16]. https://mp.weixin.qq.com/s?__biz=MzkxMzE4NTQ3Mw== & mid=2247485583 & idx=1 & sn=df731ef49d3d687e0dd19a6c760aba34 & source=41#wechat_redirect.

③ 周慧.抖音短视频中智能广告精准投放策略[D].南昌:江西师范大学,2020.

④ CTR 网络营销.CTR:三大报告全景洞察 2019 中国广告市场[EB/OL].[2019-05-15]. http://www.199it.com/archives/870999.html.

强制性的开屏内容推送,有着极佳的曝光位置和高信息触达率,因而相对于其他形式广告,开屏广告在投放的转化率上具有显著优势。实际操作应用中,开屏广告也是众多知名品牌或机构在进行热点营销、节点宣传、品牌活动等有着快速提升传播声量需求时的必争之地,在整合品牌传播策略方案中也成为战术上的优先选择和形成传播组合拳的标配。

InMobi 发布的《2018 中国移动互联网用户行为洞察报告》显示,对比其他广告形式,用户对开屏广告的关注度最高,可达 61.1%。① 可见,开屏广告有着极高的价值转化潜能。作为营销广告的一种呈现方式,穿山甲开屏广告的全屏形式能够最大化地利用屏幕面积,以增加信息展示容量,视频广告形式对用户而言会带来更强烈的视觉、听觉多维冲击,因而更具观赏性,有助于提升品牌认知,深化品牌印象,并且支持搭建跳转链接,进一步降低转化门槛,提升品牌与用户的交互度,这也是以价值沟通为核心的整合品牌营销时代传播策划的内在要求。此外,穿山甲开屏广告支持动态商品广告(DPA)投放,在 AI 模型支持下进行智能匹配,适合电商等类别的商品定向投放。

(三)深耕行业,精细化运营

定制化成为计算广告的基本要义,也是数字营销时代的制胜法宝。要实现突破,纵观当前市场需求,穿山甲选择了游戏、资讯、影音等行业进行商业模式开发的重点突破,深耕垂直行业,进行精细化运营,提供定制化产品解决方案。

在游戏行业,穿山甲和英国游戏厂商 Gismart 建立了合作关系。Gismart 是 2020 年全球成长速度最快的游戏公司之一,旗下应用总下载量已超 5 亿次。在穿山甲对于中国用户数据的洞察和背后技术的支持下,两者共同进行本土化的广告创新探索和实践。譬如,Gismart 将旗下多款游戏接入穿山甲投放系统,通过激励视频、插屏视频、开屏等广告形式,实现变现增长。在具体广告点位设计中,根据游戏关卡设置,在兼顾保护用户游戏体验的前提下,巧妙设置投放激励视频点位,既能让用户获得游戏利益,也能实现运营商的变现需求。在操作上,Gismart 使用穿山甲游戏买量变现 SOP(标准作业程序),并采用互动式广告素材,有效提升互动率和留存率,转化层面上使用 UROI 出价产品,优化用户投入产出比。数据显示,Gismart 与穿山甲合作后,eCPM 平均增长了 20%,在填充率等指标上都获得了较理想的效果。②

在资讯应用行业,虎扑与穿山甲的合作开辟了泛男性内容社区的商业化变现之路。虎扑被称为国内最大的"直男聚集地",内容覆盖篮球、电竞、赛车等男性爱好者居多的兴趣板块,其中男性用户占比达九成以上。针对这种垂类资讯媒体平台,穿山甲定制化地打造解决方案,主要包括拓宽场景、优化呈现、精准匹配三个层面,整合变现渠道和资源,实现提效。虎扑接入穿山甲后,在客户端中主要采用开屏广告、信息流、激励视频等几种广告样式,在智能算法驱动下实现个性化推送。在呈现效果上,虎扑接入个性化模板广告,实现智能渲染,嵌合原生环境,降低用户抵触心理,并提升用户体验。在内容匹

---

① InMobi:2018 中国移动互联网用户行为洞察报告[EB/OL].[2018-08-07]. http://www.199it.com/archives/758197.html.
② 穿山甲服务平台. 多家国际顶尖超休闲游戏厂商入海,实现一站式增长变现闭环![EB/OL].[2020-09-03]. https://mp.weixin.qq.com/s?__biz=MzkxMzE4NTQ3Mw==&mid=2247485585&idx=2&sn=f3f88da455d7f51c7b48532ef4e3503b&source=41#wechat_redirect.

配上,对包括汽车、科技、运动等类别的品牌广告进行适配分发,保障填充率,降低短时重复率。就最终效果来看,广告场景覆盖率提升 4.2 倍,为虎扑带来了收益的大幅增长。

总而言之,巨量引擎正逐步搭建并完善其营销生态体系,其效果营销闭环链路涵盖了目标确定、平台流量择优、高效内容生产、智能投放和实时优化,最终实现转化闭环的功能路径,依托业界先进技术支持和前沿洞察,从战略到战术上挖掘计算广告技术及其应用在营销中的品牌价值增长空间,搭建开放式平台,共享流量和技术优势,最终优化用户广告体验,流量沉淀为品牌资产,为广告主降本增效,切实促进转化,与合作伙伴互利共赢,在后流量时代演绎广告营销品效协同新程式。

本章课后习题

1. 请简要描述百度全链 AI 营销策略在红旗 H9 营销上的运用。
2. 请简要描述腾讯全链路数字化营销在 FILA 营销上的运用。
3. 请就书中案例总结阿里巴巴全域数智化营销的策略与做法。
4. 请简要概述穿山甲平台应用计算广告的具体策略。
5. 请列举并简要说明一个自己熟悉的计算广告的应用案例。

第十三章　计算物联网广告及其发展趋势

一、物联网的定义

《中国物联网产业发展年度蓝皮书(2010)》将物联网定义为"一个通过信息技术将各种物体与网络相连,可以帮助人们获取所需物体相关信息的网络"。物联网通过下一代网络技术和传感设备对信息进行采集,通过无线传感网、无线通信网络把物体与互联网连接起来,实现物与物、人与物之间实时的信息交换和通信,以达到智能化识别、定位、跟踪、监控和管理的目的。

《物联网白皮书(2011)》认为,物联网是通信网和互联网的拓展应用和网络延伸,它利用感知技术与智能装置对物理世界进行感知识别,通过网络传输互联,进行计算、处理和知识挖掘,实现人与物、物与物信息交互和无缝链接,达到对物理世界实时控制、精确管理和科学决策的目的。[①]

国际公认的物联网概念由欧盟提出,即物联网是通过射频识别、红外感应器、全球定位系统、激光扫描器等信息传感设备,按约定的协议,把物品与互联网连接起来,进行信息交换和通信,以实现智能化识别、定位、跟踪、监控和管理的一种网络。

二、物联网的发展历程

(一) 美国

微软总裁比尔·盖茨最先提出物联网理念,由于当时互联网仍然处在迅猛发展阶段,而物联网的相关技术还没有完全成熟,此次物联网理念的提出并没有在战略层面上受到重视。

1999年,美国麻省理工学院自动识别中心首次从技术的角度界定物联网的内涵,认为物联网通过在物体上嵌入感知电子标识,以各种通信网络系统组成的大数据传输平台,达到对物质和信息的及时掌握,实现智能管理物质世界的目标。

---

① 周明.物联网应用若干关键问题的研究[D].北京:北京邮电大学,2014.

2000年后，随着互联网的深度发展，物联网的相关设备和技术的发展逐渐成熟，物联网已经被认为是互联网的下一个发展阶段，即将人类社会中的真实存在的事物的相互连接形成网络，促使人类能够更好地管理和发展社会资源。

2005年，国际电信联盟将物联网定义为利用遥感技术将所有物体通过网络平台进行信息交换。国际电信联盟不仅界定了物联网的内涵，而且描述了物联网的外延，就是当物联网技术广泛应用到日常用品上，人们将随时随地进行沟通，不受空间和时间的限制，信息交换的主体也由人与人的沟通扩大到人与物体以及物体之间进行数据连接。

在全球金融危机的影响还没有消退的大形势下，在绿色经济浪潮兴起之际，2008年，IBM提出"智慧地球"概念，希望美国政府投资物联网基础设施，让其成为振兴美国经济的增长点之一。这也明确了物联网将是下一个推动世界高速发展的重要力量。此后，各国政府纷纷开始把物联网纳入国家战略发展目标中，并将其作为提升本国在国际竞争中的地位的有效手段。2012年，美国政府在大数据相关产业投资近2亿美元，以推进"智慧地球"战略的发展。

（二）欧洲

欧盟是世界上最大的经济体，在美国提出物联网战略后，欧盟紧跟美国的步伐建设物联网。欧盟为了摆脱紧紧困扰它的经济低迷问题，把发展物联网产业的战略作为其"救命稻草"积极推进，领先于美国提出和制定关于物联网产业的各项制度和政策，统一其行业标准规范，在多地建立试点工程并开展研究项目，并拟定未来发展物联网产业的具体实施步骤。欧洲各国从最初推动形成信息化战略框架到现在发展物联网产业战略的实施步骤，经过多年信息化基础设施的积淀，欧盟物联网战略的实施计划已经非常全面，包括框架制定、研究路线、实施步骤与范围、标准制定等方面的内容。同时欧盟划分了研究项目的归属机构，如欧洲物联网研究项目组的重点是标准转换研究以及欧盟各国之间物联网技术的合作。2005年，国际电信联盟发布《ITU互联网报告2005：物联网》的年度报告，对物联网内涵进行了扩展，提出了任何时刻、任何地点、任意物体之间互联，无所不在的网络和无所不在的计算的发展愿景。2009年，欧盟提出《欧盟物联网行动计划》，意图使欧洲在互联网的智能集成设施发展上领先全球。欧盟在信息通信技术研发领域投资4亿欧元，启动90多个研发项目，提高网络智能化水平。2011—2013年，欧盟每年新增2亿欧元用于研发，同时利用3亿欧元专款支持与物联网相关的企业进行短期项目研发。

（三）中国

针对中国的现状，曾在IBM公司任职的钱大群表示，中国的基础设施建设空间广阔，而且中国政府正在以巨大的控制能力、实施决心和配套资金对必要的基础设施进行大规模建设，"智慧地球"这一战略将会产生更大的价值。与国外相比，中国物联网发展在最近取得了重大进展。《国家中长期科学和技术发展规划纲要（2006—2020年）》将传感网列入重点研究领域。中国传感网标准体系框架已经初步形成，向国际标准化组织提交的多项标准提案被采纳，传感网标准化工作已经取得积极进展。

2009年，温家宝总理视察中科院无锡高新微纳传感网工程技术研发中心并发表重要讲话，之后，物联网概念在国内迅速升温。中国物联网发展取得了重大进展。2009

年,经国家标准化管理委员会批准,全国信息技术标准化技术委员会组建了传感器网络标准工作组。物联网在中国高校的研究,当前的聚焦点在北京邮电大学、重庆邮电大学和南京邮电大学。作为"感知中国"的中心,无锡市 2009 年 9 月与北京邮电大学就传感网技术研究和产业发展签署合作协议,标志着中国物联网进入实际建设阶段。

三、物联网产业发展的基本特点

(一)物联网产业以市场需求为驱动力

物联网产业可以全面带动社会发展,市场潜力巨大。物联网产业的发展可以满足不同层次的社会发展需求。在宏观层面上,可以带动以政府公共服务为主的公共设施建设、公共管理和服务,例如城市管理、环境污染监控、交通道路管理、医疗以及教育等公共事业;在中观层面上,物联网的发展可以带动商业市场的发展,主要包括以企业为主的应用市场,例如电力、通信、物流、传感器、集成模块等行业;在微观层面上,物联网的发展可以带动以家庭和个人等为主的消费市场,例如电子商务、休闲娱乐、生活方式改变等消费领域。

(二)物联网产业的发展对外部环境要求较高

首先,在物联网发展的基础设施方面,物联网的发展可以带动社会全面发展,同时也对其发展的基础条件提出了要求。其中,物联网对其社会基础设施建设提出较高要求。例如,物联网的发展中必不可少的一个环节就是互联网,而物联网要求互联网的网速更快,覆盖面更为广泛。其次,物联网的发展对政府的管理水平提出更高的要求。在以物联网为依托的智能城市的建设中,在城市的基础设施建设和信息配套设施发展,以及城市的整体发展规划、部门间和跨部门之间的信息整合等方面,都需要政府的精准规划和政策、制度的引导,否则,就会出现重复建设、资源浪费等现象,这从根本上违背了发展物联网的初衷。再次,网络安全问题被提到重要位置,互联网的安全关乎物联网的发展速度,目前互联网的安全问题已经非常严重。随着网络的扩大建设,安全问题已经涉及包括国家安全在内的诸多重要领域。最后,物联网产业的发展要求健全和不断完善市场机制。

(三)物联网产业链覆盖面大

物联网形成较长的产业链,具有较宽的覆盖面,与不同的行业融合,不断衍生出新的发展方向。物联网产业链可以分为上、中、下游:上游是指网络设施、终端设备、芯片、传感器、集成模块等相关的制造业;中游是指互联网及其运营服务;下游是指物联网用户和服务商,包括云计算、系统设计与开发、工程实施等技术服务业务。物联网产业链的覆盖面主要有三大应用市场:①以政府公共服务为主体的管理与服务市场,如电子政务、城市管理、教育、医疗、环境监测等行业;②以企业运营为主的商业市场,如电力、物流、电信等行业;③以家庭及个人为主要对象的消费市场,如网上购物、休闲娱乐、综合服务等消费领域。

(四) 物联网产业链的联动效应明显

物联网产业依靠技术创新发展，其产业链的技术特征决定其产业组织模式。目前可依据物联网产业链的技术特征，将其产业划分为三大模块，即上、中、下游三个领域。

上游产业主要是竞争性领域。各个行业应用物联网的模式不同，对其传感器和终端设备的需求差别较大。这对物联网的应用提出了较高的要求。例如，在传感器方面，大、中、小企业对传感器的功能、材料和传输方式等提出不同的要求，这使传感器行业在短期内无法形成对市场具有控制力的垄断企业。物联网中游产业是指垄断性行业。例如，物联网发展赖以存在的网络基础设施就具有较强的垄断性。无论是互联网行业，还是交通以及电信行业，都具有较强的垄断性，不仅在其建设过程中会有垄断性，而且在其运营环节也呈现出不同程度的垄断性。目前，在不同国家都呈现网络运营商寡占市场的局面。物联网下游产业是市场差别较大、市场高度细分的产业。这一领域主要面向中小企业和家庭及个人，提供多样化的服务模式和个性化服务方式，经营多具有分散性。因此，在该领域，物联网应用市场差别较大，服务市场细分程度较高。

(五) 物联网产业发展尚未形成共性标准

物联网产业以应用创新为引导，其应用模式以及产业链中各环节的标准都有所不同，目前无法形成统一模式和共性标准。一方面，物联网在全球范围内快速发展，而各个国家和地区发展物联网的基础、技术条件、政策等各有不同，导致物联网在各领域内的发展重点和发展模式不尽相同。即便是同一领域内，各国、各地区的运行和管理模式也不尽相同。例如，我国体制和管理模式与其他国家不同，物联网的发展必须根据我国发展现状中的实际情况来做出调整，解决我国各领域内的问题，其发展必须以我国现有的基础和技术作为支撑，不能简单地引进技术或照搬别国经验。另一方面，物联网产业链各环节的标准未能统一，无法搭建统一平台实现互联互通。物联网在国际范围内应用较广，在各领域都有其独特的运营方案，虽然当前有许多标准组织机构对物联网标准进行界定，但仍未在大范围内达成共识。例如，物联网的不同传感器信号不同，若让其传感器互联互通，必须要有共同的信号转换和数据传输标准。在全球范围内，如何保障网络安全及用户隐私和权利也是各国共同面临的紧迫问题。事实上，物联网的标准体系包括多个层面的内容，如系统架构标准、技术标准、安全标准、分类标准等，而要想把物联网所有的标准进行统一和规范，目前仍需物联网产业各环节的努力。[1]

---

[1] 苏美文.物联网产业发展的理论分析与对策研究[D].长春:吉林大学,2015.

四、物联网发展趋势

(一)国际物联网产业发展趋势

世界范围内的物联网于2015年开始进入快速发展期。在物联网技术角度方面,将会实现物体半智能化,执行其指令并进行操作;在产业应用中,数据传输网络的分布式存储和运算将在全球范围内应用,实现超高速数据传输。同时形成物联网网络交互标准,智能器件系统将得以规范。

2020年,物联网进入成熟期,物联网中的感应器全智能化,完全实现人、物、服务网络三者融为一体,完成数据在不同系统及产业间的应用,使产业整合逐渐达到最优化。物联网具有实现不同条件下的远程操作、演示、监控的能力,形成无处不在的定位服务网。物联网发展应用的路线从最初物联网技术为产业供应链提供辅助作用为开端,随着物联网技术的逐渐成熟和成本的降低,在各产业中被应用,在可预见的未来,物联网感应器将嵌入世界每一个物体中,形成无处不在的物体定位网络,让各领域的数据高速传输并得到共享。在物联网技术高级传感器与中介软件完全融合后,将形成世界范围内的智能物理网络。

在目前阶段,以美国为首的发达国家和地区引领物联网产业发展,重视其发展的国家都推出更详细的发展规划,如美国提出,到2025年,建设完成生活物品间的相互协同运作。欧盟在成员国内推动物联网的发展。欧盟首先需要解决的问题是物联网标准化问题。由于欧盟有较好的信息化基础,在推动物联网发展的过程中阻力较小,其应用开始在民生领域拓展,如社会福利项目的建设、废物循环利用项目的开发、隐私和个人数据保护制度的完善,以提高物联网的可信度、接受度和安全性等。欧盟第七研发框架计划重点支持如微机电、能量收集技术、泛在定位、非硅基组件等项目的研发,并开始加强对物联网发展的监测和统计等。日本是信息化程度较高的国家之一,曾提出2015—2020年信息通信产业实现规模翻一番,达到100兆亿日元,同时加强企业全球战略,建立信息产业的通信基础。韩国重点研发下一代网络技术、信息通信安全技术、普遍适用的通信技术。韩国到目前为止在信息化基础建设上已经超过日本,于2012年开始建设全球顶级网络基础设施,期望未来在通信方面成为世界第一。

国际物联网产业发展的重点领域在以下四个方面:①建设基础网络,为物联网的发展奠定基础;②以物联网为中心,开展服务项目;③继续研发物联网下一代技术;④扩大物联网的影响范围,为其建设营造良好的氛围,即采取政府和民间共同推进的方式,先在公共领域创造需求,继而在民间推广,有效利用通信资源,实现重复投资最小化。

(二)中国物联网产业发展趋势

中国的客观现实情况决定中国不能用和其他国家一样的模式发展物联网,必须找到符合中国国情的物联网发展的切入点。2011年,《政府工作报告》提出要促进物联网的示范应用。中国积极推动信息技术产业发展,建设高性能宽带信息网,加速推进"三网融合"。中国是发展中国家,目前我国物联网技术发展与世界是同步的,但是物联网发展整体布局却不同于其他发达国家。

在物联网发展过程中,2010年、2015年、2020年这三年是物联网技术发展的三个关键时间点,到2035年左右,我国传感器终端将达数千亿个,到2050年,我国将基本形成物联网中智能设备的规模效应,在我们的生活中,传感器将无处不在。

中国采取的物联网发展战略仍然是政府主导推进,民间在商业领域进行模式创新,但值得注意的是,我国在物联网建设过程中的重复性投资将会远远高于其他国家,如何规避这种损耗或是将其最小化,也会成为政府在物联网工作方面的一个关注点。

宏观上看,我国物联网产业的生态环境初步形成,并在日益完善。保证良好的生态环境就要构建畅通无阻的沟通通道,使之带动产业环境良性循环,实现产业间的互联互通,加速我国产业间的相互融合。微观上看,中国物联网产业的发展规模逐渐扩大,其产业链涉及众多行业,全国范围内的大、中、小企业都会参与市场竞争,物联网产品从单一产品销售向产品与服务相结合的商业模式转换,在这个阶段,应为物联网产业奠定良好的发展基础,进一步完善产业链。物联网企业要在发展中寻找市场定位,这是未来物联网企业发展的方向之一。

从长期来看,中国物联网发展将会在以下几个方面进行完善。①进一步拓展国内市场。我国物联网产业国内市场需求潜力很大,拓展空间广阔,这就要求物联网发展不为适应技术而推广应用,而应以满足实际需求和提高其应用质量来推出产品。②整合产业链。可将它归纳为方案的解决、感知终端、通信传递、处理计算四个环节,其中关键是第一个环节,它以快速智能处理反馈为突出特征,是物联网的终极意义所在。③实现物联网上下游产业互利联动。④加大物联网技术研发力度。物联网技术的研发一直是发展重点所在,我国在物联网核心技术掌握方面稍显不足,在未来,相关物联网技术的项目仍是关注的重点。⑤降低物联网企业运营成本。目前物联网产业的介入门槛过高,无法推进其应用领域的拓展和融合。要降低物联网技术的运营成本,让物联网技术介入更多的领域并创造价值。⑥商业运营模式的转型创新。在物联网技术逐渐成熟并降低成本的过程中,物联网企业应由定制性的产品销售向产品与服务相结合的经营方式转变,在丰富物联网产品的同时,进行产品服务满意度的检测,在最大程度上提高物联网产品的附加值。

五、物联网时代的计算广告智能营销路径创新

当前以程序化购买为典型应用代表的计算广告存在着数据、技术、内容等多方面的问题,未来物联网的纵深发展蕴含着解决这些问题的潜在可能,计算广告仍有广阔的发展空间。基于人工智能技术的普及与发展,未来面向物联网时代的计算物联网广告将为智能营销带来以下路径创新。

(一)全域智能数据获取

数据是以程序化购买为代表的现阶段计算广告的核心,也是计算广告现实实践中

的难点。在当前互联网生态下,少数互联网巨头、移动运营商占据了流量的入口,也因此垄断了大部分数据,形成了体量庞大却相互孤立的数据孤岛。数据往往由少数公司垄断,且单一平台的孤立化用户标签使立体的用户形象很难呈现,用户定向与用户导航都因为数据来源与数据质量的问题存在偏差。数据孤岛问题是计算广告当前发展的主要瓶颈。

物联网潜在的革命性预示着解决数据孤岛问题的可能性。物联网时代的核心依然是数据,物联网的全面感知推动了数据采集能力的提升,而大数据的处理结果可以通过物联网这一平台有效地执行,打通数据隔阂,建立数据互通的生态系统,使计算广告进入全域流量、全智能时代。

在计算物联网广告时代,多种智能设备全方位采集用户的行为数据。相较于当前程序化购买阶段的数据采集,物联网时代的数据总量更为膨胀,但也更为精细,包括用户的访问、购买、签到记录组成的活跃度数据,关注时长、分享频率、分享人数等忠诚度数据,以及消费记录、消费频率、消费金额等用户消费转化行为数据,智能传感器甚至可以量化用户的细微动作数据、情感数据等现阶段仍难以采集的数据。在用户行为数据基础上使用户标签化并进行深入的用户画像,了解用户的现实需求及潜在需求,有的放矢,向用户推荐广告信息,以进行完全自动化的智能用户导航。

(二)基于算法模型的参与式互动文化的建立

如前文所述,智能算法建模的目的就是最大化实现用户、广告与场景的匹配,即基于用户洞察的身份匹配、基于内容分析的意义匹配、基于场景构建的情境匹配,构建多样的广告场景吸引用户,使用户积极参与互动,主动分享信息,参与到品牌的价值共创中。但是当前来看,计算广告的发展不仅受到数据孤岛的制约,而且面对着算法层面的挑战,即用户的跨屏识别问题。

物联网时代的技术应用更加直观、智能,大数据基础上的沟通场景、空间场景、行为场景和心理场景共同构成消费者全场景营销。在传统媒体时代,一些广告主以博人眼球的营销手段出位。在互联网时代,广告主争夺的是流量。场景是移动跨屏时代计算广告信息消费的核心。多接触点的数据整合与机器学习智能算法优化能完成用户精准画像,广告自然渗透用户生活的全场景,实现用户与场景的深度适配。技术支撑下的全场景融入也使计算广告不再是一种对用户体验的干扰,而是基于用户使用场景的人性化关怀、个性化服务。而对品牌来说,智能算法的优化使品牌建立起智能化营销体系,重构营销模式。智能算法既提高了品牌的内部运营效率,也提高了品牌外部营销的效率,并具有了智能优化的能力。

(三)品效合一的效果可测量性

好的广告效果是广告的终极目标,也是广告主永恒的价值主张,但同时是广告活动最难以衡量的环节。传统的广告效果监测是一种事后监测,广告主一般从广告代理公司或委托的第三方调查公司获取广告效果,缺乏即时的效果反馈与灵活的应对措施,广告效果具有延迟性、间接性、累积性。全流量时代的计算广告追求品效合一的效果可测量性,通过数据建模与用户验证,保障决策精准化。

广告主的广告需求复杂多样,其追求的广告效果既有短期直接的效果提升,又有长远的品牌形象的提升。品牌广告与效果广告是广告行业根据不同的活动目标与广告主而区分业务类型的方式。品牌广告的目的是吸引用户关注,增加用户对品牌的认知度,树立品牌形象,提升用户对品牌的好感度,维系品牌与消费者的良好关系,衡量指标有品牌知名度、认知度、美誉度、忠诚度等。效果广告则是结果导向型广告,实现价值转化,如注册、下载、购买等行为,以短期效益最大化为直接目标,通过精准的用户定向实现销量增长与利润提升,转化率、复购率、投资回报率等为常见的衡量指标。品牌广告与效果广告虽有概念上的分野,但是在实际的业务实践中,广告主通常会综合使用品牌广告与效果广告,组合使用多种媒介策略,实现传播效果的最优化,在品牌曝光的同时,实现利润提升。在计算广告未来的发展中,两种广告形式间的界限将被逐步打通,品牌广告与效果广告构成新常态下驱动品牌健康发展的合力,计算广告将品牌与效果连接起来,以品效合一为最终追求。①

六、程序化户外广告

(一)程序化户外广告的特性

户外广告的程序化是户外媒体数字化转型的革命性突破,使以资源为驱动的传统户外广告模式被新型的以技术为驱动的数字化户外广告模式所取代。这一变化是当今广告产业发展的必然结果,也是传统户外媒体迎接互联网数字化变革的唯一出路。程序化户外广告有以下几个特性。

第一,高成本终端。在线程序化广告的触达终端由受众个人购买和控制,媒介机构不需要进行大规模终端建设。但程序化户外广告则不同,要打通与供应链各环节的数据对接,实现程序化购买与展示,媒体机构需要对原有的终端屏幕进行全面升级,这对应着巨大的成本投入。以分众传媒为例,根据2019年财报,分众传媒为实现中长期的程序化广告投放,大幅扩张电梯电视和电梯海报资源,逐渐将原有以21寸高清屏为主的液晶电梯电视,替换成以27寸为主、21寸智能互动机为辅的液晶电梯电视;将原20寸和21寸的竖式数码海报更换成了32寸及25寸的智能屏一体机。2018年和2019年,媒体设备购置费用分别约为16.21亿和2.8亿元,成本和折旧较上一年均有大幅度增长。从某种意义而言,高昂的终端成本会在客观上形成新的壁垒,造成中小型媒体机构较难进入,从而形成高价值媒体资源进一步被少数头部企业垄断的局面。②

第二,强制观看性。随着"广告屏蔽"和"不跟踪"选项被越来越多的受众选择,在线程序化广告对于目标受众来说,强制观看性逐渐下降。而户外广告则不同,其重要的特征是"人"与"屏"在一个时间段内共处一个空间,"屏"是"人"的实体生活空间中不可规避的环境要件,因此,具有较强的强制观看性。这一特点也使得户外广告在程序化后,

---

① 段淳林.整合品牌传播:从 IMC 到 IBC 理论建构[M].北京:人民出版社,2020.
② 王苗,谢佩宏,陈刚.程序化户外广告研究:模式、特征与要素[J].新闻与传播评论,2020,73(5):79-88.

在匹配精准的条件下,能够让受众产生更深的印象。由 Clear Channel、JCDecaux UK 和 Posterscope 共同委托的研究发现,数字户外广告采用与上下文相关的信息传递,可以使受众的有效响应率提高17%。①

第三,数据非标准化。程序化户外广告的数据系统包含多类数据,如广告库存(媒体)数据、用户数据、空间上下文数据以及仍在发展初期的内容数据、商品数据等。这些数据属于不同的类型,且即使在同一类数据的内部,也存在较大的差异。如何对其整合并有效利用是关键性的挑战。根据国际薄记师协会(IAB)的调查,受访者在回答"程序化户外广告成为主流的媒介购买将面临哪些挑战"时,43%的受访者认为缺乏数据的标准化,29%的受访者认为缺乏(效果)报告的工具。因此,数据的非标准化问题,一方面是程序化户外广告发展的重点问题,另一方面也是其自身具备的重要特征。

第四,空间依赖性。在线展示广告的特点之一是打破了时空的限制,但户外广告不同,它由物理空间承载,地理位置对其具有核心意义。从客观上看,户外广告具有时空边界,其触发机制具有高度的空间依赖性。这种依赖性体现在,程序化户外广告的触发必须依赖于"屏"的地理数据、"屏"所在空间的上下文信息以及受众的移动位置数据。这一特征是其他广告类型并不具备的,也是程序化户外广告具有较好的本地广告效果的基础,同时,也是户外广告具有较强公共属性的原因。

(二)程序化户外广告的要素

1. 数据系统

与所有程序化广告一样,程序化户外广告的核心驱动力来源于数据。数据的规模和精度,是程序化得以执行的关键。有学者指出,程序化模型中具有四个类型的数据:一是行为数据(第一方或第二方的 RFM 和购物数据);二是特征数据(地理位置、人口统计学以及第三方数据);三是媒介上下文信息(谁、什么、何时、何地、为什么、怎么样);四是媒介消费数据(观看历史等)。上述四个类型的数据并不是真正的互联网用户大数据,而程序化户外广告的发展必然依托它们。所谓互联网用户大数据,其基本单元是用户个体,每一个用户个体被数千个数据标签描绘,形成用户画像;同时,这些用户画像随着数据点的增加而不断进行动态更新,用户画像愈来愈清晰。通过用户画像,广告执行者可以更加动态、完整地了解和洞察目标对象个体,这与传统广告对目标人群的理解不同。也就是说,传统广告的目标对象是人群,人群是类型化的整体,而程序化广告的目标对象是大数据背后的个性化的真实用户个体所形成的群体。陈刚等②把这一类由无数标签所描绘的、真实的、非类型化的个体组成的群体定义为数字生活空间的生活者。虽然在大多数场景下,户外广告并不是一对一的,但随着技术的进步、广告库存的精细化管理,将传统类型化的用户数据升级为生活者数据具有必要性。但是,生活者数据只是数据系统的一部分,程序化户外广告的进一步发展还需要依托与生活者数据联通的广告库存数据、基于地理空间的上下文数据、支撑广告内容智能化生产的内容数据以及支持打通线上线下的商品供需数据等。

---

① 王苗,谢佩宏,陈刚.程序化户外广告研究:模式、特征与要素[J].新闻与传播评论,2020,73(5):79-88.

② 陈刚,沈虹,马澈,等.创意传播管理:数字时代的营销革命[M].北京:机械工业出版社,2012.

2. 计算系统

随着数据类型的丰富和超级规模化,对数据的应用、分析能力成为关键环节。而这种能力主要嵌入依托算法、算力的计算系统。在现有的程序化广告框架下,DSP、DMP、SSP、AdExchang 等在本质上都属于计算系统,这些系统通过对数据的挖掘和计算,实现媒体资源与目标人群的精细匹配,并在这个过程中完成定价、交易、反馈、优化等一系列复杂操作。从某种意义而言,如果数据是程序化户外广告的基石,计算则是使程序化广告得以执行的核心。计算包括两个层面的目标:一是上文提及的匹配;二是广告活动重点关注的效果测量。只有从算法和算力上构建起适用于户外广告的,能够实现精准投放、动态优化和实时测量的系统,才能够真正对海量的、多维度的数据进行合理有效的管理和应用。

3. 交互系统

如上文所述,从程序化户外广告的发展来看,成为数字生态的一个环节是其未来的发展趋势。程序化户外广告产生的良好效果,往往来源于与其他系统的交互,包括在线广告、移动广告以及现场活动等。根据 Talon Outdoor 的研究,通过将动态的数字户外广告纳入社交活动,整个品牌指标的有效性平均提高 23%。同一项调查还详细说明了在将数字户外广告与社交活动结合使用时,对受众意识、情感反应、购买意向以及消费者行为等均产生了持续的积极影响。而另一研究表明,消费者在户外电子屏看到相同的广告后,点击移动广告的概率要高出 48%。这进一步表明,程序化户外广告的优势在与其他系统的交互中凸显,这种交互体现在围绕户外广告显示屏构建多屏、多形式互动的营销场域。户外广告作为注意力启动的原点,引发消费者在移动手机上或到店的浏览与购买行为。也正是因为如此,将程序化户外广告仅定义为一种数字化的媒介资源是不准确的。与其他广告类型(系统)的交互,是其发挥价值的要素之一。

4. 创意系统

陈刚等人在《理解程序化创意:AI 的角色》一文中指出,程序化广告包括程序化购买和程序化创意。[①] 在现有的对程序化户外广告的讨论中,大量理解还停留于程序化广告等同于程序化购买。虽然有一部分讨论已经涉及广告内容与上下文环境的匹配,但人们很少关注程序化的创意系统。这可能是由技术发展的阶段性决定的,当一些相对简单的问题还没有得到解决时,更困难的问题则很难得到广泛的关注。但是,笔者仍然认为,创意系统是程序化户外广告发展成熟的关键要素。户外广告屏幕面积大,受众覆盖面广,与在线横幅广告不同,户外广告对创意质量以及与上下文环境的协同要求更高。当程序化广告实现了针对不同标签人群或个体的实时内容发布时,如何迅速生成差异化的广告内容成为无法绕开的问题。由于标签人群的时间、场景不断转换,在广告发布的过程中,必须实时识别不同的标签,实时发布不同的针对性内容,这对广告内容制作的时间性、广告创意内容的规模性提出前所未有的挑战。可以说,个性化、场景化、实时性、规模化的广告内容的生产,靠人工是无法完成的,只能依靠程序化的技术实现。

---

① Chen Gang, Xie Peihong, Dong Jing, et al. Understanding Programmatic Creative: The Role of AI[J]. Journal of Advertising, 2019, 4(48): 347-355.

(三）户外广告程序化购买的发展趋势

1. 程序化购买打通户外全媒体

物联网技术与日益广泛的网络覆盖，加速了传统户外广告向数字户外广告的升级，智能穿戴设备与智能销售云平台联手打通线下全媒体。传统户外广告，由于其承载媒介的物理限制，作用有限且传播效力较弱。随着物联网技术的发展，每一个传统媒介都可能成为一个集合了多种技术的数字平台，从而实现户外广告的全数字化。这一改变将会为程序化购买打通全媒介提供条件。

2. 人工智能助力场景化 DSP 服务

目前，人工智能在语音识别、人脸识别、专家系统、智能搜索、语言和图形理解等方面取得了很大的进展，而这些技术也正被应用于生活中的各个领域。人工智能的数字户外广告板，可以像人一样与顾客进行交流沟通，并且通过识别系统与智能搜索，在最短的时间内全面了解顾客的基本情况、行为偏好、消费习惯甚至社交圈子与文化背景，从而提供更加精准和个性化的广告服务。例如，东信点媒就利用招商银行的场景化 DSP 营销，通过营造对话式的场景，在对话中进行产品信息的广告传播，使顾客加深对产品的理解，并且激发其购买行为。

3. 本地及中小广告主或成为户外程序化购买生力军

目前，我国的经济结构正处于调整和转型期，经济发展相对较缓，本地及中小企业数量规模日益增大，随之而来的是其对于自身产品或品牌的推广需求的增加。而网络广告是当下产品推广与品牌宣传的"宠儿"，这将使得中小企业对于程序化购买的尝试意愿得到提升。与网络广告不同，户外广告的媒介资源通常掌握在地方性的广告公司手里，若要实现户外程序化购买，与这些广告公司的沟通与合作便势在必行。随着程序化购买渠道的下沉与信息技术的普及，这些公司也将会迎来自身发展转型的机遇，进而成为未来户外程序化购买的生力军。

> **本章课后习题**
>
> 1. 请用自己的语言简述物联网的含义。
> 2. 物联网的发展为计算广告带来了什么机遇与挑战？
> 3. 请列举两个自己熟悉的程序化户外广告的案例。

与本书配套的二维码资源使用说明

  本书部分课程及与纸质教材配套数字资源以二维码链接的形式呈现。利用手机微信扫码成功后提示微信登录,授权后进入注册页面,填写注册信息。按照提示输入手机号码,点击获取手机验证码,稍等片刻收到 4 位数的验证码短信,在提示位置输入验证码成功,再设置密码,选择相应专业,点击"立即注册",注册成功。(若手机已经注册,则在"注册"页面底部选择"已有账号?立即注册",进入"账号绑定"页面,直接输入手机号和密码登录。)接着提示输入学习码,需刮开教材封面防伪涂层,输入 13 位学习码(正版图书拥有的一次性使用学习码),输入正确后提示绑定成功,即可查看二维码数字资源。手机第一次登录查看资源成功以后,再次使用二维码资源时,只需在微信端扫码即可登录进入查看。

引用作品的版权声明

为了方便学校教师教授和学生学习优秀案例,促进知识传播,本书选用了一些知名网站、公司企业和个人的原创案例作为配套数字资源。这些选用的作为数字资源的案例部分已经标注出处,部分根据网上或图书资料资源信息重新改写而成。基于对这些内容所有者权利的尊重,特在此声明:本案例资源中涉及的版权、著作权等权益,均属于原作品版权人、著作权人。在此,本书作者衷心感谢所有原始作品的相关版权权益人及所属公司对高等教育事业的大力支持!